U0924236

胡博士讲危机管理

胡鹏◎著

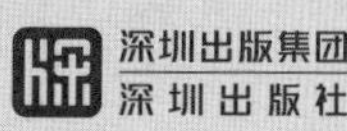

深圳出版集团
深圳出版社

图书在版编目（CIP）数据

胡博士讲危机管理 / 胡鹏著. -- 深圳 : 深圳出版社, 2025. 10. -- ISBN 978-7-5507-4293-2

Ⅰ. F272

中国国家版本馆CIP数据核字第2025T02Z09号

胡博士讲危机管理

HUBOSHI JIANG WEIJI GUANLI

项目策划　韩海彬
责任编辑　靳红慧
责任校对　黄　腾
责任技编　郑　欢
装帧设计　龙瀚文化

出版发行　深圳出版社
地　　址　深圳市彩田南路海天综合大厦（518033）
网　　址　www.htph.com.cn
订购电话　0755-83460239（邮购、团购）
设计制作　深圳市龙瀚文化传播有限公司 0755-33133493
印　　刷　深圳市华信图文印务有限公司
开　　本　787mm × 1092mm　1/16
印　　张　27
字　　数　407千
版　　次　2025年10月第1版
印　　次　2025年10月第1次
定　　价　78.00元

危机管理就是将危机转变为契机

北京大学教授 程曼丽

在这个风云变幻、日新月异的时代，危机如同潜藏在平静水面下的暗涌，随时有可能给政府、企业与个人造成巨大的损害。无论是商业领域的竞争、技术革新引领的行业变革，还是社会层面的突发事件、自然灾害，每一次危机都如同一场大考，检验着我们的应对机制与能力。

正所谓“凡事预则立，不预则废”，提升危机管理能力已经成为每个社会组织和个人在当下环境中的必修课。在此背景下，《胡博士讲危机管理》一书应运而生。

本书不仅系统梳理了危机管理的理论精髓，更以生动鲜活的案例为读者展现了从危机预防到应对，再到恢复重建的全链条、全过程。

本书如同一张清晰的危机管理思维导图，引领读者对危机特性以及危机处置、管理方法进行深入探究，包括危机的定义、类型，危机管理的阶段性要求以及危机应对的原则、策略等。尤其值得一提的是，书中对危机处理流程做了细致解读——从预警、研判到应对方案的制定、执行等关键环节——就像一位经验丰富的业内导师，手把手地教读者如何进行危机管理，引领读者洞悉危机的本质，学习如何发现、捕捉潜在的风险；如何在紧要关头迅速明智地作出决策，从而化险为夷，甚至转“危”为“机”。鉴于此，我认为《胡博士讲危机管理》不仅是一部理论著作，更是一本实用的操作指南。

我们知道，危机是矛盾积累到一定程度的产物，而矛盾是无处不在的，这也使危机变得不可避免。进入新媒体时代，越来越多的民众利用互联网获取信息，遂使大量相对透明的信息进入公众视野。社会组织一旦出现与公众利益相悖的言行，网络舆论就会以最快的速度对其形成“审判”，从而大大增加了危机事件发生的概率。

对于社会组织来说，以互联网为代表的新媒体带来的最大挑战，就是信息或舆论管理难度的增加。在传统社会中，信息流动是有规则的，公众舆论由零星话语到聚合、生成，并受到媒体的关注，是一个可以预料的过程。互联网的出现以及网民的意见参与，使得公众舆论的形成过程与过去相比大大缩短，它不再是由量变的缓慢积累而逐渐发生质变的可控、可测、可逆的过程，而是在短时间内就有可能因为量的急剧增加而发生质变的不可控、不可测、不可逆的过程。网上舆论的特殊性，对于社会组织的信息管理形成了极大的冲击与挑战，使它在传统社会中那种“从容应对”的状态不复存在。

而危机对社会组织造成的负面影响又是极大的，它会败坏组织声誉，降低组织自身（及产品）在公众中的信任度，极端情形下会使组织陷于灭顶之灾。当然，危机中也蕴含着契机（机遇）。个人或社会组织要想立于时代潮头永不败退，就必须有一双于危机中发现机遇的慧眼和有效防范、处置危机的能力。唯其如此，我们才能在危机来临时处变不惊，镇定自若，迅速而准确地聚焦问题，作出应对，将损失降到最低，甚至借危机之力实现自我超越和提升。

在这个充满变数的时代，危机管理能力已经成为个人和组织不可或缺的核心竞争力。我衷心希望《胡博士讲危机管理》这本书，能够引领读者走进危机管理的世界，使他们学会在错综复杂的社会环境中洞察风险、预防危机，在危机降临时果断决策、从容应对，在危机过后深刻反思、不断精进。

2024 年 10 月于北京

写一本中国最好的危机管理书

一、为什么要写这本书

危机管理，曾是企业运营中一个“边缘性话题”。而今天，它已成为组织治理的核心议题之一。在高度不确定的时代背景下，没有任何一家企业能声称自己与危机无缘。

撰写本书的初衷，源于一个现实观察：关于危机管理的著作不少，但真正能服务于中国企业、为复杂环境中的管理者提供系统指引的作品，仍然稀缺。

学界作品常聚焦模型与理论，逻辑严谨，结构清晰，然实战经验不足，难以指导企业临场应对。而业界著述多来自公关人士，虽案例丰富，却常缺乏系统性，术语混乱，结构松散，难以形成知识体系。

这本书，正是为填补这一空白而写：提供系统框架，也呈现典型案例；强调方法论，也落到操作面。所以，我希望这本书能成为管理者案头可翻、实战可用的行动指南。

二、这本书试图解决哪些问题

对初创企业而言，危机可能是一条被放大的差评；对《财富》世界500强企业而言，危机可能是一次产品召回或一场政策风波。企业体量越大、系统越复杂，潜在风险的触发点也就越多。

“智者千虑，必有一失。”危机管理从来不是追求“零风险”，而是通过识别风险、承认失误、及时修复，在一次次磨砺中构建出真正有韧性的组织应对体系。真正值得学习的，不是谁做对了什么，而是谁在做错之后仍能找回方向，从失败中提炼出可复用的认知框架。

在总结大量失败案例后我发现，即便是资源充沛、机制完备的大型组织，也常常在关键时刻暴露出令人震惊的判断失误与执行断层。其主要源于三个结构性原因，而本书所要重点解决的，正是其中最容易被低估、但破坏力最强的部分。

第一个原因是高层决策者对自身判断力的过度信任。在长期的增长与成功中，一些企业领导者逐渐形成了对外部环境的“习惯性低估”。他们更相信经验而非数据，更依赖直觉而非系统预警。风险提示常常被当作“多虑”，内部不同声音被视为“不忠”，最终形成封闭回路，在危机早期错失了窗口期。即使事件已现端倪，高层也因“不愿承认问题已失控”而延迟行动，让本可以内部消化的波动，迅速放大为公众危机。

第二个原因，在于组织对危机管理的“临时工心态”。在不少企业中，危机管理并未作为一项常规管理职能被制度化，而只是危机发生时的“紧急反应”。平时没有专业团队，没有预案推演，没有协同机制，更没有高层真正重视。一旦出事，才临时抽调各方资源拼凑“应急小组”，在没有角色分工、没有行动标准、没有资源调度机制的情况下硬着头皮上。结果常常是“兵来将挡”式的混乱操作，表面看似忙碌，实则难以形成有效合力。

第三个原因，也是本书关注的核心问题：**危机中企业在公众 / 媒体沟通环节的系统性失效**。这是最容易出错的环节，却常被误解为“写份声明”“安排个采访”就能解决。许多企业将公关岗位边缘化为“内容输出口”或“渠道发布口”，忽视了公关在危机中的判断力、引导力与战略价值。不少从业者缺乏对舆论生态的动态认知，也缺乏对组织内部节奏的敏感把握。一旦进入高压场景，往往不是沉默就是失语，不是言辞失当就是回应跑偏，轻则被误解，重则激化矛盾，让一次危机变成一次信任崩塌。

本书主要聚焦的正是第二和第三类问题：为什么企业每次回应公众，总是慢、偏、冷？为何“回应”变成新的风险源？为什么“说了很多”却“没人听懂”？我将从舆情的认知断点与表达困境切入，建立一套系统化的回应策略与公众沟通机制，帮助企业在高压情境中，以最小的代价修复最大的信任缺口。

三、案例是最好的教材

理论无法空谈，案例才是硬通货。

相比枯燥的概念与模型，案例更能展现问题的复杂性与组织应对的局限性，更能直观呈现“看似合理”的决策，如何在细节失控中滑向无法挽回的局面。

我主讲危机管理课程十余年，也深度参与企业突发事件应对与实战演练。无论是在讲台上，还是在现场第一线，我始终坚持从真实案例出发，解构每一次危机中被忽视的信号、错误的判断与制度的空缺。

本书所有案例全部来自真实企业场景，不以“企业名气”为筛选标准，而以“结构性风险”和“普遍性漏洞”为遴选依据。它们所反映的治理盲区与应对误区，具有高度可迁移性与警示价值。

这些案例，不仅适用于企业，政府治理与公共服务亦可从中借鉴。无论是建立应急响应机制、管理公共信任，还是在突发事件中掌握舆论引导原则，其底层逻辑均可相通。

更进一步说，危机管理并不只是组织命题。每一个个体也需要学会应对不确定、控制损害、管理情绪与表达——这本书虽然以企业为核心，却同样适用于那些渴望掌握“风险语言”的个人。

四、本书不是写出来的，是磨出来的

从 2021 年起笔，到 2025 年交稿，耗时四年，码出 40 多万字。

这四年，是一次“自己与自己较劲”的过程：我习惯将每一个细节磨至极致，恨不得每段文字都反复掂量、推翻重写，直到每一个字都落在最妥帖的位置。有些章节改了五遍，有些小节删了重写，却始终觉得还可以更好。若不是编辑提醒“该收笔了”，我大概还会在初稿上反复批阅，直至精疲力竭，仍觉未尽其意。

所以特别感谢深圳出版社韩海彬先生与靳红慧女士，是他们的信任、专业与耐心，才让这本书终于得以落地。

之所以在自序中称这本书为“最好”，并非出于狂妄，而是出于三个朴素的愿望：

第一，本书追求“通俗”与“专业”之间的平衡，既可供研究者参考，也能为一线工作者提供直接可用的工具；

第二，本书共收录 200 多个短案例、14 个深度案例，是当前危机管理领域案例最多、结构最完整、应用维度最广的一本实务书；

第三，本书附录中收录了 50 多个危机操作工具表，均根据我参与企业危机应对的经验整理而成。它们具备结构完整性、内容适配性与执行可行性的特点，尤其适合资源有限、应对经验不足的中小企业使用。

写作的四年，恰是 AI 技术高速演进的四年。ChatGPT、DeepSeek 等生成式工具，逐步成为企业应对话术制定、统一口径管理的“外脑”。因此，本书特别新增“AI 辅助危机沟通”章节，总结出一套基于企业内部语境的 AI 操作流程，覆盖道歉信撰写、回应口径生成等实际操作内容，助力企业在高压时刻提升沟通效率。

五、写给那些站在风口浪尖上的人

危机，是企业的照妖镜。它照见制度的缝隙、治理的短板，也照见一个组织真正的应变能力，和领导者在关键时刻的内在定力。

这本书，献给所有在不确定中前行的人：企业管理者、部门负责人、公关人员、应急协调员，也献给那些尚未遭遇危机、却有心提前准备的人。

在这个高度不确定的时代，对能力的要求早已不是“预见一切”，而是“应对一切”。你不需要完美地预测未来，但必须准备好在下一次风暴来临时，有方向、有工具、有方法。

我不敢说这本书是完美的。它无法覆盖所有复杂情境，也无法替代你身处局中时的判断。但我可以说，它是为了解决真实问题而写，是在大量案例、经验、教训与复盘中锤炼出来的行动指南。如果有机会再版，我会继续打磨，使它更聚焦、更具体、更实用。

如果您在阅读过程中有任何想法或建议，欢迎随时写邮件给我：hupengroc@163.com。每一封来信我都会认真阅读。

最后，希望这本书能成为你面对复杂现实的一张地图——在你迷失时，给你一个方向。

谨献给每一个与不确定性共处的人。

胡鹏

2025 年 3 月于杭州

目 录 CONTENTS

第一章

危机是什么，危机怎么管

审阅危机管理全书的心智图（图 1），我们会发现危机管理的首要课题，不是“如何应对”，而是“如何识别”。在危机真正爆发之前，若无法准确识别其性质与边界，任何应对举措都可能因误判而失效。

判断失误往往不在于反应迟缓，而在于起点认知的偏差。

现实中，不少组织在面对突发事件时，将普通的舆论波动误认为全面危机，将负面新闻视为敌意攻击，从而调动与风险等级不匹配的资源，采取了不对称的应对手段，最终导致事件升级甚至反噬。由此可见，危机管理的第一要义在于“看清局势”，而非仓促出手。

本章将围绕以下三个核心问题展开探讨：

- 危机的定义与边界：何种情境才构成真正意义上的“危机”？
- 危机管理、公关与沟通的协同逻辑：在危机应对中，管理、传播与关系协调三者如何定位？
- 危机类型的结构性解析：不同类型的危机背后存在哪些典型结构特征？

这些问题构成危机管理的知识基础，也是开展实务操作前的认知前提。唯有在平时理清逻辑、建立框架，才能在危机发生时准确判断形势，迅速制定策略，稳定组织节奏。

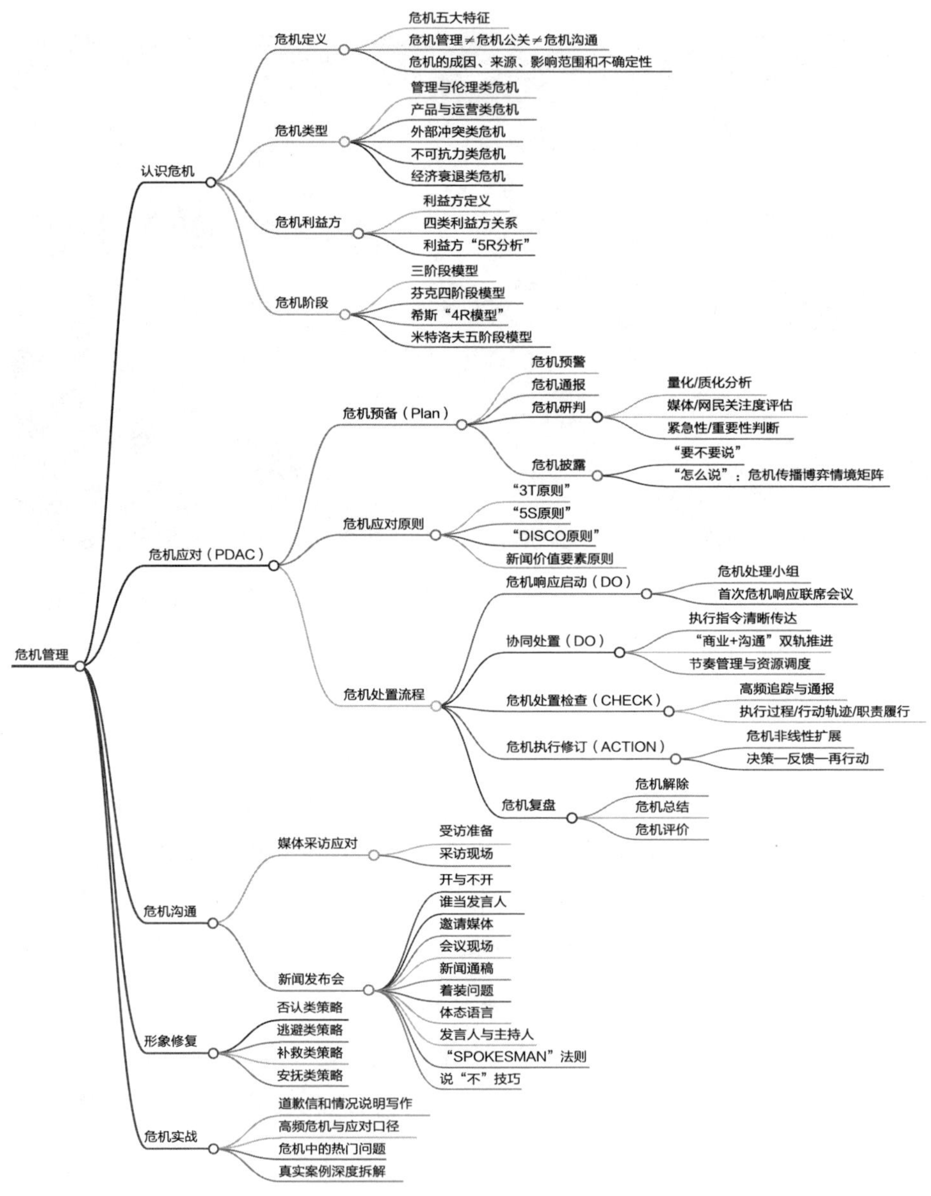

图1：危机管理的心智图

一、危机到底算什么：五大特征识破“假警报”

危机管理是一门复杂而动态的学科，尽管学界和业界对“危机”的定义各有侧重，但其核心要素高度一致。笔者综合国内外权威观点，用修辞的手法提炼出这样一个定义：

“危机，如同一场骤然袭来的风暴，未及察觉，已在天际翻滚。其裹挟着不确定性与破坏力席卷而至，令人猝不及防。它像一条幽深的暗流，潜伏于企业的脉络之中，静默无声，却悄然侵蚀根基，动摇核心价值。一旦引爆，便如决堤之水，冲毁员工士气，搅乱产品供应，摧残服务质量，动摇财务稳定，更可重创品牌声誉，把企业推向存亡边缘。危机犹如强磁铁，吸引政府监管摄像头与媒体报道探照灯的审视，使企业无所遁形，陷入一片混沌与动荡之中。”

我们把上述定义中的几个核心词语进行剖析，得出危机的五大核心特性：不可测、非常规、不确定、威胁性、藏转机。

（一）不可测：危机从不预约就登门

不可预测性是危机最典型的外显特征之一。正所谓“天有不测风云，人有旦夕祸福”，危机之所以成为危机，正是因为它经常打破既有节奏，在毫无征兆之下骤然来袭。即便企业事前建立了完善的应急预案与风险防控体系，依然难以完全规避其发生。危机的突发性迫使企业在时间压力下作出决策。所以，危机管理既考验管理层的判断力，也暴露组织在流程响应、信息联动、资源调配等方面的真实能力。

（二）非常规：惯用套路在危机面前失灵

危机的第二重特征是其非常规性。不同于日常运营中可依流程解决的常规问题，危机常常脱离企业原有认知与操作范式，不具备标准解法，无法照搬模板加以处理。它要求企业以极强的应变力打破惯性路径，采用非常手段处理非常情境——既要临机应变，又要快速协同。这一过程中，是否具备打破惯例、审时度势、因势利导的能力，是企业能否止损止乱的关键所在。

（三）不确定：最难控制的不是结果，是过程

由于不可预测性和非常规性的叠加，危机天然伴随高度不确定性。不确定性贯穿危机始终：从成因的识别、路径的演化，到公众的反应、媒体的走向乃至监管的态度，几乎每一个变量都处于浮动状态。这种不确定性增加了决策难度。企业必须依赖信息研判、舆情监控、数据建模等工具，动态调整行动路径，才可能在混沌中找到相对确定的锚点。

（四）威胁性：一念失守，可能全盘皆输

危机带来的核心后果，是对组织生存基础的直接威胁。在社会媒体高度发达的传播格局中，信息传播速度远超响应速度，公众认知形成机制具有“第一印象决定论”的特征。所谓“千金易得，一誉难求”。一旦危机处理不当，不但会导致品牌信任体系崩塌，还可能引发客户流失、投资人撤资、供应链中断，甚至招致监管调查和法律风险。极端情况下，危机可能成为企业失去市场立足点的转折节点。

（五）藏转机：转折往往就在风险中

危机，虽然常被视为挑战，却并非完全负面。古语云：“祸兮福之所倚。”动荡之中孕育着转机。对企业而言，危机是推动内部变革的关键契机。

若领导者能够在关键时刻保持战略定力，清晰识别各方诉求，及时调整组织结构与运作机制，不仅可以化解眼前风险，更可能借此修复声誉、重塑信任。许多企业正是在这样的时刻实现了自我超越——危机，反倒成为其脱胎换骨、赢得未来竞争优势的起点。

与其将危机视作一场风暴，不如将其看作一次深层次蜕变的催化。真正有远见的组织，会在风雨中稳住方向，在调整中释放潜能，让危机成为成长的拐点和信任重建的转折。

二、别再弄混了：危机管理≠危机公关≠危机沟通

在应对突发事件或经营困境的过程中，人们常将“危机管理”“危机公关”“危机沟通”这三个概念交替使用。然而，尽管它们均与危机应对密切相关，其内涵、重点与功能却各有不同。厘清三者之间的逻辑关系，对于构建系统化的企业危机应对能力具有重要意义。

我们可以借用一个形象的比喻加以说明：若将企业比作航行在大洋中的一艘船，那么危机管理、危机公关与危机沟通，分别承担着不同但相互支撑的角色。

- 危机管理：是船体安全的保障机制，涵盖从出发前的例行检查、防水加固、救生设备准备，到途中对暴风雨的预判与应急应对，再到事后对船体损伤的修复与乘客安全返回的安排
- 危机公关：类似于船长在风暴来袭时，向乘客解释状况，安抚他们的情绪，告诉大家下一步的应对计划，避免乘客恐慌或对船长的能力失去信任
- 危机沟通：是船长与乘客、港口指挥中心、监管单位之间的具体对话与信息传递机制，确保每一位利益相关者及时获得准确、清晰的信息

三者相辅相成、缺一不可。危机管理决定了企业如何有效解决问题，危机公关决定了外界如何认知问题，而危机沟通则是连接行动与认知的桥梁。我们可以用公式来总结这三个概念。

- 危机管理 = 预防 + 处理 + 恢复，目标是“确保企业活下来”
- 危机公关 = 形象修复 + 信任维系，目标是“让外界仍然相信企业”

- 危机沟通 = 信息通道设计 + 执行机制，目标是“让外界知道企业在做什么”

（一）危机管理不是危机公关

危机管理（Crisis Management）不能等同于危机公关（Crisis Public Relations）。

危机管理是一个系统性的过程，涵盖危机发生前、中、后的所有应对措施。它的目标是尽可能预防危机发生，并在危机爆发后迅速控制损害，最终恢复正常运营。危机管理的主体是企业，立足于消费者和公众角度对事件本身进行有效管理，使企业在危机事件中损失降到最低[①]。

危机公关侧重于形象管理，即当企业遇到重大负面事件时，如何通过合适的沟通策略向外界传递信息，减少舆论压力，维持品牌信誉。危机公关中的公关，就是指公共关系（涉及“信息”“关系”“舆论”“形象”），也是一种待人处世的软实力。[②]当危机事件发生后，所谓的危机公共关系就是用宣传去“感染”，用真诚去“俘获”，用亲和力去“打动”，让公众和利益相关方信任企业的处理能力，而不是误解或丧失信心。

用简单的例子解释一下：假设一家食品公司发现其产品受到污染，需要立刻召回商品并处理危机。

从危机管理角度来看，公司首先需要启动危机应对计划，立即停止生产，召回产品，然后查找污染源，修复生产线，确保类似问题不再发生。这是一个全面的操作过程，涉及生产、供应链、法律、财务等多个部门。

从危机公关角度来看：公司需要向公众、消费者和媒体解释这次事件，发布新闻声明，召开新闻发布会，说明问题原因、应对措施和未来防范措施，以减少消费者的恐慌，挽回公司声誉。危机公关主要处理的是如

---

① 王微，陈霄. 用危机公关的手段代替危机管理，危险![J]. 现代企业文化（上旬），2008（11）：58.

② 马志强. 谈谈危机公关和危机管理、危机传播之间的关系和作用[J]. 公关世界，2017（05）：44–49.

何与外界沟通，保持透明度，消除误解。

因此，危机公关只是危机管理中的一个部分，主要负责信息传递和舆论控制，而危机管理的范围要远远大于此。实际上，国外关于危机管理的图书有很多，但是关于危机公关的图书却很少。

（二）“管理 + 公关”的四种典型组合

景庆虹总结了危机管理与危机公关的四种定式①，从四种不同的情境来阐述危机管理与公关之间的关系。

表1：危机管理与危机公关的四种定式

	成功的危机管理	失败的危机管理
成功的危机公关	锦上添花	雪中送炭
失败的危机公关	美中不足	雪上加霜

1. 成功管理 + 成功公关 = 锦上添花

在理想情境下，企业要建立成熟的危机管理体系，还要利用有效的公关策略塑造积极的舆论环境。这种双重保障使得企业在化解危机的同时，反向提升组织韧性，实现品牌价值的再塑造。

成功的危机管理始于精准的风险预警系统与高效的决策执行机制。企业要建立常态化的危机监测体系，实现信息通报迅速、资源调配高效。然而，仅有稳健的管理体系并不足以赢得公众支持，公关策略的精准运作同样不可或缺。有效的公关传播能填补信息空白，消除外界疑虑，引导舆论朝有利方向发展。

例如，国际航空业在面对突发空难事件时，通常采用“双轨制”应对模式：一方面，航空公司在事故发生后迅速启动应急处置机制，配合政府与行业监管机构展开调查，同时做好善后处理；另一方面，企业的公关团队则利用透明化的信息发布、及时的情绪安抚以及公众关怀，展现企业的

① 景庆虹. 危机公关与危机管理关系之解读[J]. 中国行政管理，2014（12）：74-77.

责任担当与人道关怀。

2. 成功管理 + 失败公关 = 美中不足

在危机管理中，即便企业拥有完备的管理体系，若公关策略执行不当，仍可能损害品牌形象，使原本可控的危机演变为信任危机。公众对危机的评价不仅取决于事实本身，更涉及情感共鸣与价值认同。管理层若未能在信息传播中展现共情，可能导致利益相关方对其决策正当性的质疑。

2023 年 5 月，美国航空公司的第三方供应商 Pilot Credentials 系统遭黑客攻击，导致 5000 多名飞行员和申请人的个人信息泄露，包括姓名、社会安全号码、驾驶执照号码等。尽管公司迅速将信息迁移至内部门户并配合调查，但因未能及时、透明地与公众沟通，导致外界对公司的数据安全管理能力产生质疑。此案例说明，即使管理措施到位，公关失败仍会削弱公众信任。

3. 失败管理 + 成功公关 = 雪中送炭

在部分特殊情况下，当管理层的决策偏差已造成实质性损害时，高段位的危机公关仍能发挥“止损阀”功能，比如采用信息引导、情境重塑与公众情绪管理等方式，企业把外界关注点从既成损失转向企业的改进承诺，使危机成为组织价值观强化的公共仪式。

2023 年 11 月 27 日晚间，全国各地的用户在社交平台吐槽滴滴出行出现无法锁车、无法打车、网络异常、定位不准等情况。“滴滴崩了”引发舆论震动。这显然是管理上的失败，企业未能提前预防或及时解决技术问题，给用户带来了极大的不便。然而，滴滴在危机发生后迅速采取了成功的公关策略：迅速发布道歉声明，承认问题并表达歉意；针对故障期间受影响的订单，承诺在 24 小时内完成结算，退回多收部分费用；为所有用户提供 1 张 10 元打车立减券作为补偿。这些措施有效缓解了用户的不满情绪，将舆情从“怨声载道”转变为“原谅你了”。滴滴凭借及时、透明的公关策略，弥补了管理上的失误，最终赢得了用户的理解和信任，实现了“雪中送炭”的效果。

4. 失败管理 + 失败公关 = 雪上加霜

当企业管理体系失效且公关策略失控，危机便进入指数级扩散的危险状态。这一阶段的典型特征是：管理层无法精准识别风险，导致应急响应机制失灵，而公关团队在信息发布过程中又因缺乏系统规划，使舆论进一步失控，最终形成信任崩塌的连锁反应。

在此情境下，管理层通常存在两大误区：一是未能提前捕捉“蝴蝶效应”带来的潜在风险，使危机在爆发后难以迅速遏制；二是未能制定匹配危机烈度的应对方案，使得应急措施与实际需求严重错配。而公关策略的失效则进一步加剧危机恶化，导致企业陷入“塔西佗陷阱”，即无论声明内容是否属实，公众都倾向于质疑其真实性，从而引发更大的信任危机。

近年来，国内多家互联网金融平台的“爆雷”事件即为典型案例。部分 P2P 平台在资金链断裂后，管理层未能迅速冻结资金、制定补偿方案，反而试图隐瞒事实，拖延公告，掩盖问题。与此同时，公关部门在信息发布过程中过度强调企业的“无辜”立场，而忽略了投资者的实际诉求，最后导致信任崩塌，引发更大范围的法律诉讼与监管介入。

整体来说，上述四个定式正确地阐述了危机管理与危机公关的不同组合及其效果。成功的危机管理离不开危机公关，而危机公关也不应独立于危机管理。

第一，企业在发现自身错误后，应当积极主动进行危机管理，采取应对措施，而不是被动地等待媒体曝光后再进行“危机公关”。企业必须具备高度的危机意识，建立健全的危机管理机制，确保在危机发生的第一时间能够迅速作出反应，有效控制事态发展。

第二，任何危机的成功处理都是有条件的，不应该夸大危机公关在危机事后处理中的作用。危机公关虽然能够在一定程度上帮助企业修复受损形象，但并非万能良药。危机的成功处理需要企业具备全面的危机管理能力，包括危机预防、危机应对和危机恢复等各个环节。此外，危机处理的效果还受到多种因素的影响，如危机的性质、规模、持续时间以及企业的资源、能力和社会环境等。

第三，未雨绸缪在任何时候都比亡羊补牢高明。这一原则强调了危机预防的重要性。要建立健全的危机预警机制，及时发现潜在的危机风险，采取相应的预防措施，从而避免危机的发生或将其控制在最小范围内。与事后处理相比，危机预防具有更高的效率和更低的成本。

（三）危机沟通可不是点缀

危机沟通是危机公关的一部分，专指如何有效传递信息，包括内部（员工、供应商）和外部（媒体、政府、客户）的信息交流。

加强信息的披露和与公众的沟通，争取公众的谅解与支持，是危机管理的基本出发点。在危机事件发生后，信息的透明度和公众的知情权是公众关注的焦点；信息的隐瞒或误导会引发公众的不安和猜疑，进而加剧危机的恶化。企业在危机发生后，要利用新闻发布会、官方声明、社交媒体等渠道与公众保持顺畅沟通，避免误解或谣言扩散。

有学者说："在危机事件中，许多突如其来的状况必须靠'沟通'而不是'管理'；许多冲突的情况有赖于'协调'而不是'控制'；许多危机的成败关键在于第一时间的沟通而非整体的危机管理方案"。[①]

因此，在海量的危机事件中，沟通协调非常重要，它会直接影响、决定危机中各方面关系处在何种状态，从而最终决定危机处置结果的优劣成败。因此，一些西方学者也通常把危机管理（Crisis Management）称为危机沟通管理（Crisis Communication Management），原因在于加强信息的披露和与公众的沟通，争取公众的谅解与支持是危机管理的基本对策。

本书的第三章针对危机管理的利益方给出了不同的沟通策略，第八章给出了如何加强与媒体沟通与合作的策略。

---

① 吴宜蓁. 危机传播[M]. 台北：五南图书出版股份有限公司，2002.

三、危机怎么分类：四个维度帮你读懂危机“脸谱”

在现代社会，危机无处不在，它们可能源自突发的自然灾害，也可能由人为疏失或系统性缺陷导致。理解危机的成因、来源、影响范围和不确定性，是制定有效应对策略的前提。

（一）成因：天灾 VS 人祸

危机的产生通常可归因于自然灾害（天灾）或人为因素（人祸）。这两类危机在成因、发展模式以及应对方式上存在显著差异。

天灾。自然灾害是最典型的外部危机之一，其发生具有突发性、不可预测性，可能引发连锁反应。地震、飓风、洪水、火山喷发等天灾可能造成生命财产损失，还会影响社会秩序、经济运行乃至全球供应链。例如，2008 年汶川地震导致大量基础设施被毁坏，给企业经营和民众生活带来巨大冲击。

人祸。这类危机源于人为失误或系统缺陷。与天灾不同，人祸型危机起源于企业或个人的错误决策、管理疏失、技术故障或道德失范。常见案例包括食品安全丑闻、企业财务欺诈、环境污染事故等。

虽然天灾与人祸看似截然不同，但它们在现实中可能交织发生。地震等天灾可能诱发核电站泄漏，而管理不善的企业在面临天灾时可能因应对不力加剧损害。因此，危机管理要考虑单一类型的风险，还要综合评估可能的连锁反应。

（二）来源：外部 VS 内部

从发生来源来看，危机可以分为外部危机和内部危机。外部危机由企业或组织无法直接控制的因素引发，而内部危机通常与组织自身的运营管理密切相关。

外部危机。外部危机源于宏观环境的变化，通常包括自然灾害、经济波动、政策调整、国际冲突、市场竞争等。这类危机超出企业的直接掌控范围，需要采取高度灵活的应对策略。例如，2020年新冠疫情席卷全球，航空、餐饮、旅游等行业遭受重创，不少企业因客流骤减而破产。

内部危机。内部危机源于组织自身的问题。相比外部危机，内部危机更具可预测性，通常源于管理不善、道德失范、技术故障或企业文化失衡。最典型的例子包括企业财务造假、产品质量问题、数据泄露、领导层丑闻。

外部危机和内部危机在管理策略上有所不同。对于外部危机，企业需要建立健全的风险识别与应对机制，如供应链多元化、市场情报监测、政府关系管理等。而面对内部危机，企业应加强治理结构、提升内部合规性，建立有效的危机预警系统，防止问题扩大化。

（三）对象：个案VS系统

危机的影响范围决定了其破坏力及应对方式。从牵涉对象来看，危机可分为个案危机和系统危机。

个案危机。个案危机通常影响单一企业、品牌或个人，其破坏范围相对有限。这类危机的特点是影响范围可控，可迅速采取补救措施来防止事态恶化。2018年4月，美国费城星巴克因店员报警逮捕两名未消费的非裔顾客引发种族歧视争议。事件曝光后，星巴克公司首席执行官凯文·约翰逊公开道歉，宣布全美8000余家门店停业一天进行反歧视培训，同时承诺完善员工培训制度以确保公平对待所有顾客。

系统危机。系统危机则具有更广泛的影响，通常涉及多个利益相关方（如政府、企业、消费者）；产生长期影响，可能改变行业格局或社会政策；需要跨组织、跨行业的协作来解决问题。2008年国际金融危机，也被称为次贷危机，是自大萧条以来最严重的全球性金融危机。这场危机导致了雷曼兄弟这家拥有158年历史的投资银行破产，还引发了一系列连锁反应，对全球经济造成了深远而持久的影响。

个案危机和系统危机的应对方式有所不同。对于个案危机，精准沟通、快速行动和妥善补救有助于修复声誉。而对于系统危机，则需要采取政策调整、行业标准重建等长期战略。

（四）不确定性："黑天鹅"VS"灰犀牛"

这一分类能够帮助企业更好地理解危机的不确定性，并制定相应的管理策略。

"黑天鹅"危机。"黑天鹅"这一概念，源自美国经济学家纳西姆·尼古拉斯·塔勒布所著的《黑天鹅：如何应对不可预知的未来》（2008年出版中文版）一书，它形象地描绘了那些极为罕见、难以预测，却又对社会或经济产生深远影响的重大事件。它们发生前缺乏明显征兆，一旦出现便引发严重后果，且通常只能事后分析原因与应对方式。典型的"黑天鹅"事件包括2020年新冠疫情暴发、2008年国际金融危机以及"9·11"恐怖袭击。这类危机的核心特征在于突发性和高度不确定性，令企业难以提前预案。

"灰犀牛"危机。与之相对，"灰犀牛"危机指的是高概率、高冲击但经常被忽视的风险事件。此类危机通常有长期明显的警示信号，企业或社会却因麻痹大意未及时应对，最终造成严重损害。例如，气候变化就是典型的"灰犀牛"：几十年来全球科学界持续警告温室气体排放将导致极端气候事件增多，但各国应对迟缓，致使危机逐步加剧并产生深远影响。此外，全球供应链过度集中、脆弱的风险亦属"灰犀牛"事件，疫情等因素一旦触发，易引发连锁危机。

表2：常见危机所属的类别

危机类型	天灾VS人祸	组织外部VS组织内部	个案危机VS系统危机	"黑天鹅"VS"灰犀牛"
1. 企业伦理与领导层道德危机	人祸	组织内部	个案危机	"灰犀牛"
2. 合规与财务危机	人祸	组织内部	系统危机	"灰犀牛"
3. 法律诉讼与监管调查危机	人祸	组织外部	系统危机	"灰犀牛"
4. 产品质量危机	人祸	组织内部	个案危机	"灰犀牛"
5. 技术故障危机	人祸	组织内部	个案危机/系统危机	"黑天鹅"/"灰犀牛"

续表

危机类型	天灾 VS 人祸	组织外部 VS 组织内部	个案危机 VS 系统危机	“黑天鹅” VS “灰犀牛”
6. 供应链断裂与物流危机	天灾/人祸	组织外部	系统危机	“黑天鹅”/“灰犀牛”
7. 劳资冲突与员工管理危机	人祸	组织内部	个案危机	“灰犀牛”
8. 恶意攻击与破坏危机	人祸	组织外部	个案危机/系统危机	“黑天鹅”
9. 谣言传播危机	人祸	组织外部	个案危机/系统危机	“灰犀牛”
10. 利益方冲突危机	人祸	组织内部/组织外部	个案危机/系统危机	“灰犀牛”
11. 国际政治与监管危机	人祸	组织外部	系统危机	“黑天鹅”/“灰犀牛”
12. 模糊国家主权危机	人祸	组织外部	个案危机/系统危机	“灰犀牛”
13. 自然灾害危机	天灾	组织外部	系统危机	“黑天鹅”
14. 公共卫生危机	天灾/人祸	组织外部	系统危机	“黑天鹅”/“灰犀牛”
15. 宏观经济危机	人祸	组织外部	系统危机	“灰犀牛”

第二章

危机都长什么样：类型解析

本章梳理了常见的 15 类危机情境，但现实中的危机往往形式多样，受行业属性、市场格局、企业体量和社会情绪等因素影响，不同类型的危机常常交织发生，甚至演化出新的变种。因此，本文所列类型并不构成穷尽清单，而是提供一个分类框架，供参考使用。

在实践中，危机往往不以教科书式的方式呈现。比如，制造业中的供应链中断可能只是常规的运营问题，但在食品行业，同样的问题可能就上升为公共安全事件。又如，网络舆情在科技公司通常与数据泄露相关，容易演变为信任危机；而在文娱行业，一场危机可能源自某位艺人的不当言论或私生活曝光。正因如此，企业在实际操作中应结合自身行业特征和舆论环境，动态识别风险，根据具体情况制定危机应对策略。

为了帮助读者系统识别不同类型的危机，表 3 按照危机的来源和性质划分为 5 大类、15 种典型场景，并对每一类危机的核心诱因及潜在影响进行了标注，便于企业进行前期预判和应对部署。

表3：常见危机的分类、名称和说明

危机类别	危机名称	危机简要说明
管理与伦理类	1.企业伦理与领导层道德危机	包括高管贪腐、不当言论、权力滥用等道德失范行为，易引发社会公愤，损害企业形象与内部凝聚力。
	2.合规与财务危机	涉及账目造假、逃税漏税、财务不透明等行为，可能导致监管处罚、投资者信任流失及股价下跌。
	3.法律诉讼与监管调查危机	企业因涉嫌垄断、隐私数据泄露、欺诈行为被立案调查或诉讼，带来声誉和经营双重风险。
产品与运营类	4.产品质量危机	产品存在安全隐患、功能缺陷或召回事件，损害消费者信任，影响市场份额。
	5.技术故障危机	企业系统崩溃、平台宕机、算法失灵等技术问题，可能导致业务中断、数据损失或用户流失。
	6.供应链断裂与物流危机	关键物资短缺、物流瓶颈或供应商违约可能严重干扰正常运营与履约能力。
	7.劳资冲突与员工管理危机	工人罢工、性骚扰投诉、用工不公等问题如处理不当，易演变为公众事件或法律纠纷。
外部冲突类	8.恶意攻击与破坏危机	包括网络攻击、数据泄露、暴力破坏等非自然因素造成的威胁，通常具有突发性与高度破坏力。
	9.谣言传播危机	社交媒体、短视频或网络论坛上的不实信息迅速发酵，造成公众误解与声誉受损。
	10.利益方冲突危机	客户、员工、投资人之间利益不一致，可能引发集体投诉、维权行动，削弱企业治理能力。
	11.国际政治与监管危机	企业因地缘政治、跨境监管变化（如制裁、政策收紧）受到限制，影响业务合规与拓展。
	12.模糊国家主权危机	品牌、广告或发言涉及政治敏感区或国家主权争议，易引发地区性舆论风暴与市场抵制。
不可抗力类	13.自然灾害危机	包括地震、洪水、台风等突发自然现象，可能导致工厂停工、物流中断或员工伤亡。
	14.公共卫生危机	如新冠疫情、登革热暴发等对员工健康和业务连续性带来直接威胁。
经济衰退类	15.宏观经济危机	包括通货膨胀、利率变动、经济衰退、消费信心下降等，导致企业营收与投资回报受压。

一、管理与伦理类危机：高管塌房、财务作假、合规出事

（一）企业伦理与领导层道德危机

1. 企业价值观问题

在全球化背景下，企业的伦理标准、社会责任意识和可持续发展理念，已经成为构成企业核心价值体系的关键内容。这些要素不仅影响着企业与员工、客户、投资者、政府等利益相关方之间的关系，也决定了企业能否建立稳固的市场地位与长期竞争力。

一旦企业的价值观与社会普遍认同的期待之间出现明显冲突，信任风险就会逐步积累，并可能在某个触发点上演变为突发性的公信力危机。这类冲突往往集中出现在几个核心领域：是否守住道德底线、是否认真履行社会责任、是否重视环境保护，以及是否坚持公平正义。一旦企业在这些关键问题上出现偏差，往往会被公众迅速聚焦并放大，最终形成广泛的负面影响。

伦理底线是企业合法经营的前提，也是其持续发展的根基。一旦在伦理层面“踩线”或“越界”，不仅可能引发法律纠纷，更会在公众心中种下不信任的种子，使企业形象受到长期甚至不可逆的损害。20世纪90年代，耐克公司被曝其海外代工厂存在剥削劳工、使用童工的行为，引发全球范围内的抗议活动和舆论谴责。尽管耐克采取了一系列改进措施，加强供应链监督、改善劳工待遇，但恢复公众信任仍历经数年。

当代企业履行社会责任，早已不再是为了应对监管的被动动作，而是一项主动融入战略、创造多方价值的重要路径。这种责任已涵盖环境保护、员工成长、消费者权益维护等多个方面，成为企业塑造品牌形象和增强公众信任的重要支撑。2010 年英国石油公司钻井平台爆炸事件导致墨西

哥湾原油大量泄漏，严重损害了当地生态环境与经济利益，令企业面临巨大社会压力与巨额罚款，不得不大规模削减生产。

可持续发展则要求企业在追求经济利益的同时，兼顾生态环境保护与社会整体福祉，实现三者之间的有效平衡。然而，在实际运作中，不少企业虽在口头上作出承诺，行动上却跟不上，最终造成了“可持续发展悖论”——表面上倡导环保、关爱员工、回馈社会，背后却存在排放超标、压榨劳工或消费误导等问题。快时尚品牌 H&M 曾宣称支持可持续发展，却多次被曝光其供应链企业常常导致发展中国家水资源过度消耗和化学品污染。另外，尽管 H&M 推出了旧衣回收项目，但其实际效果和环保承诺之间存在差距。这种名不副实的行为对品牌声誉造成长期损害，成为企业价值观危机的典型案例。

在商业合作中，共同价值观是维系稳定关系的基石。一旦企业违背了这些共识，将面临合作伙伴信任崩塌和投资者撤资风险。近年来，沃尔玛的供应商因违反劳工权而面临严重的声誉损害和投资者信任危机。尽管具体的“大规模投资者撤资”事件未发生，但沃尔玛在全球供应链中存在的强迫劳动、童工和不良工作条件问题引起了广泛关注。

2. 领导层道德失范

道德观作为引导人类行为的内在准则，直接影响着企业的可持续发展和社会公信力。企业领导层道德失范已成为危机管理中的高风险因素，尤其表现为性道德问题、贪污腐败和滥用职权三个方面。

企业领导的性道德问题往往导致严重信任危机与人才流失。2017 年，中金公司高管在实习生招聘面试中被指控性骚扰；2023 年，安永大中华区高管亦因性骚扰行为被实名举报。这些事件迅速在社会舆论中发酵，对企业声誉与人才吸引力造成严重影响。

贪污腐败行为则直接侵蚀企业管理秩序，损害企业内外利益相关方权益。巴西国家石油公司高管与政界人士勾结，通过虚报成本贪污巨额资金。这一丑闻的曝光导致公司资产大幅贬值，严重损害了企业国际信誉，投资者损失惨重，成为腐败危机典型案例。

滥用职权表现为领导层利用职位便利谋取私利或打压异己，一经曝光将重创企业公信力和管理合法性。日产汽车前董事长卡洛斯·戈恩因隐瞒收入、挪用公款被日本警方逮捕，事件迅速引发全球关注，使公司管理危机与内部问题全面暴露，企业声誉及国际竞争力因此受到长期影响。

（二）合规与财务危机

企业危机，宛如平静海面下隐藏的暗流，表面上一切风平浪静，实则危机四伏，尤其在合规问题与财务不当行为的阴影笼罩之下。这些危机如同海中的暗礁，一旦不慎触碰，便可能使企业这艘巨轮瞬间陷入困境。“君子以思患而豫防之。”企业必须在合规问题与财务舞弊爆发之前采取措施，从根源上杜绝不正当行为。

1. 合规问题

所谓合规问题，是指企业在日常经营中未能严格按照法律法规、行业规范或道德标准行事，从而引发重大后果。随着企业经营版图不断扩大，特别是进入国际市场后，合规的要求不再只是“守法”这么简单。

如今的合规管理已经远远超出了传统法律框架的范畴，更涉及跨国法律适用、ESG（环境、社会、公司治理）指标接轨以及商业伦理的系统重建。尤其对于跨国企业而言，合规风险主要呈现出两大特点：一是不同国家法律制度之间的差异带来的冲突和不确定；二是国际政治和经济格局下，各类制裁、反垄断、反腐败等机制之间形成的联动风险。这些因素叠加，让企业的全球合规管理变得更加复杂和敏感。

法国第二大银行兴业银行违反美国金融制裁规定，通过其美国子公司向古巴、伊朗等受制裁国家转移了巨额资金，结果在2018年遭到美国监管机构的严厉制裁。事件曝光后，该银行被处以数亿美元的罚款，面临在美国市场的业务限制，这对其国际声誉造成了重大影响。

2. 财务舞弊

财务舞弊行为，如欺诈、挪用、内幕交易等，也是这类危机的导火索。企业为追求短期利益，或掩盖运营瑕疵，或刻意遗漏关键事实，以此来误导利益方，从而造成了深重的道德和诚信危机。

财务舞弊行为对企业的破坏性呈现独特的链式反应特征：初始阶段的利润虚增形成虚假繁荣，中期引发内部控制体系失效，最终导致系统性信任崩塌。有研究显示，财务舞弊企业的平均生存周期仅为正常企业的43%，且危机爆发后3年内破产概率高达78%。

最具代表性的财务不当危机莫过于2001年安然公司的倒闭。安然曾是全球最大的能源公司之一，但其利用复杂的财务操作虚增利润，隐瞒巨额债务。安然事件揭露了财务欺诈的致命性，导致了公司破产，引发了大量投资者损失以及金融市场的恐慌。安然的倒闭引发了对公司治理和财务透明度的广泛讨论，也促使美国通过了《萨班斯－奥克斯利法案》，加强了对企业财务报告的监管。

财务不当与企业内部控制机制的失效息息相关。企业内控制度不健全或形同虚设，会给不法行为提供滋生的土壤。2008年雷曼兄弟的倒闭是另一例深刻的教训，管理层在金融衍生品市场进行高度风险的操作，最终导致了企业的破产以及国际金融危机。内部控制的失效，使企业缺乏有效的监督机制，风险逐渐累积，最终无法挽救。

3. 信任贬损后果

企业一旦采取欺骗行为，所付出的代价远不止法律制裁，更深层次的伤害是对“信任”这一核心资产的毁灭。信任是企业得以运转的根本，一旦欺骗被揭露，信任崩塌就像雪崩一样，从一个小点蔓延成系统性的全面瓦解，影响范围包括市场、合作伙伴、客户乃至企业内部员工。

企业失信带来的破坏，通常呈现出“法律追责—市场排斥—组织瓦解”三个层面的连锁效应：

第一层：法律制裁引发连锁后果。一旦企业被查出造假、隐瞒、虚报等行为，除了面临高额罚款，还会被卷入长期的司法程序，受到监管机构密集调查，运营严重受阻。2015年，大众汽车在“排放门”事件中被揭发在柴油车中安装作弊软件，伪造尾气检测数据，触发美国环境保护署的重罚，最终大众汽车被罚150亿美元，全球超过1100万辆汽车被召回整改。

第二层：资本市场信任崩盘。投资人依赖公司信息作出判断，一旦发现数据造假，信心立刻崩溃，股价暴跌、资本撤离就在一夜之间。德国金融科技企业 Wirecard 曾被誉为欧洲明星公司，直到虚构的 19 亿欧元资金被曝光，其股价短时间内暴跌 97%，市值从 240 亿欧元归零，公司最终申请破产，成为德国历史上最严重的财务丑闻之一。

第三层：组织系统内部塌陷。企业内部对管理层的信任也会随之动摇，员工士气下滑，文化氛围扭曲，久而久之整个组织的运行机制被侵蚀，企业发展失去支撑。尤其是当失信行为反映出的是长期制度漏洞或文化病灶时，企业将面临根本性的信任危机，难以自救。

（三）法律诉讼与监管调查危机

法律诉讼与监管调查危机是企业在经营过程中面临的重大挑战，涉及政府监管、反垄断措施和商业诉讼等方面。这类危机可能引发法律责任和经营风险，严重影响企业的声誉和生存能力。

1. 政府监管

政府监管旨在确保企业遵守法律法规，维护市场秩序和公共利益。然而，部分企业为追求利益，可能违反相关规定，导致监管机构的调查和处罚。

紫晶存储在 2023 年因涉嫌信息披露违法违规，被中国证监会立案调查。调查发现，公司在上市前利用虚构销售合同等方式虚增营业收入和利润，上市后继续财务造假，最终被认定为欺诈发行。中国证监会对紫晶存储及相关责任人进行了严厉处罚，公司股票也被终止上市。

2. 反垄断措施

反垄断措施旨在防止企业利用不正当手段获得市场垄断地位，从而维护市场竞争的公平性及保护消费者权益。违反这些法规的企业，可能会遭受重大的经济罚款以及业务运营的限制。

2024 年 8 月 13 日，上海市市场监管局查处了宁波森浦信息技术有限公司滥用市场支配地位案。该公司利用“独家代理”获取国内最大货币经纪公司债券交易数据，并拒绝向其他信息服务商提供，构成拒绝交易行为。同时，其规定“70万起售”的交易条件，附加不合理限制，排除、限制了相关市场竞争，损害了债券交易机构和投资者的利益。上海市市场监管局依法责令其停止违法行为，并处罚款453.28万元。

3. 商业诉讼

企业在经营过程中，可能因合同纠纷、知识产权争议等卷入商业诉讼。这类诉讼耗费资源，损害企业声誉。

2025年2月26日，德国杜塞尔多夫地区法院判决TCL Deutschland GmbH & Co. KG（以下简称“TCL”）侵犯三星电子的欧盟商标“The Frame”，并禁止TCL在欧盟范围内使用“NXTFRAME”标识于电视产品上。三星电子指控TCL的“NXTFRAME”电视产品名称涉嫌抄袭其“The Frame”商标，法院认定“FRAME”为主要识别部分，存在混淆可能性。TCL被迫将产品名称修改为“A300”，删除相关销售信息。此案对TCL在欧洲市场的品牌声誉造成严重损害。

二、产品与运营类危机：质量失控、技术失灵、劳资矛盾

（一）产品质量危机

产品质量危机是一种不可忽视的挑战，尤其是面向消费者的行业，如食品、饮料、汽车和电子产品等。产品一旦无法满足预定的安全、功能或性能标准，企业将面临信任危机，甚至生存威胁。在当今信息传播速度空前加快的时代，任何质量瑕疵都会迅速曝光并引发广泛讨论，进而可能演变为一场公关灾难。

1. 食品安全

食品安全问题尤其敏感且具破坏性，堪称“定时炸弹”。它暴露了

企业在生产过程中的卫生漏洞，使消费者对产品的安全性和可靠性产生质疑。

2008年三鹿问题奶粉事件，事件起因是很多食用三鹿集团奶粉的婴儿被发现患有肾结石，随后在其奶粉中被发现化工原料三聚氰胺和三聚氰酸。2010年，时任国务院总理温家宝总结："一个三鹿奶粉，我们付出了很大的代价……我们普查了受到奶粉影响的儿童达到3000万，国家花了20亿……教训应该说是很深刻的，不是一个企业，也不是一个地方，是我们整个民族应该汲取的……"

2. 汽车召回

汽车行业的质量危机同样具有极大的潜在风险。当企业对产品质量控制流程疏于管理，当产品设计或生产中的小问题未被及时发现时，往往会酿成重大安全隐患。

2009年，丰田因部分车型存在刹车系统故障，导致数百起事故及多人伤亡，迫使公司紧急召回数百万辆汽车。这一危机导致丰田股价大跌，品牌信任度急剧下降，对公司的市场份额造成了长远的负面影响。事后，丰田在质量控制和供应链管理方面加大了投入，最终逐步恢复市场信心，但这一危机给丰田造成的经济和声誉损失却是巨大的。

3. 科技产品

高科技产品具有复杂性风险，电子产品的质量问题不仅限于使用体验，还直接威胁用户的生命安全。因此，在产品设计与测试阶段，企业必须高度重视安全隐患，进行严格的质量把控。

电子产品质量危机最出名的案例莫过于三星 Galaxy Note 7 爆炸事件。2016年，三星推出的 Galaxy Note 7 因电池设计缺陷，频繁发生过热甚至爆炸，导致公司不得不在全球范围内召回全部已售出手机。这一事件让三星承担了数十亿美元的直接损失，对其品牌声誉造成了严重打击。尽管事后三星加强了产品设计与测试流程，推出更安全的设备，但消费者的信任恢复需要相当长的时间。

4. 危机后果

第一层级：基础性损害——危及消费者健康与安全。这是最直观、最具冲击力的影响层面，涉及产品设计缺陷引发的人身伤害或公共健康事件。一旦出现问题，企业很容易陷入舆论旋涡和司法追责。福特平托车（Pinto）案中，因车辆油箱设计存在严重缺陷，在碰撞中易引发爆炸，最终造成数百起事故。这起事件不仅引发全球性集体诉讼，也成为企业忽视用户安全的典型反面教材。

第二层级：经济后果——高额损失与股价震荡。质量问题往往带来大规模召回、赔偿和退款，直接造成企业巨大的财务压力。有研究指出，全球因产品召回造成的直接经济损失每年高达数百亿美元。

2015 年，大众汽车被曝在柴油车上安装作弊软件，应对尾气排放测试，实际排放远超标准。这一事件引发了全球法律诉讼和赔偿请求，总损失超过 300 亿欧元，股价在一周内暴跌逾 40%。2023 年 10 月，"青岛啤酒小便门"事件因一段工人进入原料仓小便的视频在网络热传，引发巨大争议。财经评论估算，这起事件可能给青岛啤酒带来超 200 亿元的直接市值损失，若计入国际形象和信用评级，损失规模可能高达千亿元。

第三层级：品牌信任危机——市场公信力全面动摇。产品质量问题带来的不只是这一次事故的直接影响，更可能引发消费者对整个品牌是否值得信赖的根本质疑。一旦公众对企业稳定供给、质量管控能力产生怀疑，品牌的信任基石将遭受动摇。

2022 年，"张小泉菜刀不能拍蒜"事件在社交媒体上迅速引爆。原本只是一个产品争议，但由于客服回应不当和企业后续危机发声中的"消费者教育"论调，激起了广泛反感。企业引用"米其林厨师标准"来解释中国家庭常用刀法，引发公众对其文化认同和专业认知的双重质疑。最终，张小泉遭遇的不再是一次客服失言，而是品牌在专业性、文化贴近度和服务理念上的全面信任危机。

（二）技术故障危机

技术故障是企业运营中隐匿而致命的威胁，犹如多米诺骨牌，小到微不足道的设备失误，也可能触发整个系统的崩溃。危机管理学者查尔斯·培罗在《常态事故》中指出："看似细枝末节的技术问题常成为灾难的导火索。"技术危机通常源于人为因素与系统复杂性，企业必须全面评估与防范，方能有效降低危机爆发的风险。

1. 人为技术故障

人为技术故障多由管理疏忽、操作失误或安全漏洞未及时修复造成，潜伏于企业日常运营之中，最终爆发时造成巨大损失。尤其在数字化时代，技术系统的更新速度滞后或管理流程缺失，使安全防护能力急剧下降。2017 年美国征信巨头 Equifax 遭遇严重数据泄露事件，1.48 亿用户信息被盗取，起因竟然是企业长期未修复已知的软件漏洞。后续调查显示，Equifax 漏洞响应速度远低于行业标准，安全证书管理失效长达 19 个月，网络安全机制也存在重大缺陷。

此外，对安全漏洞的漠视也为技术故障埋下隐患。2017 年全球爆发的 WannaCry 勒索病毒，正是利用了各国政府和企业未及时修补的 Windows 系统漏洞，导致全球超过 150 个国家的数万台电脑遭受攻击，经济损失严重。

员工操作失误或管理疏忽同样可能引发重大技术危机。2015 年复旦大学 110 周年校庆活动中，因发布的标识与苹果公司 Touch ID 图标高度相似，且校庆宣传片又与东京大学宣传片高度雷同，引发公众对学校品牌形象的强烈质疑，校方回应不力使事件持续发酵，造成巨大声誉损失。

2. 不可预测的技术故障

不可预测的技术故障根植于技术系统内在的复杂性，系统内部的细微变动可能迅速放大为难以控制的连锁反应。这类故障突然爆发、事前难以察觉，给企业运营甚至社会稳定带来巨大冲击，常规的防范手段也难以完全奏效。

历史上，技术进步始终伴随着系统性风险。早在1965年，美国东北部一次电力设备的小故障即引发大规模连锁反应，最终导致超过3000万人受灾。进入信息时代后，这种风险更加显著。2000年的“千年虫”危机，虽然最终得到妥善处理，但凸显了微小程序缺陷可能造成的全球性问题。

技术系统的复杂性增加了危机预测的难度。2003年，美国克利夫兰地区一条过热电线下垂引发连锁反应，导致北美历史上规模最大的停电事故，超过5000万人陷入黑暗。事件暴露出复杂系统内“蝴蝶效应”的脆弱性——微小故障即可触发灾难性的连锁反应。

当代信息技术广泛普及后，不可预测的技术故障影响更加广泛。2023年11月27日晚，滴滴出行系统突发技术故障，导致约10亿个订单积压，用户出行受到严重影响。这次事件在社交媒体上迅速引发公众强烈不满，对企业品牌造成严重伤害。

（三）供应链断裂与物流危机

供应链断裂与物流危机会产生一种连锁反应，波及全球经济，使生产、贸易和消费系统陷入停滞。

1. 关键物流节点堵塞

在全球贸易体系中，某些物流枢纽如运河、港口、机场等承担着大部分国际货运任务，一旦这些节点受阻，全球供应链将面临大规模瘫痪。无论是航运拥堵、港口工人罢工还是极端天气影响，关键物流通道的堵塞都会造成货物滞留，导致企业生产原材料短缺、订单履约延迟，引发市场供应紧张。

2021年3月，全球最大集装箱货轮之一“长赐号”（Ever Given）在苏伊士运河搁浅，导致这一全球最繁忙的海运通道陷入瘫痪长达6天。其间，超过400艘货轮滞留，全球贸易流量受到严重影响。这是苏伊士运河历史上最严重的货轮搁浅阻断航道事故之一，货轮航程延误造成的直接和间接经济损失估计每小时数亿美元。

2. 核心生产基地停产

在全球制造业中，某些国家或地区承载着核心零部件的生产职能，一旦这些生产基地因疫情、自然灾害或政策调整等因素停摆，整个产业链的正常运作便会受到影响。对于高度依赖单一供应来源的行业而言，生产基地的断裂可能导致产品短缺，甚至影响最终消费市场。

2021 年，新冠疫情在东南亚地区肆虐，马来西亚、越南等国家的半导体工厂因防疫封锁政策被迫停产数月。东南亚在全球芯片封装和测试业务中占据重要地位，这些工厂的停产致使芯片供应链迅速断裂。福特、通用等汽车制造商深受影响，大幅减产。据相关统计，全球车企因芯片短缺损失高达 2100 亿美元。此外，苹果公司也受到冲击，由于越南摄像头模块短缺，iPhone13 系列被迫推迟发布，据估算损失营收约 60 亿美元。该事件凸显了疫情对全球产业链的巨大冲击。

3. 需求端剧烈波动

供应链体系通常基于稳定的需求预测进行生产和库存管理。然而，当市场需求因恐慌性购买、政策调整或突发事件发生剧烈波动时，供应链可能无法快速调整，造成短期供需失衡。需求暴增可能导致生产和物流跟不上，而需求骤降则可能带来库存积压和经济损失。

新冠疫情初期，消费者因恐慌心理大规模囤积物资。传统的“准时制生产”供应链模式无法快速适应这一剧烈变化，超市货架被抢购一空，供应商短时间内难以补货。美国纸业协会公布的数据显示，从 2020 年 2 月 28 日至 3 月 21 日，美国人在卫生纸上的花费超过 14 亿美元，同期增长了 123%。两个月后，当市场需求回落时，供应链仍在恢复过程中，导致部分企业积压了过多库存。

4. 地缘冲突引发能源与资源断供

全球供应链高度依赖能源、金属、农产品等关键资源的稳定供应，而地缘冲突会打破这种平衡。战争、制裁或贸易壁垒可能导致能源价格暴涨，甚至使部分产业链完全停滞。企业若对供应链地缘政治风险评估不足，可能因资源断供面临生存危机。

2022 年俄乌冲突爆发后，西方对俄罗斯实施能源制裁，导致欧洲天然气价格大幅上涨。据报道，2022 年 8 月，欧洲天然气期货价格一度飙升至每兆瓦时超过 340 欧元，创历史新高。这一价格较冲突前上涨了数倍。天然气价格飙升对欧洲工业造成了严重影响。德国化工巨头巴斯夫公司因天然气供应受限，被迫大幅削减氨生产。氨是化肥生产的关键原料，其减产导致化肥供应紧张，进而推高了全球农产品价格。

（四）劳资冲突与员工管理危机

劳资冲突与员工管理危机已成为企业运营中的高风险领域。罢工、劳动纠纷及管理政策不当，将影响生产运营，还会引发法律风险，损害企业声誉。随着劳动者权益意识的增强和社会监督的强化，此类危机愈发频繁且复杂。

1. 罢工危机

当劳资谈判破裂、工会力量成熟且基层情绪高涨时，罢工成为员工争取权益的“最后一搏”。不同于少量的请愿或离职潮，罢工作为一种制度化、组织化的集体行动，具有高度冲击性。一旦发生，企业将面临生产中断、订单违约、客户流失，甚至资本市场信任坍塌等多维打击。

2024 年 9 月，波音公司与代表 3.3 万名员工的工会谈判失败，员工因对四年内 25% 加薪方案不满而发动罢工。西雅图主力工厂全面停摆，波及全球航空公司订单交付。罢工首月内，波音累计损失已超过 50 亿美元，股价持续下跌，信用评级濒临“垃圾级”，债务融资能力严重受限。

2. 劳动纠纷升级

大量冲突始于小范围个体不满，却因缺乏倾听机制、内部协调失效，逐渐演变为群体性对抗。这类“非组织型”抗议，表现为集体离职、联合申诉、社交媒体发声，甚至升级为全国性抗议，影响品牌形象及业务运营。这类危机难在“起于微末”，往往不被管理层重视。等到形象受损、政府介入时，企业才意识到“协商机制”的缺位比矛盾本身更致命。

2024 年底，美国星巴克迎来自品牌创立以来最大规模的劳资风暴。由星巴克工人联合会发起的全国性罢工，因长期未解决的薪资待遇、医疗保障与管理纠纷问题迅速升级，最终扩展至45个州、约300家门店，超5000名员工参与。罢工期间，星巴克每天营业损失约85万美元，五天累计损失达425万美元。更重要的是，此次危机引发资本市场对其劳资关系稳定性的担忧，股价下跌超过6%。

3. 管理越界

在劳资管理边界模糊的地带，有一种极具争议性的风险——“管理越界”。当企业试图以制度规范或绩效评估为名，干涉员工的私人生活、婚育计划、社交言论，极易引发法律、舆情、情绪三重反噬。

2025年2月，山东舜天化工集团发布通知，要求28—58岁单身员工在9月底前结婚，否则面临解雇。企业声称此举旨在“稳定员工队伍”，但此做法明显侵犯婚姻自由，被劳动监察部门紧急叫停，引发全网声讨。企业随即陷入法律诉讼，面临罚款及员工维权行动。在职员工对管理层的不信任度上升，部分核心人才开始考虑离职。

三、外部冲突类危机：外敌攻击、谣言缠身、多边博弈

（一）恶意攻击与破坏危机

近年来“蓄意攻击”所引发的危机事件频次上升、烈度加剧，其破坏路径跨越物理空间、网络系统乃至组织信任结构，构成企业应对系统中的高强度破坏性变量。恶意攻击与破坏危机的显著特征在于，其源头并非系统失灵，而是行为体“有意为之”，即“不是企业出了错，而是有人想让企业出错”。

1. 蓄意破坏

当企业内部管理陷入高压状态，或员工长期处于低信任、低参与、低

激励的环境中，个体的不满情绪可能逐步累积并激化，最终从“沉默离职”演变为具有明确意图的破坏行为。蓄意破坏的主要动因可归为两类：报复心理与利益驱动。

利益驱动型破坏则通常涉及勒索、间谍活动或黑客攻击。2017 年，WannaCry 勒索病毒席卷全球，多家企业及政府机构数据被加密，黑客要求支付高额赎金解锁系统，造成全球数十亿美元损失。这种破坏行为由外部不法分子策划，但内部人员泄露信息或操作失误也可能成为诱因。

工作场所暴力也是蓄意破坏的极端表现，尤其在企业裁员、薪资纠纷或管理过度干预时，员工的敌意可能演变为攻击性行为。

2015 年，法国航空（Air France）宣布裁员 3000 人，愤怒的前员工冲入总部，对两名高管实施暴力攻击，导致管理层紧急撤离，公司形象受损。2018 年，YouTube 总部发生枪击案，一名伊朗裔女性因不满其视频内容被平台限制，持枪闯入公司大楼，射伤三人后自杀。

2. 恐怖主义

恐怖主义的形式不断演变，从孤狼式攻击到有组织袭击，从爆炸、枪击到网络恐怖主义，企业面临的安全挑战愈发严峻。

恐怖袭击的首要影响是员工的人身安全和心理健康。2008 年孟买恐袭中，泰姬陵酒店遭遇袭击，导致数十名员工和旅客死亡，幸存者长期处于创伤后应激障碍（PTSD）状态。目睹暴力事件的员工经常出现恐惧、焦虑，甚至影响职业发展决策，部分人可能因恐惧而选择离职，导致企业人才流失。

恐怖主义事件通常伴随巨额经济损失。2015 年巴黎恐袭后，法国旅游业损失超 20 亿美元，法航利润骤减，全球航空业遭遇信任危机。

恐怖主义对供应链的影响同样显著，2019 年 9 月 14 日，沙特阿美石油公司（Saudi Aramco）的两处重要石油设施遭到无人机袭击，发生火灾。此次袭击导致沙特原油日产量骤减 570 万桶，约占其总产量的 50%，相当于全球石油日供应量的 5%。

恐怖袭击直接冲击企业运营，还可能损害品牌形象，增加法律合规风险。2005 年伦敦地铁爆炸案后，英国多家百货商店因客流量锐减而临时关闭，酒店入住率骤降，英国航空股价暴跌，希尔顿等酒店集团市值蒸发数千万英镑。2013 年波士顿马拉松爆炸案后，赛事组织方因安保漏洞遭到受害者家属起诉，面临法律诉讼。

3. 商业竞争

在竞争激烈、信息高度透明的市场环境下，某些企业或其背后的力量不再满足于仅靠产品竞争来获得优势。相反，他们开始操控信息、滥用行政或法律手段，蓄意干扰竞争对手的发展步伐，制造认知或合法性危机，实际上这构成了非市场化攻击。

2019 年 6 月 10 日，格力电器在官方微博发出举报信，矛头直指竞争对手奥克斯，称对方 8 款型号产品能效比和制冷消耗功率检测不合格，涉嫌构成生产销售不合格产品且销售数额巨大，并提请国家市场监督管理总局进行查处。格力电器在官微发布举报信之后，奥克斯就予以反击，表示格力既非消费者又非国家监管部门，举报明显不合情、不合理，漏洞百出；奥克斯还表示，格力在“6·18”空调销售旺季来临之际作出举报，属于明显的不正当竞争行为，并已向公安机关报案。格力电器实名举报奥克斯事件持续发酵，引起了媒体、消费者等多方注意和讨论。一个值得关注的背景是：格力和奥克斯都是空调界的大咖，两家企业之间的竞争激烈，从价格战、广告战到专利战、人才战，争得不可开交。

（二）谣言传播危机

在数字媒介高度渗透的传播格局中，谣言已成为企业面临的高频风险之一。尤其在社交媒体即时传播、信息碎片化扩散的背景下，一则未经证实的流言即可在短时间内引爆市场情绪，重塑公众认知，令企业在毫无准备的状态下陷入舆论旋涡。

1. 信息内容：真假模糊、断章取义

谣言往往掺杂部分真实信息，或采用“似是而非”的口吻表达，使受众难以一眼辨别真伪。例如，“该公司高层频繁更换，内部管理极为混乱”

或“听说某地监管部门正对该企业启动调查”类内容，因无法立刻核实，更具迷惑性。

此外，谣言内容常带有强烈的情绪暗示，借用“跑路”“爆雷”“黑幕”“卷款”等词语制造恐慌情绪，在潜意识中加深公众的不安认知。而在自媒体平台，夸张标题、断章取义尤为严重，经常通过拼接截图或剪辑视频误导大众，扩大传播范围，制造信息误读。

谣言对企业品牌形象的破坏往往难以逆转，公众一旦形成负面印象，即便企业在事后澄清，也难以完全恢复信任。在社交媒体环境下，负面信息传播速度远超事实澄清，企业形象极易受到不可控因素影响。

2024 年，农夫山泉及其创始人钟睒睒成为网络谣言的攻击目标。一些自媒体歪曲其股权结构、产品安全、税务状况，甚至对创始人进行人身攻击。这些虚假信息迅速扩散，引发公众质疑。5 月，农夫山泉发布公开声明，逐条驳斥 20 项不实信息，并宣布采取法律行动。然而，尽管积极应对，公司仍遭受市场冲击——2024 年上半年，包装饮用水业务营收同比下降 18.3%，占总收入比重从 51% 降至 38.5%。

2. 受众反应：非理性放大、信任塌陷

公众在面对复杂、未澄清的信息时，往往“宁可信其有”，这使得谣言更易激发情绪性扩散，推动跟风评论与恶意攻击，形成“事实空白期”的放大性传播。

消费者与投资者的行为反应尤为明显，如出现退货激增、服务取消、客服投诉暴涨、股价大幅波动等现象，令企业在短期内遭遇实质性经营压力。同时，海量用户在短时间内涌入品牌客服、App 评论区及社交账号留言“围攻”，造成客服与公关体系超负荷运行，极易引发次生舆情。

一旦公众在危机初期形成消极认知，即便企业事后提供充分澄清材料，品牌形象也难以完全恢复。这种“信任塌陷”效应，往往需要数倍于平时的资源投入方可重建，成为谣言传播危机最棘手的长期后遗症。

2024 年 11 月 20 日，旺旺集团因“旺仔牛奶异物风波”遭遇谣言引发的舆情危机。网友 @ 小黑猫在抖音发布了一则关于小孩在旺仔牛奶中喝出异物的视频，该视频在社交媒体平台迅速传播并引发了广大网友的关注。随着舆论发酵，异物“疑似老鼠”的猜疑声越来越大，简单的消费者维权信息演变成“旺仔牛奶喝出老鼠”的谣言被扩散，信息的变异致使舆情升级，导致海量用户涌入品牌客服、社交账号及电商平台评论区围攻。

3. 传播路径：平台协同放大、资本反应剧烈

在信息扩散上，谣言极易在抖音、微博、小红书、微信公众号等高传播力平台中形成爆点，尤其在事件初期 24 小时内迅速发酵。一些传播者以“爆料人”或“知情人士”身份现身说法，增强内容的可信度和影响力，令普通受众难以甄别。一旦谣言获得热搜标签或平台推荐机制推动，便可能被主流媒体二次报道，从而实现舆论级别跃迁，形成“平台—媒体—公众”三重循环式扩散链条。

对于上市公司而言，这种传播路径更为致命。资本市场对信息高度敏感，任何未经证实的负面消息均可能引发股价剧烈波动，影响投资者情绪，甚至引发监管问询或集体诉讼，令企业陷入合规与信任双重压力。

2013 年 4 月，一条虚假推文称“美国白宫遭遇爆炸袭击，总统受伤”，该消息迅速在社交媒体扩散，引发市场恐慌。道琼斯指数几分钟内暴跌 140 点，市场损失高达 1360 亿美元，尽管随后澄清，但市场仍受到短期冲击。

类似事件也频繁发生于中国市场。2022 年 4 月 25 日，浙江省杭州市国家安全局对涉嫌危害国家安全的马某采取刑事强制措施。网络随即传出“马云被抓”谣言，导致阿里巴巴港股股价瞬间下跌超 9%，恒生科技指数同步下跌 3%。2023 年 10 月，社交媒体出现“刘姓商人被抓”传闻，京东股价一度暴跌超 15%，成为当年最大跌幅之一。

4. 组织内外部：信心动摇、协同失衡

谣言诋毁外部形象，并向组织内部进行渗透。一方面，员工在缺乏企业明确解释与信号管理的情况下，易被谣言影响判断，产生不安情绪与跳槽意愿，进而影响团队稳定性与执行效率。另一方面，若管理层在应对过程中反应迟缓、沟通混乱，也可能引发内部决策焦虑与误判，加剧组织系

统性失衡。

2022 年末至 2023 年，推特（Twitter）在易主埃隆·马斯克后陷入前所未有的动荡。马斯克入主后立即启动四轮大规模裁员，员工总数从 7500 人锐减至不足 2000 人。广告商因政策不确定性大规模撤离，导致公司收入骤降 40%。内部沟通平台 Slack 沦为谣言温床，关于“下一轮裁员”“办公室关闭”的传言持续发酵。

更严重的，是关键利益相关者的信任断裂。供应商、渠道商、投资方等外部合作单位，常出于风控逻辑而对“高风险事件”快速作出调整，如提高履约门槛、暂停合作甚至终止协议，使企业面临链路中断、交付失控等实质风险。在重大危机中，一旦这些“协同关系”被打破，即便企业事后澄清事实，也难以立即恢复原有合作生态，造成长期运营损失。

2008 年，三鹿奶粉因三聚氰胺污染事件爆发后，市场信任瞬间崩塌。尽管部分传闻被证实为夸大或不实，但供应商纷纷终止合作，超市下架所有相关产品，最终导致企业破产。这表明，企业一旦失去利益相关方信任，即便事实并未如谣言所述，市场信心的缺失仍可能导致致命后果。

（三）利益方冲突危机

客户贡献收入，员工创造价值，股东提供资本——三者既是企业持续成长的根基，也可能成为危机爆发的源点。客户不满意，企业面临声誉风险；员工不满意，组织效率迅速下降；股东不满意，资本支持随时断流。

1. 客户冲突

在消费者主权意识显著增强的时代，客户早已不再是被动的产品接受者，而是品牌形象的主动塑造者。企业在产品定价、服务兑现、权益告知等环节的每一次偏差，都可能被公众解读为“欺瞒”或“背弃”，从而引发集体性抵制或维权行为。

2022 年 11 月，美国票务巨头 Ticketmaster 在泰勒·斯威夫特（Taylor Swift）“时代巡演”门票预售中，因网站崩溃、长时间排队、技术故障及票务转售混乱，引发大规模客户冲突，数百万粉丝未能成功购票，愤怒情绪在社交媒体迅速发酵。消费者指责 Ticketmaster 管理失职、抬高票价、违背承诺。一些消费者使用 #TicketmasterFail 和 #TaylorSwiftTix 标签在社交媒体发起抵制活动，还有消费者采取集体诉讼指控 Ticketmaster 违反了消费者保护法。

2. 员工冲突

员工关系危机起于绩效制度、晋升路径与激励分配等“日常管理议题”，却因缺乏透明解释与合理引导，逐步演变为组织协作断裂、文化信任崩塌，甚至产生舆情外泄的结构性风险。

2020 年 2 月 23 日，港股上市公司微盟集团一位 IT 运维员工贺某因“生活不如意、无力偿还网贷”等原因，在其个人住所通过电脑连接公司虚拟专用网络、登录公司服务器后执行删除任务，4 分钟便将微盟服务器内数据全部删除。贺某的“删库”行为导致 300 余万用户无法正常使用微盟 SaaS 产品，故障时间长达 8 天 14 个小时。经历了“删库”事件的微盟集团股价连续下挫，市值缩水超 30 亿港币。此外，微盟还要向经营受损的微盟客户赔付 1.5 亿元。

3. 股东冲突

投资者对企业有两大核心诉求——回报与确定性。管理层若在重大投资、成本扩张或业务转型过程中未能有效与资本市场沟通，或其财务表现低于市场预期，极易引发股东不满，演变为评级下调、联合问责、市场信心滑坡等“资本舆情危机”。

2024 年 1 月，万科烟台合作方百润置业公开指控万科存在“隐匿收入”“偷逃税款”“挪用资金”等财务问题，导致市场关注度激增。万科迅速否认指控，税务部门调查后未发现实质问题。然而，4 月 1 日，百润置业再次举报万科存在财务违规行为，万科回应称该指控“严重失实”，构成诽谤和商业诋毁，并表示将采取法律行动。尽管万科采取了强硬的法律应对措施，该事件仍在投资者中引发广泛讨论，一定程度上影响了市场信心。

4. 敌意收购

敌意收购是企业治理危机的典型表现，通常发生在资本市场竞争激烈、股东利益分化的情况下。外部投资者或竞争对手利用收购大量股份、操纵董事会选举等方式试图控制企业决策，甚至改写经营方向。敌意收购导致企业股东之间的利益冲突，削弱管理层决策能力，使企业陷入内外压力的双重夹击。

2017 年，对冲基金 Trian Partners 向宝洁公司（Procter & Gamble）发起了一场引发广泛关注的资本介入行动：Trian 耗资约 35 亿美元购入宝洁股份，意图赢得董事会席位，推动这家全球消费品巨头进行深层战略调整。基金创始人 Nelson Peltz 公开批评宝洁战略失当，指出其庞大而官僚的组织架构已成为阻碍高效决策的核心问题。这场代理权争夺迅速升级，形成多方博弈格局。一方面，宝洁管理层投入约 3500 万美元展开反击，通过发布官方声明、展示生产线运营视频等手段，试图削弱 Trian 关于改革的说服力；另一方面，股东阵营内部也出现明显分歧。部分机构投资者支持 Peltz 推动的变革诉求，另一些则选择维持现有管理层架构。股东意见的撕裂和代理权争夺战的胶着，使得宝洁面临的市场不确定性显著上升。

（四）国际政治与监管危机

随着全球政治格局日益复杂，跨国企业正从“全球化红利”的受益者，转变为“政治风暴”的前沿承压者。国家安全、数据主权、产业控制权、地缘安全链，这些原本属于宏观领域的议题，正以前所未有的速度下沉至企业日常运营的技术路径、市场准入、投资审批乃至品牌管理。

1. 国家安全审查

“国家安全”正在成为国际监管制度中权力扩张的入口。不同于传统基于法律后果与市场行为的监管方式，以国家安全为逻辑前提的审查制度，即便企业未违反任何明文法律条文，只要其业务触及“核心技术”“基础设施”“敏感数据”或“战略投资”，便可能遭遇审查延迟、交易阻断、强制剥离甚至退出市场的风险。

近年来，美国外国投资委员会对多起中国背景企业在美并购案提出异议或否决，印度以“国家数据主权”为名封禁多款中国 App，欧盟亦积极推动外资审查机制常态化，防范“非市场经济体”对欧洲战略资产的渗透。这类制度看似出自安全考虑，实则高度政治化，其审查的主导逻辑并非是否合规，而是是否“属于本方”。

自 2020 年起，美国外国投资委员会（CFIUS）以数据安全和算法操控风险为由，对中国字节跳动旗下的 TikTok 展开国家安全审查，指控其可能威胁美国公民的信息安全。2024 年 4 月美国国会通过相关法案，要求字节跳动在法案通过后 270 天内剥离出售 TikTok 业务，否则 TikTok 将会在美国地区的应用商店中被下架。2025 年 1 月 20 日，美国总统特朗普在上任第一天签署行政命令，暂缓执行禁令 75 天，以便留出时间促成 TikTok 美国业务出售给本土买家。然而，由于交易复杂、涉及国家安全审查、技术控制权归属等多重敏感议题，TikTok 与潜在买家之间迟迟未能达成协议。

2. 技术封锁

与国家安全审查并行的，是以“实体清单”“技术封锁”名义实施的制度性市场排除策略。其特征是：以监管之名，行技术围堵、市场排除之实；以合规术语包装政治意图，实际对企业构成深远的商业伤害。技术禁令的最大风险在于：其政治溢出效应极强，恢复难度极大。企业若无前置预案，极易在“事发之后”陷入被动调整的战略困境。

华为案就是一个典型例子。自 2018 年起，美国政府将其列入“实体清单”，禁止其采购美国制造的芯片和操作系统。这一禁令迅速蔓延至“五眼联盟”等国家，并对全球多个 5G 通信基础设施项目造成连锁影响。面对突如其来的政策打击，华为原本以高端技术出海为主的发展战略被迫转向国内市场，采取“内循环”模式自我保护、稳住基本盘。

3. 出口管制

相比技术封锁的“禁止逻辑”，出口管制更像“合规陷阱”。它凭借复杂的产品分类、转移路径、最终用途识别等机制方式，将责任压向企业自身，一旦踩线，轻则罚款，重则断供甚至全球封禁。

根据美国商务部公布的信息，2010 年至 2016 年间，中兴通讯股份有限公司将美国制造的电信设备及配件出口至伊朗，违反了当时美国对伊朗实施的长期出口管制政策。2016 年，美国商务部认定中兴的行为构成非法出口，并将其列入“实体清单”，实施出口限制。为恢复业务运营，中兴最终与美方达成和解协议，同意支付 8.9 亿美元罚款，并接受一系列整改措施，包括由美方派驻合规监督人员、调整公司治理结构、重建企业合规体系等。

4. 反补贴调查

政府补贴政策原本是国家经济政策的重要工具，但在产业竞争高度敏感的全球语境中，其含义早已超出经济范畴，成为国际贸易中频繁被政治化操作的技术手段。这类调查通常程序复杂、周期冗长、证据门槛极高，然而其本质并非法律争议，而是政策工具的战略化。其真正意图是“遏制竞争对手崛起”与“保护本国产业地位”的双重目标。因此，企业面对“反倾销—反补贴—技术壁垒”三位一体的监管工具时，不应以单一案件视之，而应视为一种“制度化竞争路径”。

2025 年，欧盟委员会以“市场扭曲”为由，针对中国电动汽车企业发起反补贴调查，认为中国新能源汽车在欧洲市场享有政策补贴带来的“非公平优势”。一旦调查结果成立，涉事企业或将面临高达 30% 的惩罚性关税。这不仅将打乱企业现有的价格体系和盈利预期，也可能给其在欧洲的中长期战略部署带来深远影响。

（五）模糊国家主权危机

主权议题之所以高度敏感，一则因其关涉国家认同与法理底线，二则因其极易在公众情绪、社交媒体放大与国际舆论牵引下，或演变为系统性危机。在众多危机案例中，不少企业因对主权敏感度的判断失误、审核机制的程序漏洞、总部与本地市场的视角分裂，最终在地图选项、用词描述、广告叙事等细节上“踩雷”。

1. 责任踩到主权线：企业边界不清，就可能出事

主权不是抽象概念，而是具体体现在菜单下拉项、地图描绘、词汇表述等操作细节中的高敏区。在面向多市场运营时，企业所发布的内容、设

计的界面、制定的策略若未能厘清不同国家对主权认知的差异性，极易因措辞不当或选项分类模糊而激起反弹。这类事件的实质并非“网页编辑失误”，而是企业对自身在主权敏感区域言行边界认识模糊，缺乏基本的政治风险预警体系。

2017 年，奥迪在新闻年会上展示中国业务发展时，使用的中国地图出现严重错误，缺失台湾、藏南、南海等固有领土和领海，引发舆论强烈批评。2018 年，奔驰在官方社交平台发布品牌广告，引用达赖的“名言”，迅速引发中国市场强烈反弹，人民网发表评论《奔驰，你这样做就是与中国人民为敌！》，最终奔驰公开致歉。2019 年，NBA 休斯敦火箭队总经理莫雷在推特发表支持“香港暴乱”的言论，引发中国政府及公众强烈反应。随后，中央电视台、腾讯视频暂停 NBA 赛事转播，众多中国企业终止合作，NBA 因此损失数亿美元商业收入。

2. 全球化别搞“一刀切”：文化误判很危险

不少企业秉持“统一模板、全球适配”的营销理念，试图用一套叙事逻辑面对不同国家市场。但在政治与文化的高敏领域，这种“一刀切”的策略极易发生错配。宗教符号的误用、民族认同的误读、历史事件的轻率处理，都会使原本中性的品牌行为，被解读为挑衅或冒犯。

2018 年，意大利奢侈品牌杜嘉班纳（Dolce & Gabbana）因一则广告触及中国文化刻板印象，引发广泛不满。广告中，模特使用筷子进食意大利美食的方式被认为带有嘲讽意味，随后品牌创始人辱华言论曝光，导致中国市场全面抵制，原定于上海的时装秀被取消，多个电商平台下架其产品。

3. 社交媒体放大主权反应

地图不规范、字幕翻译不当、选项字段出错，这些原本是技术层面的小问题，在社交平台经由意见领袖、情绪传播链条放大后，迅速演化为“立场事件”“国家尊严问题”。企业对主权问题的任何疏忽都可能被迅速截图、转发、剪辑，转化为具有强烈象征性的公众事件。企业若缺乏舆情侦测能力和快速澄清机制，往往在危机扩散早期丧失话语权，陷入被动挨打局面，随之而来的，可能是消费者抵制、品牌下架、合作方解约乃至业务许可受阻。

2019 年，奢侈品牌蔻驰（Coach）、纪梵希（Givenchy）、范思哲（Versace）因 T 恤设计将香港、澳门列为“国家”，被指违背中国主权，引发大规模抵制。多位中国代言人终止合作，品牌方迅速道歉，但市场信任受损，产品被电商平台下架，销售额下滑。2021 年，H&M 因声明拒绝使用新疆棉花，被指干涉中国内政，引发中国市场强烈反应，品牌在华销售大幅下降，多个门店关闭。

4. 擦到主权可能惊动“外交部”

一旦主权相关争议被媒体放大、外交层级介入，企业所面对的将不再是市场维度的品牌危机，而是政治维度的地缘对抗。在诸多案例中，跨国企业因地图标注、用词失当等原因被外交部门点名批评，进而影响其市场准入、审批许可、贸易待遇等底层运营条件。

2017 年，韩国乐天集团因向政府提供土地用于部署“萨德”导弹防御系统，引发中国市场强烈反应。中国消费者广泛抵制乐天产品，多家零售店遭遇抗议，乐天在华业务遭受严重冲击，最终被迫关闭部分门店并缩减在华投资。

四、不可抗力类危机：天灾袭来、疫情失控、系统瘫痪

（一）自然灾害危机

自然灾害如同突如其来的暗流，毫无预警地冲击着企业的基础架构、人员安全与生产系统。从地震、洪水、台风，到森林火灾、龙卷风等极端情况，任何一种都可能造成不可逆的损失。

1. 运营中断

地震的撕裂、洪水的淹没、台风的扫荡，导致供应链断裂、交通瘫痪、资源调配失序，这些足以摧毁企业赖以运转的关键设施。许多公司在危机后不得不面对供应链和运输环节的重大调整。1998 年中国南方多地江河流域遭遇特大洪水，众多企业被迫临时转移生产基地以维持基本运转。2008 年汶川地震造成基础设施大面积毁损，企业普遍面临生产停滞与通信中断。

突发火灾同样不容小觑。2015 年 8 月 12 日，天津市滨海新区瑞海公司危险品仓库发生火灾爆炸。事故造成了 165 人遇难、8 人失踪、798 人受伤，并导致大量建筑物受损。尽管事故起因是爆炸，但随后的火灾蔓延大幅放大了破坏程度，它在转瞬间便带来了无法估量的财产损失和生命消逝。

2. 员工健康

自然灾害撕裂了土地，也撕碎了人心。亲历灾难的员工常常承受巨大的心理冲击。创伤后应激障碍（PTSD）成为企业灾后管理中的“隐性地雷”。

汶川地震幸存者中，许多企业员工一方面面临工作场所被毁、同事伤亡的现实，另一方面还需对抗持续的恐惧与悲伤。若企业忽视员工的情绪支持与心理干预，复工效率与团队士气都将大打折扣。

3. 财务压力

自然灾害带来的直接经济损失可谓触目惊心，设施修复、收入中断、保险费用攀升，构成企业沉重的财务负担。

据研究，2008 年至 2015 年间，中国上市公司在发布地震相关公告后，平均市值下跌 2%，部分企业在一周内累计损失达到 2.5%。

以汶川地震为例，东汽集团在汉旺镇的工厂 80% 建筑坍塌，1000 余名员工罹难，直接经济损失超 50 亿元；四川旅游业单项损失超 600 亿元；全国整体经济损失估算高达万亿元。

4. 声誉形象

在灾难中，组织如何行动，不仅影响复原速度，也直接关系到公众观感。一个迅速、透明、负责任的反应机制，往往能赢得信任，反之则可能导致信任崩塌。

2017 年飓风哈维侵袭得克萨斯州，沃尔玛在灾后第一时间调动物资参与救援，其善意行动获得舆论高度评价，显著提升了品牌形象。一个反面的例子是，2019 年美国最大的天然气和电力公司 PG&E，因没有妥善维护、维修和更换设备等“不可原谅的行为”引发加州山火，不但面临高达 300 亿美元的赔偿负担，股价亦遭重创，声誉一落千丈。

（二）公共卫生危机

传染病的暴发将健康危机、经营挑战与社会动荡交织在一起，构成企业治理体系的全面考验。与自然灾害相比，公共卫生危机更具广泛性和持续性，且常以复合型路径影响全球价值链。

1. 不确定性

公共卫生危机最令人畏惧之处，在于这种“看不见的敌人”演化路径常常充满变数。病毒变异、传播渠道拓展、防控政策滞后、公众信息混乱，这些都是企业难以采取有效措施应对的原因。企业所面临的，也不仅是局部业务中断，而且是全面的不确定性——供应链中断、市场需求波动、政策限制升级。2009 年 H1N1 流感（猪流感）在数月内席卷全球，造成超过 28 万人死亡，重创全球旅游与交通行业。2020 年 COVID-19 疫情则将这一挑战推向极致。疫情既带来了健康风险，也引发系统性经济冲击。据麦肯锡估算，全球经济损失超过 10 万亿美元。

2. 员工健康

在疫情阴影下，员工既面临身体健康威胁，也承受着持续的心理压力。美国心理协会报告指出，超过三分之一员工在疫情期间经历显著情绪压力，包括对未来的不确定感、家庭照护压力与返岗焦虑。部分员工甚至因亲人患病或去世，承担起额外的家庭责任，工作状态难以恢复。这类问题若得不到妥善应对，将导致员工绩效下降、流动率上升，严重影响组织的整体稳定性。

3. 经济损失

公共卫生危机给企业带来的直接成本通常体现为员工患病后的生产效率下降。如果企业为员工提供医疗保障，那么医疗费用的上涨会带来额外的财务压力。此外，员工生病后常伴随心理和情绪的变化，这些问题若长期得不到解决，也会增加企业的人力成本。员工康复情况如何，是否能迅速重返工作状态，都直接影响了成本的高低。

间接成本则体现在人员流失和人员补充方面。当员工因疾病缺勤或离职，企业不得不花费大量精力和资源重新招聘、培训和留住人才。尤其在劳动力竞争激烈的市场环境下，想要维持队伍稳定，企业往往必须为员工提供更灵活、更具吸引力的福利政策，比如远程办公或弹性工作制，以应对人才短缺带来的压力。

在疫情期间，许多企业面临的主要挑战是如何在保证员工健康的前提下安全复工。丰田公司（TOYOTA）便是在复工过程中表现较为出色的企业之一，其在疫情期间严格遵守各国的防疫要求，及时调整生产节奏，最大限度地降低了疫情对其全球供应链的影响。

4. 供应链中断

在全球高度互联的经济体系中，供应链的脆弱性在公共卫生危机面前显现得尤为突出。新冠疫情期间，受限于跨境旅行管控与工厂大规模停工，大量企业的物流与生产环节被迫中断。对电子、汽车等依赖国际零部件协作的行业而言，冲击更是直接且深远。多项研究指出，这场疫情引发的全球供应链断裂，已造成以万亿美元计的经济损失，成为企业运营连续性面临的最大挑战之一。

2020 年初，湖北封控措施导致全球汽车零部件供应链断裂。作为产业重地，湖北汇聚了博世、安波福、法雷奥等关键制造商，停产直接影响全球 120 余家整车工厂的运转。中国汽车工业协会数据显示，疫情导致行业整体损失超 2000 亿元。

五、经济衰退类危机："覆巢之下，焉有完卵"

在宏观经济周期的起伏更迭中，企业无法左右大势，却必须在逆势中寻求生存之道。通货膨胀、信贷紧缩、消费降级、利率攀升……每一次经济衰退，都是一场对企业抗压能力与组织韧性的系统性考验。它不像突发事件那般骤然爆发，却具备更强的穿透力、持续性与传导性，逐步侵蚀企业营收根基、削弱资本弹性，最终迫使企业重构战略模式与管理逻辑。

面对不确定性，企业不应奢望避险的奇迹，而应专注于构筑抵御的能力：识别风险通道、提前构建缓冲机制、重塑成本结构、优化财务弹性、建立跨周期的组织协作与人才保留机制……这些正是企业应对衰退冲击、保持战略韧性的关键所在。

（一）需求缩水压缩现金流

经济下行的首轮冲击，通常从消费者的信心开始。当预期恶化、资产缩水、债务加重，消费者自然趋于理性与保守，削减可支配支出。在零售、餐饮、旅游、娱乐等依赖冲动性消费与品牌忠诚的行业中，需求骤降会迅速转化为营收锐减、库存积压与现金流紧张。

以 2008 年金融危机为例，美国百货业在假日销售季遭遇"历史性寒冬"。Macy's、Sears 等龙头品牌第四季度销售额同比下降超过 7%，大规模关店、裁员接踵而至，扩张计划全面搁浅。消费降级冲击了当前收入，也破坏了增长模型的底层结构。

（二）价格战反噬利润率

在总量需求下滑的背景下，为维持市场份额，企业经常采取降价促销、买赠拉动，不断蚕食市场的剩余需求，最后演变为"比谁亏得慢"的恶性竞争。短期销量的提升，很多时候以牺牲单位毛利、压缩研发与品牌预算为代价，破坏企业长期竞争能力。

2008 年，通用汽车为应对市场萎缩启动大规模折扣战，虽短期带动销量回升，却直接压缩了利润空间，多项新车型研发被迫中止，品牌附加值与技术能力遭遇实质性削弱。这种以价格换份额的策略，一旦进入无底线阶段，企业难免陷入“越保越亏”的竞争陷阱。

（三）信贷紧缩断融资

宏观经济衰退伴随金融系统的去风险化与信贷收缩，市场避险情绪上升，融资环境剧烈收紧。银行提升放贷门槛，投资机构延缓决策，融资成本上升，使原本依赖外部资金驱动增长的企业陷入“现金饥渴”。

雷曼兄弟的覆灭是对“流动性风险”最具象的警示。该机构高度依赖短期融资，在市场信心坍塌后无法完成再融资，最终在流动性枯竭中走向清算破产，进而引发全球金融系统震荡。“资产充足但无现金”成为经济下行中无数企业的困局，而资金链断裂所带来的组织溃败，往往快于业务崩盘。

（四）成本飞涨压垮运营

当货币政策从宽松转向紧缩，企业将同时面对通胀与利率的“双重夹击”：一方面是原材料、能源、人工等成本上升，压缩利润空间；另一方面是融资利率走高，提升债务偿付压力，削弱企业扩张能力。

自 2022 年起，美联储连续加息应对高通胀，导致科技、房地产、制造业普遍感受到“高成本 + 弱增长”的系统压力。Meta、亚马逊等科技巨头在营收增长放缓之际，被迫裁员以控制运营支出，数万人离职成为行业震荡的表征。经济政策从刺激转向调控，直接改变了企业的资产结构、投资节奏与现金流策略。

（五）供应链断点与员工流失

衰退是市场与财务的冲击，也是对组织协作与供应体系的应变考验。在订单减少、付款拖延的压力下，上下游供应链断裂频发，产能调配失衡成为常态。与此同时，企业内部以裁员、降薪、晋升冻结为代表的成本控制措施，则进一步引发员工流动加剧、组织士气滑坡。

2020 年，疫情叠加经济下行，对全球服装制造业造成致命冲击。欧美大品牌大规模砍单，导致孟加拉国、越南等地数千家代工厂关闭，数十万工人失业。英国航空推行裁员计划引发员工集体罢工，导致航线取消与运营瘫痪。当“链断”与“人散”同时发生，企业的运营体系将陷入系统性失衡。

第三章

谁是关键人：危机利益方关系全景图

危机发生后的最初24小时，是决定危机走向的关键窗口。在这个阶段，企业必须迅速完成以下三个动作：

第一，判断危机类型。明确是产品安全、合规问题、供应链中断，还是谣言风暴，不同类型决定了处理逻辑的根本差异。

第二，确定核心利益相关者优先级。谁最有可能放大危机的影响力？谁对企业的生存最具决定性影响？这是比“查清真相”更紧迫的问题。

第三，制定利益相关者沟通策略。针对不同群体制定差异化沟通内容与发布节奏，确保信息传递的精准性与节奏感。

上一章介绍了危机的类型，本章将聚焦于企业如何在第一时间准确识别关键利益相关者，并与其建立有效的沟通与协同机制。

一、危机中的“主角”：五类利益方画像

所谓利益方或利益相关者（Stakeholders），是指那些其行为或态度能够显著影响企业在危机期间存续与恢复的人或组织。包括但不限于政府监管机构、主流媒体与社交媒体、投资者、员工、消费者、供应商、合作伙伴、行业协会、非政府组织等。

危机期间的利益相关者管理之所以复杂，根源在于：

- 各方利益目标不一致，甚至可能相互冲突
- 不同危机类型激活的利益方权重不同
- 同一利益方在危机不同阶段，其行为影响力存在波动

管理者必须抛弃“千人一面”的处理思维，从危机特征出发，判断哪些利益相关者是当前阶段的“首要对象”，哪些可以在后续阶段进行响应安排。利益方优先级并非静态列表，而是动态权重排序。例如：

- 如果危机来自产品缺陷，消费者与监管机构是首要
- 如果危机发生在资本市场，投资者信心稳定最为关键
- 如果危机涉及供应链断裂，与核心供应商的联动恢复优先级更高
- 如果危机由员工泄密引发，内部情绪控制与制度重建成为重点
- 如果危机在社交媒体发酵，与媒体沟通和回应公众的节奏必须抢占先机

2012 年央视“3·15”晚会上曝光了招商银行信用卡中心员工向他人出售了 300 多份个人信息，造成储户 3000 万存款被盗。这些个人信息包括车主在各家银行的银行卡卡号和账户余额，银行客户的收入、详细住址、手机号、家庭电话号码，甚至职业和生日等。此危机事件牵涉多个利益相关方：受害客户、信息监管机构、普通消费者、银行内部安全管理部门。然而，在危机应对的优先顺序上，招商银行清晰地选择了将“消费者”放在第一位，其公开回应强调“招商银行一直以来高度重视客户信息及用卡

安全”，既安抚了公众信任，也构建了后续合规整改的沟通基调。这一回应路径的选择体现了利益方优先级判断的策略意义。

通过以下两部分的内容，读者将系统掌握在危机高压状态下如何进行利益方识别、排序与管理，从而避免“忽略了关键人”的应对误区，把握主动权，稳住基本盘：

一方面，从关系性质出发，梳理企业与各类利益方之间可能存在的四种互动关系。这一部分强调“关系是什么样的”，是宏观认知的框架基础。

另一方面，针对政府、媒体、员工、投资者、客户五类关键利益相关者，逐一分析其在危机中的行为模式、风险偏好与沟通策略。5R 分析强调“与谁建立什么样的关系、怎么管”。

二、利益方关系：支持的、反对的、纠结的、围观的

在危机管理中，企业与利益相关者之间的关系结构，是影响危机应对成效的关键因素之一。处理得当，这种关系能够在危机爆发时发挥稳定器作用；处理失当，可能加速危机的外溢效应，甚至引发新的冲突。

在《有效的危机传播：从危机到转机》一书中，罗伯特·厄尔默等学者将企业与利益相关者之间的关系分为四类：积极关系、消极关系、矛盾关系和无利益关系。这一划分有助于企业在危机情境中迅速辨别不同群体的态度与倾向，进而制定有针对性的沟通策略，稳住局势，争取支持，控制负面信息扩散。

（一）积极关系：稳固支持，强化信任

积极关系指的是企业与某类利益相关者之间基于信任、合作和共享价值观而建立的长期稳定联系。这类关系很多时候见之于忠诚客户、核心供应商、重要合作伙伴，乃至具有长期合作历史的社区组织和地方政府。

在危机爆发后，这一群体最有可能对企业保持理解与信任，展现出

耐心与包容。他们不只是被动的信息接收者，更可能主动协助企业澄清事实、稳定情绪，甚至公开发声，捍卫企业声誉。在产品召回、数据泄露等常见危机中，积极关系网络经常成为企业危机管理的第一道防线。

因此，企业应在第一时间与这些关键利益相关者进行沟通。信息传递应翔实、透明、持续，既要回应关切，也要传递解决问题的节奏与方向。与此同时，应适时表达感谢，提供象征性的补偿或优待，以强化彼此之间的情感联结与利益绑定。

值得强调的是，企业还可赋能这一群体，使其成为自身声誉恢复过程中的“二次传播者”。邀请他们参与媒体说明会、客户说明沟通或用户建议反馈等公开环节，能扩大信任传播的声量，为企业赢得更广泛的社会理解。

星巴克一直重视与咖啡豆供应商的长期合作，利用可持续发展的方式提升供应链的稳定性。早在20世纪90年代初，星巴克就启动了针对供应商的支持项目，之后又推出“星农计划”，帮助种植者提升种植效率和质量。2008年金融危机爆发后，虽然市场整体承压，星巴克却依托稳定的供应链保障了运营连续性。危机过后，星巴克不仅没有削减对供应商的投入，反而加大支持力度，进一步加深了与合作伙伴之间的信任与合作。

（二）消极关系：降低敌意，避免冲突升级

在企业运行的生态系统中，存在一类复杂而敏感的利益相关者群体。他们并不持观望态度，他们与企业之间横亘着难以弥合的信任裂痕。这类被称为“消极关系”的群体，多数由经历过产品伤害的消费者、聚焦环境议题的非政府组织以及曾深陷组织变革但最终离开的员工构成。

这类群体擅长动员话语权，借助法律、媒体与社交网络构建压力阵列。他们熟悉舆论运作机制，掌握公共表达技巧，在危机到来时，更易形成放大效应。一次投诉，可能演变为集体诉讼；一条爆料，可能引发连锁举报；一则评论，可能引导公众情绪脱轨。

企业若一味回避或忽视，只会使矛盾沉淀、敌意固化，最终在关键

时刻演化为毁灭性攻击。正确的做法不是“公关压制”，而是“策略松绑”：在制度上设置对话通道，在情绪上释放共情姿态，在行动上展示改进诚意。

尤其在涉及环境污染、食品安全、劳工权益等高敏感议题时，企业应从顶层出发，将消极关系纳入风险管理逻辑，及时回应个案，防止其外溢成系统性危机。

善待消极关系，是一项更高层级的治理能力。有些敌意，也许无法化解，但可以管理；有些对手，也许不会转化为朋友，但可以转化为边界清晰的监督者。

杜邦公司在生产过程中使用的全氟辛酸铵（PFOA 或 C8）污染了美国西弗吉尼亚州帕克斯堡地区的饮用水源，导致当地居民健康受损。2017 年，杜邦同意支付 6.7 亿美元，与约 3500 名受害者达成和解。在杜邦全氟辛酸铵污染事件中，杜邦未能将消极关系视为重要的利益相关者，而将其敌意化、边缘化，最终导致对抗升级、危机外溢。

首先，杜邦在早期显现出典型的防御性姿态，试图压制信息而非沟通缓解对立关系。面对养牛场场主坦南特提出污染质疑时，杜邦未表现出任何倾听与合作的意愿，反而启动调查反指对方“管理不善”。这种否认责任的做法激化了对抗情绪，促使坦南特寻求媒体曝光和法律援助，反转其原本弱势的公众形象。

其次，杜邦低估了利益受损者形成“战略对抗群体”的组织能力。在坦南特个案曝光后，环保律师比洛特接力追诉，逐步推动形成集体诉讼，7 万名居民参与血样检测，最终促成大范围民事追责与科学研究支撑。这一“消极关系”的组织性、持续性和法理性远超杜邦的预期，成为其无法控制的声誉引爆点。

最后，杜邦在舆论与法律压力下被动应对，从未主动建立与对抗群体之间的沟通桥梁。即便在事实坐实之后，其始终拒绝承认责任，仅以和解方式换取法律免责，缺乏真正的道义担当与公众情绪安抚。这种“金钱换平息”的处理方式，反而加深了公众对其“无良企业”形象的认定。

（三）矛盾关系：平衡冲突，灵活调整

矛盾关系是一种典型的动态博弈。此类关系介于支持与对立之间，既非完全盟友，也非彻底对手。企业在与之互动过程中，经常同时面对合作与分歧、信任与防范的双重现实。

这类关系的典型形态包括兼具合作与竞争身份的供应商，或态度摇摆的政府监管机构。在危机中，这些利益方可能在短期内提供必要资源支持，如维持原有合同、释放行政弹性，也可能在关键时刻收紧合作边界、提出更苛刻的条件，甚至将企业困境作为议价筹码。

企业对矛盾关系的管理，不能以“敌友二元”划界，而应以关系调节为核心策略。首先，应清晰识别对方的核心利益诉求，判断其支持或施压的底层逻辑。其次，应保持信息通畅，不遮掩、不回避，在关键议题上争取对方基本理解，降低误判概率。透明沟通，是控制复杂关系走向的第一道防线。

再次，要善于设计灵活的制度安排，在机制上为彼此留有缓冲空间。例如，在合同中设置弹性条款，在合作协议中预留可调期限，避免因立场微调引发关系崩裂。制度上的可调整性是缓解矛盾、维持最低合作边界的保障。

最后，不忽视道义杠杆的作用。企业在处理这类关系时，不妨以长远合作为基础，适当让渡部分非核心利益，在公正、公平、共赢的语境中稳定复杂关系。凡事不宜硬碰硬，危机中的柔性处理，反而更易赢得对方回旋空间，避免双方陷入对抗性误区。

矛盾关系的本质不是风险，而是变量。企业管理的目标不是消除这类关系，而是引导其转化方向，在平衡中谋稳定，在博弈中求共赢。

在 1982 年震惊全美的强生泰诺危机中，矛盾关系的处理成为危机管理教科书式的经典案例。泰诺作为当时美国最畅销的非处方止痛药，其市场份额占据主导地位。然而，因未知人士在芝加哥地区故意将氰化物注入泰诺胶囊，造成七人死亡，这一极端个案迅速引发公众恐慌，媒体高度聚

焦，药品安全信任体系几近崩塌。

在这一危机中，零售商和药剂师所扮演的角色极为特殊。他们既是强生重要的销售渠道，在商业利益层面依赖泰诺的市场表现；同时，又必须履行保障公众健康的责任，一旦对产品安全性失去信心，便有正当理由暂停销售，甚至公开表达对厂商的不满。这种"既合作又对立"的矛盾关系，使强生处于高度敏感的双重压力中：既要安抚渠道合作伙伴，又要避免因对方的独立行动造成品牌声誉的进一步失控。

面对这种复杂局面，强生采取了果断且前所未有的危机应对措施。公司在事发原因不明、问题可能限于局部的情况下，依然选择在全国范围内召回所有泰诺产品，借此彰显公司对公众生命安全的高度重视。强生这一决定为零售商和药剂师提供了道义与操作层面的支撑，免除他们在危机中自行判断与承担风险的压力，从而将原本可能演化为对立情势的矛盾关系，重新整合为战略性的合作关系。

更为关键的是，强生公司在危机处理中主动保持与零售商和药剂师的沟通，及时通报情况，协助制定下架和回收的流程，最大限度降低对方运营的不确定性与损失。凭借此举，强生有效转化了矛盾关系中潜在的负面张力，将渠道合作伙伴重新纳入共同应对危机的联盟之中。

泰诺危机之后，强生还以重塑行业标准的方式持续修复信任关系——推出密封包装，设立药品安全监测机制和加强公众教育。此类举措成功控制了泰诺事件带来的冲击，更在之后实现了品牌声誉的逆势修复。

（四）无利益关系：谨慎管理，预防风险

无利益关系指的是企业与某些社会群体之间未建立起直接接触或互动基础。如未曾接触企业产品的公众、行业以外的组织或在日常经营中未曾打交道的外围观察者。这类群体在危机初期常保持旁观态度，既不表达支持，也无明显敌意。

但这种"距离感"并不代表绝对安全。一旦事件经由媒体或社交网络发酵，引发舆论扩散，这些本与企业无交集的群体可能迅速形成判断，转

化为意见施压者，甚至在情绪驱动下参与攻击性传播。彼时，原本与企业无关的受众，可能在情绪裹挟下成为新的声誉风险源。

因此，企业在面对无利益关系群体时，应保持冷静、审慎。初期处理以澄清事实、统一口径为主，确保关键信息对外清晰明确。无须进行资源密集的定向沟通，也不必在传播策略上过度延展。此阶段的核心目标是稳定认知边界，划清是非标准。

若舆情持续升级，议题扩散至更广泛的社会层面，企业应调整应对策略。可考虑借助社会责任项目、环境公益、开放问责机制等公共行动，塑造正面形象，淡化旧有偏见。也可借助主流媒体、行业专家或第三方平台发声，引导外围群体形成理性判断，避免情绪波动转化为舆情压力。

归根结底，对无利益关系的管理，重在"掌握节奏"，既不过度应激，也不放任其脱离可控范围。把握好这一界限，才能在社会评价场中守住企业的基本信誉面。

弗林特水危机体现了无利益关系在危机中的潜在影响。2014 年至 2016 年间，密歇根州弗林特市因更换水源至弗林特河，未经适当处理，导致饮用水铅污染，居民健康问题频发。事件起因是市政府为节省成本更换水源，缺乏必要的水质处理措施，危机通过媒体报道迅速扩散。危机爆发后，原本对弗林特水系统无兴趣的公众（如其他城市居民或国际公众）通过新闻和社交媒体了解到事件，逐渐形成关注和同情，进而推动全国范围内的讨论和行动。这些无利益关系的群体转变为积极参与者，施加压力促成政策改革和赔偿措施。最终，危机导致多位官员面临刑事指控，市政府获得巨额赔偿资金，并推动了水质管理方面的立法变革。

在危机管理中，不同类型的利益相关者关系决定了企业的沟通策略。企业应巩固积极关系，确保其在关键时刻提供支持；化解消极关系，减少其对危机的放大作用；平衡矛盾关系，维护合作稳定性，同时降低风险依赖；审慎处理无利益关系，防止危机外溢并影响更广泛的公众认知。

表 4：危机管理中各阶段利益方沟通策略总览表

危机阶段	利益方类型	沟通目标	沟通策略	沟通方式
危机前	积极型	巩固和深化合作关系	定期向合作伙伴通报企业在战略、研发、ESG表现等方面的最新成果，邀请其参与品牌共建或公益活动，强化其利益绑定感；签署中长期合作备忘录或谅解协议以稳定关系。	战略对话会议、季度业务通报会、联合品牌活动、ESG年报
	消极型	缓解对立情绪，改善关系	设立专项沟通机制，如高层定向对话、设立联络专员主动跟进其关注议题，推动在非敏感领域达成共识；发布政策解读材料阐明企业立场与边界。	一对一闭门沟通会、行业协调会、专题白皮书
	矛盾型	稳定关系，预防摩擦升级	梳理合作与分歧板块，建立透明化项目合作机制，定期预警潜在矛盾交叉区域，推动第三方联合监督机制。	联合沟通机制、双周协调会、专家评估通报
	无利益关联型	保持关注，评估潜在联结价值	建立基础信息对接系统，定期推送行业洞察或企业简讯；关注其政策动向与舆论立场，识别潜在风险与合作机会。	信息披露平台、年度CSR报告、开放日活动
危机中	积极型	保持支持，争取共同应对	第一时间通报危机发生原因、应对进展与预期恢复时间；邀请其加入危机响应联动机制，增强利益共同体意识。	紧急通话、视频会议、实时内部简报、联合声明
	消极型	避免敌意升级，防止事态外溢	针对其关切点单独发布澄清文件，主动约见解释争议焦点；联合第三方权威机构背书或澄清误解信息。	澄清公函、权威机构通告、媒体专访
	矛盾型	防止冲突激化，争取合作机会	强调共享风险与互利合作逻辑，设立快速响应窗口解决关键争议；邀请第三方主持会谈达成多方共识。	中立方主导的三方协调会、联席记者会、应急磋商机制
	无利益关联型	控制认知扩散，预防舆情误导	有限度提供背景信息，防止其基于片面信息形成错误判断；启动声誉预警系统，监测其态度变化。	FAQ文档、官网更新、简要危机通报
危机后	积极型	巩固信任，深化合作	针对其在危机中所做支持予以公开感谢，优先邀请参与复盘机制与制度重建，探讨进一步深度合作可能。	战略回顾会、功勋致谢仪式、新一轮合作框架签署
	消极型	修复裂痕，重建信任基础	承认不足并邀请参与整改；结合合理补偿措施提升信任恢复效率；提供透明改善报告。	补救措施说明会、道歉与补偿信函、合作恢复路线图
	矛盾型	管控不稳定因素，构建对话平台	分析危机中互动模式中的教训，探索制度性协调机制，制定冲突防范机制与沟通预案。	联合课题组、事后评估报告、季度关系审查机制
	无利益关联型	积极转化关系，评估价值重塑	传达企业应对成效与制度改进成果，主动开放探讨合作意向；针对其关注议题发布定向内容。	危机总结白皮书、潜在合作探索会、价值共创沟通会

三、利益方“5R 分析”：一场危机，五个战场

了解了利益方关系的四种类型后，我们需要一个实用的工具来识别和管理这些关系在具体利益方群体中的体现。这就是“5R 分析”的用武之地。“5R 分析”这一概念的提出，源于对危机管理中多元利益方关系的深刻洞察。它涵盖了公共关系（Public Relations，PR）、政府关系（Government Relations，GR）、投资者关系（Investor Relations，IR）、员工关系（Employee Relations，ER）以及客户关系（Customer Relations，CR）这五大核心领域。这五大领域代表了企业日常运营中的关键互动界面，也是危机爆发时可能受到最大冲击的环节。

- 公共关系：管理公众舆论，维护社会信任
- 政府关系：与政府沟通，确保政策支持或合规性
- 投资者关系：保持投资者信心，提供透明信息
- 员工关系：激励员工士气，增强内部凝聚力
- 客户关系：保护客户忠诚度，减少声誉流失

（一）PR 把握话语权：媒体沟通是关键

公共关系是危机管理体系中的关键力量，决定着企业在风波中能否稳住声誉、守住信任。一个成熟有效的公关体系，必须围绕三大关键群体展开：公众、媒体与关键意见领袖（KOL）。

1. 公关三大支柱：公众、媒体、KOL

社会公众是信任维护的核心。公众是企业信任关系网的中心节点，他们的情绪和态度直接影响危机的走向。如今，仅靠单方面发布信息早已无法满足人们对公开、透明的期待。企业需要建立双向沟通机制，不仅要及时回应舆论，还要借助舆情监测工具，实时掌握公众的情绪动向，分析他们最关注的问题。让公众不再只是看客，而是变成危机应对过程中的一部分，才能重新赢得信任。

媒体是舆论引导的放大器。媒体拥有强大的信息扩散能力，是企业引

导舆论的重要战场。在危机爆发时，企业必须快速响应、清晰表态。建立稳定的媒体联络机制，能帮助企业第一时间发声，及时澄清事实、稳定情绪，阻止谣言蔓延，防止事态失控。能不能掌握舆论节奏，往往取决于媒体的第一轮报道是否正面、客观。

关键意见领袖是叙事引导的关键点。在社交媒体主导舆情的今天，KOL——包括网络大V、专业人士、专家学者等——在危机中具有强大的带动效应。他们既可能放大危机，也可能帮企业澄清事实、引导讨论。企业应提前梳理关键传播节点，通过社交网络分析技术，找到价值观契合、影响力强的KOL，建立分层合作机制：让核心圈KOL参与信息制定与策略讨论，外围KOL负责向特定圈层渗透信息，借助他们的公信力带动舆论转向。

三大支柱的协同作用。这三大群体并非各自为战，而是在信息互动、资源联动和信任建立中形成合力。当媒体报道偏差导致公众恐慌时，KOL可以帮助解释背景、消除误解；当某一圈层对企业信任崩塌时，企业可通过垂类媒体精准投放进行修复。能否建立一个灵活、响应迅速的公关系统，取决于数据共享的深度与各方协同的速度。

2. 怎么处理媒体关系：顺应需求，避免对抗

在公共关系维护中，媒体关系管理至关重要。在危机管理中，企业应深刻理解媒体的双重角色，媒体的行为受其双重身份影响——既是维护公平正义的社会公器，也是市场中的利益主体。作为社会公器，媒体承担信息披露和舆论监督的责任；作为商业机构，其生存依赖受众关注、市场竞争和利润增长。这种双重性决定了媒体在追求新闻效应的同时，也需在社会责任与商业利益之间寻求平衡。

一方面，要理解媒体独立性，避免对抗。虽然存在借用媒体采访报道权力来获取利益的记者，比如一些假记者、野记者和少数主流媒体的黑心记者（具体应对方式参考本书第十二章中“被媒体敲诈怎么办？”“怎么应对歪曲报道？”）。但是，多数时候媒体对企业危机的报道是其职责范围内的正常行为。企业首先要深入了解媒体运作的规律，调整消极心态，

避免一开始就对媒体抱有敌意。

处理媒体关系时，企业应关注自身态度。媒体从业者不会与企业立场完全一致，也不应如此。正如国务院新闻办公室原主任赵启正所言："记者不是你的部下，不是你的学生，不是你的朋友，也不是你的敌人，他是你的挑战者。"

记者的职业使命是揭示真相，他们天生抗拒被操控。企业高管在内部习惯于发号施令，但面对媒体，这种做法往往适得其反。若对记者指手画脚，可能引发逆反心理，使报道更具攻击性。因此，企业发言人应尊重媒体的独立性，以专业、透明的方式进行沟通，避免因误判而加剧危机。

另一方面，要顺应媒体需求，优化信息传播。记者的核心诉求是获取能吸引公众注意力的信息。企业试图通过"封口费"或"关系网"影响媒体，经常难以奏效，甚至可能引发更大负面舆论。相反，顺应媒体的信息需求，主动构建议题、填补信息空白、掌控自身话语权，能更有效地实现危机沟通和形象修复。

关于媒体沟通的技巧请参阅本书第八章相关内容。

（二）GR 不踩雷：合规应对是底线

作为社会管理的重要主体，政府在危机事件中扮演着关键角色，能够提供资源支持，协调各方力量，引导公众舆论。处理政府关系是企业危机管理的关键环节，其核心在于：制度化沟通、合规化运营、协同化应对与可持续修复。企业若能妥善处理与政府的关系，可以有效化解危机，还能将政府由外部监管者转化为危机化解的合作伙伴。

1. 政府在危机中扮演什么角色？

在社会治理结构中，"契约危机"一词常被用于界定不同类型的社会信任崩塌及其引发的系统性风险。其中，显性契约危机与隐性契约危机构成了治理实践中两个既有区别又密切关联的维度。

所谓显性契约危机，通常指那些赤裸裸地违反法律规定的行为。典型情形包括偷税漏税、环境污染、非法集资等。这类危机的核心特征在于

“违法”二字，既突破了制度红线，也直接挑战了公共秩序的底线。面对这类危机，政府通常采取迅速、果断且制度化的应对机制。一旦违法线索被举报或被主动排查发现，相关监管机构即刻启动调查程序，着手收集证据、确认事实。待违法行为得到实质认定之后，执法部门将依据现行法律法规施以相应惩罚，包括但不限于罚款、责令停业整顿、吊销执照，严重者还将移交司法机关追究刑责。与此同时，政府在应对过程中必须注意信息公开的节奏与尺度，通过及时披露调查进展、处理结果，既回应公众关切，也防止信息真空带来的谣言发酵和恐慌蔓延。

相较之下，隐性契约危机则隐蔽得多。这类危机并不直接触犯法律，却极易撬动社会情绪，引发信任裂痕。例如企业大规模裁员、区域文化冲突、群体性劳资纠纷等，虽无明确违法事实，却在道义、舆论甚至政治层面引发广泛争议。一旦处置不当，极易从情绪对抗演化为制度性撕裂，甚至升级为显性契约危机，危及社会稳定。

正因如此，政府在应对隐性契约危机时所需的，不只是法律手段，更是治理智慧。这类危机的处理逻辑更强调预判性与协调性：一方面，相关部门需对可能激化的矛盾进行前期评估，判断其影响范围、风险等级，进而主动介入，推动各方通过协商、谈判、政策调整等和平方式化解冲突；另一方面，若形势确有升级趋势，相关机构亦须在第一时间调配资源、联动多部门力量，启动应急机制，防止问题进一步扩散，守住社会稳定的底线。

2. 怎么跟政府打交道：合法、合情、合时

在企业危机管理体系中，如何与政府保持有效关系，既是一门艺术，也是一项系统性工程。从平时的沟通积累，到危机爆发时的协调应对，再到事后的修复与反思，企业必须在每一个环节上投入切实努力。可以说，在重大危机面前，能否与政府建立稳定的互信机制，是企业能否“挺得过去”与“站得稳”的关键。

第一，夯实日常沟通机制，筑牢政企互信的地基。政企互信如同罗马城，非一日可建成。企业若希望在关键时刻获得政府的理解、支持与背书，平时就必须主动“种好关系的田”。建立常态化的沟通机制是基础。要设立专门负责政府事务的部门，理清监管网络，明确责任分工，通过定期汇报、参与政策座谈、专题对接等方式，将自身的经营动态、风险预判与社会贡献定期汇总报送政府相关部门，确保信息不滞后、立场有呼应。这种前置性沟通在紧要关头能起到“四两拨千斤”的作用，在舆情爆发初期也能快速获取官方支持。

第二，遵守规则，透明应对，强化信任的基本面。在公众关注度陡然升高的危机事件中，企业面临的不只是经营层面的风险，更是社会责任的拷问。处理与政府的关系，最根本的原则就是依法、合规、公开、透明。企业必须清楚认识到：在政府的监管框架内行事，是底线；而在信息传播节奏上与政府形成合力，则是加分项。一方面，企业要严格落实监管部门的指令，如实报送事件进展、积极配合调查、及时完成整改；另一方面，还应主动提交详细的危机评估报告与应对计划，借助政府的权威性，稳定外界情绪。譬如，在某次产品质量风波中，涉事企业并未单打独斗，而是联合市场监管部门召开新闻发布会，公布独立第三方的检测数据与后续处理措施。

第三，激活协同机制，共建危机应对共同体。当危机全面爆发，时间成为最稀缺的资源。企业必须在最短时间内，调动起与政府之间的协同应急机制，实现资源与信息的高效整合。这个过程要求平时积累经验与人脉。企业应当在危机发生前，与环保、应急、卫健等关键政府部门制定联合预案，明确危机等级划分、信息通报流程与应急联动机制。比如在环境污染事件中，企业可依托与政府共建的实时监测系统，第一时间共享污染数据，协同调配专业处置力量；在政府统一指挥下提供必要的物资与人力，展现承担社会责任的主动性。这种“在场”的姿态既有助于化解危机，更能为政企关系加注“实绩资本”。

第四，危机之后，重建信任，深化合作。危机一旦平息，企业绝不能止步于“止血”层面，更要着眼于长期修复与信任重建。此时，政府关系的维护进入一个新的阶段。企业应针对危机中暴露出的管理缺陷，主动提交整改报告，并邀请政府部门进行实地复审，以一种“透明+实证”的姿态修复监管信任。此外，企业还可借此机会参与政府主导的各类公共事务，如支持公益项目、参与产业升级计划、合作推动政策试点等。这一类“危中寻机”的努力，关键不在于动作多快，而在于姿态是否真诚、机制是否长效。

第五，清醒认识政府角色，夯实企业根本竞争力。需要特别指出的是，虽然政府关系在危机中举足轻重，但企业绝不可将其视为唯一依靠。政府的支持很多时候受到舆论、政治与社会多重因素的制约，其帮助可能是有限、短期或有条件的。真正决定企业能否穿越风暴的，是其自身的核心竞争力、市场韧性与品牌信誉。因此，企业在构建危机管理体系时，必须将政府关系视为“战略辅助”，而非“救命稻草”。唯有自身硬气，外援方能有力。

（三）IR 稳信心：别让股东成危机放大器

投资者关系涉及与机构投资者、大小股东及金融分析师的沟通，这些利益相关方对企业的投资决策、市场信任度乃至股价表现有着直接而深远的影响。

在真正的资本市场语境中，投资者是企业的出资人，更是信息的放大器、信心的传导者乃至风险的引爆点。投资者关系，作为连接企业与市场的桥梁，其功能已远不止“公告发布”或“财报解读”那么简单。在危机发生时，它是稳定军心的中枢，更是重建市场信任的关键支点。

投资者关系，从来不是危机的“配角”，而是市场信心的操盘手。在危机面前，它既是第一线的沟通人，也是最后一道信任防线。唯有充分认识其战略意义、构建专业化的应对体系，企业才能在资本市场的风高浪急中，稳住船头、守住价值。

1. 股东怎么“放大”危机：分化、质疑、带节奏

危机来临时，股东不是一个同质化的整体，而是多元而复杂的群体。这种差异性构成了危机传播与反馈的路径，也决定了企业应对策略的分层

与定向。

小股东通常处于信息弱势地位，决策更依赖情绪而非理性判断。在风暴初起之际，他们有时候倾向于“先逃为上”，试图抛售股票来降低自身敞口风险。单个行为看似微小，但当这类恐慌性操作在短时间内大量聚集，便极易诱发股价剧烈震荡，从而加速危机向更广领域蔓延。

相比之下，大股东则表现出更强的战略耐性与判断能力。他们掌握较多信息资源，拥有更大的议价空间。危机发生后，大股东是否增持、减持或按兵不动，往往成为市场情绪的重要风向标。大股东对管理层的信任度、对危机本质的理解，以及对企业长期价值的研判，都将在某种程度上左右舆情走向。

正因如此，企业若想在危机中维持资本稳定，必须对股东行为模式进行精准识别，实施有针对性的分层沟通策略。

2. IR 的双重任务：一手修信任，一手稳结构

投资者关系在危机管理中的核心使命，首先在于填补信心赤字，使市场理解企业所遭遇的问题本质；其次在于保障公司治理过程的公开、公平与可问责性。

从投资价值维度看，企业需让资本市场正确理解企业的长期价值与增长潜力——当前危机是暂时性噪声，还是结构性警讯。无论是产业政策调整、技术路线落后，还是现金流紧张、高管变动，投资者关系部门要在第一时间评估风险对企业估值体系的冲击，善于利用各类渠道（如分析师电话会议、媒体专访、股东信函等）来释放企业稳定信号。举个例子，当企业因产业转型滞后而承压时，可主动向外界披露中长期战略调整路径及资源保障方案，让投资者看到“未来”。

而从公司治理的角度，信息披露的透明度与及时性尤为关键。在涉及控制权争议、董事会不透明决策、违规行为等敏感场景中，投资者关系的责任是“传声筒”，更是“过滤器”与“平衡器”：既要精准传达管理层立场，又要确保外部利益相关者获得完整且不偏不倚的事实依据。唯有如此，企业方能在纷乱中守住治理根基。

3. 怎么稳住投资者：信息透明，降低不确定性

在操作层面，投资者关系在危机期间需要迅速转入“应急模式”。以下几个策略具有普适性意义：

第一，构建应急小组，保持沟通连贯性。信息混乱往往比信息缺失更具破坏性。危机初期，企业应迅速组建以投资者关系为核心的跨部门工作小组，纳入公关、法务、财务与高层代表，做到对外口径一致、对内响应高效。要以“小时级”节奏更新进展，利用证券交易所公告、官网发布、权威媒体专栏等通道同步信息流，利用热线答疑、线上直播、投资者问答会等沟通端口最大程度缓解信息焦虑。

第二，提供权威风险评估报告，降低不确定性。在重大危机事件中，仅靠企业自述无法打消投资者疑虑。委托具备公信力的第三方机构出具独立评估报告，详细列明风险性质、受影响环节、对财务与声誉的冲击，并结合不同时段作出预测，这一做法在国际资本市场中已逐渐成为惯例。

第三，实施实质补救措施，释放长期承诺信号。口头承诺远不如行动来得有力。企业若能在危机期间同步推进制度改革与财务补偿机制，如启动股票回购、公布内部整顿报告、提高股息支付等，不仅能稳定短期股价，更可强化投资者对企业复苏的信心。

第四，差异化沟通机制，因群体施策。大小股东的关注点经常截然不同。散户需要清晰、简洁、可理解的信息通报，适合采用互动平台、问答直播等形式回应；而机构投资者关注的是战略判断、风险可控性与领导层稳定，应安排专属沟通机制，如闭门会议、高管圆桌交流等，建立长期信任通道。

表5：投资者关系中的危机类型、特征描述与应对策略

危机类型	特征描述	应对策略
财务表现不佳	公司在季度或年度财报中披露持续亏损、营业收入大幅下滑或毛利率恶化，导致资本市场对其盈利能力和运营效率产生严重质疑，股价承压，投资者信心下滑。	企业应在财报发布前设定清晰的预期管理策略，通过投资者说明会、业绩电话会议等渠道主动沟通业绩波动的内外部原因，明确传递企业应对路径，如成本优化计划、新产品推出或海外市场布局等。同时需强调长期战略不变、核心资产稳健，并配合披露恢复路径与关键财务指标的改善目标。
管理层动荡	董事会成员或核心高管频繁更替，或CEO突发辞职，易引发市场对公司治理结构稳定性、战略连贯性和关键业务延续性的担忧。	公司应在高管人事变动发生后第一时间发布公告，说明离职背景并交代继任者履历、管理经验及战略一致性。同时，应安排投资者专属会议或小范围访谈，强化新高管对公司愿景的承诺，以稳定机构投资者预期；必要时由董事会主席或独立董事亲自发声，增强治理信心。
法律诉讼或合规风险	企业遭遇监管机构调查、重大诉讼或被曝光存在潜在违规操作，引发法律合规成本上升及品牌信任危机，进而影响估值。	企业应秉持主动披露、持续更新的原则，向投资者透明传达案件性质、涉及金额、诉讼阶段及可能影响，并说明法律团队应对策略。必要时应邀请独立法务顾问或监管合规专家背书，提升说明公信力。同时，公开整改措施，展示对制度完善的承诺，以弱化法律风险对投资预期的拖累。
重大收购或并购带来的不确定性	公司宣布跨境并购、纵向整合或新兴行业收购，虽有潜在增长机会，却因协同整合、估值合理性、文化融合等问题，引发市场分歧。	需在公告初期即明确此次交易的战略价值、目标企业的核心资源、并购后财务协同效益预估，并设定清晰的整合阶段性成果指标。通过阶段性发布整合进展、被收购方业务表现、协同节约数据，及时回应市场关切。此外，可安排分析师闭门沟通会，提升市场理解与正向解读能力。
股价异常波动	在无实质基本面变化的背景下，公司股价出现大幅波动，可能由市场谣言、非正式渠道信息误读或外部宏观因素驱动，造成投资者恐慌抛售或舆情危机。	企业应快速启动IR（投资者关系）响应机制，第一时间通过新闻稿、媒体问答或投资者热线说明公司基本面未发生重大变化，及时纠正不实信息。在可控范围内，安排管理层接受主流财经媒体专访或投行电话会议，借助权威分析师发布客观研究报告，稳定市场信心。同时应评估是否触发回购机制，以技术手段支撑股价企稳。

（四）ER管好团队：角色在变，治理要双轨

员工关系管理，在平时或许只是制度模块的一环，被视为“软性事务”；而在危机中，却是企业能否稳住组织结构与品牌信誉的关键变量。员工是企业制度运转的直接承载者，更是危机情绪的第一感知者和潜在放大器。在风暴来袭之际，若员工失去信心、情绪失控、秩序紊乱，企业即便有再强的资本与策略，也难以真正“稳住阵脚”。因此，危机中的员工

关系管理，是一项精细的制度工程，更是一场复杂的情感博弈。唯有在法理与人心之间找到恰当的平衡点，企业才能在危机中真正“稳得住、挺得起、走得远”。

1. 员工不只是“内部人”：情绪就是风向标

在危机情境下，员工作为与企业存在直接契约关系的“确定型利益相关者”，有时候最早感知风险并产生反应。这种感知并不止于薪酬福利的变化，更深层的焦虑来源于对企业存续能力的质疑与对自身职业前景的不确定。一旦员工信任体系出现裂缝，将迅速演化为组织内的流动性危机——核心人才流失、业务停滞、信息外泄等问题相继浮现，形成“离心—脱节—崩溃”的恶性链条。微盟曾因员工心理问题导致数据安全事故，直接造成逾 30 亿港元市值蒸发，暴露出集体性不安全感可能引发的连锁反应。

因此，员工关系管理的首要任务，是构建可信的沟通渠道和稳定的情感纽带，将员工由被动的“利益受损者”转化为愿意共担风险的“组织盟友”，真正打破恐慌与退缩的恶性循环。

2. 员工角色会变：从看热闹变成挑大梁

最有效的危机应对策略，通常诞生于组织最基层的智慧。危机不是由某一个人解决的，而是由整个组织共识来应对的。而员工，作为最接近客户、最熟悉流程的群体，有时候拥有最贴近现实的判断力。若能激活其主体性，不仅能提高危机响应的速度，更可能催生富有洞察力的应对策略。

信息共享机制。危机时的信息透明是对外的舆情需要，更是对内的组织维稳需求。企业可建立分层的信息共享机制，将不同类型的信息按照“战略 / 战术 / 执行”三类分级披露：

- 战略级信息（如重大诉讼、财务危机、品牌声誉风险）：由高层决策者统一发布，确保一致性与权威性；
- 战术级信息（如资源调配、内部协同）：企业内部平台实时更新，保障部门联动；
- 执行级信息（如一线操作指令、客户话术）：借助即时通信工具直接传达至一线员工，确保行动迅速有序。

这一分级策略既保证了决策核心的控制权，又激发了基层组织的响应效率。

员工参与决策。许多成功案例表明，越是能快速调动基层员工参与的组织，越能在危机中保持韧性。企业可引入德尔菲法机制，采用线上调研、跨部门讨论、头脑风暴等形式，分阶段收集员工对危机成因、优先级排序、资源分配等问题的意见。最终形成一套来自组织内部、具有现实感知力的策略建议体系，使“应对方案”不再是高层的独角戏，而是全员共创的成果。

激励相容设计。在风雨飘摇的时刻，制度才是最有力量的“黏合剂”。企业可将员工绩效奖金与危机恢复的关键指标（如客户满意度、舆情缓解时效、订单回流速度）动态绑定，构建利益一致的“协同体”。同时，非物质激励亦不可忽视。危机过后要设立“应急先锋”称号，开设优先晋升通道，提供定制培训资源。这些是对组织忠诚与贡献的正向反馈，也为未来储备领导力种子。

3. 危机中怎么管好员工：制度 + 情感双管齐下

在危机背景下，员工关系管理不再是单一的人力资源议题，而是法律与情感交织下的综合治理课题。一个稳健的组织，必须同时守住两条“底线”：法律底线不可破、情感红线不可踩。

法律契约的遵守。法律是管理最硬的边界。危机发生时，企业首先必须在法律框架内解决员工关系问题。例如，在公共卫生事件中，有制造企业利用职代会协商制度，将日工时灵活调整为 6 至 10 小时不等，保障了生产交付的同时避免了裁员；又如在产业链断裂的情况下，某零售企业根据《工资支付暂行规定》，在停工三个月期间按最低标准向员工发放生活补助，其员工留存率高达 92%。此类实践表明，合理合法的安排，是保住基本盘的第一保障。

情感契约的维护。情感契约难以量化，却决定了企业是否能赢得“心的支持”。在裁员、降薪等敏感时刻，企业若能展现出真诚的倾听与人文关怀，有时候能在最短时间内稳住队伍。及时解释危机背景，提供职业转型辅导，设置心理咨询机制等，这些都是在危机中守住人心的有效手段。

情感契约的维护是善意的表达，更是一种长期主义的治理智慧。

表 6：员工关系中的危机类型、特征描述与应对策略

危机类型	特征描述	应对策略
裁员引发信任危机	裁员行为会削弱员工安全感，引发士气下滑、绩效下降与组织信任崩塌。同时，社会公众与媒体可能对企业进行“冷血”批评，进而损害品牌声誉。	企业应基于清晰的战略调整逻辑，提前规划，并通过面对面会议、内部邮件或管理层问答形式，公开说明裁员原因、流程与员工甄选标准。同步启动心理疏导计划与职业转型服务，为被裁员工提供补偿与再就业机会。同时，向留任员工清晰传达组织未来发展愿景，增强其稳定性与认同感。
内部举报引发的声誉与法律风险	员工因遭遇不公正待遇、性别不平等、薪资歧视或管理失职等问题，向媒体或监管机构匿名举报公司，引发公信危机，严重时可能引起监管调查或劳动仲裁。	企业应建立多通道匿名举报系统，确保受理渠道公正、结果可视化，并在发生举报后立即启动独立调查机制，由第三方或法务合规团队介入调查。鼓励“内控优于曝光”的治理文化，提升管理透明度与制度的纠错能力，从源头上减少违法违规与道德失范行为的发生。
职场歧视与性骚扰问题	基于性别、年龄、种族、婚育状态等的歧视，以及存在不对等权力结构下的骚扰行为，既伤害了受害人尊严，也极易引发公众强烈反弹，威胁企业合规与ESG形象。	应制定覆盖全流程的反歧视与反骚扰政策，设立HR+法务+第三方的独立调查小组，并引入匿名申诉平台。定期组织反职场骚扰培训与多元包容文化建设，强化高管行为守则执行力，确保对违法行为“零容忍、强执法”。
管理行为失范	管理者存在不当行为（如偏袒特定员工、压榨加班、处罚不透明等），导致员工产生严重不满，甚至集体抗议或主动离职，影响组织稳定性。	企业应引入360度领导力评估与员工满意度调查制度，将管理者绩效与团队反馈相挂钩。同时，设立管理问题信访窗口，并组织外部领导力辅导计划，提升中层管理人员在授权、沟通与激励方面的能力。
组织变革引发员工不安	企业在进行战略重组、并购整合或组织扁平化改革时，若未及时传达信息与调整角色定位，易引发员工不确定感、抗拒情绪和心理压力，从而影响变革效率。	变革沟通需以“早介入、强透明、双向反馈”为原则，管理层应通过多轮内部沟通会、数字化通告平台发布核心信息，说明变革路径与员工影响。同时提供心理援助热线、岗位转换指导和转岗培训，降低变革成本与焦虑水平。
企业文化病灶暴露	企业长期存在官僚主义、等级分明、员工创新受限或内部竞争恶性化等“文化病”，极易在危机时暴露，引发人才流失与品牌负面标签。	应组织企业文化价值观的再定义工程，开展员工文化满意度调研，以数据驱动的方式调整“软制度”。鼓励员工参与文化共建（如文化议题月、价值观投票等），并设立文化监督人岗位，强化包容、公平与协作的组织氛围。
高员工流失率	高离职率常预示管理问题、薪酬不合理、职业发展受阻或工作环境不佳，最终造成知识流失、招聘成本上升、组织连续性下降。	建立数据驱动的人才保留机制，通过离职面谈、员工敬业度调查挖掘核心原因。同步调整薪酬结构，确保市场竞争力，设立双通道晋升路径与定制化职业发展方案。优化办公环境与工作负荷安排，建设安全、舒适、具有包容力的职场生态。

（五）CR 不能乱阵脚：稳供应、保信任、防替代、控外溢

客户关系管理涵盖供应商、消费者、替代品和互补品四大核心类别。在商业运营中，良好的客户关系是企业市场竞争力和长期发展的重要基石。在危机语境下，这种协同机制将直接影响企业能否维持运营基本盘、守住市场声誉并争取恢复机会。

1. 稳住供应商：别让大后方掉链子

作为企业价值链起点的供应商，其稳定与否直接决定了企业能否按时履约、持续生产。当危机波及履约能力或财务状况时，供应商出于风险规避而采取保守态度，如限供、涨价、暂停合作等。企业可构建弹性供应链，建立透明沟通机制，实施供应链监测与预警，从而提高供应链的抗风险能力，在危机中保持稳定运营。

构建弹性供应体系是稳住生产基本盘的前提。在应对突发风险时，“核心 / 卫星”式的供应商体系被证实具有高度韧性。企业平时保留若干可替代供应源，以备主力渠道受阻时快速切换。例如，苹果公司长期维持多个备选供应商，保障了其在地缘冲突、自然灾害等风险来袭时的应变能力。

透明沟通是建立战略供应关系的关键纽带。在危机中，信息的不对称会加剧信任缺口。企业在早期及时通报应对举措，共享未来预期，提供阶段性合作保障，这些措施有助于争取供应商在关键时刻的支持。譬如，多家汽车制造商曾在危机协议中设立“最低备货条款”与“联合预警机制”，确保上下游之间信号互通、响应联动。

预警机制是防范系统性中断的核心手段。企业可依托数据系统定期评估供应商财务稳定性、政治环境及自然灾害风险，提前采取增加库存、寻找替代供应商、调整采购策略等应对措施。一家制造企业曾基于对热带风暴路径的提前预测，将部分订单由高风险区域转向备用供货地，成功避免了批量停产。此外，在合作协议中明确违约赔偿条款及应急接管方案，也有利于应对突发供应链中断。比如，部分汽车厂商要求关键零部件供应商储备至少 3 个月的安全库存。

2. 消费者信任怎么修：退得快、赔得准、说得诚

消费者是市场的终端感知者，也是品牌价值的最终承载者。在危机之中，消费者信任的波动尤为敏感，若管理不当，轻则销量滑坡，重则引发抵制运动。消费者信任的流失并非一夜之间，而是逐级演化的过程：从初期信心衰减，到中期情绪恶化，再到彻底脱离甚至以公开对抗终止。

- 衰减：危机初期，消费者信心开始动摇，购买行为减少，持观望态度
- 恶化：若企业未能及时回应，消费者不满情绪加剧，在社交媒体上表达愤怒，引发市场崩溃
- 脱离：消费者彻底失去信任，转向竞争品牌，并可能寻求法律诉讼或政府介入
- 终止：企业若未能妥善处理，消费者可能发起长期抵制，导致品牌形象受损

危机中的消费者沟通需遵循“速度 / 透明 / 行动”铁三角法则：以快速响应抢占舆论先机，以透明披露消除信息不对称，以切实行动兑现承诺。

透明沟通是基石。透明化沟通是危机管理的核心支柱。消费者在危机中不仅关注企业“说什么”，更关注其“如何说”及“是否坦诚”。企业需主动披露危机成因、影响范围、应对方案，还需要公布原料溯源报告，邀请第三方检测机构介入，开放生产线接受媒体监督。需强调的是，透明并非无保留的信息倾泻，而是在法律框架和商业机密保护范围内，以“分段式披露”策略满足公众知情权：初期着重澄清事实，中期持续通报进度，后期总结教训并提出系统性优化举措。

回应诉求是关键。空洞的道歉声明无法消解消费者的不满，唯有可量化、可持续的行动才能重建信誉。企业应制定“三阶段补救”的行动路线：短期措施（如产品召回、即时赔偿）、中期措施（如流程优化、责任人问责）、长期措施（如建立消费者权益保障基金或行业标准倡议）。行动的关键在于“闭环管理”：企业需定期发布进度报告、邀请消费者代表

参与监督委员会等方式，将承诺转化为可视化的实践成果。2024 年 8 月，长安汽车旗下深蓝 SL03 在行驶途中起火，短暂自行熄灭后又复燃。事件发生后，长安汽车在 48 小时内完成涉事车辆召回，并联合科研机构发布电池安全白皮书，详细分析了电池热失控的原因及预防措施。

品牌忠诚度是保障。品牌忠诚度是企业抵御危机的“压舱石”。日常的价值共鸣与服务体验有助于积累消费者黏性：

- 服务前置：个性化服务（如会员权益）、精准营销（如基于消费数据的定制化推荐）提升用户黏性。耐克在“黑客帝国风格”广告争议后，在社交媒体发起互动，结合用户 UGC 内容快速扭转舆论
- 情感联结：危机沟通中采用“第一人称叙事”“高管亲笔信”唤起用户情感认同，缓和了质疑声浪。如“我们深知这次失误对您造成的困扰”“感谢您的理解与支持”
- 价值重构：危机后借助公益行动，或联合权威机构推出改造计划，逐步赢回市场认可

3. 替代品冲击怎么化解：守住护城河，走出新路径

企业危机的本质并非仅源自内部问题，外部市场的结构性变化在此时成为“助推器”。替代品在危机中不仅能填补市场空白，还可能乘虚而入重构整个行业格局。

这类危机通常具备三个特征：首先，技术颠覆性极强，替代品通常依靠创新技术重塑市场，如电动汽车对燃油车市场的侵蚀。其次，需求迁移性显著，消费者在危机发生后加速向替代方案转移，如疫情期间远程办公软件迅速取代传统会议模式。最后，利润虹吸效应明显，竞争对手利用企业危机期快速占领渠道资源，如新式茶饮品牌在传统餐饮行业因闭店潮衰退时成功扩张。

技术壁垒，是防止被替代的护城河。企业若能在关键技术上构建深层锁定机制，如苹果凭借系统软硬件一体化以及生态平台封闭式整合，能有效减缓替代者的冲击速度，维持核心用户群的忠诚度。

需求管理，是危机中的主动调整能力。市场波动下，需求迁移极为迅

速，企业需依托大数据工具精准捕捉用户行为偏好，快速调整产品结构与市场策略。宝洁公司曾分析电商搜索趋势，动态调整产线，满足了防疫期间特定品类的暴涨需求，成功保住了市场份额。

生态位重塑，是危机中转“危”为“机”的关键路径。当市场格局发生根本变化，仅靠固守原有优势已不足以应对挑战。柯达向数字影像解决方案转型、诺基亚转战 5G 基础设施，皆是生态位重构的案例。企业若能将危机视作重新定位的契机，往往能在行业重组中获得新的增长点。

4. 互补品管理有三招：稳合作、设缓冲、防外溢

互补品是与企业产品共同使用、提升整体价值的产品，消费者通常会同时购买或搭配使用。例如，打印机与墨盒、智能手机与应用软件。互补品市场失控可能影响企业核心产品竞争力，甚至带来品牌牵连危机。

合作稳定，是确保互补品安全的前提。与互补品提供方建立长期稳定的合作关系，制定严格的准入标准，确保其产品符合企业战略需求。同时，应建立互补品预警机制，持续跟踪市场趋势、技术变化和竞争动态，避免因互补品供应受限或市场竞争加剧而陷入被动。

生态开放，是防止系统僵化的调节阀。企业应避免使业务过度依赖单一互补品。通过开放平台或技术授权，鼓励更多互补品厂商加入自身生态体系，增强市场灵活性；推动互补品的行业标准化，确保互补品的兼容性，避免消费者因兼容性问题流失至其他品牌。

品牌隔离，是防范声誉外溢的最后一道防线。如果互补品因质量问题或市场争议引发危机，企业可能面临品牌声誉受损的风险。企业应建立品牌独立性管理机制，划定互补品与主品牌之间的边界。一旦互补品引发危机，应及时以品牌独立性策略切割公众联想，利用官方声明、替代方案或赔偿机制遏制损害蔓延。

绿山咖啡（Keurig Green Mountain）长期采用“剃刀—刀片”模式运作，即通过低价甚至亏本销售 Keurig 咖啡机吸引消费者，再依靠利润率较高的 K 杯胶囊获取收益。这种商业模式的关键在于对胶囊的专利保护，一旦保护失效，盈利结构就会面临挑战。2012 年，K 杯胶囊的核心专利到期，市场上很快出现大量价格更低的第三方兼容胶囊。这些产品不受专利限制，不仅打破了绿山咖啡的垄断地位，还迅速蚕食其原有市场份额，造成激烈的价格竞争和利润压缩，企业的盈利模式受到实质性冲击。

表7：客户关系中的危机类型、特征描述与应对策略

危机类型	特征描述	应对策略
上游供应商断链危机	由于自然灾害、政治干预、企业破产或道德丑闻等原因，核心供应商突然中止供货，导致企业生产线中断、履约能力下降、客户订单交付延迟，损害客户信任并波及终端市场。	企业应建立弹性供应链体系，实行多源采购、地理分散化与关键物资备货机制。引入供应链实时监测系统，识别早期风险信号，并定期评估供应商信用与财务状况。通过契约约束体系增强合约条款的执行力，设定中断赔偿条款。同时启动透明沟通机制，第一时间向客户披露影响与应对举措，缓解信任受损。
消费者信任危机	产品质量瑕疵、服务不到位、虚假宣传或隐私泄露等问题，容易导致客户投诉升级、社交媒体负评传播，造成品牌信任断裂与客户流失。	首要原则是透明沟通与责任承认，及时通过官方渠道发布信息说明、召回或补偿安排；其次，应开设快速响应渠道，通过客服热线、社交媒体等平台收集并解决客户诉求。同步通过强化产品安全标准、提升服务体验与危机后品牌修复（如客户关怀、口碑重建），提升客户忠诚度，阻断信任下滑通道。
替代品冲击危机	当危机发生时，市场中的替代产品可能乘虚而入，通过低价促销、社交媒体攻势等手段迅速蚕食客户群体，形成客户迁移现象。	企业应聚焦技术壁垒构建与差异化价值升级，避免陷入同质竞争红海。同时，借助大数据与CRM系统实施需求动态管理，精准识别客户行为变化，调整产品定位与服务内容。通过生态位重塑（如推出配套产品、平台整合等）增强客户黏性，使替代品难以构成直接替代。
互补品依赖性危机	企业的核心产品依赖某些互补品（如充电器之于手机、软件之于硬件）的市场表现与稳定性。一旦互补品品质下降、功能不匹配或被市场淘汰，核心产品的竞争力将显著下降。	企业需建立互补品质量标准体系与合规审查机制，强化互补方管理；通过联合设计、技术接口标准化提升协同稳定性。优化整体产品生态系统，增强用户体验连贯性。借助跨品牌合作与信任背书，加强品牌公信力，使客户对整体产品解决方案保持高度信赖，减轻互补品波动的负面效应。

第四章

危机进展分几步：四大阶段模型一次性搞懂

理解危机的类型和特征后，我们转向危机管理的过程。危机管理的过程可以视为一场没有硝烟的战争：危机前的蓄势待发是智慧与远见的凝聚，危机中的勇往直前是勇气与决心的碰撞，危机后的凤凰涅槃是重生与希望的绽放。对于危机管理的过程，不同学者提出了多种危机管理阶段的模型，其中被广泛认可的有：三阶段模型、芬克四阶段生命周期模型、希斯“4R 模型”、米特洛夫五阶段模型。

一、三阶段模型：前期预防、中期控场、后期修复

危机管理的核心在于构建一套前瞻性与实操性兼备的机制，使企业在面对突发事件时能够迅速响应、有效控制，并在事后实现系统恢复与能力升级。从时间维度出发，危机通常可划分为危机前（Pre-crisis）、危机中（Crisis）、危机后（Post-crisis）三个阶段。三者相辅相成，构成企业应对不确定性挑战的基本逻辑结构。①

（一）危机前：先听见风，再稳住阵

危机的应对并不始于其爆发，而是起于企业对潜在风险的持续识别与战略性准备。事前阶段的目标，并非消灭所有风险，而是通过体系化手段增强组织的预警能力、协调能力与反应能力，做到“为之于未有、治之于未乱”。

1. 信号侦测：从蛛丝马迹中预见风暴

多数危机并非毫无征兆。无论是政策调整、市场波动，还是技术更迭、员工情绪异常，背后都可能潜藏系统性风险的起点。企业应建立涵盖组织内外部数据变化的监测系统和多维度感知机制。侦测不是临时行为，而应嵌入企业运营的常规流程之中，成为风险意识的前台驱动。

2. 危机预警：打通“认知—响应”的第一通道

当危机信号出现后，企业须迅速判断其可能性、影响范围与潜在冲击力。预警的实质是组织内部信息通道是否畅通，是否具备在“可能成为危机”之时提前启动响应准备的能力。此时，确保中高层管理者及时掌握局势尤为关键。

---

① 刘琛．危机传播三阶段[J]．对外传播，2011（10）：40-41.

3. 应对准备：制度设计的落地实践

在完成信号识别和风险评估后，企业应当针对潜在的危机制定详尽的应对策略：成立专门的危机管理团队，拟定紧急响应流程，明确在不同危机级别下各部门的职责和权限，并建立统一的对外沟通渠道。应急预案不只是办公文档，它更是对应急逻辑的系统性阐述，需要定期进行更新，以适应环境的不断变化。

4. 模拟演练：经验学习的“反应肌肉”训练

纸面机制只有在实践中反复验证，才能真正生效。危机演练是对流程的检验，更是对组织反应速度、协同能力、决策合理性的全面评估。不妨把危机应对演练想象成企业版的消防演习，先在虚拟沙盘里搭个逼真的商业战场，让高管团队在模拟记者围堵的紧张场面里摸爬滚打，折腾几轮下来，企业就能在零风险环境下揪出那些平时藏得深的问题。

值得强调的是，危机前的准备不应被视为一次性的项目型工程，而应成为组织日常治理的一部分。正如一位危机管理专家所言：“危机前的准备程度，决定了企业在危机中的生存与恢复能力。”

（二）危机中：控混乱，防升级

当危机真正爆发，企业将面对信息不对称、外部舆论施压、内部资源紧张等多重挑战。事中阶段的核心，是将混乱局势尽快纳入控制轨道，防止危机升级，利用沟通、协同与调整，逐步恢复局势稳定。

1. 危机启动：按预案快速反应

一旦确认危机触发条件，企业应立即启动应急响应机制。此时的关键在于反应速度——越早掌握主导权，越能降低不确定性带来的破坏力。首要任务通常包括信息核实、核心团队集结、初步隔离风险源，并对外发布权威声明，抢占信息传播先机。

2. 持续响应：在动态变化中协调资源

危机有时候呈现出阶段性发展特征，其影响范围与波及人群可能不断扩大。因此，企业需建立实时动态监测系统，持续关注危机走势与外部反馈，根据最新形势调整策略。在此过程中，加强与利益相关方的沟通（员工、客户、监管机构、媒体等）是确保信任不被进一步侵蚀的关键。透明、真实、有温度的沟通语言，在此阶段尤为重要。

（三）危机后：不只收场，还得补课

危机的结束，并不意味着危机管理的终止。事后阶段是重建组织能力、修复关系与完善机制的关键时期。能否在此阶段完成系统性反思，很多时候决定着企业未来的“抗压指数”。

1. 影响修复：从硬件恢复到信任重建

危机之后，企业通常面临服务中断、供应链受损、舆情压力等多方面影响。短期目标是尽快恢复基本业务运营，保障客户体验；中期则需关注品牌声誉修复，通过持续行动与事实来重塑公众认知；长期则可能涉及治理结构、战略方向的系统性调整。

2. 战略恢复：把危机当作转折点

一些企业在危机后选择退守，而另一些则以危机为契机推动转型升级。如能借助事后的组织动能，推动流程优化、文化重塑或市场战略调整，反而有可能实现“危中生机”的跃升。

3. 制度学习：将教训转化为能力

最终，组织应就整个危机周期进行复盘，明确哪些策略有效、哪些反应迟缓、哪些机制形同虚设。反思应超越“总结报告”的层面，成为制度更新的起点。建立危机知识库、修订应急流程、完善培训制度，皆属此阶段的关键任务。

尽管“三阶段模型”为企业提供了一个清晰的时间性路径框架，使管理者在面对危机时有所依循，但这一结构在实际操作中仍存在局限。危机并非线性演进，它可能反复爆发、演化为次生危机，或在某一阶段交织并发。因此，企业在运用该模型时，必须保留足够的灵活性，结合自身行业特点、组织文化与外部环境，构建动态适应、持续优化的危机应对体系。

毕竟，真正成熟的危机管理，不仅在于“当下能应对”，更在于“未

来能更好”。

听花酒“3·15”虚假宣传危机：三阶段下的系统失控

听花酒危机是典型的“制度性疏漏、品牌叙事失控、公众信任坍塌”连锁反应，高度符合“事前积压—事中失序—事后修复难”的三阶段模型。

一、事前阶段：合规缺失与虚构叙事的积压

1. 长期越界宣传。企业长期围绕“提升免疫力、改善睡眠、增强男性性功能”等健康功效开展宣传，将本应作为“佐餐饮品”的白酒包装为“功能饮品”，背离了行业基本伦理，充分暴露出这家企业内部合规机制形同虚设的现实。

2. 依赖伪科学叙事。产品高溢价依赖“神话 + 专利”包装，声称“太上老君托梦研发”，引用尚未授权的国际专利构建虚假权威，违背科学传播伦理。

3. 渠道管理失控。企业对末端渠道的监管同样松散。终端将产品当作“抗癌药物”推广，总部无合规培训或口径管理。母公司未向投资者披露子公司行为，埋下资本风险。

二、事中阶段：应对失序与信任断裂

1. 初期失联与冷处理。被曝光后企业迟迟未回应，客服失联，仅发布模糊声明，引发公众愤怒，质疑企业责任与诚信。经销商不当言论更激化情绪，造成“信息真空 + 情绪失控”。

2. 技术回应引发反噬。企业试图用专利术语辩解“凉味剂”问题，被揭穿为薄荷成分，公众视其为“技术掩盖”，引发二次信任危机。

3. 渠道崩塌与资产蒸发。48 小时内产品下架、公众号封禁，市场监管部门查封超 3.6 万瓶，渠道无统一回应，引发“甩货潮”。母公司股价连续跌停，市值蒸发七成，被标注 ST。

三、事后阶段：修复乏力与制度重塑

1. 监管追责与行业震动。事件引发立案调查和刑责追究，推动白酒行业展开合规整顿。半年内，23 家企业因虚假宣传受罚，广告合规指引出台，限制健康功效炒作。

2. 品牌修复受阻。危机之后，品牌改用“口感体验”话术重启广告投放，但公众仍将其与“虚假宣传”标签绑定，信任难以重建，企业盈利模式与公众信任之间的断裂仍未修复。

听花酒的危机并非始于曝光，而是源于长期的制度松散、道德滑坡和叙事失控。品牌若建立在伪科学与虚构叙述之上，终将陷入信任崩塌。真正可持续的品牌建设，需以制度自省与合规文化内化为支撑。

二、芬克四阶段模型：识别、止血、康复、出院

美国危机管理专家芬克（Fink）将危机定义为“一种流动的、不稳定的、动态的情况——就像一种疾病一样，也必须以同样的方式来对待它。无论是疾病还是危机，事情都处于不断变化的状态”。这一定义强调危机处理需要像治疗疾病一样，需要持续的关注和处理：（1）潜伏期（Prodromal）：潜在危机开始出现的线索或征象；（2）急性期（Acute）：危机爆发或危机事件发生并带来伤害；（3）慢性期（Chronic）：也叫持续期，危机已经消除，危机的后果仍持续作用；（4）痊愈期（Resolution）：也叫恢复期，当利益相关人士不再关切该一事件时，危机就算结束了。[①]

（一）潜伏期：识别危机的早期信号

潜伏期类似于医学上的“未病”状态，此时的企业面临一系列尚不明显但确实存在的风险信号。这些信号包括市场需求的微妙变化、客户投诉的增多、内部管理漏洞的初现，甚至是政策环境与竞争格局的调整。然而，由于信号通常模糊而隐蔽，企业极易忽略这些早期征兆。

正如危机传播专家弗雷德·加西亚（Fred Garcia）在其著作《沟通的

---

① Fink S, American Management Association. Crisis management: Planning for the inevitable[M]. Amacom, 1986.

力量》（The Power of Communication）中所强调的，成功的危机管理始于对风险信号的敏锐察觉。企业必须建立高效的风险监测体系，借助大数据分析、舆情监控与内部反馈渠道，捕捉和识别可能引发危机的征兆，避免因忽视这些信号而导致危机爆发。

（二）急性期：迅速响应与初步控制

当危机进入急性期（也可称爆发期），问题已经公开显现并迅速引起市场、媒体和公众关注。此阶段的企业面临高度压力，必须迅速采取措施，以遏制危机蔓延，防止进一步损害。罗纳德·米切尔（Ronald Mitchell）指出，急性期的应对效果取决于企业是否具备预案，以及管理层的决策能力和领导力。

在公关应对方面，企业须把握黄金时间窗口，快速作出反应。首先，应发布紧急声明，承认问题，表明高度重视和负责态度，主动向受影响群体道歉，不推诿、不回避。其次，成立由高层领导牵头的危机处理小组，制订详细的应对计划，明确职责分工，确保高效、有序应对。最后，及时落实补偿措施，制定合理的赔偿方案，设立专门的客服热线和投诉渠道，确保消费者权益，稳定市场信心。

在信息公开方面，企业需主动与媒体建立紧密沟通机制，定期披露危机进展，防止谣言扩散。在官方网站、社交媒体等渠道发布权威信息，设立专门的媒体接待区域或热线，准确传递信息。

（三）慢性期：系统修复与深度治理

与急性期相比，慢性期的挑战更为复杂。尽管初步危机已被遏制，但其影响通常仍会持续发酵，企业的品牌声誉、财务状况及市场份额仍在压力之下。这一恢复过程缓慢而艰难。

危机管理学者巴顿（Larry Barton）在他的研究中提到，慢性期是“从危机中复苏的关键”。企业若能在此阶段采取正确的行动，重新赢得利益方的信任，就有可能从危机中复苏，甚至使企业形象得到提升。

此时企业应着力于品牌的系统性修复，主动参与社会责任项目，改善公众印象。同时，财务层面也需制订稳健的恢复计划，诸如现金流管理、债务重组、运营成本优化。此外，与媒体保持建设性互动、与利益相关方保持密切沟通，都有助于逐步缓解负面舆情，最终实现市场信任的重建。

在法律与合规方面，企业需积极配合监管机构调查，审慎应对诉讼风险，进一步完善内部合规体系，以预防未来类似危机的发生。

（四）痊愈期：反思与机制重塑

危机的结束并不意味着一切回归正常。事实上，痊愈期是企业真正完成制度优化与文化重塑的关键阶段。危机管理学者帕特里克·拉加德克提出，危机后的恢复要回归原状，也要系统化地提升企业的风险治理能力。

在这一阶段，企业需对危机处理全过程进行系统性的复盘审查，全面分析危机成因、管理失误及市场反馈，形成深入的总结报告，并据此修订风险管理框架。同时，企业应进一步巩固媒体关系，建立长期信任机制，并采取积极措施重塑员工信心。培训、激励和内部沟通，这些都是恢复士气、重塑团队凝聚力、提升生产力的有效方式。

法律与财务的善后工作同样重要。企业需妥善处理未结诉讼，管理财务损失，并通过股东会议、投资者沟通会、股票回购或分红政策等多种措施，向市场展示企业的恢复信心与长期发展能力。

芬克四阶段模型为企业在复杂多变的环境中提供了清晰而系统的行动指南。危机的早期预警、迅速响应、深入修复与彻底反思，有助于企业减少危机损害，在危机后实现制度优化与组织韧性提升。真正成熟的组织，不仅能够成功度过危机，更能在每次危机后，实现体系性的自我进化与成长。

耐克“气垫门”事件案例分析 ——基于芬克四阶段模型

【背景资料】

2016 年 4 月耐克发布搭载 Zoom Air 气垫的限量篮球鞋，消费者发现鞋后跟无气垫后维权。60 余名消费者组建维权群要求三倍赔偿，但耐克仅同意退款并坚称“描述失误”。2017 年央视“3·15”晚会曝光后，耐克 24 小时内未回应，随后三天内两次声明仍回避赔偿，仅提供全额退款和七五折优惠券。直至4月3日才同意三倍赔偿，但品牌信誉已严重受损。

【案例分析】

借助芬克四阶段模型，可以对该事件的演变过程及耐克的应对策略进行系统分析，并总结其经验与教训。

1. 潜伏期：危机征兆被忽视

2016 年 4 月，耐克官方微博宣传旗下限量款篮球鞋，强调其拥有专利气垫技术（Zoom Air）。然而，在产品发售后，部分消费者发现鞋后跟并未配备宣传中的气垫装置，并在社交媒体和客服渠道提出疑问。耐克客服在最初的回应中仅将此问题归结为“产品描述失误”，未能意识到这一问题可能引发的信任危机。此时，消费者的投诉已初现端倪，但耐克并未采取足够的积极措施，比如立即开展内部调查、主动联系消费者解释情况或提前制定补救方案，导致危机隐患逐步累积。

这一阶段耐克最大的失误在于忽视早期警告信号，未能采取有效的预防性措施。如果耐克在这一阶段能主动调整宣传材料，并为购买者提供补偿方案，可能不会演变成后续的全面危机。

2. 急性期：危机全面爆发

2017 年 3 月 15 日，央视“3·15”晚会点名批评耐克涉嫌虚假宣传，此事件迅速引发广泛关注，社交媒体上的负面舆情迅速发酵。面对舆论压力，耐克未能在黄金 24 小时内迅速作出有效回应，而是在 3 月 16 日才发表声明，表示将配合工商部门调查，并继续坚称是“产品描述错误”，否认存在欺诈行为。

耐克的这一反应方式激化了消费者的不满情绪，公众认为品牌缺乏诚意，回避核心责任。3月17日，耐克在官方微博道歉，并提供全额退款和七五折优惠券，但仍未满足消费者关于“三倍赔偿”的合法诉求。舆论对耐克的不信任情绪持续升温，甚至引发市场监管部门立案调查，使耐克在品牌信任和法律合规层面均面临严重挑战。

这一阶段，耐克在应对危机时有几个明显的失误：

一是响应速度迟缓。在危机爆发初期，耐克错过了危机应对的黄金时间，使事件迅速恶化。

二是信息披露不完整。在第一次声明中，耐克未能提供透明的事实陈述，继续使用“描述错误”这一说辞，回避核心责任，导致公众质疑。

三是补救措施欠缺。耐克提出的补偿方案缺乏法律依据，未能充分安抚消费者情绪，反而加剧了公众对其责任态度的不满。

四是舆情控制失败。耐克没有及时采取主动沟通策略，导致负面情绪扩散，品牌形象持续受损。

在这一阶段，耐克如果能够第一时间承认问题，提供合理的补偿方案，并明确表达对消费者权益的尊重，危机的严重性本可以得到一定程度的控制。

3. 慢性期：危机后续影响持续

在“气垫门”曝光后，消费者持续施压，要求耐克遵守《中华人民共和国消费者权益保护法》提供三倍赔偿。然而，耐克在3月24日的追加声明中仍坚持“描述错误”之说，未明确赔偿方案，导致舆论进一步发酵，公众对其态度的不满情绪持续积累。直至4月3日，耐克才最终宣布将在90天内对问题鞋款进行退货并给予三倍赔偿，事件才逐渐平息。

尽管最终的补救措施符合消费者诉求，但耐克的拖延和反复已经让公众对品牌的诚信产生了深刻质疑。与此同时，品牌形象受损使耐克在中国市场的竞争力下降，部分消费者开始转向其他运动品牌，如阿迪达斯、安踏等。这一危机在短期内直接影响耐克的销售业绩，并导致消费者对其广告宣传的信任度下降。

耐克若在慢性期采取积极的公关策略，如举办消费者沟通会议、加强产品宣传的透明度、与行业协会合作推广合规标准等，有助于缩短品牌修复周期。

4. 痊愈期：市场信任逐步恢复

在“气垫门”事件后，耐克采取了一系列品牌修复措施，推出新款产品强化气垫科技的透明展示，调整广告宣传内容以提升消费者信任度。此外，耐克加强了与体育明星、KOL（关键意见领袖）的合作，通过运动赛事、公益活动等方式提升品牌形象。尽管如此，部分消费者仍对耐克品牌持谨慎态度，耐克需要更长时间的努力来重新赢得市场信赖。

三、希斯“4R 模型”：“减、备、应、复”四字诀

美国危机管理专家罗伯特·希斯（Robert Heath）提出了危机管理“4R模型”①。他把组织的危机管理分为四个内容：缩减（Reduction）、预备（Readiness）、反应（Response）、恢复（Recovery）。

表 8：“4R 模型”的过程与内容

危机管理过程	主要内容
缩减	确认危机的来源，识别和分析危害对人类生命和财产造成的长期风险；进行风险评估和风险管理，要么采取措施消除这些风险，要么减少其影响的程度和发生的可能性。
预备	建立监视和预警系统，对员工进行培训，提高应对危机的能力。
反应	分析危机影响，制订危机管理计划，具备必要的资源和技能。
恢复	控制危机后，将人力、财力、物力以及工作流程恢复到正常状态。

（一）缩减：将风险压低在可控范围内

缩减阶段（也称为“减低风险”阶段）并非危机应对的“开始”，而是整个危机管理体系的基座。这个阶段的目标十分明确：识别潜在危机源，评估可能造成的影响，并采取具体措施降低风险出现的概率与损害程度。

---

① 罗伯特·希斯. 危机管理[M]. 北京：中信出版社，2001.

在“4R模型”中，缩减策略涵盖危机来源确认、危害识别与分析、风险评估与管理三大核心环节。

一切始于识别危机来源。这一步要求企业建立起涵盖自然灾害、技术故障、人为操作失误等多维度的风险识别机制。凭借情报收集、环境监测和内部审计，企业得以构建风险地图，从而对易变区域进行重点防控。

随后是危害识别与分析环节。企业要知道“哪里可能出问题”，还要弄清“出了问题会发生什么”。这需要结合灾害科学、管理学等跨学科工具，剖析风险的链式反应：技术故障是否会引发客户信任流失？局部停产是否会牵连整个供应链？

最后是风险评估与管理：将风险进行量化，评估其发生概率与影响强度，并制定对策。举例而言，化工企业会配备自动监测装置来降低事故发生概率；而像微软这样的科技公司，则以漏洞扫描和代码审核来排查安全隐患。

有效的缩减策略离不开三个动作：去除诱因、降低概率、缓解后果：

- 去除诱因：从根本上移除危机诱因，如定期扫描漏洞和审核代码，防范数据泄露和网络攻击
- 降低概率：通过技术升级、流程优化、员工培训等措施减少事故可能性
- 缓解后果：即便无法避免风险，也可设立应急预案以备降低损失，在灾后迅速恢复运营，如设立紧急资金、与保险公司合作

（二）预备：建立应对危机的“肌肉记忆”

没有准备，再快的反应也无济于事。预备阶段的任务，是为潜在危机做好制度化、可执行的全面准备。

首先是危机预警系统的建立。它要求企业具备对外部趋势的洞察力、对内部异常的敏感性。值得注意的是，预警系统的有效性取决于技术支持，还取决于企业成员对风险的感知能力——这与知识水平、经验、心理状态相关。

其次是培训与演练。模拟，是最接近真实的准备方式。企业需要定期进行危机演练，让员工在非紧急情境下积累判断经验与操作流程。只有当反应成为习惯，行动才能迅速而有效。

最后，危机应对预案的设计至关重要。应急预案不是一份文件，而是一套随时可以落地的行动指南。预案必须明确职责、划清层级、细化流程，并根据内外部环境变化持续更新。

此外，外部资源的整合也不可忽视。邀请专家，与政府合作，确定应急服务系统……这类操作不只增强预案的专业性，也拓展了企业的“救援触角”。

预备工作的本质，是打造一个拥有快速反应机制、信息处理能力与协同作战精神的组织系统。

（三）反应：在混乱中作出清晰的决策

危机一旦爆发，反应阶段即刻启动。此时，时间成为最重要的资源。管理层的冷静判断、组织反应的速度、对外发声的节奏，将决定危机最终的破坏程度。

第一要务是快速启动应急机制：要判断事件等级，调用响应资源，立即阻断危机扩散路径。这要求决策链条短、反应节奏快。

紧随其后的是信息透明与对外沟通。信息透明是稳定公众情绪的根本。企业必须设立统一发布口径，在官网、社交平台、媒体专访等渠道持续更新危机进展，严防谣言滋生。同时，应开通投诉渠道与舆情反馈平台，建立与公众的“正向对话”。

再者是内部稳定。员工的情绪与行动，直接影响应对效率。企业应及时开展安抚与动员工作，明确职责分工，提供心理支持，保证团队在混乱中有序运行。

此外，公共关系部门的作用至关重要。他们需要在第一时间制定舆情策略，调配资源，对负面传播作出预判与引导。

反应阶段，是一次系统协调能力的大考。能否挺住这段“黄金 72 小时”，决定了企业是否能把危机压制在可控范围之内。

（四）恢复：走出危机，赢回信任

危机平息，并不意味着管理任务的结束。恢复阶段同样关键，它决定了企业是“活下来”还是“活得更好”。

首先，必须对危机造成的损害进行全面评估：财务损失、业务停滞、品牌受损、员工流失、社会信任下降……每一项都需细致梳理。基于此，企业需制定有序、分阶段的恢复方案。比如，在财务方面设立流动资金保障机制；在品牌层面借助公益行动重塑公众形象；在人力资源层面加强内部培训、提升团队凝聚力。

其次，系统复盘不可省略。企业应召开复盘会议，梳理危机应对中的得失，找出流程瓶颈与认知盲区，形成书面报告，为今后预案优化提供依据。这是危机管理知识体系建设的核心环节。

再次，延续对外沟通。在社会信任修复期，企业应继续保持信息透明，借助舆情分析及时调整传播策略。媒体是长期合作对象，不应因危机平息而断联，相反，应在此阶段建立更稳固的对话机制。

最后，别忽视员工。危机对团队信心造成了冲击，因此恢复阶段是“文化重建”的好时机。内部访谈、激励机制、福利调整等手段都是重建士气的有效途径。

恢复，不只是修复，更是重塑。在应对的尾声中，企业需要内省：这次经历，我们学到了什么？又该如何准备下一次？

“4R 模型”的价值，并不在于提供一种机械流程，而在于帮助企业建立起面对不确定性时的结构性思维。危机本身或许难以完全避免，但是否拥有缩减风险的前瞻、预备方案的完备、反应机制的高效，以及恢复过程的系统化——这才是企业抗压与进化的真实体现。

危机面前，一切空谈都是脆弱的。唯有准备、练习、总结与改进，才能在风暴来临时，真正做到沉着应对、不乱阵脚。

基于希斯“4R 模型”的兰州自来水苯超标事件分析

【背景资料】

2014 年 3 月 6 日，有兰州市民反映自来水散发恶臭。

3 月 9 日，兰州市政府下发报告中指出：检测水质符合国家安全饮用标准，对无中生有、造谣的相关人员进行查处。

4 月 10 日 17 时，兰州威立雅出厂水苯含量高达 118 微克 / 升。晚上 10 点自流沟苯含量为 170 微克 / 升。

4 月 11 日凌晨 2 时，出厂水及自流沟水样中苯含量增至 200 微克 / 升，远超出国家限值的 10 微克 / 升。凌晨 5 时，兰州威立雅公司将相关情况上报兰州市政府。上午 8 时，时任兰州市委书记在威立雅水务集团有限责任公司主持召开紧急会议。11 时，自来水厂终于开启控制阀，4 号自流沟不再供水。11 时 32 分，新华网率先发文《兰州自来水苯含量严重超标》报道兰州自来水苯超标一事，成为事件初期的重要新闻传播源。

4 月 11 日 14 时 40 分，中国新闻网发表图片文章《兰州自来水苯含量超标：市民抢购矿泉水，局部停水》，对事件做进一步报道。图片显示，超市原本摆放饮用水的货架被一扫而空，而来往拥挤的手推车上挤满了成件的矿泉水。15 时 58 分，兰州发布官方通报《自来水苯指标超标，未来 24 小时居民不宜饮用自来水》。16 时 30 分，兰州市召开新闻发布会称，兰州市应急处置领导小组基本找准了污染点，并予以切断。当日，新华网、中国新闻网等门户网站的相关报道近 1500 篇，事件引起社会高度关注。

4 月 12 日，兰州市政府召开视频会议，确认此次自来水苯超标的源头是中国石油天然气公司兰州石化分公司一条管道发生泄漏，污染了供水企业的自流沟。

4 月 14 日，兰州市政府再次举行新闻发布会表示，在前后 8 天时间里，兰州市民“有可能已经饮用了苯超标的自来水”。同时，兰州市宣布，所有城区当日起恢复正常供水，并且解除紧急措施。

6月 12 日，兰州市政府正式公布事件调查结果，确认事件为供水安全责任事件。威立雅水务公司自流沟超期服役，兰州石化历史积存的含油污水渗入自流沟，导致苯污染。相关责任人受到进一步追责。

【案例分析】

兰州自来水苯超标事件暴露了政府和企业在危机管理各个环节的缺陷：在缩减阶段，风险识别机制失效，未能在第一时间发现污染隐患；在预备阶段，缺乏有效的应急预案和跨部门协调机制，导致危机发生后应对迟缓；在反应阶段，信息披露滞后，舆情管理能力不足，进一步加剧社会恐慌；在恢复阶段，虽采取了一定补救措施，但长期改进不足，缺乏制度性改革。

1. 危机缩减：预警失效，错失防范契机

危机缩减阶段，企业与政府需采取风险管理措施降低危机可能性或影响。2014 年 3 月，兰州市民反映自来水恶臭，政府却称水质安全，未深入调查。兰州石化管道泄漏污染供水系统，显示企业和监管部门对工业污染监控不足。威立雅水务公司未能及时发现水质变化，表明风险预防体系存在缺陷。

2. 危机预备：应急机制缺失，事前准备不足

首先，水质监测预警系统不完善。尽管威立雅水务公司每日进行水质检测，但其在 4 月 10 日 17 时发现苯超标高达 118 微克 / 升后，并未立即启动应急预案，而是直到 4 月 11 日凌晨 5 时才向兰州市政府上报，延误了处理时间。

其次，政府应急响应机制启动迟缓。尽管兰州市政府在 4 月 11 日 8 时召开紧急会议，并于 16 时 30 分举行新闻发布会，但政府的危机应对方案明显滞后于事态发展。面对市民恐慌性抢购瓶装水的局面，政府缺乏充分的应急物资储备和市场调控机制，导致水资源供给失衡，加剧了市民恐慌情绪。

再次，跨部门协调机制不健全。此次危机涉及政府、供水企业及石化企业，然而在事件发生后，各方信息沟通不畅，导致政府无法在第一时间准确确认污染来源。4 月 12 日，兰州市政府才最终确认污染源为兰州石化管道泄漏，反映出政府与企业之间的环保风险管理协调机制存在短板。

3. 危机反应：信息发布滞后，舆情管理乏力

首先，政府和企业的初期信息披露不够及时和透明。在 4 月 11 日 11 时 32 分，新华网率先曝光兰州自来水苯超标的新闻，使公众在政府官方通报前就已经知晓危机，进一步引发社会恐慌。然而，直到 14 时 40 分，政府才发布通报，

并在 16 时 30 分召开新闻发布会。这种信息发布的滞后，使得公众在没有官方权威信息的情况下，依赖媒体报道和社交媒体传播，导致恐慌情绪加剧。

其次，政府未能有效管理公众情绪。危机发生后，大量市民抢购瓶装水，造成市场供应短缺。如果政府在第一时间采取稳定市场的措施，如调配应急饮用水资源、控制市场价格、设置临时供应点，并通过媒体及时传达相关信息，可能会在一定程度上缓解市民恐慌。然而，在 4 月 11 日当天，政府未能迅速平息市场恐慌，导致抢水事件持续升级。

再次，政府和涉事企业的责任界定模糊。兰州市政府虽然在 4 月 12 日确认污染源为兰州石化管道泄漏，但在最初的新闻发布会上，政府并未明确指责涉事企业，而是以较为模糊的措辞表述污染问题，试图避免责任归属问题。

4. 危机恢复：补救措施有限，长期改进乏力

首先，4 月 14 日，政府宣布自来水恢复正常供水，并解除紧急措施，在短时间内恢复了城市供水系统的运作。然而，政府在事后的信息发布中承认，市民可能在过去 8 天饮用了苯超标的自来水，这一声明虽然表现了一定的坦诚态度，但也使公众对政府早期的应对方式产生更大的质疑。

其次，在 6 月 12 日，兰州市政府公布了调查结果，并对相关责任人进行了追责，包括供水企业威立雅水务公司的管理失职，以及兰州石化的环境污染责任。然而，政府并未进一步提出更加系统性的水质安全改进计划，比如建立更严格的水质检测机制、引入第三方检测机构监督、提升环保设施管理标准。

四、米特洛夫五阶段模型：危机闭环管理全攻略

米特洛夫（Mitroff）将危机管理分为五个阶段：（1）信号侦测，发现危机的警讯，并且采取行动来避免危机的发生；（2）探测与预防，寻找已知的危机风险的要素，并且想办法降低可能带来的伤害；（3）控制损害，当危机发生时，尽量使危机不扩大到企业的其他部分或周遭环境；（4）恢复阶段，使企业尽快恢复正常的运作；（5）学习阶段，学习反省与批判危机

的处理过程，从而增加企业的记忆。这个模型注重危机的预防和应对，强调危机后的恢复和学习，使企业能够从危机中吸取教训，提升未来的危机应对能力。[①]

（一）信号侦测：危机的第一道防线

危机管理的第一步，不是应对，而是感知。早期信号的捕捉决定了企业是否有机会抢在危机之前完成干预。

企业面临的风险，大致可分为两类：一类源自外部环境，如市场剧烈波动、政策收紧、竞争对手突袭，或是公众舆论异动；另一类则深藏在企业内部，诸如流程漏洞、系统老化、员工流动异常，或客户投诉密集。

要有效侦测这些信号，企业必须构建一整套多层次的感知系统：

- 数据预警系统：利用舆情监控、市场调研、运营指标分析等手段，实时追踪异常变化
- 跨部门信息共享机制：打破信息孤岛，建立市场、法务、公关等部门的风险共享平台
- 预警报告体系：输出定期、结构化的风险评估报告，为管理层提供清晰的判断依据
- 利益相关方参与机制：激活股东、员工、合作伙伴等外部感知触角，提升识别广度与深度

（二）探测与预防：构建防火墙，而非事后救火

识别了风险，还不够。下一步是探索风险成因，并对症下药，把可能变成不可能，把已知转化为可控。如果说信号侦测是危机管理的“前哨站”，那么探测与预防则是危机爆发前的“防火墙”。这一阶段的核心在于识别已知风险，并采取预防措施，降低危机发生的概率和潜在损害。

---

① Mitroff I I. Managing crises before they happen: What every executive and manager needs to know about crisis management[M]. AMACOM/American Management Association, 2000.

1. 全面风险评估

探测与预防的首要步骤是进行全面风险评估，系统识别业务各领域的潜在风险。这需要从多个来源收集并分析数据，包括内部报告、市场趋势、行业分析以及员工和客户的反馈。具体措施：

- 利用 SWOT（优势、劣势、机会和威胁）分析、PEST（政治、经济、社会、技术）分析、情景规划（Scenario Planning）等工具识别已知风险与新兴风险
- 对可能导致危机的风险因素进行系统梳理，涵盖运营管理（如供应链中断）、财务健康（如现金流紧张）、品牌声誉（如产品召回）、合规问题（如反垄断调查）等多个维度

2. 风险优先级矩阵

由于并非所有风险都具有相同的可能性或严重性，因此对其进行优先级排序至关重要。通过风险优先级矩阵（Risk Matrix）量化威胁的严重性（Severity）与发生概率（Probability），通过对高概率且高损害的风险进行优先处理。

- 制定风险矩阵，根据损害规模（财务、声誉、运营）和发生可能性等因素评估每种潜在威胁
- 分配风险等级（高、中、低），确定哪些风险需立即采取行动，哪些可监控
- 决策者了解哪些风险最为危险以及最需要紧急应对

举个例子，一家银行对其客户数据库进行风险评估后，发现数据泄露可能导致监管罚款和客户信任流失，因此加大了在数据加密技术上的投入。

3. 制定预防措施

预防措施的设计需遵循“靶向干预”原则，即根据风险特性制定解决方案。

- 可规避风险：如单一供应商依赖，企业可通过供应链多元化、合同条款优化等策略消除威胁

• 可转移风险：如自然灾害，则借助保险、对冲工具实现风险转移

• 必须承受风险：如政策调整，则需建立缓冲机制或准备合规储备金

假设某新能源汽车企业预判电池原材料价格可能会有波动风险，则需要同步启动三项应对措施：与锂矿企业签订长期定价协议（规避），购买期货合约对冲短期波动（转移），增加研发投入开发钠离子替代技术（承受），形成多层次防御体系。

4. 测试与模拟危机情景

即使是最完善的计划，如果不定期测试也可能失败。通过危机模拟、演练和情景分析，企业可为潜在危机做好准备，练习应对不同风险情景，发现预防策略中的弱点。

• 定期进行危机模拟或桌面演练，让团队面对假设危机制定出应对策略

• 回顾评估模拟结果，根据结果改进预防策略

• 让危机应对团队熟悉各自角色与职责

总结一下，“探测与预防”这个阶段的关键词是“主动管理”。企业要像医生一样，不只看到病灶，更要设计治疗方案，并建立监控与复查机制。这样，才能把不确定性压缩在最小半径。

（三）控制损害：在混乱中遏制风险蔓延

控制损害阶段是危机管理中最为“实战”的一环。它考验组织反应的速度，也检验机制是否具备系统性与前瞻性。只有在最短时间内止住“出血点”，稳定情绪、管控信息、整合资源，企业才能为后续的恢复、重塑打下基础。

在这个阶段，没有什么比“迅速、准确、协调”更重要。动作迟缓，会被危机吞噬；反应混乱，注定引发更大的信任塌方。而那些在危机中挺住阵脚、控制住局势的企业，也最有可能在风暴过去后，重新赢得市场的尊敬。

1. 启动应急机制，把混乱纳入秩序

危机控制始于行动。预设机制能否迅速启动、专业团队能否及时到位，经常决定了应对效率的上限。企业应按照事先制定的应急预案，第一时间调集危机响应小组、公关部门、法务顾问等核心力量，明确职责，统一节奏。

应急机制的关键在于分类响应。对于影响面广、后果严重的危机，应优先保障核心业务运转与关键利益方的稳定。例如，在供应链断裂引发的原材料短缺中，必须优先保障战略客户与主力产品线，避免整体生产陷入瘫痪。

2. 实施物理隔离，阻断风险的物理传播

面对现实风险，第一反应是“止血”。在污染、火灾、事故或产品缺陷等危机场景中，快速封锁源头是防止损害扩散的首要措施。

如生产环节出现质量问题，应立即停线处理，封存可疑批次，避免问题产品流入市场。若遭遇网络攻击，须迅速断网、封锁被入侵端口，阻止数据泄露进一步扩大。

物理隔离的关键在于果断、彻底，而非试探性处理。在必要情况下，企业还应对特定办公区域、数据中心或分支机构实施封闭式隔离，防止危机在内部“横向扩散”，引发跨部门或跨地区的二次风险。

3. 加强信息隔离，管住话语权

信息一旦失控，比事件本身更可怕。危机期间，谣言的传播速度往往远超事实。此时，企业的任务不仅是修复现实，更要管理公众认知。

对内部而言，必须统一口径、管控发言权限。严禁员工在未授权前私自发布信息或向外界泄露细节，避免情绪化表态引发误读。外部方面，应设置权威发言人，通过新闻发布会、官网公告等渠道，及时披露信息进展，传递企业态度。

同时，在技术层面，企业可升级防火墙，优化权限管理，启用应急安全协议，封堵信息漏洞，防止数据外泄和黑客持续攻击。

4. 稳住预期，用沟通压住恐慌

危机是一场事务挑战，更是一场信任考验。内部员工若对局势缺乏了解，将陷入无序；外部客户若无法得到清晰回应，则极易转向竞争对手。

因此，企业必须主动出击，稳定预期。对内，通过紧急通报、部门例会、问答机制，让员工明晰组织所处位置、所采取措施及未来走向。对外，应主动联系客户、供应商、监管方等核心群体，说明应对路径，消除误解，争取理解与配合。

值得一提的是，利益相关方的协同机制此时尤显重要。企业应建立临时指挥链条，与上游供应商协调调货方案，与下游客户重建交付节奏，以最小化危机应对所带来的连锁冲击。

5. 动态监测与策略调整，让危机管理“活”起来

没有哪场危机是静态的。危机控制不是一锤定音的处理，而是持续迭代的过程。企业需部署数据分析工具，如舆情监测系统、业务中断指标仪表板等，对危机影响进行动态追踪。

当社交媒体情绪指数出现反弹时，须迅速启动第二波公关回应；当客户流失率突破红线，就必须同步开展补偿机制与品牌修复计划。

此外，需警惕次生危机的发生。产品召回可能引发客户投诉潮，数据泄露后可能跟进法律诉讼，品牌受损还可能诱发股价波动。这些风险虽非第一时间爆发，却极易成为“余震”，对企业造成深远打击。为此，企业应预置法律应对预案、赔偿机制及售后保障，形成完整的“后手系统”。

（四）恢复阶段：在危机余震中重新起跑

危机虽然得到控制，但真正的挑战往往在其后。企业若止步于“止损”，只能勉强保住当下；若能把握恢复阶段，则有机会在残局中重塑秩序。当下次危机来临时，那些在恢复阶段完成重构的企业，不只是更快回归，更有能力走得更远。

恢复阶段既要精准算账，也要长远谋势；既要止血止损，更要查漏补缺。优秀的企业从不满足于“没死”，它们追求的是“活得更好”。

1. 精准评估：从混乱中厘清代价与优先级

想要有效恢复，前提是对损失有清晰认知。企业需尽快组建专项评估小组，成员应涵盖高管、风险官、外部审计专家及关键业务一线人员。评估应跨越四大维度：

- 财务层面：现金流断裂风险，保险覆盖缺口，短期偿债能力是否面临警戒
- 运营层面：核心流程是否受损，供应链断点是否恢复，客户服务链条是否完整
- 品牌层面：公众信任滑坡的程度，社交媒体上品牌声誉的真实温度
- 法律层面：是否存在合规风险，潜在诉讼是否可控，赔付压力是否可预见

更难但更关键的，是评估“看不见的损失”——核心人才流失、员工士气低迷、客户忠诚度下降等长期隐性风险。某化工企业在处理一次爆炸事故时发现，研发团队流失率超过三成，这一代价远比设备损失要沉重得多。

2. 分阶段恢复要平衡短期止损与长期重构

基于评估结果，企业需制定“三阶渐进式”恢复路线，每个阶段设定清晰目标及关键绩效指标（KPI），按阶段推动。

（1）应急恢复期（0—30 天）：快速止血，稳定运营

目标是快速止血，确保“能动”。此阶段重点在于恢复基本业务功能，确保组织不瘫痪、不脱轨。核心指标应围绕“业务中断时长是否在预期内”“核心功能恢复比例是否达标”等制定。原则是“小步快走”，如可用即上线、能跑即启动。

（2）稳定过渡期（31—180 天）：重建信任，修复市场

此阶段的任务是重建信任、修复关系、恢复正常交付能力。指标可设置为“客户回流率”“供应商续约率”“品牌信任恢复速度”。企业需以稳定客户、维护合作网络为核心，同时建立应对反复的弹性预案。

(3)战略重塑期(180天以上):组织进化,打造长期韧性

恢复的终点不该只是“归位”,而应是“进化”。在这个阶段,企业应将应急措施常态化、危机经验制度化,探索新的商业模式或价值增长点。恢复阶段不只是擦去伤痕,更要让企业学会“带着疤痕奔跑”。

总而言之,恢复不是终点,而是再出发的起跑线。企业在风暴之后站起来的速度,决定了它日后的生命力。而恢复阶段,就是这个重新站起来的过程。

(五)学习阶段:“回头看”才能“走得远”

危机结束,并不意味着管理任务终止。真正成熟的企业,会在最后阶段重新出发。

学习,是危机管理的闭环环节,也是组织能力跃升的起点。经历动荡之后,企业要回答两个问题:“这次危机,暴露了什么问题?”“未来要怎么做,才能避免重蹈覆辙?”

回答得越清晰,进步就越扎实。答不出来,教训就白交了学费。

1. 把经验变成可调用的“资产”

复盘不是交差,而是建立知识系统。企业要做的,不是“回顾”,而是“萃取”——把零碎的信息、局部的行动、分散的反馈,抽丝剥茧,归纳成可落地、可复用的行动模板。

管理层需要组织一次全周期的回看:哪些决定起了正向作用?哪些协同断点导致节奏失控?哪些信号曾被忽视?

管理层还要进入更高层级的战略反思:哪些制度该重构?哪些能力需要补齐?哪些原有做法必须淘汰?

既要看得见数字,也要听得见声音。要把危机响应时效、财务损失、客户流失率等关键指标梳理清楚,也要从员工、客户、媒体、监管等多个角度提取感受和盲区,完成一次纵横贯通的“复盘体检”。

与此同时,还应将此次危机中暴露的问题转化为组织优化的切入点,在流程、文化与激励机制上全面升级。比如,是否需要将合规审核嵌入营销决策中？是否该设立独立舆情预警小组？是否考虑将弹性预算写入年度经营计划？这些思考，才是真正意义上的复盘成果。

以上这些信息必须被整理成结构化内容，写进流程、写进机制，成为企业的“知识图谱”。

2. 把检讨转化为结构性改变

总结的价值在于行动。一次高质量的反思，必须带来一次机制上的修正。企业需要建立“三位一体”的改进机制。

第一步，改制度。不能只追责，还要动规则。企业要拆解出每一个决策节点，邀请多层级员工提出疑问，找到哪一步出了偏差，哪些流程是空转，哪些激励在危机中失灵。设立“危机推演室”，把历史案例模拟为场景演练；设立“学习工作坊”，把应急操作转化为标准教材；推动“交叉学习制”，让公关、法务、供应链等部门轮值复盘，不让危机经验停留在单点记忆。

第二步，升技术。让经验转入系统。建立危机案例平台，分类归档、关键词标记、场景匹配。将管理教训输入数据模型，用算法优化风险预警系统。信息化程度越高，经验转化效率越快，避免重复踩坑。

第三步，强记忆。一场危机不能只教育亲历者，还要成为全公司的制度资产。危机档案要清楚记录事件经过、决策节点、影响范围与应对成效；危机手册要更新流程、补齐盲点、清除冗余。更重要的，是把这套学习节奏变成日常机制。培训不靠感性动员，而靠案例复盘；战略会不只谈增长，也评估危机承受力。危机意识要嵌入组织文化，而非作为应急技能单独保存。

我们总结一下“学习阶段”，其实就一句话：学习不只是回头看，还要走得更远。

危机会过去，但它带来的信息、判断与修复机会不能浪费。每一次学习，都是对下一次危机的提前准备。每一次复盘，都是对组织系统的一次迭代。

越是经历过风暴的组织，越有资格成为行业的“长寿公司”。它们不靠侥幸活着，而靠学习进化活得更好。

深水地平线漏油事件的危机管理分析——基于米特洛夫五阶段模型

2010年4月20日，英国石油公司（BP）在墨西哥湾运营的深水地平线（Deepwater Horizon）钻井平台发生爆炸并导致大规模原油泄漏，成为全球最严重的环境灾难之一。该事件造成了11名工人的死亡，还引发了长达87天的石油泄漏，对生态环境、沿海经济和BP自身的企业声誉产生了深远影响。

第一阶段：信号侦测

危机管理的首要任务是识别可能的风险信号，以便在危机发生前采取干预措施。然而，BP公司在事件发生前已收到诸多警示信号，却未能及时采取行动。首先，BP在此之前就因安全管理问题屡遭批评，包括2005年得克萨斯城炼油厂爆炸和2006年阿拉斯加输油管道泄漏事件，均显示公司在安全监管和风险控制方面存在严重漏洞。其次，在深水地平线钻井过程中，技术团队发现井下压力异常，这表明油井可能存在泄漏风险。但BP并未认真对待这些警示，反而为了节省成本和加快作业进度，忽视了一些关键的安全测试。最后，BP与提供水泥服务的哈里伯顿公司沟通不畅，导致固井质量存在隐患。所有这些信号均预示了潜在危机的发生，但公司未能采取任何有效措施加以防范。

第二阶段：探测与预防

在此阶段，企业应主动识别危机的已知风险，并采取措施降低可能的损害。然而，BP在作业过程中为追求经济利益，忽视了诸多安全防范措施。例如，公司决定取消原定的测井程序，并让负责测井的斯伦贝谢（Schlumberger）公司工作人员提前离开。这意味着BP放弃了一项关键的安全检验措施，使井口的潜在风险未能得到及时发现。此外，BP在钻井过程中未能充分重视井下气体压力的异常情况，导致最终的井喷失控。与此同时，美国联邦矿产管理局（MMS）对深海钻井的监管较为宽松，未能严格审核BP的安全措施，使得该公司在多年来的运营中积累了大量未被修正的安全漏洞。这些疏忽最终导致了危机的爆发。

第三阶段：控制损害

当危机爆发后，企业和政府的首要任务是防止损害进一步扩大。然而，BP和美国政府在事故发生后的最初反应均被批评为缓慢且无效。事故发生后，深水地平线钻井平台发生剧烈爆炸并沉没，导致原油大量泄漏至墨西哥湾。但 BP 起初低估了泄漏规模，仅向公众通报每天泄漏 1000 桶石油，而实际泄漏量高达数万桶。此外，BP 尝试使用“顶堵”和“罩封”等技术措施封堵油井，但由于准备不足和技术失误，这些尝试均未成功。政府方面，奥巴马政府在事故初期未能给予足够重视，导致应对决策迟缓，公众和媒体对政府的不满迅速上升。此外，各州政府和联邦政府在协调应对措施时存在摩擦，甚至有部分官员试图从中谋取政治利益，进一步拖延了危机应对进程。

第四阶段：恢复阶段

在此阶段，组织应采取措施尽快恢复正常运营，并弥补危机造成的损害。BP 最终投入 200 多亿美元用于清理海洋污染、赔偿受影响的渔民和企业，并在全球范围内加强安全管理。同时，美国政府也加大了对石油企业的监管力度，加强了对深海钻井的安全要求。然而，墨西哥湾的生态恢复过程异常艰难。大量海洋生物因原油污染死亡，沿海经济也遭受巨大损失。BP 的企业形象和市场价值也受到重创，股价在事故发生后的几个月内暴跌约 50%。尽管 BP 采取了补救措施，但公众信任的恢复仍需要较长时间。

第五阶段：学习阶段

危机管理的最终目标是从危机中吸取教训，防止类似事件再次发生。深水地平线事故发生后，美国政府对石油行业的监管机制进行了重大改革，包括拆分原矿产管理局，成立更具独立性的安全与环境执法局，并加强了深海钻井的安全标准。此外，BP 也加强了内部安全管理，投入了更先进的油井控制技术，并重新审视了企业的安全文化。然而，这场灾难暴露出的深层次问题仍值得深思。首先，企业的短期经济利益不应凌驾于安全管理之上。BP 为了节约成本而忽视关键安全措施，最终付出了远超预期的代价。其次，政府监管应更加严格且富有前瞻性。美国政府在危机前监管松散，在危机发生后应对不力，反映出政策制定和执行层面的缺陷。最后，行业伦理意识需得到强化。工程师和管理者应承担起更大的社会责任，将公众利益和环境保护置于首位，而非一味追求利润。

五、模型对比分析：适配哪类危机？优劣怎么选？

危机没有剧本，但有模型可以参照。从线性的三阶段模型，到闭环反馈的米特洛夫模型，每一种危机管理模型，都是对复杂现实的抽象压缩。它们或提供路径，或强调原则；有的聚焦行为步骤，有的立足认知结构。厘清这些模型之间的差异，并非为了给出孰优孰劣的评判，而是为企业在危机真正降临之时，找到最贴合组织状态与任务特性的应对参考。

下表对上述几个危机管理模型进行剖析，并举例说明。

表 9：危机管理模型的比较分析与案例举例

模型名称	阶段划分	核心解释	举例说明
三阶段模型	危机前 危机中 危机后	三阶段模型将危机过程分为线性流程，强调组织在不同阶段的应对职责。危机前阶段重在风险识别与预防机制的建立，如同定期的消防演习；危机中阶段要求迅速反应与协调资源控制局势，类似于火灾发生时的扑灭行动；危机后阶段则聚焦于复盘与改进，防止类似事件再次发生，犹如火灾后的重建与安全加固。	某大型电商平台在“双十一”促销期间遭遇系统宕机。平台预先设有多重负载均衡机制（危机前），宕机发生后快速切换备份系统并通知用户（危机中），事后分析流量高峰问题并扩展服务器容量（危机后）。
芬克四阶段模型	潜伏期 急性期 慢性期 痊愈期	芬克模型将危机视为一个完整生命周期，强调问题的“演化性”。潜伏期聚焦于前兆信号，如市场异常或用户负面反馈；急性期为危机实际发生，如媒体曝光或社交舆论激增；慢性期是危机的高压管理阶段；痊愈期则要求组织采取正式措施关闭危机议题，恢复日常秩序。	某国际品牌因广告内容涉及文化偏见而遭批评。最初团队已察觉内部质疑声（潜伏期），广告播出后引发舆论激烈反弹（急性期），品牌持续受到批评和抵制（慢性期），最终撤下广告并道歉，捐赠相关公益（痊愈期）。
希斯“4R模型”	缩减 预备 反应 恢复	该模型强调“事前控制—事中应对—事后修复”三位一体结构。缩减阶段通过技术、管理和文化手段预先降低危机概率；预备阶段包含应急预案制定和演练；反应阶段是危机爆发后的应急行动；恢复阶段注重品牌形象和组织韧性的重建。	某食品企业通过严格质检减少了产品危机可能性（缩减），危机发生前已建立全面召回体系（预备），产品发现问题后立即下架并召回（反应），危机平息后补偿消费者并升级质控体系（恢复）。

续表

模型名称	阶段划分	核心解释	举例说明
米特洛夫五阶段模型	信号侦测 探测与预防 控制损害 恢复阶段 学习阶段	该模型强调以“闭环”方式对危机全过程进行系统管理。第一阶段是对潜在问题进行监测；第二阶段深入调查并修复漏洞；第三阶段在危机爆发时控制影响范围；第四阶段着力于运营恢复与信任重建；第五阶段为制度性复盘与能力升级。	某科技企业在安全监控系统中发现异常流量（信号侦测），迅速排查发现存在代码漏洞（探测与预防），漏洞虽被利用导致数据泄露，但通过关闭系统、用户通告、补偿措施控制影响（控制损害）；恢复过程中企业重建客户信任（恢复阶段），并在危机总结中重塑信息安全体系（学习阶段）。

（一）危机管理模型的结构共识：四个关键词

尽管危机类型千差万别，处置场景各有侧重，但在各类模型中，仍可归纳出一套跨越方法论的共通框架：早识别、快控制、强沟通、稳人心。这四个环节，构成了危机管理的基本骨架，也为构建稳定、可持续的管理体系提供了理论锚点。

1. 早识别，先发制人

所有模型都将危机的起点锁定在“预警”之上。三阶段模型明确将“危机前”作为制度化防范阶段；芬克模型强调“潜伏期”中的感知机制，鼓励管理层留意环境微变与组织异动；希斯模型将之归入“缩减”环节，主张从质量管理、流程设计、制度执行等维度构筑防线；米特洛夫模型则进一步将“信号侦测”与“探测与预防”独立设段，构成从感知到部署的闭环。

这说明，企业对问题的发现能力，在很大程度上决定其应对质量。组织若对信号迟钝，即使拥有强大的资源调动能力，也难以避免局势失控。

2. 快控制，稳住局面

危机一旦显现，必须马上出手。

三阶段模型将其归入“危机中”阶段，强调压制蔓延；芬克模型区分“急性期”“慢性期”与“痊愈期”，注重应对的速度与韧性；希斯模型在“反应”与“恢复”阶段，构建操作性流程，强调控制与修复的并重；

米特洛夫模型则将“控制损害”和“恢复”视为系统工程，突出多部门协同。

从这些模型中可以看出，有效管理依赖执行层面，更取决于事中判断力。快速行动、及时止损、逐步修复，这三步构成了危机应对的基础节奏。

3. 强沟通，掌控认知

没有哪一个模型忽略了沟通的分量。

危机往往并非源于技术失控，而是情绪失控。公众的误解、员工的不安、投资者的疑虑，极易将可控事态演化为失控事件。

三阶段模型中，信息发布贯穿应对与修复全程；芬克模型在各阶段都嵌入舆论引导；希斯模型强调“反应”阶段要统一口径，“恢复”阶段要重建信任；米特洛夫模型明确提出，在整个危机周期中，与受影响群体的持续沟通与回应，是组织责任的一部分。

沟通不是单向宣示，而是双向修复。沉默、迟疑、模糊表态，往往是危机处置中最致命的“软伤”。

4. 稳人心，抚在场者

危机不是组织与问题的搏斗，而是组织与人群的对话。无论是客户、员工、监管者、供应商还是媒体，凡是与企业发生联系的“在场者”，都会在危机中成为利益相关方。能否稳住人心，直接决定危机的系统冲击程度。

三阶段模型提出关系修复概念；芬克模型将公众信任的重建纳入“慢性期”与“痊愈期”；希斯模型强调“信任”是响应机制的组成部分；米特洛夫模型最为系统，从“信号侦测”阶段就引入员工参与，在“恢复”与“学习”阶段则纳入受影响人群的反馈与感受。

真正成熟的组织，从不回避情绪问题，也不在事后逃避修复责任。危机是信任的考验，更是责任的试金石。

（二）模型适配性分析：应对“黑天鹅”与“灰犀牛”

前文对四种经典模型的结构特征已作系统梳理。更关键的问题是：在现实中，组织应如何选择模型？哪些模型适用于何种类型的危机？

“黑天鹅”与“灰犀牛”这两类危机提供了理想的检验场。前者突发性强，缺乏经验参照；后者高概率可预见，却易被忽视。它们分别代表了两种不同应对策略——一种要求在混乱中迅速止损，一种强调在平稳中未雨绸缪。

下表围绕四种典型的危机管理阶段模型，对其在应对“黑天鹅”与“灰犀牛”两类典型危机中的适配性进行了对比分析。表从模型特征出发，提炼各模型在不同情境下的核心应对要点，帮助组织在危机来临时选取最符合自身特性的应对框架。表中“‘黑天鹅’应对要点”强调突发性事件下的快速反应与韧性修复，“‘灰犀牛’应对要点”则聚焦于高概率风险的前瞻性识别与结构性预防。

表 10：不同危机阶段模型的适配性对比分析

模型名称	适配危机类型	“黑天鹅”应对要点	“灰犀牛”应对要点
三阶段模型	“黑天鹅”（注重恢复）、“灰犀牛”（突出预防）	侧重恢复能力，如疫情初期调配资源，事后强化公共卫生体系。	强调风险前移，如气候应对中的碳交易与能源结构调整。
芬克四阶段模型	“灰犀牛”（强调监测）、“黑天鹅”（强调修复）	提供修复路径，如疫情后完善防疫机制与组织弹性。	强调潜伏期监测，如气候异常识别与布局调整。
希斯“4R 模型”	“灰犀牛”（强调主动预防）、“黑天鹅”（强化韧性建设）	强调通用应急机制，如演练与职责清单。	强调结构性预防，如分散供应链降低断供风险。
米特洛夫五阶段模型	“灰犀牛”（强化预警体系）、“黑天鹅”（突出事后学习）	突出复盘与制度化改进，如疫情后远程办公机制优化。	强化信号侦测，如在金融与制造业中建立干预机制。

（三）两类危机、两套节奏：从区别中提炼共识

危机类型不同，管理路径自然也不尽相同。“黑天鹅”强调临场反应，“灰犀牛”则重在提前布局。然而二者在策略上仍存共识，特别是在以下

几个维度：

1.“黑天鹅”危机核心策略：速度优先，止损为要

“黑天鹅”危机多出现在缺乏历史参照的情境中。面对这类未知事件，企业难以凭经验预测，更无法提前规划所有细节。应对关键在于“快”，即识别快、决策快、恢复快。

- 建立异常识别机制：关注边缘领域的异动，例如社会事件、技术故障、政策突变
- 激活应急决策架构：推动指挥链条下沉，确保关键时刻能迅速作出反应
- 资源调配优先业务恢复：启动备用渠道，重构流程，快速迁移产能，避免业务长时间停滞

2.“灰犀牛”危机核心策略：前瞻为主，减缓累积

“灰犀牛”不是隐形炸弹，而是被忽略的显性威胁。核心策略是未雨绸缪：

- 建立长期风险观察机制：定期审视行业指标、政策趋势、地缘变量
- 推动结构性预防转型：优化供应链、分散财务结构、布局多技术路线
- 提前完成关键战略转型：在主业调整中留出未来弹性，如高能耗企业绿色改造、外依赖型企业本地替代、产业集中企业横向整合

第五章

危机前怎么做准备：预警、通报、研判与披露

让我们从一个流程图（图 2）开始，看看一张图如何涵盖公关危机处理全流程的各个重要环节。

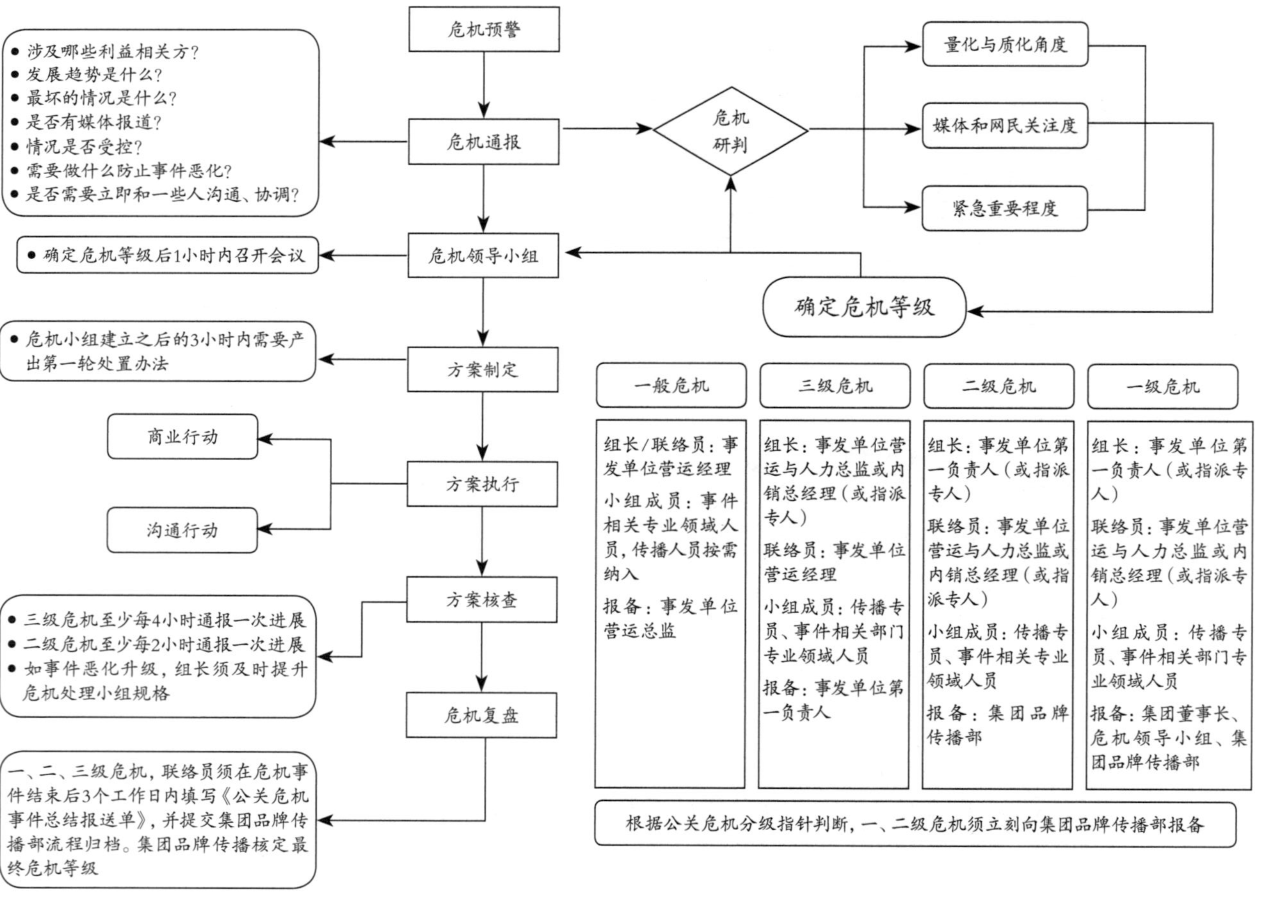

图2：危机处理的全流程图

在危机管理的 PDCA（Plan、Do、Check 、Action，计划、执行、检查、调整）循环中，方案制定（Plan）是危机管理的“前哨”。

在危机真正爆发之前，最宝贵的资源不是时间，而是信息的前置掌握与判断的领先一步。识别得早，才能反应得快；判断得准，才有策略主动。本章将带您走进危机管理的“前哨”，系统展开危机风暴来临前，组织所必须完成的四项核心准备工作——它们共同构成了 PDCA 模型中 Plan 阶段的完整闭环，也是后续执行、调整与复盘的基础。

第一，预警机制的搭建是整个危机管理的起点，关乎组织是否具备识别早期风险信号的能力；第二，通报机制的建立确保内部信息能够在第一时间流转到关键岗位，触发应对链条的启动。第三，危机研判成为承上启下的核心动作，通过对危机“危不危、急不急”的科学判断，为策略制定提供依据。第四，在出手应对之前，还必须对是否以及如何对外披露信息作出系统性判断，实现从“要不要说”到“怎么说”的口径管理。

只有这四步逻辑通、标准明、机制成，组织才能真正未雨绸缪，不把突发当意外，不让混乱变失控。

表 11：危机管理的 PDCA 模型

英文术语	中文翻译	危机管理语境下的含义说明
Plan	计划	危机爆发前的预警、通报、研判与应对准备，是危机应对的“系统起点”。
Do	执行	危机爆发后第一时间启动响应机制，包括成立危机处理小组，召开联席会议，全面推进商业措施与沟通行动的双轨落地，确保危机应对有序展开。
Check	检查	危机处理中实时监测危机态势、检查执行成效，复盘各部门落实情况与响应节奏，确保问题识别准确、责任追溯清晰、风险点不被遗漏。
Action	调整	危机处置中期及收尾阶段，基于监测反馈、公众情绪、媒体反应及时调整策略与口径，危机结束后系统总结经验教训，更新管理制度、修订应急预案，实现从事件到能力的闭环改进。

一、危机预警=系统搭建+舆情侦测

危机管理的首要环节，是对潜在风险的敏锐感知与高效响应。这一阶段虽常被视为“基础工作”，但实际上直接决定了危机处理的时间窗口、决策质量与控制成本。

管理者必须摒弃“预警无用”或“信息滞后”的误区，将其视为组织应急能力的根基。预警关乎技术配置，更关乎组织机制与文化心智。从监测工具部署，到流程演练；从客服培训，到反馈通道建设，危机预警是一项全链路、系统性的工程。真正的竞争优势，往往体现在“谁先觉察，谁先响应”。

（一）预警机制靠什么撑起来

危机从不凭空而至。它们常以微小异动为前兆，潜藏于网络舆论、客户投诉、内部报错等表象之下。若能建立一套高灵敏度的“风险雷达系统”，便可在危机酝酿阶段提前识别、精准干预，避免局势失控。

网络监测是舆论前线的哨兵。社交媒体是现代危机的高频爆发点。一条微博、一个视频、数条评论，就可能引发一场品牌信任的坍塌。企业必须部署专业的网络舆情监测工具，持续扫描社交平台、新闻媒体、论坛社区，捕捉与自身品牌相关的关键词、负面趋势及情绪波动。

危机沟通群是快速研判的中枢。企业需建立常态化的危机应对小组，形成跨部门的即时沟通机制。核心职能部门——公关、法务、品控、客服、HR 等应全部入组，保持“平时静默、战时联动”的机制状态。一旦危机发生，可于第一时间完成信息共享、初步研判、处置路径设定。

客服热线是问题发现的“前哨”。一线客服是企业感知风险的“神经末梢”。热线、邮件、留言等形式中，常包含危机爆发的前奏。企业需增强客服人员的敏感度与反馈意识，建立“预警级别投诉”上报机制，做到

“事不大，通得快”。

内部反馈是危机表征的仪器。一线员工是最接近操作风险与制度漏洞的人群。他们对于流程失控、设备故障、管理盲区的感知，往往最为直接。企业应搭建内部匿名上报系统、巡检日志归档机制及多维度信号池，构建出有效的风险内部反馈通道。

我们之前在芬克四阶段生命周期模型中提到危机潜伏期内开始出现一些线索或征象。所以在危机的预警阶段，我们要着重关注危机征兆阶段的关键识别指标与表现。下面的表为企业危机预警模型提供了基础指标参考。

表 12：危机征兆阶段的关键识别指标与表现

征兆指标	具体表现
消费者投诉量激增，负面情绪聚集	消费者的不满情绪会先通过投诉平台、社交媒体、论坛等渠道逐步显现。此阶段通常出现投诉数量持续上升，投诉内容由零散走向集中，尤其集中在特定产品功能、服务环节或宣传内容与实际体验之间的落差。例如，关于某产品安全性的反复质疑可能预示着质量危机正在酝酿。特别值得警惕的是，当投诉的地域分布和人群画像趋于多样化，不再局限于某一细分客户群体时，企业应视为系统性风险征兆，启动内部核查与外部沟通准备机制。
专家与意见领袖的公开质疑	行业专家、科研机构学者或社交平台上的关键意见领袖（KOL）开始频繁发布对企业产品、管理或道德标准的质疑，往往是舆情传播临界点的前兆。尤其当多个独立的KOL对相同问题表达担忧，或其观点被权威媒体引用放大，极易形成舆论合力并引发公众共鸣，加速话题扩散。此外，具有象征性地位的个体或团体加入批评行列，也往往是舆情升级的重要节点，企业应提前建立专家网络、开展反向情报监测机制。
地方性媒体与网络平台的初步试探性报道	危机全域爆发前，往往会有零星报道在边缘传播渠道出现，如地方新闻平台、行业垂直网站或网络新媒体的专题报道。这类“前哨型曝光”虽初期影响面有限，但极具方向性。若报道内容涉及安全、数据、儿童、道德等敏感议题，其风险扩散速度会呈现指数级增长。同时，需关注报道的深度变化：当媒体开始进行持续追踪、深度采访或引用举报内容，则表明议题已步入舆论热启动区，企业应立即准备回应方案、风险说明与事实澄清素材。
竞争对手动态增强或利用企业弱点发力	危机征兆阶段，竞争对手可能会借题发挥，通过精准营销、舆情引导或价格战等方式放大企业短板。例如，在企业产品因争议而广受关注时，竞品可能推出对标款并在广告中间接贬低原品牌形象。同时，外部环境变化如新法规实施、监管收紧或技术更迭也可能被竞争对手用作战略窗口期，造成市场份额抢夺、消费者信任转移。企业需加强对竞品市场策略与媒体投放的定向监控，防止“敌手利用+舆情推力”的双重冲击演化为危机风暴。
舆情系统与企业内部数据同步异常	企业若配备智能舆情监测工具，应重点关注关键词提及量激增、负面情感占比攀升、用户交互率突变等预警信号。如公众负面评论从个别平台扩展至多平台共振，且用户互动中出现讽刺、嘲弄、召集等情绪性语言，表明情绪已具备传播性。与此同时，企业内部运营数据也能提供“硬信号”：如短期销售额断崖式下滑、退货率飙升、客服投诉翻倍等，说明用户的不满已转化为行为反应。

（二）监测体系怎么配

在危机管理中，危机监测不只是一个“看”的工具，而且是一种“预见”的能力。在危机管理体系中，监测机制的完备性直接影响企业在舆情发展过程中的主动性与控制力。面对信息高速传播的社交媒体环境，企业必须构建全天候、全渠道的危机追踪系统，确保对外部动态保持高度敏感，能够第一时间识别风险征兆，并据此及时调整应对策略。

1. 监测团队怎么设

危机监测的首要前提，是建立一支具备实战能力的舆情分析团队。企业可设立专门的舆情监测岗，或在公关、品牌传播部门中配备专职信息跟踪人员，承担日常监测、趋势分析与风险预警的职责。该团队须具备多重能力结构：包括传播趋势研判、社交语境理解、数据解读能力、危机初期的判断与策略建议，确保在第一时间识别潜在舆论风险点。

在实际运行中，企业可根据危机等级进行人员梯队式配置。当舆情信号升温，或风险等级上升至“高”级别，应迅速启动跨职能联动机制。公关、市场、法务、客户服务等关键部门需协同作业，形成从“舆情感知—事实核查—内容发布—响应落地”的闭环机制。

2. 监测内容看什么：热词、情绪、波动、竞品

在现代危机管理体系中，舆情监测是组织在面对外部不确定性时最早触发的“神经元”，其敏感度与反应速度直接决定了危机识别的效率与处置的主动性。

（1）关键词追踪与议题识别

舆情监测的首要任务是实现对风险话题的前瞻式捕捉。系统需支持高频次关键词的实时采集和语义聚类能力，监测维度应覆盖：

- 企业品牌、产品、项目及相关负责人姓名
- 核心业务关键词及舆情高敏话题
- 行业通用术语、政策监管用语、负面联想词
- 竞争对手品牌及其衍生议题

在实际应用中，企业可依据传播周期动态调整关键词池，并结合热点突发事件适时追加补充，确保信息“采集不断线、跟踪不漏项”。通过将关键词与舆论走向绑定，系统可对话题发酵程度与传播速度进行自动评分与分级。

（2）情绪倾向分析

情绪倾向分析是舆情监测系统的关键功能，核心目标是把大量杂乱的公众评论转化为可测量、可判断的情绪信号。借助自然语言处理技术和机器学习模型，系统应具备以下能力：

- 情绪分类：能识别评论是正面、中性还是负面
- 情绪强度判断：进一步区分情绪的强弱，例如是轻微抱怨、激烈批评，还是语气平和
- 趋势分析与拐点捕捉：能够绘制整体情绪随时间变化的趋势曲线，及时识别情绪突然转向的临界点

在实际应用中，情绪分析模型还需要结合不同行业、事件特性和语言使用环境，才能更精准地判断哪些言论存在潜在风险。比如，在服务业中“态度差”可能就是预警信号，而在科技行业则可能是“安全漏洞”。

企业可以设置触发阈值，如负面评论占比超过 50%，或者负面言论在短时间内增长超 20%，作为启动危机响应机制的信号点。

（3）异常波动与自动预警

在舆情变化日益剧烈的背景下，信息突发已成常态，若反应滞后，代价往往成倍放大。因此，一个成熟的舆情系统必须具备自动预警功能，做到提前识别、快速响应。主要功能包括：

- 提及量异常增长：当某一关键词在 24 小时内的提及次数激增，超过预设阈值，系统立即触发预警
- 重点负面集中：当负面内容主要集中出现在某一平台，或由大 V、蓝 V 等高影响力账号发布，须即时上报
- 话题突变信号：若关键词池中突然出现与现有舆情方向无关的新话题，说明讨论已偏离原有轨道，应重点监测

- 平台热度异动：若某个渠道出现异常的热度提升或传播加速，可能存在水军操作或人为放大迹象，需重点关注

预警方式可通过系统弹窗、邮件、短信或App推送多种形式同步发出，确保相关负责人第一时间收到信息，实现“秒级察觉、分钟级反应”。

（4）行业对标与竞品监测

企业做声誉管理，不能只盯着自己，更要学会从同行那里获取“风向”。建立一套成熟的“竞品舆情监测机制”和“行业雷达系统”，可以帮助企业在处理危机时做到心中有数、借鉴有方。系统功能应覆盖以下几项：

- 同类事件对比：比如别的公司怎么处理产品召回、怎么发道歉信、是否请KOL发声等，都可以做横向比对
- 竞品舆情走势与公众耐受力模拟：分析对方危机持续多久、公众在第几天出现转向，预测“容忍极限”
- 媒体话语风格分析：比一比媒体在报道中用了什么措辞、主打什么视角，有没有误读或放大
- 危机原因与恢复过程关联分析：总结竞品从“出事”到“翻篇”的全过程，找出哪些动作真正有效

在实际应用中，企业可通过搭建“行业舆情案例库”，用别人的失误来完善自己的准备，把别人的教训变成自己的防线。

重点提醒：舆情监测绝不是一套“孤立的技术工具”，而应是组织战略感知的一部分。只有把监测技术、分析能力和企业内部机制融合起来，形成动态调整、实时预警的一体化系统，企业才能真正做到未雨绸缪，在危机尚未爆发时就识别出风向。

更详细的内容可参见“企业舆情监测体系（三级危机分级）”表。

表13：企业舆情监测体系（三级危机分级）

监测级别	三级危机（低风险）	二级危机（中等风险）	一级危机（高风险）
适用场景	•日常品牌声誉管理 •例行舆情监测	•负面舆情持续上升，可能引发品牌形象受损 •竞争对手或外部因素介入，舆论走向不确定	•重大危机爆发，舆情已广泛传播 •涉及产品安全、高管丑闻、法律诉讼或重大经营问题
触发条件	例行监测，无须特定触发	以下任一指标触发： •负面话题讨论量环比增长超200% •核心KOL参与度达到日常基准的3倍 •情绪指数连续2个周期下滑超15%	以下任一情况触发： •高管负面新闻发酵 •重大经营危机发生
监测频率	每4小时一次完整扫描	每小时一次深度扫描	实时监测（每分钟数据更新）
数据采集范围	•社交媒体：微博、微信、抖音等平台的讨论数据 •新闻报道：主流媒体、行业垂直媒体的最新报道 •公众情绪：情绪分析模型输出的情绪指数（正面/中性/负面）	新增监测维度： •竞争对手的关联动作 •监管部门的最新表态 •供应链伙伴的舆情反馈	全面数据覆盖： •全球主要新闻网站 •全球重点社交媒体热搜榜趋势 •多语种舆情监测
监测工具与技术	•AI情感分析 •舆情监测系统 •数据爬取工具	•AI实时监测 •机器学习情绪分析 •数据可视化仪表盘	•部署AI驱动的舆情预警系统，实现秒级响应 •启用社交媒体爬虫集群，确保数据采集全覆盖 •启动多语言监测模块，覆盖全球主要市场
数据分析方法	•关键词追踪 •语义分析 •舆情情绪比例计算	•AI自动分类 •关联网络分析 •舆论趋势预测	•关键传播节点追踪 •危机演变路径可视化 •影响力人物动态分析
监测责任人	•传播专员 •品牌公关团队	•危机应对小组 •法务团队 •外部公关机构	•企业高管 •专业公关与法律顾问 •外部危机管理专家
响应机制	•发现负面舆情后上报至品牌公关部门 •每日内部通报	•设立24小时应急响应机制 •启动跨部门快速应对会议	•设立实时指挥中心 •每小时更新危机应对策略 •直接向CEO/董事会汇报
输出物	标准版舆情简报： •热点话题TOP10排行榜 •关键意见领袖发声统计 •情绪波动曲线图 •传播路径可视化图谱	升级版监测报告： •实时更新的危机传播热力图 •潜在风险点预警清单 •应对策略建议矩阵	高级预警与评估： •危机演变实时动态地图 •关键传播节点追踪报告 •应急响应效果评估看板
升级触发机制	持续监测	设立黄色、橙色、红色三级预警	全面危机响应升级，全天候监测
长期趋势分析	•每周/月度总结分析 •形成数据报告 •预测未来舆论风险	•设立定期回顾机制 •复盘舆情应对效果 •调整监测策略	•评估危机处理效果 •提炼关键经验教训 •形成长期风险防控机制

3. 监测系统用什么：智能软件 + 委托检测

企业若想有效应对突发性声誉风险，首要之务便是建立覆盖全网、响应及时的舆情监测系统。当前，企业在实践中通常采取两类路径：一是自主部署智能化技术工具，二是委托外部专业机构进行持续性监测。

（1）智能搜索软件

为提升舆情响应的即时性与广度，企业可考虑开发或采购具备自动检索功能的智能搜索软件。此类软件基于关键词抓取技术，可对新闻媒体、社交平台、视频平台、搜索引擎等多元渠道实现实时信息提取与趋势监控，构建基础级的信息监测网络。

此类软件的优势在于“自动、适时、广泛”三位一体。软件系统可7×24小时无间断运行，无须人工干预，即可实现对企业名称、产品品牌、关键人物、潜在敏感词等设定关键词的持续跟踪。一旦出现相关负面信号，系统将自动发出预警，为企业争取舆情处置的黄金窗口期。

然而，技术监测存在天然局限。尽管系统具备海量信息捕捉能力，但对内容导向的判断、图像或视频中隐含风险的识别，以及言论的“弦外之音”的捕捉，仍难以替代人类的主观理解与情境解读。例如，一篇结构复杂的评论文章，其用词或许隐晦、表态或有暗示，仅凭关键词算法难以洞察潜在的倾向性风险。

尤其是在处理图片与视频内容时，图像的视觉冲击力和符号表达常超出文字本身的识别逻辑。系统虽可识别图像中出现的品牌标识或物理对象，但难以判断其是否构成敏感意象。更难之处在于，对情绪隐喻、讽刺修辞及“次生话题”的监测仍需依赖人工判断。换言之，智能监测可作为“哨兵”，却无法取代“参谋”。

因此，建议企业在部署智能搜索系统时，同步设置人工复核机制，建立“技术发现—人工研判”的双重把关模式，在提升效率的同时守住内容判断的深度关口。

（2）委托专业机构监测：借力构建舆情全景图谱

对于资源有限、缺乏舆情处理经验的企业而言，委托专业机构进行舆情监测，是当前较为稳妥且高效的解决方案。市面上的舆情服务机构日益成熟，有的具备先进的系统工具，有的配有经验丰富的分析团队，提供从数据抓取、内容分类、情感分析到危机研判、策略建议等一体化服务。

企业应根据自身行业属性、预算规模及监测重点，甄选合适的服务商。当前市场上主流的舆情监测机构主要分为以下四类：

技术驱动型机构。此类机构多由大型 IT 公司或数据科技企业孵化，技术实力强，数据抓取效率高，系统覆盖面广，适合企业在“广域监测”与“快速预警”方面的应用需求。其技术方案在关键词抓取、情绪倾向分析、热点趋势预测等方面相对成熟，适用于舆情响应的前端感知阶段。

媒体依托型机构。由传统主流媒体或新媒体平台设立的舆情部门，往往拥有对社会情绪的高度敏锐度。它们熟悉传播机制、了解舆论场结构，能够快速捕捉热点并评估其可能的发酵路径，尤其适合处理突发事件和热点议题引发的声誉风险。

学术背景型机构。此类机构多由高校传播学院或公共管理研究团队组建，具备系统分析能力与理论研究优势，擅长深度梳理事件逻辑、构建传播模型并提出策略建议。适用于企业在危机复盘、策略评估、结构性改进等中后期阶段的分析支持。

政府主导型机构。多由地方网信办或宣传部门设立，专注于区域性舆情监测与网络舆论引导。其数据源涵盖本地政务平台、区域媒体、社区论坛等，适用于在地运营企业进行地方声誉管理、合规风险排查与政策敏感事件跟踪。

当企业将舆情监测外包给专业服务商时，需从以下五个维度进行能力审查与绩效评估：

- 内容覆盖范围：是否涵盖主流平台（微博、微信、抖音、知乎、B站等）、地方论坛与行业社群
- 预警机制设计：是否提供关键词热度波动监测、话题异动分析及分级预警反馈机制
- 分析维度多样性：是否具备传播链追踪、KOL 分析、核心信息源定

位与情绪溯源能力

- 响应效率标准：是否承诺在事发 48 小时内提供初步报告，包含数据快照、初评建议与应对建议
- 合规与安全保障：数据处理流程是否符合《中华人民共和国数据安全法》《中华人民共和国个人信息保护法》等合规要求，是否采用分级权限管理与加密机制

对于那些信息密集、外部曝光频率高的企业，建议与专业服务商建立“值班响应机制”和“预案共建机制”，以实现监测、分析、处置三方面的协同配合。将技术工具和人工判断合理结合，建立“系统监测 + 人脑识别”的双重机制，是企业提升舆情治理能力、走向专业化管理的关键一步。

二、危机通报：谁来报、报给谁、报什么

在危机爆发的最初时刻，通报机制的响应效率往往决定了企业能否赢得应对的“第一时间”。危机通报是企业判断战情、发起反应的第一步。通报机制必须运行在“快、准、明”的标准上，做到流程清晰、信息完整、语言干脆。

真正有效的危机通报系统，应当在企业内部形成“标准表单 + 响应指令 + 协调对接”的闭环机制。一份高质量的通报，是用一页纸就能让所有人迅速上手、立刻行动的任务书。

这一步走得对，企业就赢得了处理危机的起跑优势；这一步失误，后续所有努力都可能是事倍功半的“亡羊补牢”。

（一）通报机制怎么建

危机通报的组织路径，应根据企业规模与治理结构灵活设计。大型企业普遍实行职能分层，通报机制可由事件所属部门主管与公关负责人共同提出建议，提交总经理办公会或核心管理层审议后，启动应对机制。

而在结构扁平、人员精减的中小企业，则更适合采用“当责人 + 公关负责人 + 总经理”三方快速会商机制，直接形成初步判断与响应路径。此种配置虽减少审批流程，但要求人员具备更强的信息整合与风险研判能力，以保证高效达成初步共识。

在具体分工上，部门主管负责就事件性质、发生背景及初步影响作出技术性说明；公关负责人则需评估事件对企业形象、公众认知与媒体环境的冲击程度，提出对外传播建议。两方意见整合后统一报送管理层，既保留专业视角，也保障整体判断的系统性。

（二）如何写一份合格的通报

危机通报不同于例会纪要或行政汇报，其核心价值在于“决策导向”。在时间高度紧张的背景下，通报必须高度凝练，条理清晰，重点突出，为组织高效响应提供精准的信息基础。

企业应制定统一的危机通报表单模板，构建内容“模块化”与语义“标准化”的信息输入结构，使不同部门、不同责任人能够在高压情境下快速完成内容填报与信息整合。

一份高效的通报材料，通常应涵盖以下六个核心模块：

事件简述与经过。概述发生了什么，重点明确三个方面：起因、过程、当前状态。以食品召回为例，必须明确问题出在哪个环节（原料、生产、包装等），影响批次与流向范围，以及目前消费者反馈数量与严重程度。

时间、地点与人员。提供精准的事发时间与地理位置，列明值班、负责或牵涉的相关岗位及人员名单，以便于责任界定、信息追踪与后续追责。

已采取的现场措施。明确列出事件发生后企业的即时反应：是否启动应急预案？是否封控现场？是否完成初步排查？此模块应体现“我们做了什么”，是上级判断应对能力与组织状态的直观依据。

人员影响与安置情况。涉及人员安全的事件，应重点突出“是否有人受伤”“是否有心理冲击”“是否完成疏散或安抚”。在人命关天的危机中，任何延误都将成为企业信誉的沉没成本。

财产与业务影响。通报中还需评估对资产、门店、产品或物流的影响范围与损害等级。这一部分关系到恢复计划的制订，是企业制定中长期应对方案的基础。

信息源头与后续建议。若事件信息来自社交媒体或用户投诉，应标明来源渠道及传播路径；如初步判断需上升为重大风险事件，应附带危机等级建议与沟通路径预案（如是否建议准备发声、是否需成立应对小组等）。

下面给出了专业的危机事件通报表单供参考。在操作层面，建议企业由品牌公关部统一制发危机事件通报表单模板，并纳入年度演练计划。各部门应指定专人负责填报，确保可在事件发生后 10 分钟内完成首轮通报初稿，并配合应急信息系统进行数字化存档与流程联动。高成熟度企业可将该表单嵌入信息系统与移动端平台，支持跨部门同步编辑、权限审批与日志追踪，实现从“纸质流转”到“系统驱动”的应急升级。

表 14：危机事件通报表单

危机事件通报表单	
事件描述及性质	简明扼要地定义本次危机事件的基本类型，例如火灾、爆炸、化学泄漏、产品缺陷、数据泄露、网络攻击等，说明事件是否属于人为、自然、偶发或系统性风险。
	详细记录事件发生的过程，包括初始触发点、关键节点、相关方动态以及当前掌握的所有可验证信息。此部分为通报内容的核心，要求信息精准、描述清晰、便于追溯。
发生时间、地点及持续时间	准确记录事件发生的时间，包括具体日期、小时和分钟。
	若危机事件持续了一段时间，应注明起止时间和总持续时长。
	指出危机发生的详细地理位置，如楼层、生产线、仓库编号、网络节点位置等，并标注其在组织运营系统中的角色与风险级别。
涉及人员及伤亡情况	列明所有已知涉事人员，包括员工、承包商、客户、供应商、访客或公众个体。
	对于每位涉及者，应提供基本信息（如姓名、岗位、单位），并注明其所处位置与接触方式。
	伤亡情况应分项记录，包括已确认的死亡人数、重伤者、轻伤者及失联人员，并注明救治或处理进展。
现场初步处置措施	描述事件发生后第一时间所采取的应急响应措施，包括但不限于：人员疏散、封锁区域、启用消防系统、断电断气、数据隔离、紧急呼叫等。
	明确列出各应急小组的负责人及职责分工，例如安全主管、消防协调人、IT应急支持、医疗联络员等，确保责任落实、流程清晰。

续表

危机事件通报表单	
对人员和财产的影响	评估并记录危机对员工健康、安全与心理状态的直接影响；若存在长期潜在风险（如中毒、感染、焦虑等），须提出初步推测及建议。
	对财产损失进行定量描述，包括设备损毁、库存损失、基础设施受损、系统瘫痪等 。
所需援助与资源协调	明确列出当前应急处置中尚需外部支持的项目，如额外医疗资源、消防支援、危化处理、环境监测、危机公关、法律支持等。
	提供与所需援助相关的具体联系方式和协调人，附上联系人姓名、机构名称、联系电话、可用时间及响应窗口。
联络与沟通通道	提供负责此次危机响应的指挥官或首席协调员的联系方式（包括姓名、职位、直线电话、邮箱、即时通信方式等）。
	关键部门（如人事、IT、法务、品牌、公关等）的联络人名录，以便各方实时沟通；必要时可设立24小时响应热线或应急群组。
附件和备注	整理并附加有助于理解事件全貌的辅助材料，如事故现场照片、事故区域平面图、视频截图、感应记录、故障日志、设备运行数据等。
	备注栏用于记录其他特殊信息，如媒体已介入、政府部门介入情况、重大客户关切、保密级别要求、社会影响初判等（此部分为补充说明区，应保持实时更新）。

三、判断“危不危、急不急”有三法

在企业危机管理体系中，信息的获取只是第一步。危机预警机制负责捕捉苗头，危机通报机制负责传递信号，而决定企业是否进入应战状态的关键一环是研判。

研判，是连接信息与决策之间的那道闸门，也是危机管理最具判断力与专业性的环节。

企业每天都面临数以百计的信息扰动，真正能构成“危机”的，并非全部；而能够引发“重大危机”的，更是少数。因此，研判阶段的目标，是从海量信息中快速识别出哪些属于真正的危机，哪些需要立刻应对，哪些可以监测跟进。

本章将重点解析三条研判路径，帮助管理者快速厘清两个关键判断维度：“危不危”——是否构成真正的危机，以及“急不急”——是否必须马上响应。

• 质化 / 量化分析：明确事件的性质、起因及演化路径
• 媒体 / 网民关注度评估：识别传播强度与情绪趋势
• 紧急性 / 重要性判断：厘清是否属于组织必须优先处理的问题

研判阶段的核心目的，是判断事件是否构成“应急启动机制”层级的显性危机。危机研判决定了后续应对的方向、节奏与强度。判断错误，轻则资源浪费，重则贻误战机，甚至错失窗口、导致全局性灾难。

（一）怎么看数据：质化 + 量化双重研判

数据本身并不能提供答案。危机应对的核心能力，在于从纷繁复杂的信息中提炼出关键事实，并判断其危害程度与系统性。这一过程，必须通过质化与量化分析来完成。两者的协同使用，有助于实现策略前瞻性判断与应对措施的科学配置，尤其适用于跨平台、跨地域、多触点的复合型声誉危机场景。

1. 质化分析

质化分析是指深入研究和解读个别案例的具体细节，来厘清问题是否真实存在、成因位于何处、是否具备重复性或普遍性。此类分析为企业决策者提供了“基于证据”的危机研判基础。

质化分析不是对数据的替代，而是对数据背后结构性问题的洞察工具。企业若能在危机萌芽阶段完成“证据确立—源头排查—问题定性”的完整流程，不仅能实现有效止损，更能以专业与理性赢得公众信任，为后续的危机沟通和形象修复创造主动权。

（1）现场取证，确保问题有据可依

面对突发网络负评，企业第一反应应聚焦于“有无证据”。事实基础是危机应对中最核心的议价筹码。尤其在产品质量、安全事故、服务投诉等问题上，任何延迟取证的行为，都会极大削弱企业后续澄清能力。典型做法包括立即封存涉事产品样本、保留顾客反馈记录、调取监控资料、固定工作日志等关键材料。

当企业遭遇“食材变质”类投诉时，首要任务是以可验证的证据回应公众关切。应迅速调取现场操作记录（如后厨监控视频）、封存当日相关库存，并同步启动第三方专业机构的独立检测程序。一旦查明问题根源，企业应第一时间公布检测结果。

（2）全链条排查，弄清问题源头

在面对突发危机时，仅回应表面状况远远不够。企业需对涉事问题进行纵向“链条式”追溯，从原料采购、生产制造、物流配送到客户服务，逐个环节排查风险源头。这一排查应覆盖如下五个关键维度：

- 原料采购：供应商资质是否符合要求？原材料是否合规？（若原材料本身存在问题，可能导致大规模产品召回）
- 生产制造：生产流程是否存在违规？设备是否故障？（操作失误可能导致产品缺陷，损害品牌信任）
- 物流配送：运输过程是否符合安全标准？温控食品、医药产品是否在合理条件下存储？（物流失误可能导致食品变质、电子产品损坏）
- 客户服务：投诉处理流程是否高效？是否及时回应客户？（负面口碑扩散可能加剧公关危机）
- 使用场景误差：问题是否由消费者的误用或特殊环境因素导致？

当企业收到有关产品安全性能的投诉时，不应仓促归因于用户操作失当，而应立即启动溯源机制，对设计图纸、材料配比、生产工艺和质检流程进行系统排查。若发现问题源于生产工艺调整或原材料性能变化，应果断采取纠偏措施，包括停用问题工艺、修订技术标准、召回已售产品，并向公众公布处理结果及安全补偿计划。

（3）问题定性：个案 VS 系统漏洞

企业必须区分问题是偶发个案，还是系统性漏洞，从而采取不同的危机应对方式。

- 个案问题：通常表现为特定时间、地点、个体的偶发事件（如某客户因个体过敏体质投诉食品安全）
- 系统漏洞：在多个批次、多个地域或多个操作层面呈现同类问题，需进行全局修复（如全国门店扫码支付系统故障）。

高田气囊因硝酸铵气体发生器缺陷导致金属碎片飞溅，2000 年起隐瞒数据篡改行为，最终引发全球 5300 万辆汽车被召回，造成至少 13 人死亡。波音 737 MAX 则因 MCAS 系统设计缺陷和监管欺诈，在 2018—2019 年连续两起空难致 346 人遇难，导致全球停飞。两起危机起初均被误判为偶发个案 —— 高田归咎于环境因素，波音推责于飞行员操作，但调查均揭露了更深层的系统性漏洞：高田长期造假，波音为市场竞争牺牲安全标准。

这两起事件证明，若企业将早期预警简单归类为"个案"，忽视对生产流程、监管体系和文化伦理的系统性审查，将付出生命与信誉的双重代价。真正的风险管理，必须在首个异常信号出现时就追问："这是冰山一角吗？"

2. 量化分析

量化分析的本质，是将情绪与事件的传播行为转化为可观测、可计算的指标体系。比如计算负面评论的数量、分享和转载的次数，企业能够量化事件的传播效果。这种分析方法能够帮助企业评估事件的严重程度，并制定相应的应对策略。

当确认问题属实后，企业需要回答两个关键问题：事件影响有多大？会带来多少损失？此时，数据分析成为判断舆论趋势和影响范围的重要工具。

（1）传播热度和情绪走向

第一步，企业需对事件的传播热度与情绪倾向进行数据建模，衡量其在舆论场中的"热浪强度"与"温度方向"，包括但不限于以下内容：

- 传播规模：以 24 小时为基准，追踪相关关键词在微博、抖音、知乎、小红书等平台的提及量及转发速度
- 情绪波动：运用自然语言处理（NLP）技术，对评论内容进行情感倾向识别，分离积极、中性与负面情绪，并绘制变化曲线
- 关键节点识别：识别舆情爬升的触发点，如某 KOL 发布评论、某媒体报道上线、相关视频登上热榜等

当企业遭遇突发危机事件，且相关讨论在短时间内呈指数级增长时，舆情已进入爆发阶段。此时若企业仍保持沉默，极易陷入"真相缺位—猜

测蔓延—信任崩盘”的负向传播链条。

此外，KOL 动向与二次传播趋势更不可忽视。若事件已被具有数十万粉丝的垂类意见领袖转载或评论，企业应立即评估其影响力与舆情方向，必要时采用“一对一沟通”策略，化被动为主动。

（2）传播渠道

舆论的发酵不具备均匀性。企业若欲构建高效的回应矩阵，必须识别“传播主阵地”，以有限资源打中核心场域。

- 平台结构分析：抖音、微博等短视频平台传播速度远高于传统媒体，建议优先发布视频澄清内容，而非长篇书面声明
- 社群扩散路径：分析事件是否在垂直社区（如虎扑、汽车之家、宝宝树）中发酵，是否被特定兴趣人群圈层转发放大
- 传播领袖识别：识别事件的意见引爆点，采取协商、对话、合作等方式迅速压制失控传播

注意，危机早期的信息走向常由少数几位具有情绪表达力与议题放大力的博主所引导。

（3）影响范围

量化分析还应回答一个根本性问题：“我们到底受到了多大影响？”——这决定了资源投放的优先级和恢复方案的走向。

- 地域分布分析：基于评论用户定位与订单数据，确定问题是否集中在某一地区、门店或物流环节
- 人群特征分析：识别受影响人群是首次消费者、新用户，抑或品牌忠实客户
- 传播趋势建模：结合历史事件经验与当前数据，预测舆情将在何时达到顶点、何时自然消退、是否存在外部助燃因子

一个连锁服饰品牌因衣物缩水问题陷入舆论风暴，企业借助数据平台分析发现，70% 投诉集中于南方高湿地区，说明这不是全局性危机而是“气候适配性问题”。品牌迅速锁定问题区域，展开定向召回与换货，并同步调整面料配方，有效止损，未造成全国性声誉危机。

总结一下，“质化—量化”双维度划分强调在危机识别、响应与处置全过程中建立动态反馈闭环。质化方法更适用于问题根源追溯与情绪精准对话，而量化路径则在资源调度、节奏控制和成效评估中具备数据驱动优势。

表15：质化与量化视角的整合应用

分析维度	关键任务	实施方法	举例说明	应对策略
质化分析	确认问题真实性	封存问题样品，调取关键环节监控，判断问题是否属实。	某火锅品牌被投诉食材变质，门店及时封存当日批次食材，并追溯解冻流程，排查冷链是否断链。	建立“问题样本档案库”，用于快速比对重复性事件。
	定位问题根源	采取供应链逆向追溯与现场人员访谈，定位失效环节。	某玩具企业因零件脱落召回，溯源发现为胶水未完全凝固所致。	制作“问题排查作业表”，按照工序节点逐项勾检。
	判断事件性质	统计同类投诉比例，核查标准流程，判断问题为个案还是系统性。	某超市扫码枪频繁故障，经比对发现20%门店设备系统版本过旧，存在系统兼容问题。	创制《系统性风险判定手册》，提供标准判断模板。
量化分析	监测传播热度	追踪平台讨论频次与热度趋势，记录高峰节点及异常激增情况。	某茶饮品牌遭遇原料负面事件，24小时内平台讨论量增长40倍。	设置“舆情预警线”机制，单日提及数超5000条即触发响应。
	分析情绪走向	利用关键词情绪分析工具识别负面态度源头，追踪核心传播节点。	某手机因充电爆炸遭测评博主负评，导致次日股价下跌5%。	构建《情绪倾向关键词库》，细化正向、中立与负向标签体系。
	评估影响范围	分析舆论涉及地域、受众群体结构与意见领袖分布。	某婴幼儿奶粉因标签争议引发群体焦虑，85%负面声量集中在华东年轻母婴社群。	制作《区域响应优先图》，优先调配资源应对舆情高发区。
组合应用	质化确认方向	结合样品验证与问题归因，快速区分局部偶发与系统性缺陷。	某外卖平台出现异物投诉，调查显示三家不同门店包装密封不严。	开发《问题环节诊断图谱》，提升问题归因效率。
	量化制定策略	根据热度分布、平台结构和受众画像制定分区分平台策略。	某服饰品牌陷入抄袭风波，重点争议集中在穿搭博主聚集平台如小红书与微博。	构建《多平台应对地图》，按影响力优先排序资源投放。
	动态调整策略	每周更新关键数据指标，测试不同策略效果并持续优化。	某汽车品牌在“排放门”事件中采取欧美地区主动召回、亚洲地区开放工厂参观策略，以适应差异化情绪。	建立“策略执行与效果跟踪表”，结合A/B测试结果进行迭代优化。

（二）怎么看热度：媒体 + 网民关注走势

在企业危机管理中，媒体曝光频率和网民讨论热度，是评估负面舆情影响广度与深度的两个关键维度。笔者在前人研究基础上①，构建了一套系统化的指标体系，对负面舆情的热度进行了量化测算。通过对媒体报道和网民关注的同步分析，企业可以更准确地判断舆情走向，并据此制定更具针对性的危机应对策略。

1. 媒体关注度

媒体在信息传播中的角色不可忽视。根据传播学理论，媒体是信息的传递者，也是舆论的引导者。媒体的议程设置功能（Agenda-setting function）可以影响公众对事件的重要性判断。媒体选择报道某个事件，甚至是报道的角度和深度，都会对公众的认知和态度产生重要影响。

（1）首发平台

首发平台是指最先发布企业负面舆情的媒体平台。根据影响力和传播特点，可分为：

- 主流媒体（报纸、期刊、广播、电视等），具有较高公信力，能迅速吸引社会各界关注
- 门户网站（中央新闻网站、主流门户网站等），流量大，传播速度快，扩散范围广
- 自媒体平台（微博、微信公众号、抖音、B 站、小红书等），依靠 KOL（关键意见领袖）或 UGC（用户生成内容），通过互动引发广泛讨论
- 其他媒体（地方网站、小型自媒体账号、微信朋友圈等），虽然影响范围有限，但在特定社群中具有较强渗透力

不同类型的媒体平台在事件传播中的影响力各有侧重。主流媒体的报道往往能够引发政府监管部门的关注，而门户网站和自媒体平台则更能迅速调动公众舆论情绪。

---

① 张一文. 企业负面网络舆情研判与媒体应对策略研究[J]. 科技传播，2021，13（13）：168-172.

（2）稿件类型

媒体发布的稿件类型决定了舆情的影响力，主要包括：

- 客观、一般稿件，基于事实描述企业危机，内容简洁，但传播影响相对有限
- 调研类或深度稿件，以数据分析、专家解读等方式深入剖析事件背景，能够引发社会思考，提高舆论关注度
- 视频类稿件，视觉化内容增强信息传递效果，易于吸引受众，扩散速度快，互动率高

（3）新闻数量

新闻数量是衡量负面舆情传播范围的核心指标，包括：

- 原创新闻数量：指传统媒体、门户网站、自媒体平台发布的首发报道，反映事件的新闻价值
- 新闻转载数量：指其他媒体对原创新闻的转发量，体现事件在舆论场中的扩散程度

原创新闻越多，表明该事件的重要性越高；转载量越大，则说明事件在不同媒体间的传播速度和覆盖范围越广，可能会引发更强烈的公众反应。

（4）关注时间

关注时间是衡量企业危机在媒体平台上的生命周期，通常由媒体报道的持续性和频率决定。关注时间的长短取决于以下因素：

- 事件的严重程度：影响深远的危机往往会保持较长时间的曝光。例如，涉及公众安全、重大财务丑闻的企业危机通常会吸引媒体长时间跟进报道
- 新闻跟进策略：部分媒体会持续挖掘事件发展，发布后续分析、专家访谈等，延长危机的关注周期
- 社交媒体传播效应：如果网民持续参与讨论，媒体也可能随之跟进，使事件在长时间内保持热度

（5）报道角度

报道角度的多样性决定了危机事件的传播深度和公众认知的全面性。

不同的报道角度可以从多个维度解析事件，使舆论场更加多元化：

- 新闻报道视角：从事实陈述、原因分析、影响评估等方面展开
- 行业专家评论：邀请专业人士解读事件影响，提高报道的专业性和可信度
- 企业回应报道：包括官方声明、企业行动、补救措施等，影响公众对企业的信任度
- 消费者视角：关注受影响用户的反馈和体验，能够直接影响企业品牌形象

在危机传播中，报道角度越丰富，事件的全貌就越容易被公众理解，企业也需要针对不同角度的报道制定应对策略，以减少误解和信息失衡。

2. 网民关注度

网民关注度反映了危机事件在社交媒体和网络社区中的传播广度及影响力。与媒体关注度不同，网民关注度往往受到情绪因素的影响，并具有较强的互动性和自传播能力。

（1）负面情绪

根据心理学研究，负面信息由于其警示性和紧迫感，更容易在短时间内引发广泛关注和传播。网民的负面情绪越高，说明事件对企业形象和声誉的负面影响越大。网民的负面情绪通常以下面的方式体现：

- 网民负面评论比例：负面评论在所有评论中所占的比重，反映了公众对企业的整体情绪倾向
- 关键词分析：分析负面评论中的高频词，可以识别网民对事件的主要不满点。在食品安全事件中，“欺骗”“无良企业”等词语频繁出现，表明公众对企业的信任危机加剧
- 主要负面情绪：愤怒——针对企业的不满情绪，通常伴随情绪化评论和攻击性言论；恐慌——如果危机涉及消费者权益或公共安全，可能引发广泛恐慌，甚至导致股价下跌、市场信心受损；不信任——企业的历史问题或不良记录可能被再次提及，加剧公众对品牌的不信任感

负面情绪的传播速度快，企业需要及时回应，减少公众的不满和焦虑。

（2）关注度

企业负面舆情在微博热搜榜、微信朋友圈、抖音、B 站、小红书等社交媒体平台上的表现，直接反映了网民的关注度。常见的衡量指标包括：

- 帖子数量：反映事件的传播范围
- 阅读量：衡量公众对事件的兴趣度
- 评论量与转发量：反映网民的讨论热情和传播意愿
- 话题热度：微博热搜榜、微信指数、百度指数等数据
- 互动量：包括帖子数量、阅读量、点赞量、评论量和转发量
- 讨论趋势：是否有大量 KOL 或 UGC 参与讨论

关注度越高，表明事件已成为社会热点，企业的公关策略越需要谨慎，以避免舆情进一步恶化。

（3）持续时间

网民关注的持续时间决定了事件的长尾效应。如果一个事件在网络上的讨论时间较长，企业就需要持续应对。影响网民关注持续时间的因素包括：

- 事件的社会影响：如涉及食品安全、环境污染等问题，通常会在较长时间内被持续关注
- 后续发展：如果危机持续升级，如新的受害者出现、政府介入调查等，网民的讨论热度将持续增长
- 媒体报道：如果媒体持续发布后续分析，网民讨论的时间也会被拉长

企业需要监测网民的讨论趋势，避免危机被长时间放大，影响企业形象。

总结一下：表 16 基于“媒体关注度”与“网民关注度”两个维度，构建危机应对的四象限模型，用以指导企业在不同舆情场景下选择最优的

沟通策略。每一象限下配有典型案例示例及应对建议，帮助读者精准理解危机应对的策略差异与执行要点。

表 16：按媒体与网民关注度划分的危机应对四象限模型

类型	特点	应对策略	举例
媒体关注度低 网民关注度低	危机影响范围有限，信息尚未广泛传播，舆情风险处于可控状态。企业内部或小范围客户可能存在疑虑。	密切监测舆情，内部迅速查明原因并妥善解决。对外保持低调，必要时通过简洁声明进行回应，避免事态扩大。	某地方连锁餐饮品牌门店因服务态度问题被顾客投诉，仅在本地论坛或微信群中引发关注，未被主流媒体或微博大V关注。品牌应及时改善服务流程，并通过私信或店内公告处理客户关系，无须大规模公关。
媒体关注度低 网民关注度高	社交媒体传播热度较高，存在网络情绪集中爆发风险。传统媒体尚未报道，但存在介入可能。	启动舆情应对机制，迅速在官方社交平台发布说明，澄清误解或披露事实。联合KOL或自媒体号主稳定舆论，避免媒体跟进升级危机。	某快餐连锁企业被用户发布食品异物照片，迅速在微博形成热搜话题，引发大量讨论。企业应于3小时内通过官方微博发声明，说明调查进展及整改措施，并邀请权威自媒体赴门店核查。
媒体关注度高 网民关注度低	事件经主流媒体报道，具备一定权威性，但尚未激起广泛公众参与。企业可能面临政府监管压力。	与媒体保持顺畅沟通，主动提供背景资料、整改数据及进度，塑造改正态度。适度通过企业官网、官媒平台发布说明，强化正面导向。	某能源企业因环保监管抽检超标，被《人民日报》刊登报道，尽管网络平台讨论不热，但社会关注度提升。应组织新闻通报会，邀请媒体参观整改现场，并公开披露合规计划。
媒体关注度高 网民关注度高	危机全面爆发，成为公众与媒体高度关注的社会事件。情绪性传播强，舆论压力巨大。	启动最高级别应急机制，跨部门协同发声。统一口径，阶段式发布信息，增强透明度。通过新闻发布会、短视频平台直播、权威专家背书等多维方式应对信息混战，建立信任机制。	某国际饮料品牌在2023年因检测出违禁成分引发中央电视台曝光，同时登上微博、抖音热搜，引发消费者恐慌。品牌当即全球召回产品，三日内召开三场新闻发布会，并邀请独立第三方检测机构公开说明处理进展，最终缓解舆论反弹。

上表适用于舆情响应前期对传播格局的快速定位。企业应结合媒体曝光量、社交平台话题热度、关键词情绪指数等指标进行实时判断，并制定分象限应对方案。特别是“双高象限”需立即组建临时危机小组，联合公关、法务、运营部门，确保内部响应与外部沟通协同一致，最大限度遏制危机扩散。

（三）怎么定优先：用“紧急 × 重要”画出决策象限

判断危机紧急性与重要性，是明确处理顺序与资源分配的关键逻辑。“紧急性”侧重于时间压力，关注危机是否需要立即采取行动；“重要性”则关注事件本身对企业核心利益的影响程度，包括声誉、财务、安全与合法性等。两者结合，可划分四种类型，为企业制定差异化响应路径提供直观参照。

1. 紧急性高 / 重要性低：局部问题，速战速决

这类危机具有如下特征：

- 影响范围有限：通常仅涉及单一门店、个别员工或区域性业务
- 不触及企业底层系统：未对供应链、品牌战略或法规合规构成实质威胁
- 舆情触发性强：事件本身虽轻，但极易被社交媒体放大为舆论热点

以“顾客与员工在门店内发生争执”为例，若事件画面被路人拍摄上传至短视频平台，极可能在数小时内发酵成高热度话题。尽管其起因往往是服务流程瑕疵或言语误会，但公众舆论往往会将其演绎为“企业文化冷漠”或“管理层失控”的象征性事件。

对于此类危机，应秉持“速战速决”的原则，在第一时间完成判断、表态、处理三项工作，防止“小问题引发大舆情”。

- 第一时间响应：公关部门应在 30 分钟内介入，完成初步舆情评估，并确认是否需第一时间发布声明
- 立即事实核查：门店管理或相关责任部门应同步完成现场汇报，确认事件真实性与责任归属
- 快速处置机制：建立门店级应急处理机制（SOP），对客诉纠纷、设施故障、局部停电、突发伤人等情况设定标准应对流程
- 同步外部安抚：若涉事顾客或员工已在网络发声，应派专员私信联系，表达关注与慰问，取得事件控制权

2. 紧急性低 / 重要性低：常规摩擦，制度兜底

这类危机通常具备以下特征：

- 地域性或个案化明显：如某门店服务迟缓、某加盟商对政策表达不满
- 情绪张力有限：涉及话题未触发公众广泛情绪共鸣，社交平台讨论热度低
- 非战略性事件：不影响企业关键职能、主营业务或长期声誉资产
- 具备制度可控性：相关问题可通过既有机制进行响应、处置与吸纳

以“个别消费者在社交平台上抱怨产品体验”为例，此类评论若未形成话题化传播，即属于低等级风险范畴；又如“加盟店主在内部群组提出结算周期异议”，若未对业务运营或外部舆情产生实质性影响，则可归入“运营摩擦型风险”范畴。

针对此类常规摩擦，企业不宜动用“危机化”资源处理，更应依赖标准化流程与长期机制，以实现对弱信号的及时响应与稳态修复。

建立标准化客户申诉处理机制。企业应在客服体系中设立“分级响应”模型，将低风险问题纳入常规投诉处理渠道，通过预设流程与话术模板进行处理。实现从“临时应对”转向“制度兜底”。

构建加盟商支持体系与申诉反馈通道。对于内部经营协作关系（如加盟、代理、渠道合作），企业应设立专属的反馈机制与月度沟通窗口，降低非正式渠道情绪外溢的可能。所有异议应留痕处理、周期回顾，防止演变为更高等级风险。

强化内部知识库与问题复盘机制。每一类“非危机型”问题，均应归档入运营知识库，定期分类归因、沉淀经验，作为流程优化与产品改进的输入来源。典型情形可纳入员工培训案例库，提升一线人员敏感度与回应能力。

“紧急性低 / 重要性低”的事件虽非危机核心，但绝非可轻视的边角料。真正成熟的企业治理，应实现“弱信号识别—常规制度兜底—风险缓释外化”的完整闭环，使组织对日常摩擦具备长期容纳能力、内部弹性与自我调节机制。

3. 紧急性高 / 重要性高：全局危机，优先处置

这类危机具有如下判断依据：

- 公众健康与生命安全受威胁：如食品安全事故、产品致伤事件、设备爆炸等
- 信息安全或用户隐私遭泄露：如数据库被黑、账户信息泄露等敏感性数据外泄
- 法律合规风险急剧暴露：如税务违规、商业贿赂、环保违规等行为遭曝光
- 传播速度快、媒体聚焦高、社会影响广：如舆论风暴叠加监管通报，形成多源合围压力
- 企业内部系统性漏洞暴露：如制度崩溃、管理失控、责任链断裂等现象并发

一旦识别此类危机，企业必须即刻启动高等级响应机制，将该事件置于最高管理层优先议程，采取“全局调动 + 快速落地”的策略路径。

立即启动危机指挥体系。调动最高管理层资源，成立或激活危机管理委员会，由董事会或总裁牵头，统一调度品牌、公关、法务、风控、运营等部门，实行“一口径、一平台、一中心”管理机制。

迅速采取有效行动止血止损。对于涉及产品安全、技术故障或系统性服务瘫痪的事件，首要任务是“止损”：包括问题产品召回、问题功能下线、涉事人员停职、出事区域封闭、应急补偿机制启动等。务必确保“企业正在主动解决问题”的社会可视化表达。

配合监管，公开透明。此类危机极易触发监管调查。企业应主动配合政府部门调查与执法，第一时间提交调查报告、检测报告或问题说明书，并同步启动合规自查机制，展现“负责任的企业主体形象”。在信息发布层面，应遵循“事实为本、态度端正、节奏可控”的原则，主动发布进展通报，减少外部信息真空带来的谣言空间。

同步法律应对，强化责任隔离。若危机涉及法律风险，如消费者集体索赔、员工伤亡、知识产权纠纷等，需由法务团队或外部律所迅速介入，

制定法律回应框架与媒体表述口径。必要时，应对管理层责任进行隔离处理，防止舆论导向对组织核心价值形成穿透性打击。

4. 紧急性低 / 重要性高：潜伏风险，系统应对

这类危机的共性在于“尚未引爆，但一旦爆发即致命”。它们常常具备高度隐蔽性和缓释性，容易被日常运营掩盖，导致企业产生“尚在掌控中”的判断错觉。

该类危机的典型表现包括：

- 合规瑕疵与制度性缺陷：如财务不规范、用工政策不透明、数据治理松散等
- 潜在法律纠纷或行政处罚隐患：如未披露的诉讼风险、反垄断调查、税务稽查等
- 资质问题或监管敏感事项：如许可证即将到期、环保达标率不足、信息安全审核预警等
- 外部信任结构松动：投资者疑虑升高、重要客户流失、舆情低度但持续负向波动

此类危机的管理逻辑，应从“战术响应”上升到“战略构建”，核心在于制度补强与合规防控。

构建制度化合规体系。企业应建立以“事前防控、过程监督、事后问责”为核心的合规管理体系。内容涵盖财务制度审计、劳动合同审查、知识产权合规、自有系统的数据主权治理、环保与能耗指标达标审核等，确保每一处风险点具备标准化操作模板。

设置慢变量监测机制。与突发性舆情不同，该类风险需设立“周期性扫描机制”，通过定期风险审查、内控稽核、外部专家评估等方式，持续追踪关键指标演化。如每季度法务合规体检、每半年对核心制度执行情况的专项审查等。

强化对上沟通与外部联络机制。针对政府监管类议题，应设立专职对口联络人，确保企业在与地方政府、行业协会、监管机构的沟通中保持信息对称、流程透明。每一次行政窗口对接，既是风险化解的契机，也是形

象建设的机会。

法律风险预演与应诉机制建设。面对潜在的法律纠纷，企业应在问题爆发前就制定清晰的预案，包括：法律应诉团队组建、涉案文件整理机制、法律回应口径模板、公众风险提示语言等。重大事项建议引入外部律所开展“压力测试”，模拟最坏情境下的应对策略，以备不时之需。

总结一下，下表适用于危机事件初期的快速分类判断。建议在企业日常管理中配合建立内部“危机预警地图”与“责任清单”，使不同级别的事件可对应明确的决策路径与响应机制。同时，在危机过后应将实际处置经验回归至本分类模型中进行归档，不断优化策略库，提升组织整体韧性。

表 17：按照紧急 / 重要程度进行划分的四象限

类型	特点	典型案例	应对策略
紧急性高 / 重要性低	1.局部突发事件 2.不影响核心利益 3.存在舆情扩散风险	1.餐厅服务纠纷 2.店面火灾/水灾	1.48小时闭环处置 2.加强监控预防 3.同步升级服务标准
紧急性低 / 重要性低	1.日常运营常规问题 2.低风险但高频发生	1.加盟商合同争议 2.社交媒体零星投诉	1.构建智能应答系统 2.控制重复投诉≤3次/月 3.问题溯源优化流程
紧急性高 / 重要性高	1.威胁企业存续 2.涉及公共安全/法律红线	1.茶叶有害物质事件 2.化工厂爆炸 3.产品菌群超标	1.成立战时指挥部 2.同步召回/救助/整改 3.每日三次舆情通报
紧急性低 / 重要性高	1.长期系统性风险 2.影响法律地位/行业资质	1.政府对原材料处罚 2.知识产权诉讼	1.季度合规审查 2.年度压力测试 3.行业联盟共建防御体系

（四）怎么选策略：三种视角匹配三个阶段

危机研判并不存在放之四海而皆准的“标准答案”。每一套方法都有其理论优势与应用局限，关键在于能否根据危机的阶段、类型与资源条件灵活组合，构建出行之有效、逻辑清晰的研判框架。本书提出的三重研判视角：量化与质化的交叉分析、“媒体—网民”关注度的动态追踪、“紧急 / 重要”维度下的优先级判断，正是企业在应对多类型危机中最具操作性的分析路径。企业在实际操作中，这三类方法并非互斥，而是构成一种

"递进式研判路径"。

初期阶段：以速度为纲，聚焦外部冲击。在危机初期阶段，研判工作的重心是"快"：快识别、快判断、快分级。此时企业需要通过量化数据明确风险影响的外延范围，评估事件对销售、声誉、用户反馈等的短期冲击。同时，应同步追踪媒体报道、社交平台讨论热度和关键词分布，判断是否出现情绪集中爆点或传播裂变节点。量化数据和媒体信号的交叉验证，有助于快速厘清事件"本质属性"，为启动层级响应机制奠定基础。

中期阶段：以系统为主，解析组织根因。危机进入扩展阶段后，量化指标逐渐趋稳，管理重心应转向深度剖析与资源调度。此阶段需启动质化分析路径，从诱因、组织流程、文化惯性等角度溯源，明确危机是否暴露出长期存在的系统性问题。结合"紧急性—重要性"框架对任务进行排序，实现有限资源在关键节点的最优配置，防止次生灾害或负面反馈循环的出现。

后期阶段：以复盘为轴，促进制度革新。危机虽已平息，但组织修复尚未完成。后期研判的核心任务在于收集反馈信息，复盘行动成效，评估公众对企业应对行为的接受程度，并对各部门反应速度、应对策略和媒体表现进行绩效量化与情感判断双重核查。通过定量反思与结构化评估，提炼危机中的"制度盲点"与"响应亮点"，为未来构建更具韧性的危机管理体系提供经验支撑。

表 18：危机研判的三种视角与适用分析

方法	优势	局限性	适用场景	应用时点
量化与质化视角分析	量化分析强调以客观、可测的数据为基础，能够精准衡量危机对财务、供应链、客户流失等维度的实际影响。质化分析则通过内容剖析、专家访谈、经验归纳等方式深入理解危机背后的结构性矛盾，有助于揭示根本原因与行为动因。两者结合，可形成数据驱动与场景理解互补的综合判断体系。	量化方法可能忽略非结构性问题，如情绪、文化冲突等；质化方法则受制于研究者经验，主观性较强，且执行周期长，难以快速响应突发性危机。	量化分析适用于涉及经济指标的危机，如营收下滑、股价波动、成本失控等。质化分析适合探讨内部治理、价值观冲突、跨文化误读等复杂背景问题。	中后期为主

续表

方法	优势	局限性	适用场景	应用时点
媒体与网民关注度分析	通过追踪新闻报道与社交媒体讨论，企业可实时掌握公众舆情动态，识别情绪拐点与传播高峰。该方法可辅助判断危机的扩散路径与影响范围，为舆情管理和回应策略提供重要参考依据。	媒体关注受社会事件流动性影响显著，舆论可能因新热点转移而剧烈波动。社交平台内容缺乏验证机制，信息真实性参差不齐，可能误导判断。	适用于对外形象高度敏感的品牌危机、消费者信任危机、公关失误事件，以及需要高频次信息监测的互联网舆情事件。	初期至全程
紧急性与重要性判断法	以“紧急—重要”矩阵作为判断依据，有助于企业在资源有限情况下迅速划定优先处置的危机事项。该方法强调反应速度与战略聚焦，适合在高压环境下指挥应变工作。	依赖高层对问题严重程度与时间窗口的准确判断，若无数据支持，可能高估或低估危机等级。该方法不提供问题细节或深层结构洞察，易忽略系统性风险。	适用于时间敏感、风险外溢性强的危机，如突发火灾、技术中断、数据泄露等；亦可作为评估结构性危机处理顺序的工具，如技术平台整合失败或跨境并购风险管理。	初期为主

（五）怎么划级别：危机分级标准结合自身特点具体分析

在经过危机研判之后，我们就可以确定危机的等级。这个等级反映了危机的严重程度，也为后续的危机应对策略提供了重要依据。

危机的本质决定了应对策略的方向。在制定方案前，必须先对危机的来源、影响范围和发展趋势进行精准评估，通过量化与质化分析、媒体和网民关注度评估以及紧急、重要程度判断等三个维度进行综合研判，确保所有决策基于客观事实。

借鉴《国家地震应急预案》，根据地震灾害严重程度，将地震灾害响应级别分为特别重大、重大、较大和一般四级。地震发生后，中国地震局要快速完成地震发生时间、地点、震级、震源深度等速报参数的测定，报国务院，同时通报有关部门，并及时续报有关情况。此外，地震灾害发生后，灾区所在县级以上地方人民政府及时将震情、灾情等信息报上级人民政府，必要时可越级上报，如表 19。

表 19：《国家地震应急预案》关于地震灾害严重程度的分类

事件类别	响应级别	应急工作	指挥机构
特别重大	一级响应	省级抗震救灾指挥部领导灾区地震应急工作	国务院抗震救灾指挥机构负责统一领导、指挥和协调全国抗震救灾工作
重大	二级响应	省级抗震救灾指挥部领导灾区地震应急工作	国务院抗震救灾指挥部组织协调有关部门和单位开展国家地震应急工作
较大	三级响应	市级抗震救灾指挥部领导灾区地震应急工作	中国地震局协助做好抗震救灾工作
一般	四级响应	县级抗震救灾指挥部领导灾区地震应急工作	中国地震局协助做好抗震救灾工作

与地震灾害严重程度分类相似，危机分级的标准通常基于涉事人数规模及影响范围、利益相关方关注度、经济损失程度、恢复难度和危机持续时间以及恢复难度等多个重要维度。

首先，涉事人数规模及影响程度是决定危机级别的重要因素之一。一般来说，危机影响的群体越广、人数越多，事件的严重性也就越高。这意味着，涉及大规模人员伤亡或广泛消费者权益受损的事件，往往被归为较高级别的危机。例如，一次食品安全事故所波及的消费者数量和区域范围将直接决定企业需要采取何种级别的应对措施以及投入何种资源进行处理。

其次，利益相关方的关注程度是另一个关键维度，其中尤其要考虑媒体和政府部门或权威机构的介入程度。媒体作为危机传播的主要渠道，其关注度直接影响危机的舆论热度。主流媒体若对某一事件进行持续且密集的报道，必然会提高事件在公众视野中的严重程度，推动事件的危机等级不断升级。此外，政府部门或监管机构的介入，也反映了危机的社会重要性和政策敏感性。政府或权威部门介入调查，通常意味着危机的严重程度已超越企业内部自行解决的范围，甚至可能涉及法律合规风险，因此须给予高度重视并及时应对。

除了涉事人数和关注程度外，危机带来的经济损失也是重要的评估标准。经济损失包括直接的经济损害，例如产品召回成本、赔偿金和罚款等，以及间接的经济影响，如长期品牌价值损害和销售额下降等。当危机造成的经济损失超出企业承受能力，甚至严重影响企业运营时，应立即提升危机的应对级别，投入更多资源进行控制和恢复。

危机的持续时间与恢复难度同样值得高度关注。一些危机可能因企业及时采取恰当措施而快速平息，而有些则可能长期发酵，持续数月乃至数年。这些持续时间较长的危机使企业需投入更多资源与精力，也让企业在声誉恢复与品牌重建方面面临更大的挑战。因此，在分级标准中，危机持续时间越长、恢复难度越大，其危机等级越高。

基于这些评估，企业可将危机划分为战略性危机（一级）、运营性危机（二级）、品牌/公关危机（三级）和一般危机，并据此决定方案的优先级和执行层级。值得注意的是，由于每个危机管理者的视角和经验不同，以及每家企业的实际情况和风险各异，因此所确定的危机等级也会有所不同。这就要求企业在进行危机研判时，必须结合自身特点进行具体分析。

一级危机。这是最高级别的危机。通常涉及重大人员伤亡、巨大的经济损失，或是对企业声誉造成毁灭性打击的事件。如重大财务丑闻、产品安全事故、大规模法律诉讼等。此类危机需董事会或最高管理层直接介入。

二级危机。此类危机较为严重，但相较于一级危机，其影响范围或严重性略低。可能涉及中等规模的人员伤亡或经济损失，以及对品牌形象的较大损害。例如，某款产品的缺陷被曝光，引发消费者担忧，但尚未造成大规模伤害。

三级危机。这类危机对企业有一定影响，但相对较小。可能包括个别消费者的投诉、小规模的产品召回或是一次小型的公关失误。例如，企业的一次促销活动引发小部分消费者的不满。

一般危机。这是最轻微的危机级别，主要涉及日常运营中的小问题或误解，如个别消费者的误解投诉、媒体的小规模负面报道等。

企业在危机发生初期，需第一时间对危机的严重程度进行等级划分，以指导资源调度、响应速度和舆情管控节奏。表 20 按照五个关键维度——涉事人数、伤亡程度、媒体关注程度、政府/权威机构介入程度、经济损失等，划分为“一般危机”至“一级危机”四个层级，形成系统性危机分级响应依据。企业在危机研判时，需结合多个维度进行交叉分析，而非根据单一因素决定危机等级。如某事件涉事人数虽少，但一旦涉及中央级媒体或政府监管机关，亦应按照较高等级处置。同时应构建“动态危机等级调整机制”，跟踪危机进展变化并实时调整应对策略。

表 20：危机等级划分与多维度分类标准

分类维度	一般危机（零级）	三级危机	二级危机	一级危机
涉事人数	事件影响范围极小，仅涉及1—10人，且为个别投诉或轻微不满。	涉及11—100人，集中在某一群体或区域引发关注。	涉及101—200人，具备跨区域或跨平台扩散风险。	影响超过200人，呈现广泛社会扩散态势。
伤亡程度	无人员死亡，少数个体存在轻微健康风险，无须住院治疗。	出现1—10人受伤但均为轻度，未住院；无死亡。	至少造成1人死亡，或有1—10人受伤，其中有住院治疗者。	导致2人及以上死亡，或11人以上受伤，其中部分为重伤或需长期住院。
媒体关注程度	未被媒体关注，仅局限于个别社交账号或内部渠道（如：微博转评赞<500；微信阅读量<2000）。	出现地方媒体或垂直行业门户报道，微博热度<2000，微信阅读量<10000，论坛评论<1000。	区域或全国主流媒体跟进，门户网站头条报道；微博转评赞<5000；微信阅读量<100000；论坛评论<3000。	中央级媒体或境外权威媒体集中报道，微博单篇互动5000+，微信阅读10W+，论坛评论≥3000，且负面内容日增长已达千篇级别。
政府 / 权威机构介入程度	无官方干预，仅限内部管理层处理。	县级行政单位或地市级行业监督机构介入，如地方消协或质检单位来函问询。	地级行政单位正式介入，或接到来自行业主管单位的通报、问责或突击检查通知。	省级以上政府介入，或触发公安、法院、检察机关等执法系统调查。
经济损失	国内损失不超过人民币10万元，或境外损失不超过100万元人民币。	国内损失为10万—50万元，境外损失100万—200万元。	国内损失为50万—100万元，境外为200万—500万元。	国内损失超过100万元，境外损失超过500万元，且可能影响季度或年度财务目标。

四、危机披露详解：从“要不要说”到“怎么说”

危机等级确定后，企业将面临一道关键决策：是否对外公开相关信息？

一方面，信息公开可能引发公众恐慌，削弱信任、动摇股价，带来短期冲击；另一方面，若选择隐瞒，一旦消息由外部渠道曝光，企业则面临信任崩塌、舆情失控的更高风险。

传播学者库姆伯斯（Coombs）指出，在信息真空中，公众与媒体倾向于通过非正式渠道填补认知缺口。这种“信息替代”机制极易造成失真，甚至被有意操控。一旦企业失去主动话语权，外部叙事将主导舆论节奏，使企业陷入被动。

因此，在危机信息管理中，第一步并非立即披露所有信息，而是明确判断哪些内容“必须说”，哪些可以“暂缓说”，甚至“不说”。下表给出了“是否回应—回应时机—由谁回应—回应对象—回应平台—回应深度”的关键决策策略。

表 21：危机披露的关键决策策略

策略维度	核心问题	策略选项	说明
是否回应	危机是否已具备外部影响力或破坏性？	选择回应	避免空白被谣言填补，掌握议题主导权
	危机是否尚未被广泛知晓或正在控制中？	选择暂不回应	控制成本，但需谨慎评估潜在风险
回应时机	公众情绪是否处于高点？是否有事实依据？	迅速回应	有助于安抚情绪、打消猜测
	事件是否复杂性高、尚需核查？	延迟回应	需以“我们正在核实”预回应替代沉默
由谁回应	发言人是否具备权威性与专业背景？	指定高管或专业人士	提升回应的可信度与解释力
	发言人是否形象良好、舆情经验足？	配合公关团队准备	避免用词失误造成“次生风波”
回应对象	哪些利益相关方影响最直接？	优先回应核心群体	如员工、客户、投资者、政府
	是否针对各类对象做分层回应？	差异化回应内容	员工内部信、客户邮件、媒体声明

续表

策略维度	核心问题	策略选项	说明
回应平台	受众在哪里?	主动选择多元平台	新闻发布会+微博+官网等组合发声
	是否考虑线下舆情与线上传播的协同?	场景适配平台	面对面可建立信任，线上迅速扩散
回应深度	信息是否清晰、透明?	分阶段披露	避免一口气讲完，保留调查弹性
	是否建立后续沟通机制?	定期更新信息	建立公众对企业“讲实话”的期待

（一）说与不说之间的取舍艺术

在危机管理中，企业是否需要披露一项风险信息，主要取决于两个关键判断路径：一是法律是否强制要求披露，二是信息是否已处于“失控传播”状态。企业应依照这一逻辑逐步推进（图3），确保既符合法规，又掌握舆论节奏。

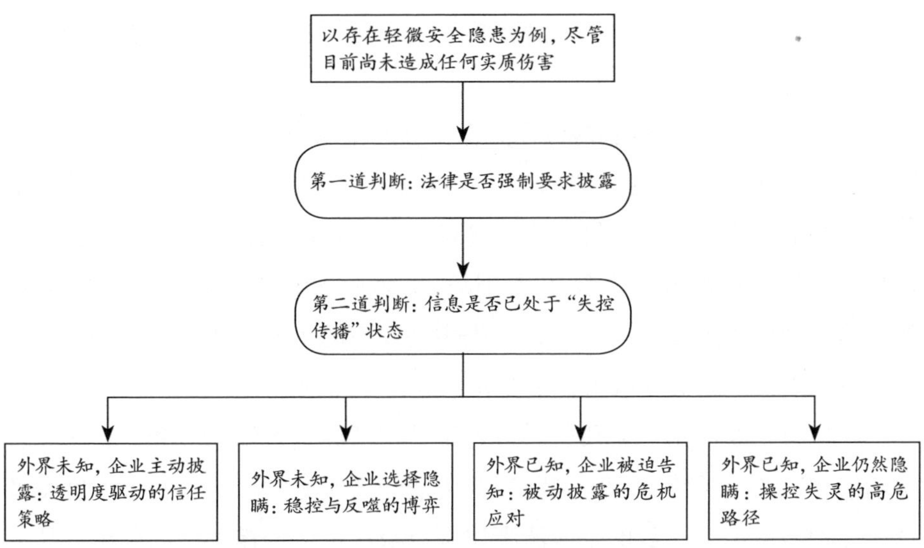

图3：企业是否进行信息披露的逻辑图

1. 第一道判断：法律是否强制要求披露

这是信息披露的“刚性底线”，也是企业在危机中最不可触碰的“合规红线”。一旦危机信息涉及法律所规定的强制披露范围，例如产品安全事故、用户数据泄露、员工工伤与伤亡、重大财务异常、环境污染或严重合规违规行为等，企业便不再拥有信息发布与否的自由裁量权。无论主观意愿如何，企业必须依照相关法律、行业监管条例或信息披露标准，按照规定时限对外发布正式声明或报告，全面、准确、及时履行其披露义务。

这类危机事件通常受到法律监管机构、行业主管部门或证券市场监管机构的重点关注。若企业选择隐瞒、延迟或模糊披露，不仅将面临来自政府的行政处罚、市场监管机构的严厉问责，甚至可能构成虚假披露、信息欺诈等法律风险，直接引发集体诉讼、媒体曝光与公众信任崩塌等“次生危机”。

以数据安全事件为例，若一家公司发现其平台存在严重的数据泄露隐患，并已确认部分用户隐私信息遭到非法获取，若其不按《中华人民共和国个人信息保护法》《中华人民共和国网络安全法》相关规定上报主管部门并向公众公开披露，则将构成信息瞒报，一旦被曝光，不仅要承担法律责任，还将面临用户流失、品牌受损、舆论讨伐等一系列难以挽回的次级损害。

2. 第二道判断：信息是否已处于“失控传播”状态

当危机事件尚未达到法律规定必须披露的程度时，企业是否发布信息，往往取决于另一个关键因素：这条信息是否已经进入“失控传播”的边界。一旦事态扩散，公众已经知情，而企业却继续沉默或迟迟不回应，便会陷入“失语困境”——不仅丧失主动发声的机会，还可能被外界认定为有意隐瞒，甚至被默认为有错在先，进一步加剧信任危机。

在危机判断的第二阶段，管理者可从“外界是否知情”和“企业是否主动披露”两个关键维度，判断当前舆情传播所处的状态。两个维度交叉形成四种典型情境，帮助企业清晰识别自身在危机传播链中的位置，从而更有针对性地评估潜在风险，制定相应的沟通策略与应对方案。

表 22：危机传播博弈情境矩阵

	企业已披露	企业未披露
外界已知	☑ 被迫披露	✘ 仍隐瞒（高危）
外界未知	☑ 主动披露（最佳）	⚠ 审慎隐瞒（博弈）

（1）外界未知，企业主动披露：透明度驱动的信任策略

在此象限中，危机信息尚未流入公众视野，传播尚处于内部可控阶段。然而企业选择主动披露，以透明诚实的姿态赢得公众信任。这一策略常见于高度重视声誉与道德责任的品牌，或在危机尚小、可控的早期阶段，通过自我揭示争取主动修复空间。主动披露有助于树立企业的责任形象，也有利于在舆情尚未成形时构建叙事框架，占据话语高地。

此类策略实施需建立在成熟的信息治理系统基础之上。管理层需把握好节奏，规划披露顺序，避免“信息过载”引发恐慌，同时强化责任担当、组织能力与改进承诺。此外，配合中长期的透明度机制建设，如发布企业社会责任报告、建立开放式客户反馈系统，可进一步增强企业的韧性与声誉资产。

1982 年 9 月，美国强生公司的拳头产品泰诺胶囊（Tylenol）中被发现了氰化物，有 7 人因服用该药而中毒死亡。面对这一危机，强生以高达 1 亿美元的代价撤回了市场上所有的泰诺产品，通过媒体呼吁消费者停止购买和使用泰诺产品，并坦诚地答复了从新闻界打来的 2000 多个询问电话。强生公司在“泰诺事件”发生后采取了一系列果断而正确的决策，赢得了公众和舆论的支持，使公司信誉的损失降低到最轻程度。

（2）外界未知，企业选择隐瞒：稳控与反噬的博弈

该象限代表企业掌握危机信息但选择暂不披露，试图通过内部消化或静默处理，实现低干扰修复。此策略常见于信息尚未外泄、问题可控或影响暂未扩大时的“以静制动”尝试。然而，隐瞒的代价是风险不可预测，一旦信息被第三方曝光，企业将失去信任先机，甚至面临“隐瞒加罪”的二次舆情反弹。因此，此策略适用于组织有充足掌控力，并具备高信息安全保障的特定情境，且需同步设置风险评估与替代发声预案。

若企业基于内部判断暂不披露信息，则必须建立完备的舆情防控机制。这应该包括内部的保密管理与权限设定，更应包括针对突发泄露情形的“备选披露剧本”——一旦信息遭遇外部曝光，能够在最短时间内启动解释、补位、修复三位一体的快速响应机制。在信息为王的时代，企业不再拥有“保持沉默”的权利，而必须构建一整套“主动应声、被动不乱”的应急传播系统。

2005 年，医疗设备制造商 Guidant 早已知晓其心脏起搏器和除颤器存在可能导致设备故障的缺陷，但公司内部评估后选择不向公众、医疗专业人士或监管机构披露。其理由是担心披露会引发“不必要的恐慌”，并认为风险可控。然而，事件在《纽约时报》报道 21 岁患者死亡案例后被曝光，引发舆论哗然。公司被迫召回数千台设备并承认与多起死亡事件有关，此时公众信任已严重受损。美国司法部随后提起刑事诉讼，指控其未向 FDA 报告产品风险。Guidant 最终被波士顿科学收购。

（3）外界已知，企业被迫告知：被动披露的危机应对

当危机信息已在媒体、社交平台或利益相关者之间扩散，企业再启动回应机制，已属“被动披露”。此类回应往往滞后于公众认知，极易陷入“拖延应对”“迫于舆论”的负面标签。此时，企业除了需如实说明事实真相，更应补偿前期沟通迟滞所造成的信任赤字。在此象限中，信息披露成为“止损策略”，其效力依赖于及时补充透明度与实质行动。

在此类情形下，企业需迅速识别外界掌握的信息范围，厘清逻辑链条，调整叙事框架，引导舆论重心。同时，内部需立即协调各部门，统一立场，规范表述，避免因应对混乱而进一步失控。事后信任修复成为关键议题，企业往往需投入更多资源用于加强合规流程、修正技术漏洞，并公开进行道歉或赔偿，才能逐步恢复形象。

以 2024 年 AT&T 数据泄露事件为例，安全研究人员在地下论坛发现了该公司大量用户资料的非法交易信息，包括通信记录与身份数据。在证据面前，AT&T 最终承认存在系统漏洞。这一被动披露非但未能缓解公众疑虑，反而引发了舆论的深层追问，对整个电信行业的数据信任体系构成冲击。

（4）外界已知，企业仍然隐瞒：操控失灵的高危路径

这是信息披露矩阵中风险最高的象限。当危机信息已广泛传播，企业仍试图以沉默应对或选择性回应，实际效果往往适得其反，不仅不能平息外部质疑，反而强化了“掩盖真相”“躲避责任”的公众印象。这种策略极易激发集体舆论愤怒，引爆媒体追责与社会问责连锁反应，最终演化为不可控的信任危机甚至制度性追究。

在这种情形下，企业应转向部分承认、明确责任边界、提出改进措施的策略，用行动赢回公众基本信任，避免因不透明而陷入信任崩塌的深渊。

福特公司在 20 世纪 70 年代平托车（Pinto）被质疑存在油箱安全缺陷时，选择压制信息、延后处理，最终引发广泛安全事故，被舆论和法律体系双重追击，陷入数起高额诉讼，在消费者心中丧失了品牌信誉。

（二）危机信息披露的实务架构

如上节所示，“是否披露”从来不是企业的主观决断，而应基于法律义务与传播风险的双重判断。结合“危机传播博弈情境矩阵”，企业需识别自身处于何种舆情窗口期，选择更具可控性与信任回报的披露策略。

当前的信息传播已非以企业为中心，而是由公众、平台、算法等多方共同推动。一旦危机涉及公众利益，消息极易穿透防火墙，失控扩散。在这种环境下，隐瞒与拖延不是风险控制，而是信任崩塌的导火索。

在“外部尚不知情、企业主动披露”的情境中，尽管风险较高，却往往是重建公信、抢占舆论主动权的关键一步。正如危机管理专家奥古斯丁（Augustine）所言，若企业不及时发声，关键利益方便会转向其他渠道寻求解释，而媒体与竞争对手可能借机塑造不利叙事，最终企业将失去舆论场主导权。

一旦确认“需要披露”，真正的挑战才刚刚开始。此时，企业必须清晰理解披露的战略价值与实际效果——是为了止损、安抚、澄清还是预防？表 23 梳理了危机管理中信息披露的常见目标及其预期结果，便于企业在选择策略前统一认知与定位。

表 23：危机管理中的信息披露目标与结果预期

目标	目标内容	说明	目标达成时的结果	目标未达成时的后果
目标一	建立或恢复公众信任	信息披露有助于消除不确定性、稳定外部情绪。	品牌形象修复，客户信赖增强，企业美誉度上升。	信任危机加剧，品牌受损，消费者流失。
目标二	稳定内部士气与组织信心	消息透明可减少员工恐慌情绪，强化集体凝聚力。	团队协作顺畅，员工留任率提升，应对效率增强。	士气低落，员工流失，组织效率下滑。
目标三	防止法律责任或诉讼升级	合理披露事实与立场有助于降低法律风险。	降低索赔、罚款风险，展现合规姿态。	信息缺失或误导引发诉讼，带来经济与声誉双重损害。
目标四	确保关键利益相关者及时掌握信息	包括投资者、政府、合作伙伴等关键对象。	维持合作关系，避免信任断裂。	合作受阻，合作方反应激烈，甚至引发“次生危机”。
目标五	稳定市场份额与客户关系	信息不对称时客户更易恐慌。	客户黏性保持，市场占有率稳定或回升。	客户流失，市场份额被竞争对手蚕食。
目标六	提振资本市场信心	有效回应可缓解投资者焦虑情绪。	股价止跌回稳，市场信心恢复。	股价持续下跌，投资机构减持，融资受阻。
目标七	保障业务连续性	信息稳定有利于上下游协同、订单执行。	业务迅速恢复，产供销链条稳定。	业务中断，财务亏损，合作伙伴转移。
目标八	引导舆论走势	通过主动设置议题减少负面扩散。	公众情绪缓和，媒体报道客观。	舆论失控，负面声音主导传播空间。
目标九	推动危机管理流程优化	信息反馈为制度改进提供依据。	管理成熟度提升，应对能力增强。	同类问题易反复发生，组织学习受限。

在明确了企业在危机中的披露目的和希望达到的效果之后，接下来要做的，就是系统地思考“怎么说”。信息披露不是一件单独的事，而是一整套系统工程，涉及识别受众、设计内容、选择渠道、制定话语策略等多个环节。披露做得是否到位，决定了公众是否能正确理解信息，也关系到信任是否能及时修复，甚至会直接影响危机能否有效止损。接下来的内容将围绕几个关键方面，详细说明主动披露该怎么做、怎么落地，帮助企业在舆论高度敏感的时刻把稳发声节奏，降低事态升级的风险。

1. 说给谁听：做好分众沟通

危机信息披露并非“一次性广播”，而应构建多层级、差异化的表达系统。企业需依照受众属性区分传播路径，实施“利益导向型沟通”策略。内部沟通可以详尽，外部信息宜提炼；专业对象需数据支撑，公众对象应引导情绪。

- 员工关注的是组织前景与岗位安全，需以安抚性、鼓舞性的语调传达公司稳定运行与人力关怀
- 投资者在意风险敞口与应对措施，应提供量化指标、恢复路径与财务预测
- 监管部门聚焦法律责任与合规性，需提交事实清晰、依据充分的报告型材料
- 消费者关注产品安全、服务承诺与企业态度，需以清晰、通俗、具情绪识别度的语言沟通核心立场

2. 怎么开口：抢占信息发布的主动权

危机信息的披露关键，不在于一次性讲完所有内容，而在于把握节奏、有序推进。企业应在首轮声明中明确基本立场、表达责任态度、回应核心关注点，同时设定后续更新的时间点，定期发布最新进展或补充说明。每一阶段的发声，都要提前设计好内容结构——把重点提前说清楚，态度与举措要并列呈现，常见问题最好提前设置并主动回应。

这种做法既能避免信息过载、节奏紊乱带来的“披露疲劳”，也能防止舆论走向“问一句、答一句”的被动局面。掌握发声节奏，是企业保持话语主动、防止舆情反客为主的关键所在。

3. 怎么设防：打造信息控制缓冲区

当企业在某一阶段还无法公开全部信息时，必须同步建立一套“信息泄露应对机制”。核心在于提前做好准备，确保一旦信息意外流出，企业能迅速反应、有序应对。这一机制通常包括以下几个方面：

- 内部权限管理与信息分级流转：明确哪些信息属于核心敏感内容，哪些人有权知晓，如何在内部安全传递

- “一小时响应预案”：出现泄露苗头后，能在一小时内召集应急小组处理各类传播影响
- 舆情底线清单：提前列出哪些信息一旦外泄会引发重大风险，确保一旦触碰红线，立即启动应对流程

本质上，这套机制并非为了“堵住所有消息”，而是确保一旦信息流出控制范围，企业能迅速统一发声，稳住节奏，说清楚重点，避免被动。

4. 披露多少：在透明与保密之间找平衡

危机信息披露中最棘手的问题，是“说多少才合适”。说得太多，可能泄露商业敏感信息，甚至影响后续的法律程序；说得太少，又容易被认为是在刻意隐瞒，反而加剧公众的不信任。最理想的状态，是在不撒谎的前提下，有选择地说出有根据的内容，在展现诚意和保障企业利益之间，找到一个风险最小的平衡点。

企业在判断披露边界时，可参考三项标准：

- 所有披露内容都有确凿证据支撑；
- 涉及的利害相关方清晰标明；
- 信息表达要逻辑通顺、语言明确、内容可追溯。

以 2018 年 Facebook 用户数据泄露事件为例，该公司在初期未准确说明泄露规模，引发外界对其信息透明度的强烈质疑，不仅股价重挫，还遭遇全球范围的监管调查。但如果一开始就披露过多技术细节，又可能被黑客利用，形成新的风险。因此，在信息披露过程中，企业必须权衡公众知情权与自身安全边界，既回应外界关注，也守住自己的底线。

5. 什么时候说：掌握关键时间窗口

时机，决定了披露是引导舆情还是追赶舆情。企业应遵循黄金披露时间窗原则：

- 重大风险类事件，12 小时内首次发声
- 高度关注话题，24 小时内发布权威声明
- 非强制类事件，则应根据话题热度与媒体周期灵活判断

发布时间应避开舆论真空期（深夜、节假日前夕），同时匹配媒体节

奏与内部准备进度，实施递进式发布策略，保证“初步回应—阶段更新—最终总结”三段发声有条不紊、层次分明。

6. 说得够全吗：同步好消息与风险

企业在危机信息披露中，不能只挑好听的说、只报好消息。真正负责任的披露，除了展示当前采取了哪些行动，也要说明还存在哪些风险、可能面临哪些困难，以及企业打算怎么应对这些问题。

这其实是一种“反向建立信任”的策略——通过坦诚说明问题的复杂性和未解之处，反而能赢得外界对企业真实态度的认可。公众更愿意相信那些“敢讲难处”的企业，而不是一味粉饰太平的说法。用“承认困难”的坦诚，换来“说话可信”的口碑，是危机沟通中非常有效的一步。

对于上市公司而言，根据《证券法》和《上市公司信息披露管理办法》规定，所有可能影响投资者决策的实质性信息都需全面、客观披露。上市企业需确保核心数据的披露，包括：财务信息（营收、净利润、现金流等）、非财务指标（用户增长率、研发投入占比等）、战略调整（业务转型计划、重大投资决策等）、法律纠纷（重大诉讼、监管调查等）。

7. 说得准不准：披露内容的可验证性

披露内容的公信力，取决于数据基础与验证机制。企业应构建内部审核机制，将所有披露文本进行三重确认：

- 语义清晰：避免“行业领先”“显著提升”等缺乏衡量标准的词语，强调“已完成”“正在实施”“预计完成时间”等时间结构
- 数据可查：所有涉及经营成果的数据（如营收、利润、现金流）必须经过具备证券资质的会计师事务所审计，并标注审计意见类型；核心技术参数应通过国家认可实验室或 ISO 国际标准认证
- 追踪修订：披露内容一旦调整，应同步更新旧版本、注明修订批次与变更说明

第六章

危机处理有章法：四套原则＋一组法则

在上一章中，我们围绕“预警—通报—研判—披露”四个核心环节展开论述：建立情报监测机制，搭建信息通报系统，开展多维度危机研判，设定科学的信息披露流程。

然而，危机管理的真正挑战，并不止于“知有危机”，更在于“知如何应对”。从识别风险到组织行动之间，存在一道不可或缺的桥梁，那就是“原则”。

在不确定性成为常态的当代环境中，“原则”是企业在高压情境下保持战略定力与决策一致性的底层操作逻辑。它们如同危机地图中的方向指针，在舆论风暴、利益冲突与时间紧迫的多重夹击下，为企业提供清晰、简明、可执行的应对方向。

因此，本章将系统梳理危机应对中的四大通用原则体系：“3T原则”“5S原则”“DISCO原则”以及新闻价值要素原则。这些原则，凝聚了传播学者、危机顾问、企业管理者多年实践的集体经验，亦是国际企业应对突发事件时普遍采纳的操作性准则。

掌握这些原则，对于企业管理层而言意义重大。危机之际，时间稀缺、信息不全、情绪高涨，任何模糊不清的判断与犹疑不定的决策，都会造成不可逆的声誉损失甚至法律风险。而一旦企业拥有一套内化于心、外化于行的危机原则体系，即使在最不利的舆论场中，也能稳住节奏、有序推进，最大限度减少损害、稳定局势、赢得信任。

本章的核心目的，便是帮助企业在迈入危机实战前，先搭好应对的"原则之梯"。只有当原则先行，决策才能有据；只有当框架稳固，应变才能有方。

表 24："四套原则＋一组法则"的协同逻辑图

类别	功能定位	主要关注点	关键词
"3T 原则"	表达起点	主动披露＋节奏掌控	说得早、说得准
"5S 原则"	回应品质	内容表达的信任构建	说得真、说得好
"DISCO 原则"	执行系统	话语与行动的协同推进	一边说、一边做
新闻价值要素原则	媒体认知	舆论关注的方向与强度	媒体视角、公众情绪
通用法则	统一底座	跨原则的逻辑支撑	速度优先、责任清晰、系统协调、信息分层、尊重先例

一、“3T 原则”：主动说、快点说、全都说

英国危机公关专家里杰斯特在《危机管理》一书中提出“3T 原则”，强调危机处理时把握信息发布的重要性。

“3T 原则”主要包括：（1）Tell You Own Tale（以我为主提供情况），强调组织牢牢掌握信息发布主动权；（2）Tell It Fast（尽快提供情况），强调危机处理时组织应该尽快不断地发布信息；（3）Tell It All（提供全部情况），强调信息发布全面，而且必须实言相告。

“3T 原则”着力解决“谁先说”“什么时候说”“说什么”的问题，强调危机应对中的表达顺序、节奏感与主动性。

（一）以我为主提供情况

“以我为主提供情况”原则强调，在危机爆发的第一时间，企业应当主动发声，抢占信息传播的主导权。信息披露的主动性程度关乎事实呈现的完整与否，更直接影响公众的第一印象。危机中最具杀伤力的往往不是事件本身，而是因企业沉默而被公众误读为“隐瞒”的沉默空间。

在现代传播环境下，一条模糊不清的新闻、一段未经核实的视频、一个匿名爆料的账号，都可能在短时间内引发指数级的情绪蔓延。企业若选择回避，媒体和公众将自动“填空”补齐事实，这种“信息真空效应”极易被谣言、阴谋论或恶意解读所占据，从而使企业陷入舆论劣势，难以翻盘。

因此，企业应在危机初期，快速建立“我来说”的姿态，通过官方网站、新闻发布会、企业社交媒体等多渠道同步发声，明确事件基本情况、处理态度及后续安排，主动塑造话语场的基本逻辑与判断框架。这种“首因效应”的塑造，将大幅提升公众对企业立场的接受度，有助于形成信任缓冲。

信息发布的统一性同样关键。危机发生后，企业各部门在对外发言中必须确保口径一致、逻辑闭环，避免出现“前后打架”“上下一致但左右不符”的局面。若不同部门口径不一，或信息层层稀释，将迅速引发“推诿”“遮掩”等舆情标签，反噬组织公信力。

（二）尽快提供情况

“尽快提供情况”是“3T 原则”中的时间向度核心，强调危机初期必须迅速对外发声，以控制信息节奏，避免被动应对。

鉴于“速度”在多项原则中均属核心维度，其具体的时间节点划分、发布节奏设计与组织机制建设将在本章第五节“通用法则攻略”中的“速度原则”中详细展开。读者可参见该节内容，获取危机应对中的时效控制标准与操作路径。

（三）提供全部情况

“提供全部情况”原则所倡导的，并非无限制地披露企业内部所有信息，而是指在法律与商业保密原则允许的范围内，最大限度提供公众关切的核心事实。这一原则的价值不在于“多说”，而在于“说全”。只有将事情讲全、讲明、讲透，企业才能建立一种持续性的信任关系，赢得公众理解与支持。在重大危机中，部分国际企业已形成“每日通报—阶段报告—最终说明”的分层次披露模式，将信息透明作为危机管理的核心资产。

值得注意的是，公众对“选择性披露”的敏感程度远高于企业预期。很多企业在危机中试图掩盖部分不利信息，以避免“激化矛盾”，实则适得其反。一旦公众从媒体或第三方渠道获取相悖信息，企业即面临“隐瞒事实”的道德指控，信任基础迅速崩塌。

在操作层面，企业应做到以下三点：

第一，系统披露。围绕“事件经过—影响范围—责任归属—解决措施—未来改进”五大模块构建完整信息框架，避免单点回应、断章取义。

第二，解释信息不完整的原因。若确有部分信息暂时无法公布，应明确说明原因（如“调查尚在进行”“涉案信息受限”），并承诺公布时间，避免公众误解为回避。

第三，保持信息一致性。所有披露内容应形成可溯源、可校验的“叙事闭环”，避免因版本出入、口径不一而被解读为“信息造假”。

良品铺子鸡肉肠事件的“3T 原则”分析

【事件背景】

2021 年 3 月，一位消费者在微博上投诉，称其在良品铺子官方旗舰店购买的鸡肉肠中发现蛆虫。尽管良品铺子客服将退款金额从 43 元提高至 1000 元，消费者仍拒绝接受，并要求公司公开道歉。事件经澎湃新闻报道后迅速发酵，“良品铺子鸡肉肠”话题于 3 月 23 日登上微博热搜，成为舆论焦点。

面对危机，良品铺子成立专项工作组并展开内部调查，监管部门亦于 3 月 23 日突击检查相关工厂，对问题批次产品进行检测。3 月 27 日公布的检测结果显示，所有指标符合食品安全标准。3 月 30 日，良品铺子发布公开致歉信，并宣布全渠道下架涉事产品、优化质量管理体系、聘请外部质量专家指导，并对相关责任人作出处理。然而，企业在事件初期的应对措施暴露出诸多不足，未能充分遵循“3T 原则”。以下将从该原则出发，对良品铺子的危机处理进行分析。

【案例分析】

1. 信息主导缺失：未能“以我为主”提供情况

危机爆发初期，良品铺子在信息披露上反应迟缓，错失了掌握舆论主动权的关键时机。消费者的投诉经媒体曝光后迅速发酵，公众对事件的认知几乎完全来自消费者一方的表述，而非企业的权威信息。企业最初的应对策略，是提高赔偿金额以求快速平息事态，而不是主动还原事件真相。这种“以补偿代替沟通”的处理方式，不但没能平复情绪，反而刺激了更多不满。由于缺乏可信的企业声音，媒体只能依据网上流传的信息进行报道，进一步加剧了舆论失衡。若企业能在第一时间主动发声，说明事件背景、应对进展及调查安排，舆论走向或许将截然不同。

2. 响应迟缓：未能“尽快”提供信息

信息披露的速度，直接决定了公众对企业态度的判断。良品铺子自消费者投诉至正式回应，耗时近一个月，在新媒体“日更已慢，分秒必争”的语境下，堪称严重滞后。舆论长期处于信息真空，谣言乘机而起，公众的不信任感也随之不断累积。危机面前，时间窗口极为短暂，哪怕初期掌握的信息不完整，也应先行披露核心事实，并同步说明“正在核查”的状态，以稳定情绪、压制误导信息的传播。若企业能将初步调查结论、处理方向及时向社会公开，必将更有利于局势的稳定与舆论的引导。

3. 信息补救：后期虽全，但已失时

在危机后期，良品铺子逐步加大了信息公开的力度，陆续发布致歉声明、调查进展、检测结果与整改措施。这一阶段的信息披露较为详尽，体现出一定的透明度与责任意识，也在一定程度上恢复了企业形象。然而，最宝贵的“首轮公关窗口”已被错过。危机初期的沉默，导致企业长期缺席舆论场，品牌形象早已受到实质性损伤。若企业在第一时间就采取“主动披露 + 持续更新”的策略，借助主流媒体和社交平台同步发声，外界的误解与情绪本可在早期就被有效缓解。

综上所述，良品铺子在此次危机中未能及时启动有效的信息管理机制，未能按照“3T 原则”主动提供、快速提供和全面提供信息，导致其在舆论场上陷入长期被动。尽管后续作出补救，但公众对企业反应迟缓的印象已形成，对品牌形象和市场表现造成了实质性冲击。此案例再次提醒企业，危机应对不只是“做了什么”，更在于“何时做”“如何说”。

二、“5S 原则”：责任、真诚、速度、系统、权威

游昌乔提出了危机公关的“5S 原则”，具体包括：（1）承担责任原则（Shoulder the matter）：危机发生后，无论谁是谁非，企业都应主动承担起

责任，赢得公众的信任。（2）真诚沟通原则（Sincerity）：在处理危机时，要做到诚意、诚恳、诚实。（3）速度第一原则（Speed）：当机立断，快速反应，果决行动，与媒体和公众进行沟通。（4）系统运行原则（System）：一体化统一运作，防止次生危机的发生，创造性地解决问题。（5）权威证实原则（Standard）：与有话语权、有权威的第三方合作，让他们替企业发声，消除公众警戒心理。其中，承担责任是姿态，真诚沟通是语言，快速反应是节奏，系统运作是保障，权威证实是支点。

"5S 原则"关注的核心是"说得是否正确、表达是否到位"。它主要解决的是回应内容是否可信、逻辑是否严密、是否具备回应舆论的说服力。可以说，"5S 原则"既是判断危机回应质量的标准，也是衡量舆情反应效果的重要依据。

（一）承担责任原则

"承担责任"是"5S 原则"中的第一要义，其核心在于危机初期企业是否愿意主动认责、展现担当。相比其他维度，这一原则更强调表态的姿态与速度，通过及时认错、诚意表达，争取公众的初步信任。

为避免重复铺陈，本节不再对责任表达的结构逻辑、执行路径与内外部联动机制做系统展开。有关"责任表达如何落地""情绪安抚与责任划界如何结合"等问题，请详见本章第五节"通用法则攻略"中"承担责任"子节，该节将提供完整策略分析与操作模型。

（二）真诚沟通原则

危机之"危"，往往在于公众信任的塌陷。真诚沟通，是建立心理安全感的关键。

"真诚"，意味着企业不能只发声明，而应发出真实、有温度、经得起审视的信息。在信息爆炸的时代，公众早已具备"识别虚假姿态"的能力，任何刻意修饰或语言套路化的声明，都会加剧怀疑与反感。相反，企业若能以同理心回应公众，以清晰数据回应质疑，以具体行动回应损失，即使面临争议，也更可能获得舆论宽容。

真诚沟通应具备以下三个维度：信息真实不遮掩、态度坦诚不逃避、回应及时不拖延。企业应将沟通视为危机管理的主战场，而非事后补救手段。

2024 年 6 月 17 日，Manner 咖啡上海两家门店接连发生员工与顾客冲突，引发舆论关注。尽管 Manner 于 6 月 21 日发布道歉声明，但从“真诚沟通原则”来看，回应缺乏诚意、诚恳与诚实，导致信任危机加剧。首先，声明内容仓促、语气冷淡，未体现对事件的重视；其次，未回应公众关切的“员工工作压力”等焦点问题，错失情感共鸣机会；最后，承诺整改却未见后续举措，辞退与和解处理不透明，引发“用人双标”质疑，进一步损害品牌形象。

（三）速度第一原则

“速度第一”是“5S 原则”中的执行起点，直接影响危机管理的节奏把控与舆论主导力。

本原则强调建立快反机制，确保信息识别、表达渠道与决策链条“三快并行”。

为避免与后文重复，关于危机首发窗口期的定义、信息披露的节奏控制方式、跨部门响应的协同机制，详见本章第五节“通用法则攻略”中的“速度原则”，该节将提供完整时间标准与流程指引。

（四）系统运行原则

应对危机，绝非单点突破就能够解决问题。越是复杂的情形，越需系统作战。

“系统”指危机发生后的协同处理，更指企业常态化管理中是否具备可快速调动的应急能力。包括但不限于：是否有危机响应手册，是否进行过模拟演练，是否建立了跨部门响应机制，是否形成了从预警、响应、披露、修复到复盘的闭环逻辑。

例如，在一次食品安全危机中，只有生产、供应链、客服、法务、媒体应对五方紧密配合，才能做到：产品召回有效、信息发布统一、责任认定准确、补偿方案清晰、公众沟通到位。

没有系统，就会出现“事出了，各说各话；人忙了，事却没动”的现象。系统是协同效率的保障，更是防止危机“扩圈”的关键力量。

（五）权威证实原则

在信任缺失的情境中，企业的自证往往不足以说服公众。此时，“引入第三方”成为提升信息可信度的关键策略。危机中的每一份第三方文件、每一次专家背书、每一场联合说明，都是企业声誉修复的重要资产。

“权威证实”并不意味着企业将责任推出去，而是一种借助专业力量来支撑表达的方式。尤其是在食品安全、环境污染、金融欺诈、数据安全等高敏感领域，企业若能在第一时间邀请具有公信力的第三方检测机构、行业协会、法律顾问或监管机关介入，并主动对外公布结果，将有助于澄清事实、平息传言，更体现出企业面对问题的坦诚态度与开放精神。

操作层面，企业应建立“权威联络机制”储备名录，确保一旦危机发生，能迅速启动合作资源。同时，在披露时应清晰注明第三方机构的角色、资质与结论，避免“暗箱操作”的质疑。

2012 年，央视“3·15”晚会曝光北京三里屯麦当劳门店存在食品过期售卖、生牛肉污染等卫生问题，引发舆论哗然。麦当劳并未陷入单方面自证的困局，而是巧妙引入了外部权威声音进行背书。麦当劳借助李开复、罗永浩等具有社会公信力与专业影响力的公众人物，在微博等主流平台及时发声，公开认同其后续整改举措与品牌责任态度。这类第三方 KOL 的权威介入，不仅缓解了公众对企业自说自话的不信任，也在舆论高压期建立起恢复品牌信心的外部支持网络。

海底捞“老鼠门”事件的“5S 原则”分析

【背景资料】

2017 年 8 月 25 日上午 10 点 23 分，《法制晚报》看法新闻曝光了海底捞北京劲松店和太阳宫店后厨存在的食品安全问题，包括老鼠乱窜、餐具与清洁工具混洗等，迅速引起了公众的广泛关注。

下午 2 点，面对舆论压力，海底捞在官方微博发布致歉信，承认媒体报道中的问题属实，表示对食品卫生安全问题的关注，并对给顾客带来的不良体验表示诚挚的歉意。海底捞承诺将认真对待每一个食品安全事件，并对外公开之前处理结果的通道。

下午 3 点，《法制晚报》看法新闻进一步发出关于海底捞后厨食品安全问题的报道。

下午 5 点，海底捞官方微博发布《关于海底捞火锅北京劲松店、北京太阳宫店事件处理通报》，明确了整改措施和责任人。该通报指出：立即对涉事门店进行停业整改，并全面排查卫生死角；组织所有门店立即自查，避免类似问题发生，并主动汇报调查结果与处理建议；欢迎公众、媒体和管理部门进行检查监督；与合作的虫害治理公司研究新的整改措施；海外门店也同步进行整改；强调此类事件是管理问题，主要责任由公司董事会承担。

【案例分析】

1. 承担责任原则

在此次事件的通报中，海底捞没有将过失推给两家涉事门店的员工或管理层，而是明确指出，这一问题反映的是企业在管理制度上的深层漏洞。公司董事会承担了主要责任。这样的表态避免了“甩锅”，体现了高层的担当，也回应了公众对企业责任感的期待。危机之下，企业敢于面对、勇于认错，才可能重建信任。

2. 真诚沟通原则

海底捞在第一时间承认了媒体关于卫生问题的报道属实，并详细披露了整改措施，同时公布了相关负责人的联系方式，主动接受社会监督。相比于遮掩或回避，海底捞选择了面对问题、正面回应。其在沟通过程中的“坦率、诚恳、透明”三点，构成了真诚沟通的基本面，也有效缓解了外界的不满情绪。

3. 速度第一原则

事件曝光仅 3 小时内，海底捞就发布了致歉声明，随后不到 2 小时便公布了初步处理结果。速度，决定了应对的节奏，也决定了舆论的走向。在舆情尚未全面扩散时就亮明态度、给出措施，有效压缩了危机升级空间。这种快速反应，是企业掌控局势的关键。

4. 系统运行原则

从董事会表态到门店配合，从公关组发布声明到客服部门对外沟通，海底捞在多个层面上展现了行动一致的应变能力。不同职能部门各司其职，内部信息传递通畅，避免了“部门各说一套”的混乱。这种有组织、有系统的应对方式，是企业整体运行机制健康的表现。

5. 权威证实原则

海底捞公开表示欢迎顾客、媒体和监管部门实地检查门店，这种态度展现出整改的决心。邀请外部力量参与监督，增强了企业自证清白的可信度。借助第三方视角形成权威证实，是提升公信力的有效路径。

综上所述，海底捞在此次危机应对中，较为完整地展现了“5S 原则”的实务应用：主动担责、坦诚沟通、快速响应、系统协同与权威佐证。其在危机早期稳住局面，在后续修复中重建信任，为其他企业提供了重要的借鉴。应对危机，拼的是制度能力，也拼组织的心理韧性与行动一致性。

三、“DISCO 原则”：一边处理危机，一边安抚情绪

“DISCO 原则”兼顾速度与节奏、权利与责任、技术与叙事，是实战层面最具指导意义的模型之一。该原则涵盖双轨进程（Dual Path Process）、立即响应（Immediate Response）、利益方管理（Stakeholder）、局势控制（Containment）、承担责任（Ownership）五个核心维度。

“DISCO 原则”强调企业在危机中需同时推进两条主线——业务处理与情绪安抚，着力解决“不仅说得好，还要做得稳”，确保言行合一、应对有序。

（一）双轨进程

危机管理的核心在于“既要解决问题，又要讲好故事”。双轨进程强调企业在面对危机时，必须同步展开“商业行动”与“沟通行动”两条战线。

在商业行动层面，企业应聚焦事态本身的处理。例如，在食品安全事故中，立即启动召回、封存产品、溯源调查，并快速部署补救措施。在信息完全确认前，亦应同步启动内部调查，邀请独立第三方介入评估，确保解决方案具备权威性与可验证性。

在沟通行动层面，企业则需控制叙事主动权。统一口径、合理释放信息，确保每一次信息发布都能强化公众的信任感，避免情绪扩散与信息失控。在这一过程中，新闻稿、公告、社交媒体声明、问答稿等传播工具要保持结构一致、语气协调，既回应关切，又不激化矛盾。

双轨并进，缺一不可。若仅有商业补救而无沟通协调，企业极易陷入“事实在行动，舆论不买账”的困局；反之，若只顾发声却未采取实质修复，亦容易被公众识破为“做表面文章”。

（二）立即响应

“立即响应”是“DISCO 原则”中启动危机处理系统的第一步，强调在事件曝光初期迅速稳局、亮态、动员。

这一行动核心虽围绕“第一时间发声”，但其涉及危机判断逻辑、表达方式选择与应对节奏安排。为避免重复，具体执行细节请参见本章第五节“通用法则攻略”中的“速度原则”。

（三）利益方管理

危机从来不只是公众问题，更是利益网络的再分配。谁受伤？谁失望？谁可能反击？谁愿意支持？企业若不能清晰识别关键利益方及其诉求，就极容易“顾此失彼”“说错话、做错事”。此环节要点如下：

- 精准识别：明确谁是受影响最深的群体（如消费者、监管部门、员工、股东等），以此为中心设计响应策略
- 差异表达：不同受众有不同的关注焦点，表达方式需因群体而异，比如投资者关心财务稳定，客户关注产品安全，监管部门要求合规性
- 优先级排序：不能所有人“一视同仁”，必须设定“第一批回应对象”，优先安抚焦虑最强、受影响最大的利益方
- 内部稳定也重要：员工既是传播节点，又是情绪中继。危机发生后，需同步召开内部通报会、发出管理层慰问信或操作指令，避免信息脱节导致员工失语或恐慌

（四）局势控制

危机一旦发生，企业的首要目标是防止局势恶化，确保事态可控。“止血”是危机控制的底线目标。局势控制，既是指物理损失的止损，也是指舆论态势、组织情绪和法律风险的把控。控制得当的危机，不会因为“真相未定”而彻底崩盘；控制失败的危机，即使“本无大过”，也可能被引燃成品牌灾难。

操作上主要包括：

- 设立控制边界：划清事件影响范围，及时定义“已知事实”“未知部分”“潜在关联”，防止外部随意扩大解读
- 分级预测事态走向：制定“最坏—中间—理想”三种场景预测，并分别准备行动方案与沟通话术
- 监控信息传播链条：设置关键词监测系统、跟踪 KOL 言论风向，必要时联系平台或媒体方进行澄清或辟谣

面对突发危机，企业应在第一时间构建“情境推演式”预判框架，明

确最坏情况、最理想情况与最可能情况三种走势路径。以产品安全问题引发的舆论风暴为例，最坏情境可能包括监管处罚、客户流失、股价暴跌等系统性后果；最理想情境则是通过果断处置、有效沟通实现信任修复；而最常见的情境则介于两者之间，通过及时道歉、产品召回、标准修订等手段，将损害控制在可接受范围内。基于此类判断，企业应提前制定分层级应对策略，涵盖“底线守住”“风险削弱”“形象反转”三类目标，并保持策略执行过程的可调性，以便在危机态势不断演化中灵活应变、动态修正，避免僵化响应造成二次伤害。

（五）承担责任

承担责任作为“DISCO 原则”的收尾原则，强调的是责任边界的清晰界定与行动路径的精准制定。其关注点不在于是否承担责任，而在于企业能否将责任落实为“可执行、可评估”的具体安排。

本节不再重复展开操作机制。读者可参见本章第五节“通用法则攻略”中“承担责任”部分，了解从“表明态度”到“制度承诺”的三层架构，以及如何在表达与行动之间取得平衡。

滴滴顺风车危机的“DISCO 原则”分析

【背景资料】

2018 年 8 月 24 日，浙江乐清年仅 19 岁的赵培辰搭乘滴滴顺风车时，遭到四川金堂籍司机钟元的强奸并杀害。案发期间，赵培辰好友曾联系滴滴打车客服，要求获得车牌号等信息，警方也要求滴滴方面配合调查，但遭到滴滴以“保护隐私”“没有权限”等理由多次拖延，最终由于处置不及时没能阻止案件发生。

8 月 25 日，滴滴公司发文称对案发前司机骚扰女乘客被投诉而客服未做到及时回复并处理负有不可推卸的责任，向公众道歉。称“无论法律上平台是否有责，以及应当承担多少责任，未来平台上发生的所有刑事案件，滴滴都将参照法律规定的人身伤害赔偿标准给予 3 倍的补偿”。

8月26日，滴滴公司发文向公众公开内部自查进展。宣布将于8月27日0:00开始在全国下线顺风车业务，内部重新对顺风车进行评估。免去顺风车事业部总经理黄洁莉的职务，免去客服副总裁黄金红的职务。

8月27日交通运输部官网连续转发两篇评论文章:《平台公司应当将“自责”落实到行动上》《堵住“滴血”的漏洞》，对滴滴出行平台予以批评。

8月28日，滴滴创始人程维、总裁柳青发道歉声明：在安全保护措施没有获得用户认可之前，顺风车业务无限期下线。表示将与公安部门深入共建用户安全保护机制，不再盲目追求规模和增长，而是以安全作为核心的考核指标，组织和资源全力向安全和客服体系倾斜。

8月29日，广州市交通委通报，滴滴被查处违章208宗，并多次出现拒绝配合调查的情况。

8月31日，滴滴公司在微博上回应交通运输部对网约车顺风车平台开展进驻式全面检查，表示“欢迎主管部门进驻检查，滴滴将全力配合，接受监督积极整改，落实企业安全主体责任，保障公众出行安全”。

9月4日，滴滴公司宣布启动安全大整治，推出多项措施，其中9月8日到15日暂停晚上11点到凌晨5点的出租车、快车、优步、优享、拼车、专车、豪华车服务，单车、代驾、公交、海外自驾租车及二手车服务正常运行，乘客端“紧急求助”功能升级为“一键报警”。

【案例分析】

1. 双轨推进失衡：内部动作与对外沟通严重脱节

在事件爆发前，滴滴平台客服未及时处理乘客关于司机骚扰的投诉，警方介入时，平台也未能迅速提供必要线索。这不仅暴露出内部运营响应机制的迟缓，也反映出企业对外沟通机制的空转。危机初期，滴滴未能同步推进商业应对与舆论引导，错失了阻断事态升级的关键窗口。直到案件引发广泛舆情后，滴滴才仓促启动内部调查，试图“补课”。但此时“双轨机制”早已失效，导致危机从单点事件迅速蔓延至企业层面。

2. 立即响应滞后：未能第一时间亮明态度

虽然滴滴于8月25日发布致歉声明，承认客服处置不力并承担责任，但距离事件曝光已有延迟。在舆论传播以“小时”为单位计算的今天，企业的信息滞后，恰恰成了谣言发酵和情绪放大的温床。后续滴滴虽下线顺风车业务、调整高管职务，但因前期缺乏主动回应，公众早已形成负面判断，企业形象难以逆转。这一系列反应显示，滴滴在“立即响应”这一环节明显失分。

3. 利益方失联：公众与监管的信任坍塌

事件初期，滴滴未能与最关键的两个利益方——受害者家属与监管部门——建立有效沟通。尤其在舆论最敏感的时点，企业既未安抚家属，也未给出清晰的信息反馈，责任感和同理心严重缺位。直到事件被持续曝光，监管部门介入频繁，滴滴才加强联动，宣布无限期下线顺风车业务，并与公安系统共建安全防护机制。虽然企业事后展现出“态度转正”，但前期“沉默以对”的姿态，已使公众信任大幅流失。

4. 局势失控：风险未被及时圈定与隔离

滴滴未能在危机初期迅速止损、划定影响边界，导致事件从单个城市的刑事案件，演变为全国舆论的焦点。在监管层介入前，滴滴未主动排查系统漏洞，也未宣布任何阶段性举措。危机缺乏前置“围栏”，负面信息无序扩散，直到高压问责来临，企业才进行大规模整改、暂停夜间服务。这种事后补漏式应对，反映出企业在“控制情况”上的严重滞后。

5. 迟来的担责：态度转正，但声誉已伤

在事件初期，滴滴试图将责任边界模糊化，未直接承认平台责任。随着舆情升级，企业才转而公开道歉，对相关责任人进行撤职处理，并宣布资源全面倾斜至安全保障领域。这种被动式担责，虽在程序上完成了补救，但难以挽回公众对其“推诿与迟钝”的印象。真正的责任，不仅体现在事后弥补，更在于第一时间的担当。

综上所述，滴滴在此次危机中未能有效落实“DISCO 原则”，尤其在“双轨推进”“立即响应”“局势控制”三方面暴露出明显短板。尽管后期整改措施力度较大，但前期信息迟缓、沟通脱节、推诿责任，已导致企业在公众心中的信用大幅下滑。

四、新闻价值要素原则："真、快、重、近、强、趣"

危机事件是否会被广泛报道、何时成为公共焦点、如何演化为品牌危机，有时候并不取决于企业本身的应对态度，而是受制于信息传播的内在规律。新闻价值体系，正是这一规律的基本结构。

新闻学长期以来强调六大价值标准：真实性、时效性、重要性、接近性、显著性与趣味性。这六项标准不仅影响媒体是否关注一个事件，也间接决定公众对事件的关注程度与情绪反应方向。对于企业而言，能否在第一时间识别这六大价值触点，据此匹配传播策略，是决定危机是否"能控、能解"的关键分水岭。

新闻价值要素原则引导企业理解"媒体为何关注你、公众为何敏感、话题为何扩散"，着力解决"回应是否能影响舆论重心"的问题，是将媒体逻辑转化为传播机会的转译器。

表 25：新闻价值要素原则在危机管理中的应用

新闻价值要素	定义	应用	举例
真实性（Truthfulness）	信息的准确无误和不夸大其词	真实性是新闻报道的基石，也是危机管理的生命线。	在食品安全事件中，确保所有关于受污染产品的信息都是基于实验室测试结果。
时效性（Timeliness）	信息的新鲜度和及时更新	延迟发表声明或行动缓慢会加剧公众对企业的不信任。	在自然灾害发生后，应迅速更新关于救援进展的信息。
重要性（Significance）	信息的重大程度和对公众的影响	从受影响人群规模、企业核心业务冲击强度、社会公共利益受损程度三个维度评估利益相关方的实质影响。	建立危机分级矩阵，快速识别需启动高层级响应的关键事件。
接近性（Proximity）	信息与受众的地理或文化近似度	区域性危机因直接影响本地居民，易激发在地媒体的深度追踪，而跨国企业的文化冲突事件，则可能因价值观共鸣引发全球化讨论。	在地区性环境污染事件中，特别关注受影响地区的居民和他们的具体担忧。
显著性（Prominence）	涉及知名人物或实体的信息	知名企业、公众人物或标志性品牌的危机事件天然具有较高的媒体关注度。	在危机管理实践中，高显著性主体的危机管理核心在于前瞻性布局，而非被动补救。

续表

新闻价值要素	定义	应用	举例
趣味性（Human Interest）	激发情感反映的信息	企业以更加生动、人性化的方式与公众沟通，从而降低敌意、增强信任，并引导舆论向积极方向发展。	主动构建正向趣味传播点，引导公众关注向积极方向转移。

（一）真实性：危机信息管理的第一准绳

“真实性”是新闻职业伦理的根基，更是危机管理中企业与公众建立信任的底线。危机中最常见的“信任坍塌”，往往源于初期信息的不准确、表述的前后矛盾，或是企业迟迟未能给出清晰、可信的回应。

在实务操作中，企业必须建立“信息确认—权威发布—统一口径”的三步机制。所有对外发言需基于经过核实的事实，避免以“猜测性语言”应急，尤其要警惕“主观解释 + 模糊词句”构成的言语陷阱，如“我们相信并无问题”“目前未发现异常”等说法，极易被公众解读为“避重就轻”。对于涉及技术或产品风险的危机事件，应引入第三方检测或认证结果作为信息披露基础，确保信息源具备专业公信力。

2005 年，索尼因 CCD 部件质量问题导致尼康、佳能等合作厂商的数码照相机产品出现故障。索尼在媒体曝光前主动发表声明，承认问题并承诺免费检测、维修及更换元器件，同时明确维修公告 5 年内有效。

（二）时效性：危机响应的关键标尺

“时效性”是危机能否成为新闻焦点的核心因素，也是影响公众感知强度的重要变量。

企业如能在第一时间回应热点议题，将更容易获得媒体关注的正向倾斜与公众认同。

鉴于本节所述与“速度原则”高度重合，危机响应的“黄金 12 小时”机制、分级节奏模型与披露策略，详见本章第五节“通用法则攻略”中的“速度原则”，本节不再展开操作层细节。

2025 年，Bybit 遭遇 15 亿美元资产被盗事件后，首席执行官 Ben 在 72

小时内启动“P-1 事件”应急机制，保持提款通道开放，并通过推特亲自发布事件进展。公司利用每月演练的危机响应流程，快速协调技术、公关与客户团队，最终实现 35 万笔提款请求的平稳处理，避免了挤兑风险。

（三）重要性：危机影响层级的判定依据

危机的重要性并非舆论高低的主观印象，而应建立在对其影响深度的系统判断之上。评估标准包括三个核心维度：

- 波及范围：影响人数是否广泛，是否涉及敏感群体（儿童、老人、公众用户）
- 核心业务影响：是否动摇企业的基本商业模式、主营产品或关键岗位
- 公共利益关系：是否触及环境安全、食品药品、数据隐私等社会广泛关注议题

2008 年，三鹿集团因奶粉含三聚氰胺导致数万名婴幼儿患病。尽管企业采取了召回和赔偿措施，但因隐瞒事实、推诿责任，最终引发公众愤怒，企业破产。三鹿奶粉事件因直接危及婴幼儿群体的生命安全，其严重程度远超企业原先的应对等级设定。重要性判断失衡，最终导致整体危机管理的系统性崩溃。

（四）接近性：危机传播范围的定位坐标

“接近性”既包括地理层面的亲近，也涵盖心理和文化层面的共鸣。换言之，越“贴近我”的事件，越容易引发情绪共振。

- 地理接近性：本地媒体对本地事件天然关注度更高。地方性事件若未能控制好首轮媒体回应，极易由“区域新闻”演化为“全国舆情”
- 情感接近性：如高频使用产品的用户群体、特殊身份人群（孕妇、学生、老人）等与事件有关联，情绪放大效应显著
- 文化接近性：涉及种族、性别、社会阶层、价值观分歧的事件，往往因身份政治议题而成为跨文化争议焦点

2017 年，美联航因超售机票强行拖拽乘客下机，视频经社交媒体传播

后，迅速引发全球关注。美联航亚裔乘客被拖拽事件因其所涉种族身份、消费者权益、公司权力滥用等复合接近性，最终引发全球性公关灾难。

（五）显著性：危机关注度的放大器

显著性衡量危机主体的社会影响力。知名企业、公众人物或标志性品牌的危机事件天然具有较高的媒体关注度，极易形成“马太效应”，即越受关注的主体，负面事件的传播速度和影响力越大。知名品牌的产品召回往往会引发广泛讨论，而同样的问题发生在无名小企业，舆论反应可能微乎其微。

“显著性危机”的最大特点是：信息传播无须媒体推动，公众主动扩散即可形成舆论热点。这也是“中小品牌危机靠公关，大品牌危机靠制度”的逻辑来源。显著性越高，危机的预案化程度就应越精细。

因此，企业应制定“高显著性场景应对策略”：

- 建立高管舆情合规守则与行为底线
- 设定品牌词汇敏感度检测机制
- 重大事件前预设媒体发言框架与 KOL 协作路径

2017 年初，创新服务平台星河创服因高管丑闻陷入严重舆论危机。当时担任 COO（首席运营官）的李元戎在航班上涉嫌性骚扰女乘客，事件经社交媒体曝光后迅速引发公众强烈关注，并在短时间内升级为重大公关危机。星河创服在第一时间回应，宣布李元戎当天辞去 COO 职务，试图通过人事调整来平息事态。然而，单一辞职举措未能根本化解外界质疑，公众仍持续关注企业的用人标准和内部管理文化。

预案的价值，不在于“是否会用上”，而在于“是否来得及用”。此类高曝光主体的危机处理关键在于前置管控，而非事后补漏。高管形象直接绑定企业信誉，其行为失当容易放大为组织层面的伦理缺失。因此，企业应在平时就建立完善的危机应对机制，包括制定高管行为规范，明确其在公共环境下的行为边界，强化合规培训和伦理自律机制，避免因个体失范引发系统性声誉风险。

（六）趣味性：危机衍生效应的潜在变量

新闻学中的趣味性原则，指的是能够激发受众情感共鸣、引发兴趣和讨论的内容。它的本质，是公众对“情绪化、戏剧化、个体化”内容的天然偏好。非常规细节（如高管的戏剧性言行）或反常识情节（如知名企业的低级失误）引发的危机事件一旦具备了戏剧化特质，就可能被加工成病毒式传播素材，加速信息扩散。

若危机事件天然具备“趣味因子”，企业应尽量避免反应迟钝与刻板化表达。可尝试以人情化、温情化、个体化的方式回应。例如邀请一线员工讲述事件处理过程，用真实、温和而专业的语态化解攻击性情绪。

当然，趣味性亦可正向使用。企业若能将“危机应对故事”设计为具备情节张力与情感触点的正面叙事，则有可能反向引导流量，为品牌加分。

2018 年 11 月 18 日，新东方的创始人俞敏洪在上海的学习力大会发言时说道：“中国女人挑选男人的标准是要男人会赚钱，至于良心好不好不管，所以中国女性的堕落导致了国家的堕落。”一言既出，痛斥俞敏洪歧视女性的批评从四面八方涌来，负面消息铺天盖地。各大知名博主也纷纷发文讨伐俞敏洪。第二天，新东方美股开盘暴跌，当日下跌 1.53%。在两个交易日内，下跌 5%。

（七）构建危机指数评估模型

新闻价值六要素并非彼此割裂，而是构成一个具有高度内在逻辑的传播评价系统。在危机情境中，它们通常呈现出联动共振效应，共同塑造危机事件的传播路径与影响幅度。为了实现对危机传播潜力与公众反应程度的科学预判，企业有必要将这些要素进行结构化整合，构建一套动态的危机指数评估模型。

该模型基于三个关键维度：信息管控紧迫性、舆论扩散风险、公众恐慌可能性，分别以“真实性 / 时效性 / 重要性”“显著性 / 接近性 / 趣味性”“重要性 / 接近性”为核心变量，通过加权计算构建危机传播立体图谱，辅助企业精准研判危机走势、优先级排序及资源投放重点。

1. 信息管控紧迫性指数：真实性 ×（时效性 + 重要性）

该指数用于评估危机初期信息披露的迫切程度。真实性关乎公众信任基础的稳固，时效性与重要性则决定信息空窗是否会迅速引发质疑、误解乃至谣言蔓延。

当信息管控紧迫性指数突破设定阈值，意味着信息失真或不确定性可能引发公众对企业的不信任，危机从可控阶段向公众舆情失控转化。此时，企业需在两小时内完成首轮权威声明发布，并配套以下三个层级的措施：

- 标准化声明模板：依据危机类型预设发言框架，涵盖事实描述、责任归属、应对方案，避免语义模糊或结构混乱
- 多模态信息验证：附加检测数据、监控资料、客户反馈等“硬核证据”，增强陈述的可验证性与说服力
- 高管出镜表态：由首席执行官、首席技术官或首席法务官录制视频发声，构建可信赖的第一人称叙事体系

在 2020 年初全球疫苗推广过程中，“辉瑞疫苗引发严重副作用”的谣言在社交媒体上迅速传播。由于该议题牵涉到公共健康、全球信任体系与国家政策，重要性与时效性均处高位，真实性判断的缺位带来了严重的舆情波动。辉瑞迅速联合美国食品药品监督管理局（FDA）发布完整试验数据，并通过国际主流媒体邀请独立医学专家解读疫苗安全性，及时阻断了谣言的传播路径。

2. 舆论扩散指数：显著性 ×（接近性 + 趣味性）

该指数用于衡量危机事件在公众中“被主动传播”的强度。显著性决定媒体关注起点，接近性与趣味性则是公众参与、二次转发与内容再创造的驱动力。

当该指数短时间内急剧上升，例如 24 小时内社交平台相关内容激增 500% 以上，企业需立即采取“三位一体”的传播路径控制策略：

- 抢占流量入口：在搜索引擎、微博热搜、视频平台话题页设置官方信息置顶链接，保障权威信息可见性

- 激活传播协作者：与行业专家、知识类 KOL、法律或科技类博主建立“应急信息合作网络”，形成专业话语联动
- 优化搜索策略：采用 SEO 工具提升企业正面声明的搜索权重，压制负面话题页在结果中的排名

2016 年三星 Galaxy Note 7 因电池设计缺陷引发多起爆炸事故。由于三星作为全球知名电子品牌具备极高显著性，该事件迅速引爆全球关注。接近性方面，手机作为高频使用产品，与消费者生活高度关联，加之“爆炸”本身的戏剧化特征，使事件在短视频平台与社交媒体中快速病毒式传播，趣味性极高。三星初期信息披露滞后，使得“炸弹手机”等标签长期霸占舆论空间，后期即便采取召回、补偿等举措，品牌信任度仍难在短期内恢复。

3. 恐慌指数：重要性 × 接近性

此指数聚焦于危机所引发的非理性情绪蔓延风险，尤其是对公众行为（如囤货、退货、恐慌性传播）产生实质影响的可能性。当重要性与接近性同时处于高位，极易引发区域性或行业性恐慌。模型监测若出现恐慌指数单日升幅超过 30%，说明社会情绪已出现强烈非理性反应，需迅速构建政府、企业、媒体、专家“四位一体”的信息共治体系。关键策略包括：

- 联合发布机制：由企业与监管机构共同发布事实核查信息
- 多渠道专家解读：协调医疗、环境、安全等领域专家进行舆情“情绪降温”式科普
- 社交平台同步澄清：配合主流媒体、自媒体及平台管理员，防止谣言传播链条形成闭环

2011 年日本福岛核电站核泄漏事件，因地震触发连锁反应，涉及放射性物质外泄，对公共健康与生态安全构成严重威胁。事件具有高度重要性，同时在地理上影响日本及东亚周边地区，接近性极高。日本政府早期在信息发布中的犹豫与不透明，直接引发大规模民众恐慌与信任危机，进而波及全球食品出口政策与海洋环境监管。后期通过国际原子能机构发布实时报表，并引入多国专家解读辐射监测数据，方才逐步控制不良情绪传播。

五、通用法则攻略：速度、边界、协同、分层、先例

下面选取“3T 原则”“5S 原则”“DISCO 原则”和新闻价值要素原则等具有代表性的危机管理理论进行系统性比较分析。通过建立理论框架对比表，可以发现三大原则在核心要义上存在显著共性，均强调速度原则（即时响应）、责任原则（主动担责）和利益相关方原则（系统协调），但在具体实施维度与侧重点上呈现差异化特征。此外，本章补充了层次原则和先例原则。层次原则强调在危机管理中要根据问题的严重性和影响范围，采取不同层次的应对措施。先例原则则强调在处理危机时，可以参考以往的成功案例或失败教训，避免重复错误。

作为全章收束部分，通用法则归纳出危机处理中最具普适性的五条执行准则：速度优先、责任清晰、系统协调、信息分层、尊重先例。它们构成了前述所有原则的共同支点与运行底座。

表 26：几种危机管理原则的辨析

原则	主要内容	侧重点	应用场景
3T 原则	Tell Your Own Tale（以我为主提供情况）、Tell It Fast（尽快提供情况）、Tell It All（提供全部情况）	主动沟通、快速反应与全面透明，突出信息发布的节奏与主动性。	适用于企业面临公众关注度较高的危机，如产品召回、财务危机等。
5S 原则	Shoulder the Matter（承担责任）、Sincerity（真诚沟通）、Speed（速度第一）、System（系统运行）、Standard（权威证实）	强调企业应迅速承担责任，真诚沟通，建立系统性的危机管理机制，并借助权威第三方增强信息的可信度。	适用于全方位危机管理，包括企业形象、公关策略及品牌修复。
DISCO 原则	Dual Path Process（双轨进程）、Immediate Response（立即响应）、Stakeholder（利益方管理）、Containment（局势控制）、Ownership（承担责任）	实践层面更注重企业危机时商业行动与沟通行动的双轨并进，关注利益方的需求和利益平衡，精准控制危机发展。	适用于企业需要兼顾行动与沟通策略的危机，如供应链断裂、公共安全事故等。
新闻价值要素原则	真实性（Truthfulness） 时效性（Timeliness） 重要性（Significance） 接近性（Proximity） 显著性（Prominence） 趣味性（Human Interest）	强调接近性、显著性与趣味性，企业以更加生动、人性化的方式与公众沟通。	适用于新闻媒体的新闻采编决策，同时也可用于企业危机公关中的信息管理，以确保发布的信息符合新闻传播规律。

（一）速度原则

在危机传播管理中，“速度”是公信力建立的第一道防线。危机中的速度，从来不是“抢热度”，而是“控节奏”。真正高水平的速度管理，是建立在准备充分、机制完备、判断清晰基础上的果敢行动。发得早、说得稳、跟得上，才能在危机洪流中抢得先机、赢得信任、守住底线。

1. 为什么速度是第一道防线？

在危机传播管理中，“速度”从不是加分项，而是决定性要素。越早发声，越可能掌握话语权；越迟回应，越容易陷入被动。“速度”不仅决定企业在公众视野中的姿态，还直接影响危机传播的走向与影响力。以“Tell It Fast”（尽快提供情况）为核心的3T原则，以及以“Immediate Response”（立即响应）为要义的DISCO原则，都强调第一时间建立沟通通道的重要性。

公众对“沉默”与“回避”的容忍度极低。正如国务院新闻办公室原主任蔡名照所言：“没有哪一件事是因为真相说得早而出事的，真正引发事态恶化的，是隐瞒、拖延和迟迟不发布。”组织对外发声的速度，既是对危机的掌控表现，也是对公众情绪的第一道安抚机制。

2. 反应快：启动机制不拖延

在危机之初，即使事实尚未查清，也应及时传递“我们已关注并启动处置机制”的明确信号。这一阶段的目标不是给出全部答案，而是稳住局势、传达态度、抢占舆论起点。

危机处置的首要动作是内部“快反机制”的激活。企业应建立“危机快反小组＋简化决策链条”的组织机制，一旦预警触发，即刻完成以下三项动作：

- 初步判断危机等级与影响范围
- 明确是否需要对外发声
- 形成第一轮消息口径与发布节奏

无论发布内容多简略，都必须具备三要素：确认态度、说明状态、预告行动。

3. 表态快：抢占信息首发权

企业必须在危机初现阶段果断表达立场，建立公众信任的“第一沟通节点”。首轮发声是信息披露，也是情绪安抚、信任建立和传播引导的关键窗口。应预先设置“黄金十二小时响应机制”，明确何种类型危机进入哪一级响应，确保“有预案、有人管、有话说”。这类表达不求详尽，但要做到有态度、有行动、有预告。即便调查尚未完成，也应率先释放可确认的信息，避免信息真空被谣言填补。哪怕只是发布“我们已关注此事，正在调查中”，也能传递出“在场”“负责”“可信”的第一印象。注意，“发声”不等于“解释全部”，第一时间先讲“我们在处理”，而非“我们已解决”。

表 27：危机等级与研判、声明时限

危机等级	初步研判时限	首轮声明时间	内容要点
一级危机（涉及人身伤害、政治敏感、重大责任归属）	2小时内	6小时内	立场明确、应对启动、承诺更新
二级危机（供应链问题、产品质量、客户争议）	4小时内	12小时内	说明状态、划定范围、表达责任
三级危机（品牌争议、员工言论、舆论反弹）	6小时内	24小时内	澄清误解、初步安抚、稳定节奏

4. 节奏快：持续推进、递进披露

“快”，并不等于“乱”。“快”，不仅是首发快，更要更新快、有节奏地快。危机应对不能止步于“第一则声明”，更需搭建起完整的信息发布节奏，防止“初始发声后长时间沉默”带来的传播真空。企业可采用“预设模板＋滚动披露”的发布机制，在不同阶段持续回应。

表 28：“预设模板＋滚动披露”的发布机制

阶段	发布时点	内容重点
首发（6小时内）	危机启动声明	知情确认＋行动承诺
进展更新（12—24小时）	核查初步结果	范围说明＋原因探查
处置声明（48小时内）	处理机制公告	问责措施＋改进方案
总结/善后（3—7日）	风险复盘通报	总结反思＋跟进安排

5. 决策快：机制先行，反应不乱

要真正做到快速响应，前提是组织具备成熟的决策快反系统。以下机制不可或缺：

- 信息识别快：即时识别危机性质，明确是否进入战时状态
- 决策链条短：简化审批流程，授权小组快速拍板
- 发声渠道畅：确保官网、官微、客服等信息同步上线，防止口径错乱
- 响应角色清晰：预先设定发言人、媒体联络人、舆情监控人职责，避免内部扯皮

此外，企业应为高频风险类型配置“发言模板＋表达词库”，使临场表达更稳妥、合法、可控。危机到来时，不是临时讨论怎么说，而是迅速决定用哪个版本说。

6. 协同关系：速度与其他原则如何互补

“速度原则”虽在本节独立设立，但它实质贯穿于前述所有应对体系中，是多项原则的共同底座。下表展示其协同逻辑：

表 29：速度原则在各体系中的协同角色对照表

原则体系	速度在其中扮演的角色	协同机制说明
3T 原则	快点说	是信息披露的起步节奏，控制传播先机
5S 原则	响应品质的前提	快速发声为“真诚、权威、系统”的表达提供基础
DISCO 原则	即时响应	是双轨并行机制（行动+沟通）启动的触发器
新闻价值要素	时效性维度	决定媒体是否关注、公众是否相信、议题能否掌控

2022 年 3 月 15 日央视“3·15”晚会曝光多家蔬菜加工厂存在“土坑酸菜”卫生乱象，包括脚踩酸菜、烟头满地等问题，相关话题迅速占据社交媒体热搜榜首，讨论量达 43.8 万次。面对突发舆情，涉事企业迅速践行速度第一原则：统一公司在晚会播出后 1 小时内发布首条声明，承认供应链问题并公开致歉，宣布终止与涉事工厂合作。今麦郎在 2 小时内跟进回应，针对消费者质疑发布官方声明，明确否认涉事酸菜用于自身产品，并附第三方检测报告以证清白。

（二）承担责任

在危机面前，“承担责任”不是可选项，而是企业能否赢得信任的首要门槛。公众并不苛求企业永不出错，却极度排斥企业出事后推诿逃避、敷衍应付。真正让公众失望的，从来不是失误本身，而是出事之后的回避态度与回应迟滞。

危机初起之时，企业若能第一时间亮明态度，“问题在我，我先回应”，往往能扭转舆论预期，赢得情绪缓冲期，占据道义制高点。承担责任，是危机管理的第一道防线，更是组织信誉重建的第一块基石。

1. 不是盲目认错，而是主动担当

“承担责任”并不意味着逢事就认、全面揽责，而是以稳健姿态出面担责、承压、修复。企业应在第一时间启动多部门协同机制，由公关、法务、运营等职能联合明确三项任务：

- 识别责任结构：厘清事实链条，判断企业是否为主责、次责或间接责任方
- 设定表态边界：在真诚认责的基础上，避免出现“无底线揽责”带来的次生风险
- 制定表达方案：明确对内对外不同人群的信息口径，分层传递一致信号

例如，在产品质量类危机中，企业可表态“对受影响消费者承担赔偿责任”，同时说明“事件原因仍在调查中，将滚动更新进展”，做到既不失控，也不推诿。

2. 三重承诺机制：从情绪安抚到制度改进

真正有说服力的责任表达，需完成三个层次的承诺动作：

- 情感承诺：用清晰、人性化的语言表达对受影响群体的歉意与关切，建立第一层情绪联结
- 行为承诺：明确赔偿补偿方案、处置路径、调查时限与责任人信息，展示行动力与操作性

- 制度承诺：声明将以此次事件为契机，优化内部机制，如建立专项整改小组、推动行业透明计划或引入第三方审计等结构性举措

只有将“责任表达”升级为“责任履行”，公众才会真正认同企业的道歉，不再视之为“危机公关模板”。

3. 双路径应用：5S 强调态度，DISCO 注重执行

在各类危机管理模型中，“承担责任”作为核心原则普遍存在。其中，“5S 原则”中的“承担责任”偏重表达姿态，强调在危机初期主动亮相、及时安抚公众情绪。

而“DISCO 原则”中的“承担责任”则侧重责任分工与执行机制，强调厘清责任归属，制订补偿计划，完善反馈闭环。

- 5S 中的责任担当：讲究“先发制人”，在质疑尚未扩散时，快速释放认责信息，抢占公众预期
- DISCO 中的责任执行：注重“精准应对”，将“我们会负责到底”细化为“负责什么、怎么负责、什么时候落实”

这两种策略看似各有侧重，实则互为支点，前者为后者争取空间，后者为前者提供支撑。

4. 均衡术：把握好“态度”与“边界”的张力

危机中的责任表达既不能“迟疑躲闪”，也不能“模糊揽责”。企业真正要做的，是在积极认责与合理界定之间找到平衡点：

- 太迟疑，容易错失最佳发声窗口，被动陷入“媒体倒逼—舆论升温”的恶性循环
- 太含糊，难以取得公众谅解，反而加剧对“虚伪公关”的不信任
- 太笼统，又会引发资源配置混乱，埋下管理混战与反复“打补丁”的后患

总之，真正的责任承担，不在于说了多少“对不起”，而在于公众是否能看到企业在行动。表态快、边界清、兑现强，才是现代组织在危机中应有的责任姿态。不躲、不推、不说空话，是企业在公众面前最基本的“真诚质检”。

2023 年 6 月 19 日，胖东来员工因拒绝顾客折价要求引发争执，员工未争吵且获同事帮忙劝阻，现场视频引热议。胖东来在事件发生后主动进行内部调查，公布了详细的调查报告。报告中不仅详细说明了事件经过，明确指出了涉事员工和管理层在事件中的责任，对待员工的态度也是赏罚分明。而在顾客方面，也采取了补偿措施，亲自上门致歉，提供相应的赔偿。这种勇于承担责任的态度赢得了公众的认可。

（三）系统协调

危机应对，不仅要求果断的决策与清晰的责任，更依赖企业内部机制的高效运转与外部关系的有序响应。任何组织若在系统层面失衡，极易出现“反应慢、口径乱、责任散”的多重溃败。

“系统协调原则”融合了“5S 原则”体系中的“系统运行原则”与“DISCO 原则”模型中的“利益方管理”，将组织架构与利益关系统一调度，形成内外一体、同频共振的危机响应网络。

1. 内部运转有章法

危机打破常规流程，也暴露组织惯性。在高压状态下，若无清晰结构与职责划分，决策容易停滞，指令容易失真。系统协调的首要目标，就是建立明确的指挥链条与响应节奏，让各条线“动得起来、协调得起来”。

关键要点如下：

- 职能明确，不重不漏：谁负责信息审核、谁做舆情判断、谁对接监管、谁抓执行，每一个环节必须落实到具体责任人，避免“多人共管”或“无人问责”
- 统一调度，集成资源：管理层需设立专属的危机协调机制，动态更新策略，统一部署行动，避免多头指挥、指令断层
- 流程成网，不靠应急发挥：组织的底气，来自系统的磨合。是否具备“预警—响应—披露—修复—复盘”的闭环机制？是否在常态中完成预案测试与资源演练？

没有系统，就没有秩序；没有协调，就没有结果。内部有条理，危机

才有解法。

2. 对外表达须统一

危机中的信息表达，既是战术动作，也是心理博弈。公众对企业“态度、速度、诚意”的判断，极大程度上建立在信息传达是否一致、逻辑是否闭环的基础之上。

系统协调在外部沟通中的核心任务，是实现以下三点：

- 统一口径，防止话语混乱：新闻稿、记者会、社交媒体发言、员工解答等，对外信息必须基于同一事实体系与表达框架。不统一，公众只能看见“组织混乱”；不清晰，容易被误解成“有意隐瞒”
- 员工发言纳入系统：不是只有发言人才能发声。客服、销售、工程师，每位员工都可能成为被记录的传播者。所有潜在“发声者”都应事前接受“统一沟通词句 + 说话边界 + 风险意识”培训
- 表达逻辑清晰有度：统一不是照本宣科，而是展现“组织有思考、有准备、有判断”。这比单纯“说得快”更能赢得信任

信息失控的第一步，往往就是语言失控。危机传播中，表达的系统性就是公信力的起点。

3. 协同反应破边界

危机不是某一个部门的事。法务、公关、客服、产品、安全、合规都可能卷入，单一系统难以独自支撑。系统协调的第三项要求是：建立跨部门、跨层级的协同响应网络，在极限时间窗口内高效集结、集中反应。具体包括：

- 横向联动，打通部门壁垒：不仅开会通气，更要在平时建立数据互通、人员对接、物资预备机制
- 纵向贯通，激活指令通道：管理层战略指令能否下达到一线？问题反馈能否上传给核心决策？
- 外部节点同步响应：政府监管部门、新闻媒体、供应链伙伴、客户代表、员工组织……这些都是系统协调中不可忽略的“外围节点”。企业必须与他们建立信任机制，确保指令直达、信息共享、回应同步

协同不是“同时动”，而是“同频动”。在高压之下，只有内外系统能协同收缩与推进，企业才能撑得住现场、稳得住节奏、挡得住冲击。

4. 三稳三通三同步

系统协调，是企业能否稳住危机的骨架。危机之下，最怕的是“各管一摊、各说一套、各顾一面”。真正强大的企业，不是哪个部门能力最强，而是整个组织在压力下还能像一个人一样作战。

一个成熟的系统协调机制，其运转效果可以用“三稳三通三同步”来检验：

表 30：“三稳三通三同步”具体表现

维度	具体表现
三稳	稳组织：调度清晰、职责明确
	稳舆情：口径统一、回应迅速
	稳情绪：关键人群优先安抚
三通	信息通：多渠道一致对外
	决策通：执行链不脱节
	指令通：各部门响应有据可依
三同步	内部同步：所有人心中有数
	外部同步：各利益方同步安抚
	节奏同步：每一轮发声步调一致

2018 年 12 月 27 日，中石化旗下子公司联合石化因原油期货交易巨额亏损，导致两名高管被停职。消息曝光后，中石化 A 股当日闪崩 6.75%，市值蒸发超 700 亿元。在“中石化炒油事件”中，中石化展现出较强的系统运行能力。首先，公司及时承认亏损并迅速处理涉事高管，说明内部决策链条清晰、权责明确，具备高效的问题识别与责任落实能力。其次，企业请年度外部审计师驻场调查，表明其在关键时刻能够调动外部资源，对风险进行独立复核，增强了信息的客观性与公信力。此外，整个过程中中石化内外口径统一、节奏清晰，有序开展数据披露与舆论引导，体现出公司在信息发布、舆情控制、风险沟通等方面具备成熟的系统性预案。

（四）层次原则

突发危机事件类型复杂、影响面广、涉及人数多，可以说，应对突发事件是一项十分复杂的系统工程，仅凭一个地方、一个部门的努力不可能有效遏制事态的发展，并得以妥善处理。突发危机事件处理的这一特性，要求在新闻处置中必须坚持层次原则，以确保危机的妥善解决。[①]

1. 属地管理

对于集团公司或者跨国企业来说，由事件发生地的管理层负责危机应对与信息发布。无论危机来源于哪个国家或地区，地方管理层应迅速行动，组织有效的沟通与协调。属地管理的核心在于充分发挥地方团队对当地文化、法规和市场的深刻理解，确保危机应对措施符合当地实际情况。

2. 分级负责

企业应根据危机的严重程度，明确牵头部门和负责人员。对于一般危机，由基层部门负责，而对重大危机则需高层领导直接参与，确保信息准确传达并避免恐慌。分级负责的核心在于根据危机的规模和影响，合理分配资源，避免过度反应或反应不足。

2021 年，特斯拉因自动驾驶系统安全问题被美国国家公路交通安全管理局（NHTSA）调查。对于此类涉及法律和品牌声誉的重大危机，特斯拉 CEO 埃隆·马斯克直接参与应对，通过社交媒体和官方声明回应质疑，并承诺配合调查。

这种高层直接参与的方式，展现了企业对危机的重视，也有效缓解了公众的担忧。相比之下，一些小型质量问题则由地方服务中心直接处理，体现了分级负责的高效性。

3. 分类管理

危机处理的具体方式应根据危机性质进行分类。例如，产品质量问题应由产品管理部门负责；数据泄露事件应由信息安全团队处理。不同部门

① 叶润平，袁金明. 新闻发布与舆情应对[M]. 合肥：合肥工业大学出版社，2016.

的专业性可以提高危机管理的有效性。分类管理的核心在于“专业的人做专业的事”，确保危机应对措施具有针对性和科学性。

2018年，万豪国际集团遭遇大规模数据泄露事件，影响超过5亿客户。事件发生后，万豪迅速启动分类管理机制，由信息安全团队负责技术修复和数据保护，法务团队处理法律合规问题，公关团队则负责对外沟通和客户安抚。这种分类管理模式加快了问题解决的速度，也最大限度地减少了客户流失和品牌损失。

4. 分层落实

分层落实主要是从内部运行体系来说的，包括两个方面：一个是领导层次，如成立新闻处置的专门小组，各专门小组的条块模式，各组间的领导体系、指挥体系和协调体系应该明确。另一个是信息层次，如根据不同的决策需求，对信息进行不同层次的过滤和发布；按照对媒体、对上级等几个层面切分信息的详略程度，既要实现良好互动，又要避免不必要的恐慌。

2020年新冠疫情初期，沃尔玛作为全球零售巨头，迅速成立由高层领导牵头的疫情应对小组，下设供应链管理、员工安全、客户服务等专门小组。各小组之间通过每日例会协调行动，确保信息流通和决策一致。同时，沃尔玛对信息发布进行分层处理：对内部员工，提供详细的防疫指南和健康支持；对客户，通过官网和社交媒体发布购物安全措施；对政府和媒体，定期汇报企业防疫贡献。这种分层落实的模式，保障了企业的正常运营，也赢得了公众和政府的信任。

（五）先例原则

“先例原则”原本源于英美法系中的判例传统，是确保司法裁量连贯性与公平性的核心理念。在危机管理领域，该原则同样适用。在高度不确定、压力陡增的紧急状态下，决策者若完全依赖临场发挥，往往易陷入焦虑与混乱。此时，能否调取与本次事件类型相似、结构相近的“历史应对样本”，成为决定应变效率与舆情走势的关键变量。

先例原则是用系统经验降低试错成本，用结构类比提升判断质量，用案例记忆驱动组织学习。

不借鉴先例，永远都在边做边学；善用先例，才能在混乱中作出有章法的判断。

1. 先例的三重价值：效率、信任、配置

第一，提高决策效率。面对突发危机，最常见的拖延原因来自“没见过”“不知道怎么办”。而先例的最大作用，就是让组织在慌乱中有参考、有路径、有重点。

例如在全球数据泄露频发的背景下，企业可参考万豪国际集团 2018 年的应对范式：快速启动技术补救、设立客户隐私专线、同步更新信息披露。这类参考样本可以显著缩短“决策成型期”。

第二，增强公众信任。公众在危机中最在意的，不只是企业“出了什么事”，而是企业“打算怎么做”。当一家企业的处置方式与公众熟悉的成熟先例相吻合，往往会获得更高的信任感与理解度。相比之下，若临场“闭门造车”，不仅手法拙劣，还可能因与舆情节奏脱节而导致二次危机。

第三，优化资源配置。危机不是所有问题都能“平均处理”，优先级决定处置效果。历史先例中往往已形成“资源投入模型”：哪些环节最关键？哪些场景最易出错？哪些对象最需要安抚？

例如，政府部门在应对自然灾害时，通常会参考以往经验，优先调度交通要道抢修、医疗资源下沉与基础设施恢复，从而实现“伤害最小化，节奏最优化”。

2. 负面先例也有价值：不是只学成功，更要记住失败

危机案例，既是复盘素材，也是组织免疫力的“疫苗”。

很多企业在运用“先例原则”时存在偏误，只收集正面案例，却忽略失败警示。实际上，失败案例往往更具“破局”参考价值。

以“百度魏则西事件”为例，其最典型的先例价值在于信息披露迟缓、回应避重就轻、回避核心议题，导致舆情反噬。这一先例给其他企业的提醒是：在涉及生命伦理与平台责任的议题上，任何闪躲都是火上浇油。

3. 先例不是复制，而是转化

需要强调的是，借鉴先例并非照搬照套，而是结构性参照与语境化转化的过程。先例的意义，从来不在于“拿来用”，而在于“借力改”：

- 从结构相似性中识别应对逻辑（如危机是否都涉及高敏公众？媒体是否高度聚焦？）
- 从角色相似性中判断责任口径（如是否由 CEO 发声？是否有外部第三方介入？）
- 从情绪共通性中预测舆论脉络（如用户愤怒点是产品伤害、道德背离，还是信息不透明？）

例如，特斯拉自动驾驶事故与波音 737 MAX 坠机事件虽然领域不同，但都涉及“技术信任危机 + 监管焦虑上升”，可以参考“阶段性通报 + 透明审查 + 专家背书”的三段式修复流程。

4. 组织应建立“内部危机案例库”

危机不会简单重复，但结构会相似、情绪会复燃、机制会套用。谁能在平时就建好“行动样本库”，谁就能在非常时刻更快、更稳、更有力应对。真正成熟的企业，不仅研究别人的危机，也会积累和整理自己的应对经验。在日常管理中建立“危机案例库”是一项低成本、高回报的知识工程。该案例库应包括：

- 不同类型危机的案例分布（如道德舆情、技术故障、监管风波、员工事件）
- 每个案例的应对路径、公众反应、媒体表现与最终评估
- 失败案例的舆情触发点与复盘总结
- 与本行业、本国监管、本企业运营结构匹配的点评

此外，每一次危机处置结束后，应形成书面“复盘报告”，纳入案例库，作为培训材料与决策参照。管理危机最好的方式，是把每次处理变成下次应对的底稿。

第七章

危机应对全流程详解：响应、执行、复盘

在危机进入爆发期之后，组织的应对进入实质性落地阶段。此时的关键，不再是“是否应对”，而是“怎么应对”：如何迅速响应、如何高效执行、如何持续检查并动态调整，最终构建一个具备适应力和修复力的闭环系统。

本章将基于PDCA（计划—执行—检查—调整）模型的后半程，聚焦“Do（执行）—Check（检查）—Action（调整）”三大环节，通过四个核心单元，系统拆解危机处置过程中的关键动作：

- 从第一时间的响应启动，到各部门系统协同、高效推进（Do）
- 从外部动态的持续监测，到内部举措的落实检查与复盘评估（Check）
- 识别局势变化、适时调整策略、推动制度修正与机制更新（Action）

危机的本质不仅是一次管理考验，更是对组织执行力、协同力、应变力的全面检阅。在本章中，我们将不只是关注“怎么动起来”，更关注“动得是否正确、是否及时、是否持续”。

一、第一枪怎么打（Do）：成立小组、开好会议、制定方案

一旦危机发生，事件所属单位的负责人或指定联络人应第一时间通知集团品牌传播部。在明确危机等级并作出信息披露决策后，下一步即为快速组建危机处理小组，制定具体应对方案。

（一）成立危机处理小组

危机处理小组的运作应具备三个特征：快速响应、扁平指挥、闭环反馈。唯有如此，企业才能在关键节点迅速调度资源、统一对外口径，并对外部关切给出明确答复，最大程度地压缩危机影响范围。

召集人必须由与危机高度相关的责任单位负责人担任，以保障处理措施的专业性与执行效率。如危机涉及工业安全，应由厂长或生产负责人担任召集人；若涉及食品安全，则应由品质保证负责人牵头。若事件波及多个职能或受公众高度关注，则由集团品牌负责人统一协调，以统筹资源、协调部门、维护一致对外口径。

危机处理小组成员应根据企业的正常分工确定，确保相关部门参与。公关部门负责对外沟通，维护企业形象；法务部门提供法律咨询，确保行动合法合规；人事部门关注员工需求，提供支持；财务部门评估危机对财务的影响，并筹备必要资金。

各级成员需明确权限边界，关键响应行动（如公开声明、重大经济补偿、法律举措等）必须由召集人或项目负责人签署确认。重大敏感事项建议由董事会或危机委员会授权批准。

危机处理小组需每日更新“危机处理日报表”，包含核心进展、媒体动向、涉众反馈及风险预警。所有操作流程应严格备案，作为后续审计、复盘与制度优化的依据。

表 31：危机处理小组职责分工与部门联动机制

角色	核心职责	对应部门
小组召集人	负责组织危机处理小组，牵头研判危机态势，统一行动指令，并协调各方资源制定危机应对方案。同时，需向企业高层（如董事长、首席执行官、分管副总裁）定期汇报危机进展，并根据高层指示迅速组织落地执行。	集团品牌部负责人（可为首席品牌官或公关总监）
危机项目负责人	承担项目层面的全流程指挥职责，召集跨部门临时会议，明确分工、协调资源、监测执行效果，发现问题及时反馈并提出修正建议。其需定期向召集人汇报阶段性成果，确保策略调整具备及时性与针对性。	分管品牌传播的副总裁为首选，集团品牌部负责人为备选
负责成员（各条线代表）	作为危机现场的一线执行骨干，需完成以下关键任务： （1）直接对接核心利益相关者，包括媒体、政府、客户、股东等，保持信息同步与立场一致； （2）按照预设或临时制定的危机响应流程，承担通知、汇报、反馈任务，落实部门级协作计划； （3）持续追踪危机进展，形成每日汇总报告，确保全组实时掌握风险演化状态； （4）根据小组召集人或项目负责人的指令，推进补救、修复、安抚等后续处置工作，并在复盘阶段提供翔实记录与评估意见。	• 品牌公关部：负责媒体沟通与舆情引导 • 政府关系部：负责政府对接、政策回应 • 法务部：评估法律风险，审查声明文本 • 采购与品管部：排查供应链问题，提供技术支持 • 人力资源部：处理内部员工沟通、裁员风险 • 财务部：核算危机成本，制订应急资金调拨计划 • 各事业部及子公司：落实属地危机应对任务

（二）召开首次危机响应联席会议

一旦确认进入“应对阶段”，企业需立即召开首次危机响应联席会议（Crisis Response Council, CRC）。其根本目的在于：统一判断、明确立场、协调职责、部署任务。此时的组织状态不再是日常运作模式，而是进入“战时机制”，所有常规工作需为危机处理让路，组织资源集中调配，时间与决策效率成为首要考量。

时间要求。危机处理小组应在确定危机等级后 30 分钟内组建完毕，召集人应在 1 小时内组织召开首次危机响应联席会议，会后要形成初步决策框架。此类会议在不同组织中可能被称为危机管理联席会议或应急响应决策会议。

会议议程。会议结构清晰，重点突出，确保所有核心议题得到充分讨论。首次会议应涵盖以下关键议题：（1）危机情况通报；（2）影响力评估；（3）运营策略初步研讨；（4）制订行动计划；（5）沟通策略与立场制定；（6）明确职责归属；（7）会议节奏与复盘制度。

决策记录。会议过程中，应指定专人记录讨论内容和决策结果，形成书面决策备忘录（Decision Memorandum）。这些记录不仅为后续行动提供依据，也便于事后评估和总结。

快速部署。建立内部沟通渠道，如即时通信群组或定期简报，确保信息在小组成员间的畅通传递。制定对外沟通策略，统一口径，避免信息混乱。会议结束后，各责任部门需立即展开行动，确保方案快速落地。

后续沟通。危机管理是一个动态过程，需根据事态发展持续评估并调整应对策略。危机处理小组应定期召开后续会议，监控执行情况，评估效果，并根据最新信息进行策略修订。

（三）危机应对方案的制定逻辑

为保障会议效率与决策质量，首次联席会议的结构必须逻辑清晰、重点突出、节奏可控。建议以“该做什么、谁来做、怎么做、做到哪一步”为主线，围绕以下七项核心议题展开，逐项研判，逐层推进：

1. **危机情况通报。**由事件责任部门通报危机基本情况，包括时间、地点、起因等核心要素，重点梳理已掌握的核心数据、利益相关方图谱及当前应对措施。应避免主观判断与情绪化描述，强调“基于事实、可被验证”，以保障管理层对事件有客观、准确的初步认知。

2. **影响力评估。**在通报危机情况后，由危机应对办公室牵头，对危机的重要性与紧急性进行双重研判，利用质化 / 量化方法重点对业务运营中断程度、财务损失预期、品牌声誉受损值、法律合规风险等指标进行评估，思考当前危机最有可能如何发展以及最坏的可能性，最后给出初步等级建议，为后续资源投入和组织级别匹配提供依据。

3. **运营策略初步研讨。**确保企业核心业务的稳定是危机应对的首要目标。因此，会议需重点讨论如何在危机中保持业务运转，讨论可能的应对策略，继而选择其中最为恰当的策略以降低外部冲击。例如：

- 供应链管理：是否需寻找替代供应商？如何优化库存管理？
- 生产调整：是否需暂停、削减或转移部分生产线？
- 客户管理：如何安抚受影响客户，调整服务承诺？
- 资金调度：是否需紧急增加流动资金，以应对短期现金流压力？

4. **制订行动计划。**基于对危机影响的判断，明确应急行动框架：短期处置（48 小时内执行）、中期修复（1—4 周）、长期恢复（1 个月以上）三阶段目标和行动路径。各部门应针对本职模块提交“3W1H”（What 做什么、Why 为什么、Who 由谁负责、How 如何执行）计划，确保每项行动落到实处。

5. **沟通策略与立场制定。**对内建立“员工—合作伙伴”分级通报机制，对外形成“媒体—客户”精准沟通策略，同步制定全渠道信息一致性核查流程。重点规范新闻通稿模板、社交媒体应对话术及危机信息披露权限管理制度。

- 对内沟通：员工、合作伙伴、供应商等是否需要提前知晓危机详情？如何保持透明度，避免内部恐慌？
- 对外沟通：新闻发布稿、社交媒体回应、客户沟通邮件等如何撰写和发布？是否需要召开新闻发布会？
- 信息统一性：确保所有渠道（如官网、客服、社交媒体等）发布的内容保持一致，避免信息混乱

6. **明确职责归属。**实行“三级责任制”：决策层指定危机总负责人，执行层明确部门协同网络，支持层建立外部专家介入标准。以“任务清单化、人员实名化、节点可视化”为目标，逐项明确“谁负责、何时完成、谁监督、如何反馈”。建立战时工作机制，必要时由最高管理层直接调配资源，打通跨部门协调瓶颈。

7. **会议节奏与复盘制度确定。**确立危机期间会议频次与节奏（如每日早会、午报机制、晚间复盘）；常规阶段实施每日简报机制，关键节点

启动紧急会议程序。同步构建会议纪要标准化模板及执行方案迭代更新流程，确保应对策略与危机演变保持动态适配。

表 32：首次联席会议需聚焦的核心问题

会议议程	首次联席会议需聚焦的核心问题
1. 危机情况通报	汇总当前已掌握的信息，界定待确认事项： •事件何时、何地、如何发生？ •是否可明确危机与企业的关联性？ •是否由企业直接或间接引发？ •首个涉事责任部门是？ •事件涉及的核心问题是什么？ •受影响群体包括哪些？ •造成了哪些具体损失（如经济损失、人身伤亡、社会影响等）？ •目前是否已有第三方（如媒体、政府、公众组织）介入并提出要求？
2. 影响力评估	研判事件演变趋势与最坏情形： •危机诱因是否明确？ •事件类型属于操作性危机、道德性危机还是外部冲击？ •企业是否承担法律或管理责任？当前是否已有媒体报道？ •政府主管机关是否介入？ •危机是否仍在发酵中？ •下一阶段可能演变成怎样的局势？ •可能影响到哪些其他利益相关者（如供应商、监管方、邻近居民）？ •各方的期望与立场是什么？
3. 运营策略初步研讨	讨论所有可能的应对策略，选择其中最为恰当的策略： •情况是否受控？ •是否需立即采取止损行动？ •应由哪些部门或个人与内外部开展沟通协调？ •在现有资源与权限范围内，企业能否提出优于预期的应对措施？ •若资源不足，需向哪些内部高层或外部单位调配？ •是否已就事件走向作出初步预判，并制定阶段性情景应对方案？ •员工内部信息的告知程度应如何把握？
4. 制订行动计划	明确落地层面的任务安排： •有哪些事项需立刻处理？ •是否需要跨部门协作？ •执行优先级如何划分？ •需不需要通过行政调度或外部合作获取资源？ •如何建立快速执行通道？ •哪些事项属于短期应对，哪些应转入中长期修复范畴？ •员工需要接收哪些关键信息，并在未来承担什么角色？

续表

会议议程	首次联席会议需聚焦的核心问题
5. 沟通策略与立场制定	制定接下来数小时内的对内对外发言口径： •若媒体或公众就此事件提出质询，发言人将回应哪些问题？ •企业需主动发声还是谨慎观望？ •若需主动发表声明，选择的发布平台是何种形式（官网、社交媒体、媒体见面会）？ •发声主体由谁承担？ •是否需要同步组织媒体通气会或高层访谈？ •对员工、供应商及合作伙伴等的传达版本是否需区分处理？
6. 明确职责归属	将危机管理转化为具体责任人机制： •由谁牵头媒体应对？ •若召开发布会，由谁担任企业代表？ •政府与监管机构由谁对接？ •面向客户、员工、家属、供应链、投资人等对象的沟通负责人分别是谁？ •每一项任务的截止时间与交付标准如何？ •是否形成应对“任务表+责任人+时间表”的配套执行机制？
7. 会议节奏与复盘制度确定	明确信息反馈与机制跟踪路径： •是否设定每日例会或阶段性更新机制？ •重大节点是否需触发临时会议？ •会议纪要是否以正式文档归档，并用于危机处理后期的复盘审查？ •团队协作是否设有文件共享平台、应急响应群组等数字化支持工具？

二、协同不跑偏（Do）：执行指令、双轨推进、调度资源

在危机管理的 PDCA 循环中，“Do”（执行）环节承担着将危机应对方案从纸面落地为具体行动的关键职能。再周密的预案，若无强力执行，仍可能因行动迟缓、配合失衡或资源脱节而失效。在具有高度不确定性的危机场域中，执行力不仅关乎效率，更决定了企业是否具备现实应变力与舆论掌控力。

（一）指令要听得懂

在危机情境中，决策若不能有效传导，极易因执行断链、信息失真、

响应迟滞而加剧局势失控。因此，建立高效、闭环、可追责的指令传达机制，成为危机执行的首要任务。

1. 压缩传达路径

危机管理的指令体系应区别于常态行政体系，摒弃“逐级下达”的惯性流程，转而构建“扁平化/节点化”的指令路径。所有应急指令必须由危机管理领导小组统一发出，按照“权责归一、决策直达”的原则，直通业务一线。

2. 指令“定责+定时+定量”

所有应急指令须通过企业内部专用的紧急通信工具进行下达，包括但不限于：加密邮件系统、应急信息平台、专属即时通信群等。危机状态下，信息传达必须具备操作性、时限性与责任性。任何一条任务指令，必须同时包含以下三项要素：

- 定责：明确责任部门与责任人，任务归口到人，压实执行链条
- 定时：给出具体完成节点，分阶段设定关键里程碑，确保执行过程可控
- 定量：设置成果标准与反馈形式，例如完成数量、达成率或舆情热度回落阈值等，便于绩效监控与后续评估

为保障过程合规与责任清晰，指令接收、执行、汇报的所有信息应实现电子化留痕，并由危机管理办公室统一归档，用于危机后阶段的复盘审计与制度修正。

3. 建立专职协调岗

各职能条线应在危机期间临时设立执行协调岗，作为该部门对接危机指令、统筹任务执行与信息回流的“第一责任人”。该岗位职责不在于决策，而在于落实、督办与反馈，确保前方有回应、末端能闭环。详见表33“各职能条线岗位职责和工作范围”。

表 33：各职能条线岗位职责和工作范围

事发单位责任及骨干岗位		
岗位	职责	主要工作范围
组长	公关危机处理小组第一责任人，对危机处理各项行动进行决策，并对事件最终处理结果负责	1. 工作目标及行动方案的制定 •决定危机事件处理具体办法和行动内容 •总体控制危机管理，组织危机处理所需资源 2. 指派危机小组成员 •指派具体人员进行特定利益相关方对接沟通 •指派具体人员落实处理危机 3. 危机处理讨论、评估和决策 • 作为组长带领小组快速召开首次工作会议，快速查明事实，评估影响，协调资源，给出处理方向，明确内部分工 • 听取处理人员关于危机处理进度的汇报并确认行动方向 • 听取利益相关方的问询及意见并确认行动方向 • 确认内控策略及各类对内沟通文件 • 确认对外公关策略及公关文书 • 确认各类利益相关方沟通原则、方法及口径
联络员	负责危机的报送、处理小组的组建、危机会议的召开、事后总结报告等组织工作	1. 危机处理流程的启动 • 报送危机线索，判断危机等级，启动危机机制 • 根据危机性质和级别，召集相关人员组建危机处理小组，召集危机处理会议 2. 危机处理流程的组织和协调 • 参与危机处理讨论、评估、处理、汇报全流程 • 协同组长监督并支持各处理专员按确认的行动方向及时推进 • 确保危机处理小组高效运作，及时同步信息，督促危机处理全过程 • 在专门的记录模板中，记录所有事实与处理小组的行动（何时、什么决定/行动/问题、负责人员、状态）并确保按需更新 • 必要时和组长一起协调资源、搜集信息，并及时同步给小组全体成员 3. 危机处理后的总结和追责 • 针对一级危机以及二级危机，危机处理结束后出具总结报告或专项审计 • 必要时对失职人员进行警示处罚

续表

岗位	职责	主要工作范围
传播专员	负责公关传播策略的制定、内部员工沟通口径制定、对外传播策略制定、对外传播内容起草、媒体沟通执行等公关工作	1. 参与危机处理小组，制定公关传播策略和办法 •实时进行舆情监控和分析 •根据舆情发展，制定公关策略 2. 内外沟通内容的准备及发布执行 •起草所有对外传播内容（新闻稿、声明、常见问题回答、反击软文等） •负责公关传播对外发布渠道/平台的确定和关系维护 •负责公关传播内容的媒体发布、跟进和更新 •必要时准备新闻发布会与记者采访，并为发言人提供专业支持 •必要时制定内控策略和内部沟通口径
客户服务岗位专员	负责制定与执行一切接触用户的行动，包括但不限于了解用户信息、与用户沟通谈判等工作	1. 参与危机处理小组，制定用户沟通策略和办法 •获知和用户相关的危机事件后，第一时间了解收集事实信息 •必要时，亲自或指派专员前往事件发生现场调查、取证 •提出危机处理意见和用户沟通办法 2. 用户沟通和谈判 •亲自或指派专员进行用户沟通和谈判 •协调用户赔偿等事故处理事宜 •负责达成协议后执行和善后处理工作 •亲自或指定专员和当地消费者协会进行沟通对接
品质管理岗位专员	负责产品质量问题的分析和界定，与质检及质量管理机构的对接和沟通	1. 参与危机处理小组，并提供品质和技术专业支持意见 •就危机事件或故障产品的原因提出准确分析及界定 •必要时亲自或指派专员前往事件发生现场调查、取证 •就产品质量类/抽检不合格类事件提出处理意见，供小组讨论以及组长确认 •提出内部整改建议，并组织落实整改及进行效果验证 2. 对口部门的沟通 •亲自或指定专员与质检机构、认证中心、标准机构等质量管理机构进行沟通
人力资源岗位专员	负责制定与执行一切接触员工的行动，包括但不限于了解员工信息、与员工沟通谈判等工作	1. 参与危机处理小组，制定员工沟通策略和办法 •获知和员工相关的危机事件后，第一时间了解事件情况，收集事实信息 •必要时亲自或指派专员前往事件发生现场调查、取证 •提出危机事件的处理和员工沟通办法 2. 员工沟通与谈判 •必要时亲自或指派专员进行员工沟通和谈判 •协调员工赔偿等事故处理费用 •负责达成协议后执行和善后处理工作

续表

岗位	职责	主要工作范围
营运岗位专员	生产与供应链专员，是生产制造合规危机事件的主要处理人	1. 参与危机处理小组，制定生产制造危机的相关处理办法 •获知环保/消防检查信息后，第一时间进行合规自查，评估违法违规风险 •提出事件处理和对外沟通办法 •提出内部整改建议并组织落实整改 2. 对口部门 / 社会组织的沟通 •必要时亲自或指定专员与环保/消防部门进行沟通 •必要时亲自或指定专员与环保组织/居民代表进行沟通
法务岗位专员	负责评估法律风险，提出并执行法律处理方案	•评估危机事件的违法违规风险 •提出法律处理意见，供小组讨论以及组长确认 •必要时亲自或指定专员与公检法机构进行沟通 •确保所有危机处理行为和公关沟通文书的合法性，规避法律风险 •必要时任命并指导外部法律顾问工作
配合岗位		
岗位	职责	主要工作范围
集团品牌传播部专员	为处理小组提供公关专业意见	•向组长和传播专员提供公关相关的专业意见 •与传播专员一起制定公关策略 •协助起草、修改所有对外发布的公关文书 •必要时协助传播专员协调媒体及其他外部资源 •监督公司沟通应遵循包括公司发言人制度等相关制度 •必要时协助传播专员进行新闻发布会或发言人采访的准备
集团法务部专员	为处理小组提供法律专业意见	•向组长提供法律相关的专业意见 •协助检查情况是否涉及违法违规，评估法律风险 •确保所有危机处理行为和公关沟通文书的合法性，规避法律风险 •必要时协助与公检法机关的沟通
集团总裁办专员	为处理小组提供政府关系专业意见	•向组长提供与政府沟通的专业意见 •协助起草与各政府机关沟通的文件，确保行文得当，规避政治风险 •必要时协助与政府部门沟通
外部的公关公司	从第三方的角度提供专业公关建议和服务	•提供必要的外部公关服务支持，包括但不限于公关策略的制定、公关文书的起草和修改、发布会和媒体采访支持
外部的监测公司	为处理小组提供舆情监测服务	•及时提供实时舆情监测、预警及报告

（二）“商业+沟通”双引擎

危机处置的行动系统并非单线作战，而是必须采用“DISCO 原则”中双轨进程（Dual Path Process）同步推进“商业行动”与“沟通行动”。前者解决现实问题，后者管理外部认知，构成企业危机应对的“双翼结构”。

1. 商业行动为沟通赋能：有事实，才有说服力

所谓商业行动，指企业围绕危机核心展开的内部应对措施，涵盖流程调整、资源调配、风险控制与恢复运营四大板块。以某科技企业突发数据泄露为例，技术部门在第一时间完成入侵溯源，关闭风险端口，并对用户数据系统实施分级加密。

若说商业行动是“动手”，沟通行动则是“发声”。危机中，企业需要迅速建立清晰的对外表达路径，包括媒体声明、客户解释、内部通知、投资人说明、社交平台发布等多个维度。谁掌握了公众的第一印象，谁就拥有了后续局势的主动权。

企业不只是要“做”，更要让受众“知道我们在做”。某国际品牌在一次物流系统中断事件中，引入 AI 动态补货系统快速重建供应链的同时，同步上线了可视化展示面板，将关键节点的恢复进度、物资到位情况、门店配送安排等信息以动态图标方式实时更新，公开呈现于官方页面。该机制有效弥合了信息鸿沟，使公众不仅听见了解释，更亲眼“看见”了解决方案在推进，从而增强了信任感与可控感。

2. 沟通反馈反哺业务：跟着公众预期做调整

沟通不是商业行动的“附属产品”。舆论场所传递出的疑虑与质问，其实是公众对企业管理系统的“非正式体检”。在战略节奏上，沟通不应滞后于业务推进；在逻辑结构上，信息披露需与问题处置构成“行动—信息—信任”的闭环机制——不是“先干再说”，也不是“只说不干”，而是“边干边说、边说边调”。

一家消费品牌在产品召回事件中，借助社交平台话题监测系统提取出高频焦点：“召回覆盖范围不清”“补偿方案过于烦琐”“是否会再次发生”。管理层据此调整流程，扩大召回范围，并简化退换机制，进而同步

启动生产工艺改良计划，实现了从外部反馈到内部改进的闭环流动。

表 34：企业各部门处理危机的商业行动与沟通行动

部门	商业行动	沟通行动
运营部门	危机发生后，立即调整生产和服务流程，对问题批次产品实施停产、召回等措施，并强化质量检测标准与供应链监管，确保问题不再复发。	向内部员工传达操作规范与质控要求变更，通过会议和书面通知保持沟通畅通；与外部供应商协调应变计划，明确质量标准，保障供应体系稳定。
公关部门	快速制定媒体应对方案，组织新闻发布会与记者采访，传达企业态度与应对进展，同时同步开展品牌修复活动，提升企业形象恢复速度。	主动对接核心媒体，提供权威信息源，减少错误报道扩散；管理社交媒体平台，及时回应舆情热点，增强公众信任。
客户服务部门	设立快速响应机制，推出补偿政策（如退款、换货、优惠券等），增加客服人力与服务时间以缓解咨询压力。	通过电话、邮件、短信等多渠道向客户发布通知，说明问题及补偿措施；收集客户反馈，调整后续服务策略。
法务部门	分析危机法律风险，审查现有合同条款，避免法律责任扩展；协调外部律师团队准备法律应对方案。	向公司各部门提供法律咨询意见，指导合规行为；如有必要，与监管机构或媒体进行合法合规层面的解释性沟通。
财务部门	评估危机财务影响，调整预算安排，确保各部门应对所需资源充足；如需资金支持，负责融资安排。	通过内部通报会议解释预算调整逻辑；与投资人沟通风险应对措施，稳定投资者信心。
人力资源部门	为员工提供心理健康支持、危机应对培训，增强组织韧性和员工归属感；必要时推动团队重组和岗位优化。	以内部信件或线上会议形式，通报公司应对策略和员工相关权益安排；设置匿名反馈渠道，及时回应员工关切。
市场营销部门	根据危机影响调整市场投放与宣传策略，暂停相关宣传活动，转向强调企业安全责任与改进承诺。	重新设计宣传素材，强化企业正面形象传播；通过新闻稿、社交平台及时回应市场疑问，引导舆论风向。
信息技术部门	加强数据安全防护，修补系统漏洞，防止二次信息泄露；支持业务部门快速恢复系统运行能力。	向全体员工发布技术指南与更新通知；对外说明故障原因、修复进度及未来改进措施。
供应链管理部门	优化原材料采购和物流安排，紧急寻找替代供应商，确保供应链不中断。	与供应商协同建立风险共担机制；向客户通报延误原因与预计恢复时间，提供可行解决方案。
研发部门	针对问题产品进行技术修正，并加速后续新产品开发以重建市场信心。	向市场部、客服部等相关部门说明产品更新亮点；借助发布会、展会等场合公开展示企业的技术进步与创新能力。
合规部门	对全流程进行合规性审查，修订相关制度，避免因制度缺陷引发次生危机。	安排全员合规培训，重申红线与底线；与监管机构建立常态化沟通通道，及时提交整改报告。
投资者关系部门	发布财务说明报告与应急保护措施，如推迟分红、回购股票等；组织投资者沟通活动稳定市场信心。	与投资者定向沟通危机影响与恢复路径；通过财报会、新闻发布会等方式公开企业复苏计划与治理承诺。

（三）调动资源打配合

危机管理的执行阶段，既要求方向清晰、反应迅速，又要求节奏得当、资源有序。危机处置若缺乏节奏感，容易陷入“顾此失彼”的无序状态；资源配置若失衡，则可能导致关键战场失守、次要问题扩大。

1. 节奏管理：“先难后稳、分层推进”

危机初发之际，组织处于高度张力状态，若无清晰节奏安排，极易在混乱中失去统筹能力。节奏管理的关键，在于将有限精力优先投入至影响最深、风险最高的节点，快速止损、稳住基本盘。

实践中，应遵循“先难后稳、分层推进”的策略路径：

- 在第一阶段，处理优先级最高的核心矛盾，如人身伤害、信息泄露、财产损失等。这类问题不但易引发公众强烈反应，亦可能触发监管介入，若未及时处置，将成为危机升级的引爆点
- 在第二阶段，处理可能蔓延的次级风险，包括供应链中断、舆情集中反弹、渠道商信心滑坡等，构建组织“次级稳定带”
- 在第三阶段，处理长期修复事项，如内部信任重建、制度漏洞修补、品牌修复等，进入危机后的系统恢复期

节奏就是秩序。在混乱中建立“优先级思维”，以关键动作锚定局势，以阶段性胜利激发组织信心，才是危机执行节奏管理的精义所在。

2. 资源调度：“弹性调配 + 优先使用”

危机当前，组织往往陷入“多线作战”的高度压力之中——多个部门并行运作，外部冲突点持续生成，资源需求陡然增长。此时，企业必须具备快速响应的资源重构能力，构建出“弹性调配 + 优先使用”的调度机制，以保障关键领域的持续运转。

所谓**弹性调配**，是指在不破坏整体资源配置结构的前提下，允许临时压缩、暂停或合并部分非关键资源（如营销预算、研发计划等），将其转向高风险点。例如，在危机高发期，企业可临时调整广告资源预算，用于内容公关反制。

所谓**优先使用**，则是指划定资源“价值权重”，优先保障核心战场。具体执行中，建议建立“紧急 / 重要 / 一般”三级资源分类模型，明确以下路径：

- 对于“紧急事项”，如用户补偿、舆情应对、政府通报，必须无条件优先投入，必要时动用高层直调权限
- 对于“重要事项”，如高风险业务线的持续运行、供应链核心节点保障，实施定向资源支持
- 对于“一般事项”，如长线建设项目、人力配置优化等，则实行资源暂缓或延后原则

调度是因势制宜、动态腾挪的艺术。企业在危机执行阶段，既要有“宁可冗余，不可缺位”的充足准备，也要有“哪里最痛，资源就往哪走”的高度灵活性。

三、哪些该盯紧（Check）：一手抓监测追踪，一手抓执行核查

危机的发展，确实如一部跌宕起伏、不断更新的连续剧，每一个情节都可能引出新的剧情，每一次转折都可能改变整个故事的走向。正因如此，危机决策中的修正环节显得尤为关键。毕竟，在危机四伏的环境下，任何刻板的计划和预设的策略都可能因情况的变化而失效。

（一）监测跟上：危机中必须高频追踪与通报

在危机期间，舆情变化往往异常迅速，因此企业需设定合理的监测频率，并建立高效的信息汇报机制，以确保管理层随时掌握最新舆论动态。例如，在某食品企业遭遇食品安全风波时，其舆情监测团队发现消费者主要关注“生产工艺”问题，立即调整公关策略，加强透明度，发布工厂生产流程的短视频，有效扭转了市场信任危机。

为了确保信息的准确性和一致性，企业需要建立一套完善的危机动态通报机制。一般情况下，建议每 4 小时进行一次舆情通报，涵盖社交媒体数据、新闻报道趋势及公众情绪变化。

对于热点事件或突发危机，如品牌被恶意攻击、产品召回等情况，应根据舆情扩散速度调整监测频率，必要时每小时通报。每天晚上要进行一次进展情况的汇总。

各执行人员要通过电子邮件向危机处理小组发送详细的报告，阐述《危机处理每日动态报告》（可以采用摘要格式）：（1）商业与沟通决策执行成果的每日更新情况，量化商业指标状况（出货、销售、生产等）和沟通指标状况（媒体报道数量、社群舆论数量等）；（2）评估事态和发展趋势、舆情趋势；（3）审视应对策略的适配性与成效（覆盖商业行动及沟通行动）；（4）制定下一步行动清单；（5）决定团队会议频率及时间。

表 35：危机处理动态通报机制

通报模块	核心内容	优化说明与建议
1. 商业与沟通决策执行成果的每日更新情况	每日梳理当前危机应对方案中所有商业与传播行动的执行情况，包括关键措施的进展、实际成效，以及各利益相关方（客户、媒体、员工、政府监管方等）的反馈反应。	建议建立每日通报模板，分为“行动事项清单”“反馈摘要”“待处理问题”三项，并用红橙黄绿四色标注完成情况。可每日同步“媒体响应率”与“客户投诉解决率”两个关键指标。
2. 评估事态和发展趋势、舆情趋势	实时监测事件进展与关键节点变动，识别新增事态或潜在风险点；对外部舆情变化进行动态分析，涵盖媒体报道倾向、用户评论情绪、KOL发声等；对内部调查或事实核查进展予以补充。	应结合专业舆情监测系统，每日输出“正负面占比”“社交媒体声量”“核心传播节点”三项数据。推荐增设“公众关注焦点演变图”及“信任修复曲线评估”，帮助管理层研判风控重心是否需要调整。
3. 审视应对策略的适配性与成效	综合评估当前商业与沟通策略的适用性，判断其是否能够有效稳定公众情绪、满足监管要求、控制损失风险；如发现效果不佳，需立即提出新方案或强化措施；并评估是否需预研品牌声誉修复计划。	应基于SWOT分析法评估当前策略效能，并引入阶段性KPI（如媒体好评率、用户NPS、投诉缓解速度等）作为判断依据。若发现危机可能出现反复或深层信任受损，应启动“声誉资产重建路径图”设计工作。
4. 制定下一步行动清单	在通报中列出下一阶段的具体行动任务，明确责任人、完成时间、配套资源；区分短期止损与长期修复两类行动，确保每项任务具备可执行路径和协调机制。	推荐使用甘特图（Gantt chart）展示任务进度，重点标注“跨部门协作关键路径”与“高风险事项节点”；同时应指定一名“通报协调官”统筹跟进各项落实。

续表

通报模块	核心内容	优化说明与建议
5. 决定团队会议频率及时间	依据事态进展评估通报频率与时间安排。紧急阶段建议每日1—2次短会汇报（可采用“战情室机制”）；常态阶段可根据媒体周期或舆情峰值安排周期性复盘会；每次会议应形成书面纪要，并进入危机管理档案。	建议设定“应急例会机制”，并在每次会议前提前分发“通报提纲模板”，涵盖五项核心模块；会议结论由危机总协调人签字确认，确保策略统一与快速执行。

即使危机初步得到控制，舆情监测仍需持续进行。危机后期可降低监测频率，但仍需密切关注公众情绪变化，以确保事态不会重新发酵，直至危机完全解除，防止负面舆论反弹或二次传播。

在整个过程中，企业负责人、危机处理小组与各部门的执行人员之间保持着紧密的沟通和协作，避免发生资讯不对称的状况，确保危机能够得到及时、有效处理。在执行过程中，各部门的执行人员要密切关注危机的发展动态，如果捕捉到任何新的风险点或问题变动情况，要第一时间同步给危机处理小组，以便他们能够根据实际情况作出快速的调整。

（二）执行核查：还原全貌，厘清节点责任

过程核查是连接执行与改进的桥梁。本节从执行过程、行动轨迹与职责履行三个维度出发，对危机处理流程展开系统性审查。

1. 执行过程审查：还原方案与现实之间的差距

企业在危机启动阶段往往制定了详尽的应急方案，但在实际执行过程中，受限于时间压力、信息不对称或资源分配不均，计划与落地之间常会出现偏差。为此，危机管理办公室需对照既定处理方案，逐项核查关键任务是否“按时、按量、按标准”完成：

- 时间维度：各项任务是否在规定时限内启动与收尾？是否存在超期或提前风险？
- 质量维度：实际处置成效是否符合既定标准？是否存在形式化应对或敷衍处理？

- 协同维度：是否发生指令传达不畅、任务执行脱节、跨部门协调延误等问题？

2. 行动轨迹还原：重建时间线，锁定关键节点

在高压状态下处理危机时，信息传递和执行动作常常交错推进，容易产生混乱。为了准确复盘整个过程，企业需借助信息留痕机制，如加密邮件记录、即时通信截图、调度平台操作日志等，系统地还原危机中的“行动时间线”，弄清楚“谁在什么时候做了什么”。这一还原过程，有助于管理层识别各环节中的决策延迟、策略调整的落地差距，以及组织响应中的盲点。重点应聚焦以下几个关键节点：

- 首次通报时间：危机信号首次被发现与上报的时间点
- 指令发出节点：关键决策何时形成，由谁发出，指令路径是否顺畅
- 关键转折点：事件何时出现拐点，如舆情爆发、监管介入、公众关注激增等
- 应对节奏变化：资源投入、信息发布、内部部署是否随形势变化而动态调整

3. 职责履行核对：聚焦人岗匹配与组织执行力

危机管理的最终落点在人。再完美的方案，若无法落实到具体岗位与具体执行人，就是空转。复盘过程中，需从组织分工出发，系统检视各职能模块在危机中的实际执行情况：

- 各部门是否按职责履行任务？是否存在推诿、拖延、缺位现象？
- 责任人是否及时响应指令，是否具备相应执行力和判断力？
- 是否存在“任务无人认领”或“职责模糊重叠”的情况？

为此，建议建立“任务完成评分表”或“任务执行清单”，采用关键任务节点打分制，对每位关键岗位执行人的履职情况进行量化评价，作为日后绩效考核与奖惩依据的一部分。

四、方案不是一锤定音（Action）：评估、调整、再反馈

（一）态势演化：理解非线性危机扩展路径

危机态势在现实中往往不会沿既定轨道推进，其演变路径更可能呈现“突变—跳跃—放大”式的非线性发展。一些初期可控的风险，因监管介入、媒体聚焦、利益方联动或舆情升级而加剧，演变成全局性危机。若企业未能及时识别这些关键节点并据此调整策略，极易陷入“行动滞后、形象崩塌、控制失效”的被动局面。

常见的演化变量包括：

- 监管政策变化：原本只是常规调查，但监管部门的态度突然转向专项整治
- 事件争议焦点转变：事件初期可能只是技术问题，但舆论逐渐聚焦于诚信缺失、消费者受害等道德和情感层面
- 利益相关方公开介入：环保组织、投资机构或消费者权益团体开始发声，会改变事件的走向，给企业带来更大外部压力
- 舆论结构变化：网络讨论的热度和情绪强度同时上升，极易形成“回声室效应”，使负面声音在社交平台不断扩散，危机也随之加速升级

因此，企业需构建动态识变机制，依托政策雷达、舆情工具和利益方追踪体系，第一时间捕捉上述变量，作为决策调整的关键输入。

（二）策略迭代：“决策—反馈—再行动”的闭环逻辑

面对非线性危机演化，企业需放弃“定方案一次性执行到底”的静态思维，转而构建一个循环性、适应性、反馈驱动的策略优化系统。

1. 实时决策：先动起来、再修正

危机初期，企业往往面临信息不足、形势不明、外部环境急剧变化的

挑战。此时，决策的关键不在于完美，而在于快速行动，以抢占主动权。企业需基于已有数据和经验迅速制定初步应对方案，同时预设调整空间，确保方案可随时优化。

举个例子：在产品安全类危机中，若企业在舆论升温或风险初现阶段选择观望，等待完整调查结果后再决策，往往已错过最佳应对窗口。应对此类高敏感度风险，第一时间下架可疑产品、暂停相关生产线，是传递企业责任态度和风险控制力的必要动作。同时，应同步启动应急替代方案，在供应链中快速筛选合规原料、调配产能资源，保障核心业务不中断。

2. 多源反馈：市场怎么看、舆情怎么走、团队怎么做

通过市场数据、社交媒体分析、前线团队反馈、竞品动态等渠道，建立一个全方位的反馈输入系统。尤其要关注：

- 市场反应：销售数据、客户咨询量、订单变动等指标
- 舆情趋势：监测社交媒体、新闻报道、消费者评论与负面情绪比例变化，关注舆论关注点转移情况，分析用户评论、转发、点赞等互动行为，评估公众态度走势
- 内部执行情况：门店、供应链、客服团队的反馈，检查应对方案在不同环节的落地情况
- 竞品动态：关注行业竞争者的应对策略，确保企业在危机公关中掌握主动权

举个例子：在产品召回等高敏感性危机中，总部虽已下达召回通知，但部分区域门店因沟通迟滞、执行标准不一或人员疏忽未能同步响应，极易形成“局部失控—整体失信”的放大效应。为防止执行断点，企业需建立高频率、多渠道的信息回流机制，构建以社交媒体监测、客服舆情采集、线下门店反馈为核心的“全天候执行监察系统”。一旦发现落实不力、投诉反弹、执行偏差等信号，总部应立即发布紧急内部通知，派遣稽查团队驻点督查，在公众端明确披露改进措施与时间表。

3. 迭代优化：策略不是一次做对，而是反复做准

危机应对并非一蹴而就，而是一个不断修正的过程。迭代优化的核心

在于灵活性和精准性。企业必须避免“僵化执行”或“盲目调整”，应在精准数据分析的基础上进行调整。

- 澄清与回应：当社交媒体上出现大量负面评论并持续发酵时，企业应快速评估是否需要发布官方声明，通过权威渠道澄清事实，主动引导舆论走向
- 公关干预：针对 KOL 或媒体报道，企业可采取定向沟通策略，如邀请其深入了解企业情况，或通过媒体关系网络进行议题引导，防止误导性信息扩散
- 用户沟通：积极通过客服热线、社交媒体私信等渠道回应用户关切，避免因信息不对称导致消费者情绪升级

五、危机后的关键一课：复盘、沉淀、长记性

危机的终结并不意味着管理工作的结束。复盘工作的价值在于将一次性应急经验转化为组织长期的韧性资本。每一次危机的处理成效，不应只以损失规模、媒体反馈或客户投诉量衡量，更应从知识沉淀、制度迭代与能力增长的角度进行反思。

记住，危机之后最值得关注的，不是过去发生了什么，而是组织是否因此变得更强。

（一）什么时候算“解危”

危机管理是一个持续动态的过程，危机解除并非由单一因素决定。判断危机是否真正结束，需结合舆情热度、市场表现、法律合规、客户关系等多方面综合评估。当以下十项指标均满足“是”，企业方可正式宣布危机管理进入收尾阶段，转向长期品牌修复与业务恢复工作。

1. 舆情热度是否下降，社交媒体关注度是否恢复常态?

当连续数日未出现新的相关新闻报道或被媒体提及，表明危机在舆论

场的热度下降。社交媒体讨论量、相关评论及话题热度若持续减少，并恢复至日常水平，说明公众情绪已趋于平稳，危机的舆论效应基本结束。

2. 危机处理小组是否确认风险已解除?

企业管理层或危机处理小组通常依据内部风险评估报告、市场调研及专家意见进行综合判断。若决策者认定危机已不再对企业构成重大威胁，且不会进一步恶化或扩散，则说明危机已受控，相关风险因素已降至可接受范围。

3. 股价及财务状况是否稳定或回升?

危机期间，股价下跌往往反映投资者信心受损，销售额下降则源于市场需求疲软。当危机控制得当，企业运营状况改善，股价逐步回稳或回升，销售额恢复增长，说明投资者与市场对企业的信心已逐步恢复。

4. 关键客户或合作伙伴是否恢复业务往来?

危机可能导致客户暂停合作或供应链受阻。当客户重新签约、供应商恢复供货、物流渠道恢复畅通，表明企业在商业合作中的信任度已修复，供应链稳定性得到保障，业务运营趋于正常。

5. 员工士气与工作效率是否回归正常?

危机往往影响员工士气，增加离职率。当企业内部焦虑情绪缓解，员工工作效率恢复，离职率回归正常水平，说明公司内部秩序稳定，组织信任感得以重建。

6. 相关法律诉讼或监管调查是否结束?

企业若因危机事件涉及法律诉讼或监管调查，需确保相关程序已结束，且企业已完成整改或履行法律义务。法律纠纷和合规问题的解决，意味着企业正式摆脱政策与法律层面的风险。

7. 客户投诉和退款请求数量是否回归正常水平?

危机期间，客户投诉及退款请求数量通常大幅增加。若投诉量明显减少，客户满意度回升，说明消费者对企业的信任正在恢复，产品或服务影响已逐步消除。

8. 品牌声誉是否恢复，市场推广是否见效?

品牌形象的恢复可通过第三方调查或社会情绪分析评估。若品牌好感度回升，广告投放重新带来预期市场效果，说明公众认知已改善，企业的品牌价值正在恢复。

9. 舆论关注点是否转移?

舆论热度通常随时间推移而转移，若危机相关议题逐渐被新热点取代，说明公众对企业的关注度降低，舆论对品牌的负面影响逐步消退。

10. 内外部沟通是否恢复正常?

危机管理期间，企业内外部沟通通常围绕应对措施展开。当员工关注重回业务发展，管理层对外沟通重回品牌推广和市场战略，说明企业已走出危机阴影，恢复常态运营。

（二）经验教训怎么沉淀

需要特别指出的是，危机复盘不能变成例行流程或危机结束后的“走过场”，而应作为企业常态机制的一部分被长期坚持。

企业应建立“动态复盘—持续修订”的工作模式，定期回顾重点事件，即使是非典型危机也应纳入分析视野。这样的机制有助于积累组织经验，形成集体记忆，也能在日常管理中嵌入风险意识——让危机管理不再依赖个别部门或少数人的经验判断，真正融入组织文化。

不同等级的危机，复盘的深度应有差异。

一般或三级危机虽属影响有限的小范围事件，企业仍需以严谨态度加以对待。责任单位应主动评估应对效果，总结操作过程中的得失，决定是否进行内部分享。对此类危机的总结有助于企业在系统层面建立“弱信号响应机制”，防止小问题演变为系统性危机。

对于一级与二级危机，因其影响面广、涉及层级多，故需实施规范化的危机复盘机制。一旦危机进入收尾阶段，危机处理小组应在三个工作日内完成《公关危机事件总结报告》的编撰工作。报告应详尽涵盖危机起因、发展路径、应对方案、执行过程、结果评估、舆论走势及关键节点判断，辅以必要的数据与案例分析。

危机总结不止于技术层面，更关乎责任厘清与组织校准。在总结报告提交后七个工作日内，应完成责任认定与整改方案的制定工作。责任划分需基于事实依据，确保公平性与系统性，并在此基础上明确机制漏洞与指挥层级存在的问题。

此外，品牌传播部应牵头根据总结报告和事件造成的实际影响，完成最终的危机等级认定。这一流程有助于建立统一的判断标准，确保各部门在未来面对类似事件时，对危机等级的评估更加一致、协调。

表 36：危机事件处理报告模板

<table>
<tr><td colspan="8">报告题目：（示例：×× 公司 ×× 危机事件应对与改进报告）</td></tr>
<tr><td>单位</td><td></td><td>危机类型</td><td></td><td>危机级别</td><td></td><td>事故发生日期</td><td></td></tr>
<tr><td>危机发生时间</td><td></td><td>危机发生地区</td><td></td><td>危机处理负责人</td><td></td><td>联系电话</td><td></td></tr>
<tr><td>损失金额</td><td colspan="2"></td><td colspan="2">媒体介入情况</td><td colspan="3"></td></tr>
<tr><td colspan="8">一、问题描述
1. 事件经过
简要、准确地回溯危机事件的起始、触发点、演变过程与当前状态，包括时间、地点、涉及对象、媒体曝光等核心要素。
2. 事件影响
系统阐述事件对企业各方面的影响，包括但不限于：品牌声誉、客户信任、员工士气、法律责任、财务损失、运营中断等。建议引入量化指标，如“投诉量增长×%”“客户流失率上升×%”“媒体负面报道超过×篇”等。</td></tr>
<tr><td colspan="8">二、各阶段处理对策
依次列出关键处置节点及应对措施的实施情况，说明：
• 哪些措施取得良好成效；
• 哪些措施存在执行偏差或延误；
• 是否存在策略空白或衔接断层。
建议附“事件时间轴”或“应对行动图表”作为补充材料。</td></tr>
</table>

续表

<table>
<tr><td>三、原因分析
请勾选导致危机发生的核心问题源（可多选）：
□ 产品质量与制造缺陷
□ 售后服务、安装与维修环节疏漏
□ 信息披露不及时或误导性表达
□ 企业内部管理制度缺陷
□ 法律合规失误（如广告合规、数据合规）
□ 其他因素：________________

备注说明：
对上述选项中的主要责任领域进行细致阐述，说明组织流程、人员疏忽或制度缺失的具体表现，可配合使用“鱼骨图”或“5Why分析法”进行溯源。</td></tr>
<tr><td>四、危机事件责任人
请列出危机事件中负有直接责任或间接责任的岗位及责任人，说明其所掌控的关键环节及其在事件中存在的过失或处置不当行为。
如涉及部门协作失效、跨层级沟通障碍，也需予以明确说明。

【注】本项主要用于内部审查，不作对外公布。填写前建议由合规部或法务部审核。</td></tr>
<tr><td>五、改进对策与再发预防措施
1. 改进对策
基于前述问题与责任分析，提出针对性强、执行路径清晰的整改措施，明确完成期限、责任部门与考核标准。例如：修订服务流程手册并开展集中培训；升级产品出厂检测系统；建立跨部门危机响应机制。
2. 预防机制
系统设计中长期的危机防范机制，包括制度性优化、监控系统升级、应急预案演练、员工行为守则重构等。应体现“预警—处置—复盘”的闭环管理思维。
建议同步设置危机预警指标体系和定期审查机制。</td></tr>
</table>

（三）危机处理效果如何评估

危机评估的意义不仅是回看“这次应对得怎么样”，更重要的是判断“下次能否应对得更好”。有效评估体系应覆盖以下几个核心维度：

- 响应速度：评估企业是否能在第一时间判断事态发展，并迅速启动应对流程
- 处理措施：应对是否与危机等级相匹配、是否及时有效，以及是否推动了制度层面的改进
- 沟通效果：信息是否统一、表达是否得体、对象是否明确。是否区分对内与对外沟通，语气是否贴合语境，发言人是否具备公信力

- 声誉管理：关注企业是否通过权威第三方发声、重启社会责任项目、推进品牌重建
- 财务影响：需同时评估直接损失（如赔偿、罚款）与间接影响（如客户流失、投资信心受挫、市场份额缩水）。是否设置应急预算、启动成本控制与结构调整，也是评估财务韧性的重点
- 组织内部影响：着重看员工士气、部门协作、关键岗位变动及组织信任的变化，以及危机后是否进行组织内部培训、优化架构、推动文化重建
- 法律与合规：需确认整个处置过程是否符合监管要求，是否暴露出合规体系的结构漏洞。若危机引发诉讼或被监管介入，还应评估法律团队是否反应及时、机制是否完备
- 媒体与公共关系：观察企业是否能把握媒体节奏、控制社交平台上的负面声量、调动正向传播资源。关键词分布、正负面舆论比，也是衡量传播表现的指标
- 长期修复与经验沉淀：是否进行了系统复盘、建立标准操作流程、将经验沉淀为培训资源，决定了组织未来是否具备自我升级的能力

表 37：危机处理效果的评估维度和评价要点

评估维度	评价要点
响应速度	• 初始响应的及时性：公司在危机发生后是否迅速作出回应？反应是否有显著延迟？ • 行动速度：公司在识别危机后，采取措施的速度有多快？是否有临时措施以缓解问题？
处理措施	• 措施的适当性：公司采取的措施是否与危机的严重性相称？措施是否符合该类危机的最佳处理方式（例如产品召回）？ • 纠正措施：公司为解决问题采取了哪些具体行动，这些措施是否有效？ • 预防措施：公司是否实施了预防类似危机再次发生的措施（如政策更新、结构变革、技术改进）？
沟通效果	• 清晰度和透明度：公司的沟通是否清晰明确？是否提供了所有必要信息？ • 一致性：信息在所有沟通渠道（如新闻稿、社交媒体、访谈）中是否一致？ • 语气和同理心：公司的沟通语气是否得当（如道歉、同情、强硬或防御）？ • 利益相关者参与：公司是否有效回应了受影响的利益相关者（客户、投资者、员工、政府）的关切？沟通是否由合适的人物（如高层或发言人）负责？

续表

评估维度	评价要点
声誉管理	• 公众认知：公司危机响应对其声誉产生了怎样的影响？是否出现了信任的显著丧失，还是成功维护了公众认知？ • 损害控制：公司在减轻品牌形象损害方面做得如何？是否重新赢得了客户忠诚度或投资者信心？ • 形象修复策略的运用：公司是否有效运用了道歉、赔偿或纠正措施等策略来恢复声誉？
财务影响	• 短期与长期影响：危机对公司股票价格、销售额或财务表现的即时影响和长期影响是什么？ • 危机成本：公司处理危机的成本是多少（如法律费用、和解赔偿、运营中断）？ • 恢复轨迹：公司从危机中恢复的速度如何？危机对盈利能力是否有持久的负面影响？
组织内部影响	• 员工士气：危机对员工信心、工作动机和留任率有何影响？内部沟通是否有效缓解了员工的担忧？ • 企业文化或政策变化：公司是否引入了新的政策、培训计划或转变企业文化以避免类似危机的再次发生？ • 领导力和问责制：管理层是否承担了责任，危机是否导致管理层或公司治理结构的变化？
法律与合规	• 法规合规性：公司在危机中和危机后是否符合法律要求和行业规定？ • 诉讼和法律和解：公司如何应对因危机引发的法律挑战？是否快速解决了争议，还是面临了长时间的法律纠纷？ • 与监管机构合作：公司在处理危机时是否与监管机构和执法部门进行了有效合作？
媒体与公共关系	• 媒体报道：媒体对危机的报道如何？公司是否积极管理其媒体关系？公司是否成功掌握了话语权？ • 社交媒体响应：公司如何应对社交媒体上的反应，包括客户投诉、谣言和公众愤怒？他们在线上的互动是否适当？ • 危机升级与控制：危机管理是否帮助危机降温，还是进一步引发了争议并延长了危机？
长期修复与经验沉淀	• 危机后的恢复策略：公司在危机后是否实施了战略计划以重建信任、客户关系和市场地位？ • 从危机中学习：公司是否表现出从危机中吸取了教训，例如进行内部审查、更新程序、公开承诺改进？ • 声誉重建活动：公司是否发起了旨在恢复形象或重建利益相关者信任的特定活动或举措？

第八章

危机中怎么跟媒体打交道：一张嘴撑起企业形象

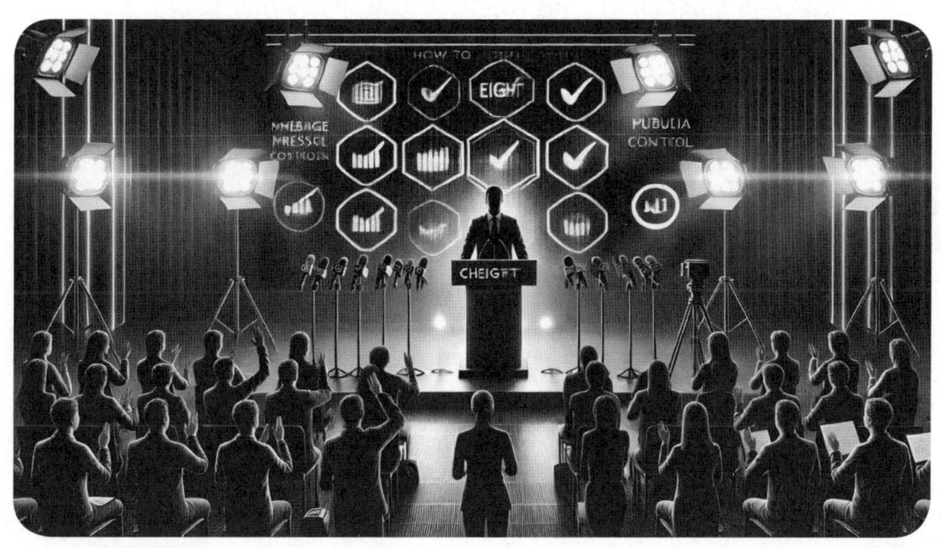

危机管理中的媒体沟通是企业应对外部舆论压力、塑造品牌形象、维护公众信任的重要环节，主要包括媒体采访应对和新闻发布两大核心要素。

媒体采访应对涉及企业高管或发言人在危机期间如何与媒体互动，包括如何精准传递关键信息、应对记者的尖锐提问、避免信息误导或引发二次危机。新闻发布则包括企业在危机发生时如何主动向外界发布信息，以掌控舆论节奏，避免信息空白带来的猜测与误解。

在危机管理中，媒体沟通的核心在于主动引导舆论、建立公众信任。企业需精准把控采访及新闻发布的各个环节，通过系统性的沟通策略，有效降低危机影响，塑造负责任、值得信赖的品牌形象。

一、媒体采访应对术：备战、应答、控场、引导

与记者同框发声，是危机沟通中最不可控却最有影响力的环节。一次采访，可能为企业赢得信任，也可能因一句失言引爆次生舆情。

有效的采访应对，从来不是“随机应变”，而是有备而来。本节将围绕采访前的准备工作与采访中的应对技巧，帮读者搭建一套从“资料输入”到“话术输出”的实战框架，确保读者在面对媒体镜头时，稳得住节奏、守得住底线、传得出价值。

（一）受访前的三件事：信息准备、模拟演练、熟悉媒体

面对媒体，临场发挥绝非偶然，背后需要扎实准备。出镜或发声前，至少要做好三件事：备全信息、演练问答、了解媒体。[①]

1. 准备得好底气才足

传播学认为，有效传达依赖清晰的表达者、准确的内容和合适的渠道。落到实处，就是采访前必须做足功课——搜集资料、预测问题、提炼重点。

想把话讲清楚，得先把事实搞明白。采访对象要全面掌握相关信息，如政策背景、行业动态、数据依据、历史事件等，确保发言有据可依。在企业场景中，财务部门应准备财报和行业对比，品牌传播团队则梳理形象建设和社会责任材料，统筹日程与统一口径。

此外，还需设想记者可能问什么，特别是敏感议题，提前准备好应对策略。比如官员受访时，政策表态、民生措施、外交立场往往是高频提问，只有逐一排练、反复推演，正式发言时才能逻辑清晰、掌控节奏。

最关键的是提炼出关键信息，把最有价值的内容放在最前面说。尤其

---

① 马龙照. 逆转：舆情危机的预防与处置[M]. 北京：清华大学出版社，2023.

在突发事件中，时间、地点、原因、伤亡、处置这“五要素”必须清晰呈现，避免信息混乱，使企业失去舆论掌控力。

2. 模拟提问练反应

公安部原新闻发言人武和平曾表示，他在担任新闻发言人期间，一次十分钟左右的新闻发布会，是他身后负责舆情监测、新闻发布、媒体关系、突发事件应急等业务的四个处室十多人的团队准备一周甚至更长时间的结果，其间，反复设计演练，预设各种可能的提问。所以说，新闻发言人绝对不是“一个人在战斗”。①

（1）在时间允许的情况下，对新闻发布会现场问答进行模拟与演练。应明确：记者最关切的问题是什么？该如何回答？若被问到难以回答或是无法回应的问题，该如何处置？面部表情、手势、肢体语言如何搭配？

（2）在单位里组织一些语言表达能力强的人，坐在记者席，演练两类问题：一是肯定会被问到的问题，二是公司不希望被问到的问题，让发言人重复练习 2—3 遍。

（3）让通晓技术的人员参会，检查发言人所说的话是否准确。如涉及法律问题，须召集法律顾问参与演练。

（4）反复播放“彩排”录像，让新闻发言人看看自己的表情、肢体语言效果，然后提意见。

（5）接受专业人士培训指导。要接受专业人士的指导，即使你认为永远不会召开新闻发布会，也有必要了解面对媒体时应如何应对。

3. 媒体要熟悉：类型、风格、倾向搞清楚

采访是双向互动，不是单方面发声。不同类型的媒体有各自的关注点、语言习惯和传播方式，如果不了解，就容易说错话、错位表达。

中央主流媒体强调权威性，是政府信息发布和澄清舆论的重要平台。在涉及重大公共事件或企业形象危机时，这类媒体能为组织提供背书，稳定局势。

---

① 任继凯. 浅论新闻发言人“十诫”[J]. 新闻知识，2013（07）：103-104+102.

市场化媒体注重深度和冲突性，喜欢从问题中找突破点，追问本质。面对这类媒体的采访，企业应主动回应关键疑问，并借此放大自身的整改举措和责任意识。

国际媒体主要涉及跨境事务和海外形象，关系到外资、国际舆论等敏感议题。企业在对外信息披露时必须保持透明和公正，避免因表达失误引发跨境争议。

社交媒体传播快、反应强，是民意聚集的主要场域。适合做快速回应、实时互动，但不能脱离整体传播策略，否则容易出现声音碎片化。

面对不同媒体，企业应建立多层次的传播布局：用好各类平台各自的影响力，同时在平时建立稳定、互信的媒体关系网，以便关键时刻能快速发声，传递权威、可靠的信息，引导舆情走向。

此外，不同媒体的采访需求也不同：电视媒体重画面，需预设好拍摄角度与背景；自媒体要效率，注重信息速度和易传播性；官方媒体讲规矩，强调内容合规与政治正确；行业媒体讲专业，需要更多技术细节和深度资料。

在操作上，可根据媒体类型分配发布会座位区域，满足拍摄、采写需要。差旅安排上，也可借鉴政务接待模式，为不同媒体匹配合理待遇。对于资深媒体人，还应适当体现尊重与礼遇，展现企业的细致与体面。

表 38：媒体的定位与简介

	级别 / 来源	简介
国内主流媒体	中央媒体	《人民日报》：中国共产党中央委员会的机关报，中共中央直属事业单位，是中国第一大报
		新华社：国务院直属事业单位，既是国家通讯社，也是世界性通讯社，在境外有180多个分支机构
		中央广播电视总台：2018年的时候由中央电视台、中央人民广播电台、中国国际广播电台合并而来
		《求是》：中国共产党中央委员会主办的机关刊，是中共中央指导全党全国工作的重要思想理论阵地
		《解放军报》：中央军委机关报
		《光明日报》：中央直属事业单位，以知识分子为主要读者对象的思想文化大报
		《经济日报》：中宣部代管的新闻机构，以经济报道为主的中央党报
		《中国日报》：国外了解中国信息的主要来源，也是境外媒体转载最高的国内媒体
		《科技日报》：以科技领域为主的全国性报纸
		中央主要新闻单位：《人民政协报》《中国纪检监察报》《学习时报》《工人日报》《中国青年报》《中国妇女报》《农民日报》《法治日报》等
		中央部委所属行业报：《中国经济导报》（国家发展改革委）、《中国环境报》（生态环境部）、《国际商报》（商务部）、《金融时报》（央行）、《中国建设报》（住房城乡建设部）等
		中国新闻社：以对外报道为主要新闻业务的国家通讯社，以海外华侨华人、港澳同胞、台湾同胞和与中国有关系的外国人为主要服务对象的国际通讯社
	地方媒体	全国省级党委机关报：一般以省或直辖市名命名，比如《北京日报》《云南日报》；或者《解放日报》（上海）、《大众日报》（山东）、《南方日报》（广东）、《新华日报》（江苏）
	市场化媒体	综合类：《南方周末》《新京报》《三联生活周刊》
		财经类：《21世纪经济报道》《经济观察报》《中国经营报》《中国证券报》《财经》《中国企业家》
	港澳台媒体	报纸：《南华早报》《大公报》《星岛日报》《明报》《澳门日报》《中华时报》《联合报》 广电：香港电台、凤凰卫视、澳门卫视、中天电视台、台湾无线卫星电视台（TVBS）
海外主流媒体	欧美国家	英国《泰晤士报》（*The Times*）、《金融时报》(*Financial Times*)；法国《世界报》（*Le Monde*）；德国《南德意志报》（*Süddeutsche Zeitung*）；美国《纽约时报》（*The New York Times*）、《华尔街日报》（*The Wall Street Journal*）、华盛顿邮报（*The Washington Post*）、美国有线电视新闻网（CNN）
	第三世界	俄罗斯塔斯社、沙特《中东日报》、埃及《金字塔报》、南非广播公司（SABC）

续表

	级别 / 来源	简介
新媒体	新闻网站	中央新闻网站：人民网、新华网、中新网、央广网、央视网、光明网、中国网、中国青年网、中国经济网
		门户网站：新浪、搜狐、腾讯、网易
		垂直网站：和讯、财联社、界面新闻
	自媒体	公众号、抖音、快手、微博、Bilibili、小红书、知乎
	关键意见领袖（KOL）	半官方学者、公众意见领袖、专业领域学者

4. 记者要了解：立场、风格、提问习惯提前摸底

采访前，不只要准备好自己要说什么，也要摸清对方是谁、会怎么问。了解记者背景，有助于判断对方的提问方式、报道倾向、关注重点，避免临场失误。

一看专业背景。了解记者的教育经历，能判断其专业敏感度。例如，经济学背景的记者在采访财务类话题时，可能关注更细致的数据和逻辑；而理工科出身的记者在面对技术话题时，对专业术语、技术细节容忍度更高。

二看报道领域。弄清记者常跑的板块，是财经、科技、政治还是民生，有助于提前备好有针对性的案例和数据。翻查过往文章尤其重要，从其过往的采访中，可以判断其倾向、角度以及语言风格。

三看采访风格。有的记者喜欢开放式提问，给你空间说清楚；有的则风格犀利，问题直击要害，甚至是“引战式”提问。了解对方习惯的发问节奏与语气，有助于调整答题结构，避免措手不及。面对语气对立、情绪化提问者，要保持冷静，切忌情绪化反击。

四看价值立场。记者的价值观会影响其选题角度和写作方向。若记者曾在社交媒体上就相关议题公开发声，可作为判断其立场的参考。在对方认知框架中发言，比硬碰硬更有效。

五看过往关系。如曾有过良好互动，可主动联络、巩固信任基础；如曾发生误解或报道争议，应提前评估风险，必要时设定信息边界和采访范

围，避免被“翻旧账”。

六看行业声誉。部分记者本身就是行业意见领袖，其报道可能引发更大范围的关注。面对这种高影响力记者，应准备更翔实、经得起公众和专业检视的信息，同时也可以借此扩大传播影响，为企业争取正面形象曝光。

（二）采访现场怎么应：稳住节奏、防住陷阱

1. ABC 策略：稳住话语主导权

为了帮助企业领导在接受采访时更好地应对记者提问，下面给出一个 ABC 策略[①]：Answer（回答）、Bridge（桥梁）、Conclude（结论）。

A – Answer（回答）。记者常被认为是“打破砂锅问到底”的专家，他们会追问直到获得明确答案。这要求受访者必须回答记者的问题。无论记者问正面问题还是负面问题，一般可以采取正面回答法，即应对记者提问时，要始终用正面的观点、以正面的方式回答[②]，告诉记者所了解和掌握的情况，或表明对记者问题的基本态度。实践中，可以套用的回答语句很多，如“我们注意到了相关报道……”“我们对……表示关注”“据我掌握的情况，事实并非如此……”“关于……，我们已发布了相关消息……”。

B – Bridge（桥梁）。记者为获取更多有新闻价值的信息，一般会使用设陷式的提问方式，或是提出进攻性强的问题。许多领导者在回答记者问题时，往往容易被带入提问陷阱中。因此，掌握过渡技巧显得尤为重要。过渡的关键在于迅速、巧妙地将话题引导回自己希望强调的内容。在简要回答了记者问题后，千万不要纠缠这个问题，作进一步的回答，展开长篇的论述，而应想方设法地将回答转移到自己期望的主题或角度，要在记者的问题与自己接下来的回答之间，巧妙地搭建一座桥梁，使自己化被动为主动。

---

① 卢海燕. 领导干部应对记者提问的ABC法则[J]. 当代广西，2010（16）：48.

② 周宗顺. 从国防部例行记者会看应对记者提问方法[J]. 军事记者，2014（06）：49-50.

实践中，可用来搭桥的语句也很多：

- “我想强调的是……”
- “需要说明的是……”
- “我可以肯定的是……”
- “我能向你透露的是……”
- “这是一个很好的问题，不过我有一个更重要的议题与大家探讨，我想从另一个角度来与你沟通……”
- “在弄清真相前谈论这件事还为时过早，但我能告诉你的是……”
- “我们不赞成……，但同时需要指出的是……”
- “事件正在调查中，我们应当特别关注的是……”
- “我们不能对此妄加猜测，我们应当关注的是……”

通过这样的过渡，领导者能够有效控制对话的方向，避免被记者牵着鼻子走。

C－Conclude（结论）。在回答完问题后，强调信息的价值和意义是关键。有效的总结能帮助记者理解所传达的信息，还能进一步明确企业的立场和未来方向。

在总结时，可以使用一些强调性的句式，比如“这意味着我们将致力于……”，以强化公司的愿景和行动计划。这种方式有助于提升公众对公司的信心，营造积极的舆论氛围。

2. 提问陷阱怎么看？不接刀、不进套、不自乱

采访中的陷阱性提问，往往并不显山露水，却足以搅乱节奏、制造争议。这些问题有的结构紧凑、预设立场，逼迫受访者二选一作答；有的以假设为前提，牵引话语方向；也有的问题模糊宽泛，看似无害，实则极易被断章取义。它们背后可能是记者的提问技巧，也可能是媒体对冲突性内容的偏好。

领导者若不能辨识这些语言陷阱，极易在回答中“自证其咎”或“落入话语圈套”，给企业形象带来意外损伤。

第一，“不接刀”，保持冷静是最好的自我保护。在面对尖锐甚至挑

衅性提问时，最忌讳的反应是急于否认、情绪化应对。越是棘手的问题，越需要情绪稳定的表达来赢得信任。一次深呼吸，一秒停顿，往往比立即答复更有力量。冷静应对，才能为判断提问意图和组织语言赢得空间。

表达时应坚持简洁、明确、有据可循。模糊回应不仅无法化解质疑，反而可能引发更多猜测。在表达中注重语气的坚定、自信和从容，可以有效传递权威感，避免被话语陷阱牵着走。

第二，“不进套”，识破对方意图，选择合适回应路径。面对倾向性问题，领导者不必照单全收。应当学会在倾听中识别提问的立场与意图，辨清问题是出于好奇、质疑还是试图引导，从而选择回应方式：可通过反问澄清逻辑前提，也可引用事实加以解释，必要时，还可灵活引导话题使之走向自身熟悉或有利的议题。

第三，“不自乱”，掌控节奏，主动提话题、抢话语权。采访是博弈，也是协商。真正掌控节奏的领导者，不只是回答问题的人，更是话题方向的引导者。在对话中适时引入自身关注或擅长的话题，引导媒体报道聚焦于有利面，将采访转化为展示组织理念与管理能力的舞台。此外，适度的互动与共情，也是破除媒体偏见、建立信任的重要手段。善用对话技巧，在看似被动的问题中找回主动权，才能在复杂的传播环境中稳住阵脚，不塌人设，不乱阵脚。

表 39：常见的提问陷阱与回答策略

提问陷阱	回答策略	案例
冗长复杂的问题	提炼问题的核心，简明回答。	提问：“您能详细描述一下公司在未来三年内的所有战略计划，包括市场拓展、产品开发和财务目标吗？” 回答：“当然，核心战略包括加强市场拓展和产品创新，我们将重点关注年轻消费者的需求。”
宏大的问题	选择具体部分回答，避免全面分析。	提问：“在全球经济变化下，您对公司的未来有什么看法？” 回答：“我们专注于当前的市场拓展策略，并将继续致力于技术创新，以保持竞争优势。”

续表

提问陷阱	回答策略	案例
封闭式问题	不要作出简单的“是”或“否”的回答，将封闭式问题转化为开放式问题，或者给出更加详细和全面的回答。	提问：“公司是否存在财务问题？” 回答：“我们的财务状况一直受到严格监控，目前并没有发现任何重大问题。不过，我们始终在努力优化财务管理，以确保公司的长期稳健发展。”
双管齐下式提问（一次提出多个问题）	选择回答其中最重要或相关的问题，避免被提问者牵引。	提问：“你们教育集团的业务范围包括哪些？是小学、初中还是高中？今年秋天和冬天你们都有什么计划？” 回答：“我们的业务涵盖从小学到高中的各个阶段，而且我们在不断拓展我们的教育资源。”
设置闭合开关（开放性问题+封闭性问题）	通常只回答封闭性问题，表达出更全面的看法。	提问：“你们公司为什么换了CEO？是因为业绩下滑吗？” 回答：“我们更换CEO是为了推动公司未来的发展方向，而不是因为单一的业绩因素。”
错误的信息	要及时澄清，态度坚决。	提问：“你们公司最近被指控存在数据泄露事件，这是真的吗？” 回答：“我们公司的数据安全性是首要任务，关于这方面的指控是错误的，我们正在调查。”
商业机密和敏感性	提高警惕，采取隐晦模糊、避实就虚的方法。	提问：“具体的销售数据是多少？” 回答：“我们专注于长期增长目标，而不是单一数据。”
故意打断	有礼貌地肯定并继续说下去。	提问：“（突然打断受访者）您认为这项政策的实施会产生什么影响？” 回答：“正如我所说，影响是深远的，包括……（继续阐述）”
引用他人观点	阐述自己的观点，展示独立性。	提问：“有专家认为贵公司在环保方面做得不够，您怎么回应？” 回答：“我们实施了多项环境保护措施，具体措施包括……”
连续性提问	保持冷静，挑一两个必要的问题回答。	提问：“贵公司如何看待市场竞争？您能谈谈新产品计划吗？您对于海外传播有何看法？” 回答：“我们会首先回应关于市场竞争的问题。”
提及竞争对手	不谈及或批评同业伙伴，维护自身形象。	提问：“您如何看待竞争对手最近的决定？” 回答：“我们专注于自身的发展战略，致力于客户服务。”
技术性问题	使用通俗易懂的语言解释，必要时用比喻帮助理解。	提问：“您能解释一下你们使用的云计算架构吗？” 回答：“当然，简单来说，我们的云计算架构就像是一个共享的文件柜，用户可以随时访问和存储信息。”
涉及私人意见	保持专业，重申企业的立场而非个人情感。	提问：“作为CEO，您对这一事件有什么个人看法？” 回答：“作为公司的代表，我的首要任务是确保企业的稳定和员工的支持。”

续表

提问陷阱	回答策略	案例
情绪化语言的问题	冷静纠正错误，回到主题，强调理性讨论。	提问："公众对此事件感到愤怒，说你们的产品都是垃圾，对此您怎么回应？" 回答："我们理解公众的关切，并将认真对待所有反馈。"
假设性的问题	拒绝回答基于错误假设的问题，或者将问题引导回正确的轨道上。	提问："如果传闻中的公司裁员是真的，您会如何应对？" 回答："首先，我要强调的是，关于裁员的传闻并未得到证实。我们公司一直致力于员工的成长和发展，如果确实需要调整人力资源配置，我们会遵循相关法律法规，确保员工的权益得到妥善保障。"
要求详细说明	结构化回答，分点讲述，确保信息清晰易懂，突出可行性和执行力。	提问："能否详细解释一下你们的危机管理策略？" 回答："当然，我们的策略包括风险评估、快速反应、持续沟通和后期审查。"
挑战你的观点	重申观点，用数据支持立场。	提问："您之前提到的增长目标似乎不切实际，您怎么看？" 回答："我们的目标基于翔实的市场分析和过去的业绩，比如（列举数据），所以我们有信心实现这些目标。"
询问个人经历或观点	保持专业，重申企业的立场。	提问："作为领导者，您个人对此事件有何看法？" 回答："作为CEO，我的首要任务是确保公司的健康与稳定。"
引导性问题（暗示答案）	不要被提问者的暗示所左右，而是坚持自己的立场和观点。	提问："您觉得公司的业绩下滑是因为管理不善吗？" 回答："我认为公司业绩的波动受到多种因素的影响，包括市场环境、竞争态势以及内部管理等。我们不能简单地将问题归咎于管理不善。"
智力测验（旨在测试知识、记忆或判断力）	用简单易懂的语言回答，分点阐述，确保信息清晰。如果问题涉及专业知识而自己不熟悉，让其他专业人士回答。	提问："贵公司的所有产品型号在今年的市场份额是多少？您能详细列举各项数据吗？" 回答："我们的数据分析团队正在实时跟踪各个产品的市场表现，初步数据显示市场份额稳步上升，相关细节会在季度报告中公布。"
不能问、无法回答的问题（涉及性别、宗教、政治、疾病等）	明确界限，礼貌地指出该问题不适合讨论；将注意力引导到其他相关话题上；可以简要解释为何这个问题不能回答。	提问："贵公司领导层近期的个人收入有多高？这一点与公司业绩的关联度如何？" 回答："公司更关注集体业绩和团队合作，我们的激励机制和薪酬结构均符合行业规范，同时也确保所有员工的职业发展。领导层的个人收入在合理范围内，根据公司的年度表现进行调整。"

3. 突击采访怎么办：四步法冷静应对

危机期间，任何员工都有可能遇到记者的突击采访，在这种情况下需要每位员工冷静、礼貌应对，不擅自接受采访，不随意发表言论。如遇媒体在未提前沟通的情况下突击采访，可遵循以下行动指引来应对媒体采访需求：

一是表态度。礼貌感谢媒体对企业的关注，表现出充分尊重与合作的态度。

二是明规定。明确解释公司有正式的接受采访规定：未经许可，任何人无权代表公司擅自评论、接受采访；公司规定媒体问题统一由专门部门负责处理；礼貌询问和记录对方的联系方式和问题。可参考使用以下话术："非常感谢您对我们的关注。在媒体采访方面，公司有专门部门负责。如您方便，还请您留下联系方式和询问的问题。公司会安排人员尽快与您联系。谢谢！"

三是讲流程。应对结束后及时转至指定的媒体联络人。如果因为场合及情况特殊性等客观因素要求当即接受采访，需要事后当天以邮件形式向指定媒体联络人报备，报备内容包括：采访背景、采访媒体、采访内容、采访时间、媒体联系方式等。

四是懂技巧。对突发采访保持冷静，礼貌应对，避免情绪慌乱。对不确定的事不随意发表评论和揣测。如果发现"暗访"采访，保持警惕，避免过多语言交流，明确表示任何形式的采访统一由专门部门负责。严肃恳切，不要面带笑容。

二、新闻发布会全流程：节奏、人选、话术、细节

新闻发布会是危机沟通的"主舞台"，更是企业能否掌控话语权、稳定舆情、赢得信任的一场公开测验。然而，很多企业误以为发布会只是"把话说出去"，却忽视了其背后严密的系统逻辑：要不要开？谁来讲？讲什么？怎么讲？谁来听？讲完怎么办？每一个细节都决定了公众如何看你、信你、传你。

本节将从十个关键维度，逐步拆解一场危机新闻发布会的全流程操作——从决策开不开，到选择谁发声；从邀请哪些媒体，到现场如何布置；从通稿内容到肢体语言，从发言技巧到巧妙"说不"，为读者构建一

个“既能稳住现场，又能赢得长效”的应对体系。

（一）新闻发布会要不要开

新闻发布会是一种高仪式感、高风险的信息发布形式，不是每场危机都值得开发布会。关键在于判断时机与条件是否成熟。盲目出场，反而适得其反。

判断标准有三：事件性质、影响范围、公众关注度。

若涉及公共利益、波及面广、舆论持续发酵，发布会有助于传递权威声音、统一口径、回应疑问，是典型的“应开”场景。

但若事件还在调查、信息不明，或公众尚未聚焦，强行召开不仅会放大风险，还可能因内容空泛而损伤公信力。频繁、无料的发布会，也会造成舆论疲劳。

表40列出了召开新闻发布会前需重点评估的七个关键问题，可作为判断是否具备召开条件的实用参考。每项问题均需明确准备到位，方能降低风险、提升发布成效。

表40：新闻发布会召开前的自我评估表

序号	判断维度	具体说明
1	核心问题是否准备充分	是否讲清事件经过、责任归属与解决方案？是否具备实质信息？
2	参会人员是否形成合力	涉及部门、公关、法务是否提前介入、统一口径？是否具备现场配合能力？
3	是否具备新闻价值	是否存在可传播的内容、数据或角度？是否有媒体可报道的“抓手”？
4	管理层是否愿意出面	是否安排高层或权威代表发声？是否清晰规划管理层的露面内容和边界？
5	发言人是否胜任	发言人是否具备清晰表达、应变能力与情绪管理能力？能否应对现场提问？
6	材料是否准备齐全	是否准备新闻通稿、图表资料、视频/照片？是否格式统一、无误、经审校？
7	时间安排是否合理	是否避开敏感节点？是否妥善安排交通、场地、安保等后勤保障？

（二）谁能当发言人

在危机舆论场中，新闻发言人站在最前线。他们是信息传递者，更是组织形象的守门人。其一言一行，关乎舆情走向；其回应方式，直接影响公众信任的建立与维系。

一个合格的发言人，不能只是“能说”。他需要清晰的逻辑、稳定的情绪、扎实的专业背景，具备洞察传播态势的判断力。

选人之初，必须明确一个原则：发言人不是临时演员，而是需要长期培养与战略配置的角色。他必须在权威性、表达力、心理素质和职业素养等多个维度都经得起考验，才能在危急关头发挥真正作用。

1. 权威性：职位够硬，专业够强

新闻发言人首先必须具备正式的职位头衔，拥有足够的权威来代表企业发声。通常，发言人的职位级别与危机的严重程度相对应。如果危机影响较小，由品牌总监或公关负责人出面即可，传递“一切正常”“企业已掌控局面”的信息。而当危机升级，企业需要通过更高级别的发言人向外界传递足够的重视程度，例如副总裁甚至 CEO 出面，意味着企业高层已亲自介入，意图稳定舆论、平息外界担忧。

2018 年 Facebook 深陷数据泄露危机。最初由公关部门发声，效果平平。随着事件发酵，CEO 扎克伯格被推至台前。他不仅接受了媒体采访，还赴国会做证，亲自面对公众的质疑。正是这次公开露面，扭转了部分信任颓势。

权威感不只靠职务，也靠内容。发言人必须熟悉行业法规、政策框架、监管要求，了解企业在行业中的定位。发言人得清楚组织架构、业务流程、发展规划，对跨部门职责有准确认知，回答时才能不含糊，不越界，不失焦。

在波音 737 MAX 危机中，CEO 道歉只是第一步。公司随后安排首席工程师参与发布会，详细解读技术整改内容，传递出“我们专业在场，我们正在解决”的明确信号。

2. 沟通能力：说得准，控得住，反应快

面对媒体，表达力是最直观的武器。发言人必须逻辑清楚、语言精准，避免模糊措辞与情绪语言。特别在涉及敏感信息时，更要守住表达边界。可以明确拒绝透露尚未公开的内容，也可以诚实告知信息暂不完整，而不是含糊其词来搪塞媒体。

2010 年英国石油公司（BP）墨西哥湾漏油事件中，CEO 的一句“我也想回到正常生活”，在公众看来是漠视生态灾难的冷血言论，引发巨大公愤。与之相对，2018 年星巴克因种族歧视事件道歉时，CEO 在发布会上坦率承认错误，用“我们做错了”“我们负全责”赢得了相对正面的舆论回响。

措辞之外，语气、表情、肢体语言同样重要。发言人需接受系统培训，以确保镜头前的形象专业、自信、真诚。避免回避眼神、重复小动作或紧张口误，这些细节都会被媒体无限放大。

2023 年 3 月，TikTok CEO 周受资出席美国国会听证会。面对连环提问和政治施压，他保持冷静，表情镇定，语言克制，回答有据。这场沟通虽然充满火药味，但他个人的稳重表现，为企业留住了部分中立公众的信任空间。

3. 心理素质：稳得住，扛得了，敢担责

新闻发言人必须具备极强的心理素质。危机现场节奏快、情绪浓，记者问题不留情面，舆论导向随时反转，稍有差池便可能引爆次生风险。此时，冷静应对是基本要求。既不回避问题，也不被激怒。快速判断、沉着发言，是稳定现场局势的关键。若每一句回答都情绪化，组织形象必然受损。2008 年三鹿奶粉事件中，发言人在新闻发布会上数次回避核心问题，言辞闪烁，引发媒体强烈质疑，加速了企业公信力的坍塌。

发言人还须具备在无法请示的情况下的独立回应能力。他不是传话筒，而是前线处理者，必须足够掌控已有信息，能独立判断“说什么、不说什么”。

2013 年家乐氏产品检测出金属异物，公司反应迅速，立即召回并召开

发布会，由食品安全专家与公关主管共同解释事故原因、补救措施与后续预防策略，有效避免了舆情进一步扩大。

4. 职业素养：懂责任，会共情，知敬畏

专业能力之外，发言人还须具备深厚的职业素养。他要能换位思考，理解媒体压力，也能设身处地，感知公众情绪。危机中，媒体与公众常常情绪激烈，若发言人摆出冷漠或对抗姿态，只会激化矛盾。耐心、诚意、同理心，是赢得理解的关键。

2018 年优步自动驾驶事故发生后，公司最初的声明冷冰冰、无温度，引发公愤。调整后，公司更新声明内容，表达对受害者家属的深切同情，承诺配合调查，态度转变缓解了部分负面声音。

发言人还需理解国际传播差异。面对境外媒体，应避免只从本国立场发言，而要转译语言、调整语态，提升说服力。

最后，发言人还需意识到，与媒体的关系并非“对手”，而是一种长线合作关系。尊重记者，维护沟通渠道，是企业舆论管理的基本功。

苹果公司在应对 iPhone“降速门”危机时，未对媒体的批评持对立态度，而是召开新闻发布会正面回应质疑，同步推出更换电池的补偿措施。态度坦率，行动配套，最终平息了危机。

（三）怎么邀请媒体

新闻发布会不是信息大集合，而是一场结构清晰、节奏可控的传播行动。谁能进、进来看什么、如何讲、讲给谁听，每一环节都要精心准备。媒体，是危机传播中的“扩音器”。选择得当，能协助企业准确发声、及时澄清；一旦疏忽，反而可能引发次生舆情，令局势雪上加霜。

1. 选谁来：质量比数量更重要

在危机语境下，媒体邀请不能泛滥。覆盖面不是第一要务，传播质量才是关键。

首先应优先邀请与企业保持长期合作、报道风格稳健、行业理解深刻的核心媒体。这类媒体具备专业素养与基本信任基础，能够基于事实框架进行理性传播。其次，可通过公关公司或行业智库补充媒体资源，但必须设立筛选机制，逐一评估其公信力、受众结构与报道记录。凡有明显“标题党”倾向、曾多次误报或歪曲事实的机构，应当从名单中剔除。哪怕其声量可观，也不可使信任让位于流量。

简而言之，媒体邀约应以“少而精”为基本策略。宁可放弃部分流量，也要保住沟通的专业性与秩序感。

2. 怎么通知：书面流程 + 节奏控制

媒体邀请的格式与节奏，直接映射出企业公关的专业水准。

所有邀约建议采用加盖企业公章的书面函件形式，内容应包含活动时间、地址、议程安排与联络人联系方式，必要时可附参会须知，例如着装建议、安全流程或拍摄规范。

函件发出后，应在发布会前 24 至 48 小时内进行电话回访。确认参会人员名单、职务与采访需求，同时提醒注意事项。此环节有助于核实出席信息，降低空位率，也能提前识别特殊要求并进行资源协调或议程调整。

到了发布会当天，应安排专人负责媒体接待，包括签到、资料分发、路径指引与现场答疑等基础服务。这些细节虽不起眼，却能在人心浮动的场合中建立秩序感与尊重感，为正式发声营造良好氛围。

3. 敏感议题怎么设防：不漏人、不放水、不出圈

若发布会涉及敏感议题，例如竞争攻击、事故问责或政策红线，媒体管理的标准必须再上一个台阶。最关键的防线是入口筛选机制。

应明确拒绝无邀约函件、自媒体身份不明或背景可疑的人员入场。这类人员常游走于主流媒体边界之外，缺乏行业伦理约束，容易为博取流量进行恶意剪辑、断章取义，甚至捏造“目击现场”内容，以渲染情绪、煽动舆情。

例如，某知名企业因质量问题召开道歉发布会。一段被自媒体拍摄的“高管低头沉默”画面，被配以“默认过失”“避谈责任”等标题迅速传播，导致企业陷入“二次危机”。现场管理若更严谨，完全可规避这一局面。

建议在发布会入口设立多道核验机制。参会记者须出示带有官方盖章的采访函与有效记者证，登记入场。必要时协调安保团队维持现场秩序，防止无关人员混入。若有直播需求，可采用“定向直播+官方实录”方式：授权核心平台进行视频输出，同时保留完整实录以供核查，既保障公众知情权，又避免内容脱序流传。

（四）会议现场安排有讲究

新闻发布会能高效传递核心信息，还能通过细节设计强化品牌形象，实现舆论引导与公众沟通的双重目标。在策划一场专业且高效的新闻发布会时，需综合考虑以下基本要素，详见表 41。

表 41：新闻发布会的基本要素

类别	要点
会议时间	•会议时间宜避开节假日，选择工作日上午10点或下午2点等媒体活跃时段 •议程需紧凑，通常新闻发布会的时间控制在30分钟到1小时 •主演讲控制在15分钟内，留足30分钟互动环节
地点选择	•人们在面对危机时往往更加敏感与脆弱，一个过于奢华或不合时宜的环境，可能会加剧媒体与公众的负面情绪 •一个与危机情境相匹配、简约而不失专业的场所和精心布置的会场，不仅能够提升会议的专业性与正式感，还能够反映出危机管理者对会议的重视程度与对参会者的尊重 •发布会地点优先考虑交通枢纽或市中心，缩短记者通勤时间 •发布会地点也可以设在总部大楼、工厂车间、附近酒店，甚至可以设在危机事故现场
背景设计	•新闻发布厅的背景明度太高，会反衬新闻发言人的肤色变暗、失真。建议选择背景明度低于发言人肤色2—4度的背景色彩 •背景为暗灰蓝色调、灰褐绿色调等沉稳颜色，会衬托出新闻发言人的权威感及信任度，同时也会产生立体的画面效果。科技发布会可选用蓝色渐变背景与数据流图案，体现创新感；政务发布会则需简洁庄重，突出机构标识 •背景板需与发布主题高度契合，采用企业Logo、核心标语或动态视觉元素，搭配品牌主色调增强辨识度 •图案和文字不宜太复杂，尽量简洁明快

续表

类别	要点
座位安排	•讲台式与剧院式座位摆放：凸显发言人的中心地位，强化信息传递的权威性与秩序感，成为新闻发布会中的常见选择 •圆桌式座位摆放：新闻发言人与记者围坐一桌，彼此之间的距离大大缩短；在平等的对话环境中，发言人可能会感受到更大的心理压力与挑战，尤其是在面对尖锐提问或质疑时 •主席台采用“单数居中为上，双数居右为上”原则，主要发言人居中，翻译位于左侧边位 •国际场合需遵循右尊左次规则，如中外嘉宾并排时，中方代表居右
区域划分	•主持人与发言人席位：主持人席位应位于会场的前方中央，便于掌控全局，与发言人、记者及观众保持良好的视线交流。发言人席位则通常紧邻主持人席位，确保信息的无缝衔接与传递 •记者席位：需为记者提供足够的空间与设备支持，如麦克风、笔记本电脑、摄像机等 •拍摄区：考虑摄像机的摆放位置、角度与高度，以确保能够捕捉到发布会的关键瞬间与细节；还需为摄影师提供必要的设备支持与工作空间，如三脚架、移动平台、照明设备等 •安全通道：确保安全通道的宽度、标识与照明都符合相关规定与标准，在紧急情况下能够迅速、有序地疏散人员 •引导标识：需根据现场布局与人员流动情况，合理规划隔栏的位置与高度；必要时使用醒目的标识与指示牌，引导人员流动与疏散方向，提高现场的安全性与效率
设备调试	•设备角度：摄像机需被妥善安置，以捕捉最佳视角，无论是会议现场的全景，还是发言人的特写，都应确保画面构图合理，信息传达直观 •清晰度：影像设备具备高分辨率，确保在各种显示设备上都能呈现出细腻、真实的画面效果 •音响设备：确保音频线、电源线连接正确；校正频率响应、失真度等关键参数；根据现场声场测试结果调整扬声器的位置、角度与音量，以确保声音覆盖均匀、无盲区，声音清晰、无杂音 •网络设备：技术团队需进行多场景模拟测试，如网络直播的带宽稳定性及多机位切换效果。若涉及AI交互环节，需调试语音识别系统和实时翻译设备
空间大小	•场地面积需适配参会人数，避免拥挤或空旷，确保每位参会者都能清晰地听到发言人的声音，看到其表情与动作 •要考虑主持人与发言人席位的高度、角度与照明，以确保发言人的形象与声音都能得到最佳的呈现 •确保记者席位与发言人席位之间保持适当的距离（不可太远，也不可过近），既便于记者提问，又能保证发言人能够清晰地听到问题并作出回答 •150平方米的发布厅适合中小型会议，容纳50—80人；大型活动可选择会展中心，确保座位间距舒适（通常前后排间距≥1米）

（五）新闻通稿很重要

新闻通稿在危机情境下首先起到的是一种舆论引导作用。危机发生初期，公众普遍感到迷茫和焦虑，急需获取准确而及时的信息。新闻通稿若能迅速、客观地披露事件真相，澄清事实，便可有效防止谣言和误解蔓延，及时缓解公众的负面情绪。

新闻通稿的结构形式通常是“倒金字塔结构”，是一种“头重脚轻、虎头蛇尾式”的结构。它常将最后或后发生的却富有吸引力的材料置于篇首，常呈现为“重要”“次重要”“次要”“更次要”“补充”“进一步交代性材料”的顺序。

从新闻通稿的写作视角来看，企业需要明确一个重要的认知：新闻通稿的首要对象是公众而非企业自身。新闻通稿必须符合公众的信息需求，建立在公众的关切点之上，而不是单纯地陈述企业想要表达的内容。

企业发布的新闻通稿必须与公众的切身利益密切相关，这体现了新闻价值中的“接近性”。当公众感知到危机直接或间接影响到自身的利益时，他们对新闻通稿的关注度才会显著提高。因此，企业在发布新闻通稿时应突出与公众利益密切相关的关键信息。例如，食品安全事件中，企业应明确指出涉及哪些批次产品、如何辨别、如何补偿或退货等公众最关切的信息。这种直接回应公众关切的方式，更易于获得公众的信任与理解，稳定公众情绪。

此外，成功的新闻通稿还应在内容里融入人性化的表达，以引发公众的情感共鸣，提升传播效果。例如，企业在新闻通稿中适度表现对受害者的关怀与理解，既能降低公众敌意，也有助于增强公众的信任感。

在危机管理中，新闻通稿的语言风格、遣词造句应更为严谨和得体，既要体现企业的专业性，又要表达对利益相关方的尊重和理解。这种审慎而得体的语言风格，有助于企业在危机期间保持形象的稳定性，并避免引发次生危机。

值得注意的是，在正式发布新闻通稿的同时，企业应为媒体记者提供必要的背景资料。企业发布的新闻通稿一般篇幅有限，只能概括性地传递核心信息，而背景材料则能够对事件的来龙去脉、关键细节以及企业处理问题的过程进行更为详尽和深入的阐释。这些背景材料包括文字性的补充说明，还可包括数据图表、事件时间线、历史案例、企业基本信息和事件相关人物的简历等内容。

（六）着装如何显专业

在召开新闻发布会时，着装的选择至关重要，它反映了个人的专业形象，还影响着公众对新闻发言人的整体印象。正装出席是基本要求，它传递出庄重和严肃的氛围。

下表适用于媒体应对、新闻发布会、政府沟通及高风险舆情处置等正式场合的企业发言人着装准备，建议企业在日常公关培训中将其纳入形象管理模块，结合场景设定制定标准化着装手册，确保在不同语境中呈现一致、可信的品牌代表形象。此外，应配备专职造型顾问或企业公关主管审核现场发言人仪容，避免非语言因素削弱公众沟通效果，保障信息传递的严肃性与公信力。

表 42：发言人着装

类别	女性发言人	男性发言人	备注
颜色	建议选择黑色、深灰、藏蓝、深褐、米白或枣红色等沉稳色调。	深蓝、灰色、黑色、褐色或杏色为佳，尽量避免鲜艳抢眼色彩。	颜色以不超过三色为原则；色彩应和谐，避免过分耀眼、鲜艳的颜色。
面料	适合选用挺括、柔和、透气性良好的面料，如纯毛、真丝、亚麻或高档混纺布料。	春夏季节宜选用轻薄透气的棉质或高档合成纤维；秋冬则可使用羊毛、呢料或天鹅绒等较厚材质。	所有面料应保持平整、无褶皱，具有良好垂坠感，展现发言人专业与自信的仪态。
款式	身形娇小者适合穿着剪裁利落的短款西装；身形曲线明显者应选择合体剪裁以修饰体态。	典型搭配为西装外套加衬衫，西裤应略宽松但贴合腰身，裤脚长短以平踩鞋面或稍盖脚跟为宜。	衬衫建议选择纯色，避免条纹或图案在镜头下形成干扰；若允许，可选择不佩戴领带的简约搭配。
整体形象	着装应传达出端庄、稳重与职业感，避免饰品过多或妆容过重。	应体现出可靠、理性与儒雅的风格形象，增强观众对信息来源的信任感。	男性发言人如选择不打领带的商务休闲风，也应保持着装整洁、质感良好，确保不失专业度。

（七）体态语言怎么控才不浮夸

新闻发布会是企业面对公众危机时最重要的发声平台，也是展示组织形象、引导舆论的关键场合。在这种高关注度的场景下，发言人的非语言表达，尤其是肢体动作和面部神情，既传递信息，也起到调节氛围的作用。①

无论是发言人还是主持人，都应保持冷静，展现出温和、有礼的态度。尤其在处理负面议题时，公开发言时切忌使用幽默语气。在台上的很多小动作，往往会被记者放大审视，例如面部表情、目光方向、呼吸节奏、语速快慢，以及坐姿、站姿、走动方式等，这些都是媒体镜头关注的重点。因此，发言人在这些方面必须经过专门训练。

下表可作为企业在举办新闻发布会、回应舆情或与公众面对面交流时，对发言人进行体态语言训练的基础工具。建议在建立发言人制度时，同步引入“标准体态动作库”，结合实际场景进行模拟训练。特别是在处理敏感危机时，公众情绪紧绷，媒体关注集中，任何微小的肢体反应都可能被误读放大，因此发言人的现场表现必须格外谨慎。企业应定期组织模拟发布会演练，邀请公关、心理、传播等专业人士参与点评，确保发言人传递出的肢体语言与企业的价值观保持一致，做到真正意义上的“形象与内容同步修复”。

表 43：新闻发布会的体态语言及表达

类型	恰当的表达	备注
面部	适度微笑可传达亲和与自信； 遇重大事故（如伤亡、财产损失）应保持肃穆表情。	避免面部表情过于丰富或生硬，需掌握“适度”原则，表达应与事件情境匹配。
目光	目光与记者平视，而不是俯视状态； 能够在现场与记者直接进行眼神的交流； 目光环绕照顾到全场。	不要一直盯着稿子，低头念稿； 不应该只盯着某个人看； 避免眼神出现闪躲、放空。

① 吴卫红. 政府新闻发言人中的体态语言及其运用[J]. 传播与版权，2017（09）：16-18.

续表

类型	恰当的表达	备注
手势	使用开放手势（手心向上，拇指张开），可传递包容与平等； 避免过多的紧张或神经性手势，保持镇定的动作传达权威感。	避免抓头发、挠鼻子、揉眼睛等小动作； 不要用食指指着记者，这会让记者感到被蔑视。
坐姿	保持身体的端正，适度向采访者或观众前倾，显示兴趣和参与感； 可以适当就所提问题轻微地点头表示认可，让记者感受到被倾听。	忌左右摇晃、不断变换坐姿或身体晃动，避免给人“心虚”或“轻率”之感。

（八）发言人和主持人怎么分工

在新闻发布会现场，发言人和主持人面对的是一场信息密度高、传播风险大的公开应答。提问从四面八方涌来，既有事实追问，也有立场挑战；既有对责任归属的追究，也有对未来承诺的评判。这就要求发言人要把话讲清楚，主持人在有限时间内稳住节奏、控制风险、引导认知。

一场高风险的新闻发布会，不只是发言人“站在话筒前说什么”，更是一场团队协作的公开演出。主持人、发言人（现场助理）各有定位、职责分明。尤其在提问环节，发言人与主持人之间能否配合默契，往往决定整场发布会是否能够“稳住节奏、守住底线”。

1. 发言人应答“四步走”策略

发言人的有效回应并非“想到哪答到哪”，而是一套从问题理解到话术部署的系统策略。本节将围绕“拆解—分类—回应—控场”四个环节展开，厘清危机发布会中发言人应具备的核心应对力。

表 44：新闻发言人应答“四步走”策略

发布会环节	模块标题	核心任务说明	实务要点与操作建议
拆解	提问怎么拆	快速理解提问背后的信息诉求、舆论意图与潜在风险，识别问题的本质，避免答偏或落入陷阱。	–常见问题类型： ✔**事实类**：关注事件本身的来龙去脉 ✔**情绪类**：带有倾向性、质问甚至挑衅成分 ✔**立场类**：希望企业明确态度或政治姿态 ✔**建议类**：暗含公众对“该怎么办”的预期 –拆解时要抓住关键词与逻辑落点，构建回应结构

续表

发布会环节	模块标题	核心任务说明	实务要点与操作建议
分类	如何分类回应	在理解问题之后，对其紧急程度、核心价值和信息掌握度进行快速分类，决定哪些立即回应、哪些延后处理。	–**紧急vs非紧急**：敏感或易引发恐慌的问题需现场答复；一般性问题可书面补充 –**核心vs边缘**：聚焦影响公众判断与信任的问题，减少在边缘话题上的消耗 –**已知vs未知**：对未核实问题避免强答，采用“正在核实+后续同步”表述控制风险
回应	回答顺序怎么定	制定合理回应顺序，确保先解答公众最关注的问题，后逐层展开信息说明，建立“焦点优先—延展支撑”的回应结构。	–回答逻辑建议： ✓首轮聚焦舆情关注点 ✓中段澄清关键信息 ✓尾部处理技术性问题 ✓敏感议题通过主持人引导抛出
控场	提问怎么设计	危机发布会中的提问安排不应随机，需精准设计数量、顺序、类型，形成传播引导结构，避免现场失控或被带节奏。	–**数量适度**： ✓若问题需详细解释，建议控制在3—5个 ✓若问题较为简短，可拓展至8—10个 –**类型多样**：覆盖“过去发生什么—现在如何处理—未来怎么保障”的三段式逻辑 –**排序有层级**：重要、紧急、高情绪议题优先 –**敏感议题**：敏感问题预设答复方案及统一口径
	场内配合要默契	新闻发布会不是一个人的战斗，而是团队联动的系统工程，团队共同完成信息筛选、节奏掌控与现场情绪调控。	–**角色职责清晰**： ✓主持人：控场节奏，引导提问路径，替发言人缓解压力 ✓助理：传递问题卡片、实时记录媒体反馈、递送补充资料 ✓发言人：专注内容回应，控制语气与用词精度 –建议会前演练，模拟高压提问情境，提升团队协同能力
	是否增设互动环节	互动可增强开放性与透明感，但必须可控，避免沦为情绪发泄场。互动设计应有边界、有策略、有节奏。	–**是否设置**：视危机敏感度与公众压力而定；一般建议轻度设置线下问答或线上精选提问 –**节奏控制**：不宜开放式自由问答；需设置问答时限与问题总量 –**回应筛选**：对未准备的问题可使用“暂缓答复—后续跟进”方式化解风险

2. 场内协同怎么打：主持人掌节奏，发言人守口径

一场高密度、高关注、高风险的危机新闻发布会是一个团队共同完成的“高压表演”。其中，主持人负责控节奏，发言人负责守口径，两者配合的流畅程度直接决定信息能否准确传达、现场能否稳住氛围、风险能否

被有效压制。本节将从职责分工、操作技巧到协同演练，全面拆解控场环节中的“协作术”。

第一，发言人回应的是问题，守住的是信任。

发言人是全场关注的焦点，更是企业立场与态度的第一传声筒。发言人不需面面俱到，但必须“把关键问题答清楚，把风险信息说稳当”，其承担四大核心功能：

- 清晰传达要点：逻辑简明、口径统一，避免模糊、重复与“说太多”
- 回应外界质疑：能够从容应对多类问题（事实型、追责型、建议型、情绪型）
- 稳定情绪氛围：保持语速平稳、表情克制、用词精确，防止场面失控
- 筑起信任边界：及时承认错误、澄清模糊认识、兑现承诺，是危机回应的根本职责

第二，主持人是节奏师，也是管控者。

主持人是发布会现场的“流程管控者”和“风险缓冲器”，其作用远不只“念串词”或“读名单”。对主持人的要求是：话少而稳，态度中立但有力。在危机场景中，主持人需担负起以下三大任务：

一是控节奏。在记者提问过长或重复时，及时礼貌提醒“简要提问”“避免重复”；适时推动流程切换，控制整体节奏，确保会议不拖时、不失控。

二是稳现场。面对情绪性提问或交叉追问，应果断打断，转向下一位；若有记者情绪激烈，可安排“提问中止”“改为书面回复”。

三是设边界。要划清提问红线，对明显带有偏见、攻击性或失实内容的提问，主持人应主动“挡刀”，代为转述、平移或跳过；统一口径话题建议由主持人引导提出，避免发言人被动陷入表态陷阱。

表 45：主持人和发言人协同作战表

高压情境类型	风险特征	主持人动作（控节奏 / 护风险）	发言人动作（守口径 / 表立场）	配合要点 / 操作说明
冗长或跑题提问	提问时间过长、离题、重复，拖慢节奏	打断提问，礼貌提醒“简要聚焦”或引导回主题	回应内容力求简洁、聚焦主线，主动转入下一个问题	主持人“设边界”、发言人“提速果断”，防止节奏被拖垮
情绪性挑衅提问	带有情绪引导、质疑、刺激性的攻击性语言	改写提问、降温语气、必要时转向下一位	不带情绪回应，聚焦事实陈述与态度表达，避免硬碰硬	主持人“挡前锋”、发言人“打缓冲”，避免火药味升级
信息未确认问题	涉及细节未核实、结论尚不清晰的问题	引导记者“等待调查结果”或“后续通报”，防止舆论先入为主	明确表态“正在核实”，承诺后续发布时间与方式	用“托词+承诺”组合，稳定预期、争取时间
突发敏感议题	未在预设议程内、涉及合规、政治、民族、伤亡等问题	拦截或重述提问，转化为“官方声明发布口径”或“超出本场议程范围”	不立即表态，不评论，不定性，可简要引导至已有口径	主持人“设限护边”，发言人“不答空档”，共同守住红线
多轮追问密集场面	多家媒体围绕同一问题连番追问，舆情聚焦点升温	控制追问轮数，设定“统一回应”或“主持人筛选提问”流程	使用“统一回应模板”，不临时添加新内容或自我推翻	控制入口与出口，对信息实现统一版本发布
法律 / 诉讼类提问	易引发二次风险或官方调查反应，可能影响诉讼或政府关系	统一引导至“以法律部门/官方说明为准”，或强调“当前阶段不便回应”	表态“已配合调查”或“尊重司法程序”，避免评价细节	协同设限、谨慎发声，防止任何一句话成为“呈堂证供”
发言人口误或失言	发言人现场出现语误、数字口误或用词失当	立即接管话筒或语境，引导场面过渡至下一议题或“澄清环节”	后续主动澄清，承认失误、明确纠正内容	主持人先“补位”，发言人后“收尾”，及时止损，稳住公信力
舆论高度焦灼场景	受害者家属、消费者、大众处于情绪高压状态，场内任何信息都易引爆争议	限制每位记者提问时间，减少自由追问，适当调整提问者顺序	情绪克制、表达共情，重点强化“责任态度+后续措施”	“语气平+内容实+情绪柔”，用秩序和共情双向控场

（九）发言人说话诀窍：“SPOKESMAN”

为了帮助企业在瞬息万变的舆论环境中掌握主动、赢得信任，我们归纳总结出“SPOKESMAN”法则。这九个字母，代表着九条打通传播全链路的关键原则，每一环都是新闻发言人专业素养的必修课：快人一步掌握舆论节奏（S），做到内容公开且精准清晰（P），对外统一口径不制造噪声（O），围绕核心信息反复强化记忆点（K），展现业务熟练与情绪稳定的专业度（E），回应问题既要机智有分寸，也要真诚可信（S），在仪态上自然得体、礼貌有度（M），懂得调整表达角度、塑造良好形象（A），并始终在发言中保持审慎、避免草率承诺（N）。九字要诀，层层递进，既是危机传播中的“控局术”，也是构建企业公信力的底层逻辑。

1. Speed：说得快，才能领先节奏

在危机事件中，信息空窗期会成为谣言滋生的温床，公众的不确定感会迅速转化为恐慌和质疑。一条新闻如果能在第一时间发布，就能迅速占领舆论高地，减少误解和谣言的传播空间。这要求企业建立高效的新闻发布流程，包括快速的信息收集、审核和发布机制，以及训练有素的发言人团队。

速度为主原则强调“快中有序”，即在确保基本事实准确的前提下，迅速通过官方声明传达核心立场（如“已展开调查”“正在积极处理”），为后续信息披露争取空间，防止谣言主导舆论方向。

2. Public & Precise：说得明，也要说得准

公开透明是危机沟通的核心原则。企业应主动披露可验证的信息，而非选择性公开或回避关键问题。

在危机事件中，每一个用词都可能影响公众对事件的理解和判断。因此，新闻发言人在发布信息前必须进行充分的核实和确认，确保所发布的信息基于可靠的数据和事实。例如，所有涉及经营成果的数据（如营收、利润、现金流）必须经过具备证券资质的会计师事务所审计，并标注审计意见类型；核心技术参数应通过国家认可实验室或ISO国际标准认证，以确保信息的可信度。

在跨区域、跨文化传播中，需针对不同受众调整叙事策略，选择准确、恰当的词汇：

方言化表达。在地方性危机中适度使用方言词汇（如西南地区用“摆龙门阵”代指沟通会），拉近情感距离。

符号化隐喻。借用本土文化意象增强说服力，如在危机宣传中引用“愚公移山”“精卫填海”等典故。

禁忌规避。识别地域文化敏感点，如西北地区发布会避免使用“蝗虫灾害”等可能引发宗教联想的词汇。

明确责任。当危机涉及生命健康、道德伦理等敏感领域时，要明确事故处置直接责任人（如“已成立以张 ×× 副局长为组长的专项工作组”），避免“有关部门”等模糊表述稀释问责诚意。

用语通俗。讲话时应使用通俗明确的语言，避免使用行业术语或“企业专有术语”，以免令媒体感到敷衍或有距离感。例如，疫情初期，“戴口罩、勤洗手、少聚集”这种易传播的口号，比复杂的医学术语更能强化公众认知并促使人们行动。

避免消极语言。面对媒体时应该尽量主动输出正面信息，将其变为发声伙伴。不要重复媒体在提问时故意使用的消极词汇。（详见第十章中“写作中要注意的言语技巧”）

3. One voice：统一口径，不乱带节奏

危机期间，多头发声、前后矛盾会严重削弱企业的公信力。因此，企业应建立统一的信息管理机制，所有媒体沟通内容必须经过公关危机处理小组的确认。确保所有官方渠道和发言人保持一致表述。（若希望参考常见危机事件的备用口径，可以阅读第十一章）

在 2008 年 11 月 15 日，杭州地铁一段施工工地突然发生路面大面积塌陷事故，造成 4 人遇难，17 人失踪。这是中国地铁建设史上伤亡最严重的一次事故。中铁隧道集团副总工程师王梦恕院士认为事故属于“突发性自然地质灾害”，除了自然因素，原因还包括未考虑周边环境影响、施工方法不当、工期不合理、造价压低等。杭州市政府认为王梦恕关于事故原因的言论“是不负责任的”，不符合实际情况。这些自相矛盾、前后不一致的言论充斥在媒体上，造成极其恶劣的影响。

4. Key message：核心信息要重复强化

公众在危机事件面前往往表现出焦虑、恐慌和急躁的心情，一般没

有过多耐心听无关紧要的内容，作为当事方应当迅速亮出“底牌”，给公众吃“定心丸”。随着受众的心情逐渐平静下来，再向外界提供更多相关信息。

危机信息应遵循“信息金字塔”模式，即从核心信息到细节层层递进。预先搭建一个“信息金字塔”，确保核心信息简洁、层次分明，便于媒体和公众理解。新闻采访与写作的基本要素是五个“w”（who，when，where，what，why），即什么人、什么时间、什么地点、发生了什么事、原因是什么。除此之外，还有怎样发生的、后果如何、已经采取了什么措施、政府对此态度如何、如何避免类似事件再次发生，等等，这些都是记者和公众最关心的。只要简明扼要地把几个核心问题讲清楚即可。

在发布信息时，要遵循逻辑清晰的原则，确保信息的条理性和连贯性。初步发布的基本信息，不一定是全面的。有了进一步的信息继续发布，对过去由于情况不清晰而发布的不准确、不全面的信息给予纠正和补充。

5. Experience & Emotional：业务熟 + 情绪稳

新闻发言人的专业素养直接影响信息传播的效果。企业需要通过模拟新闻发布会、压力访谈等方式进行情境训练，确保发言人在面对媒体提问时能够精准作答。2015 年 6 月，外交部新闻发言人陆慷面对记者提到“不具名的美国官员声称中国黑客窃取美国情报”时，迅速回应：“这种‘不具名’的小道消息太多，我们没有工夫去一一点评。”他不仅巧妙回避了无端指责，还引用国际社会对美方网络活动的质疑，反将一军，体现了对国际事务的深刻理解和娴熟的应对技巧。

新闻发言人在情绪控制方面需展现卓越能力，面对记者挑衅性提问时始终保持冷静克制，避免因情绪波动导致失态。在危机事件的高压环境下，记者可能采用预设陷阱、曲解原意或反复追问等方式试图激怒发言人，以此制造冲突性新闻点。此时，发言人可以运用“技术性停顿”缓冲情绪，例如短暂沉默、调整坐姿或重复问题等方式争取思考时间，利用预设“非对抗性回应框架”避免本能性反驳，为后续理性陈述争取话语空间。

在 2014 年政协新闻发布会上，大会新闻发言人吕新华在面对反腐话题时，记者提问尖锐且敏感。吕新华在直播现场沉默数秒后，突然大笑，并以一句“我只能回答成这样了，你懂的”巧妙化解了紧张气氛。这种幽默且不失分寸的回应，既避免了直接冲突，又让记者和公众心领神会，展现了他在高压环境下控制情绪的卓越能力。

6. Smart & Sincere：既机智又真诚

危机情境下的新闻发布并非机械执行预设流程，而是动态应对复杂挑战。

平衡策略。机敏智慧首先体现于在“底线思维”与“弹性空间”之间寻求平衡。当舆情意外转向时，发言人应具备即时校准能力。例如，某跨国零售企业遭遇种族歧视指控后，原定发布会聚焦“员工培训计划”，但社交媒体讨论迅速转向“受害者赔偿方案”。企业因此临时增设“专项补偿基金”议题，有效缓解舆论压力。

技巧边界。对涉及法律风险或商业机密的提问，可采用“框架式回应”：先承认问题合理性（如“感谢媒体监督”），再划定回应范围（如“案件已进入司法程序，细节不便透露”），最后引导至可控议题（如“我们将全面加强合规审查”）。

真诚友善。新闻发言人还需要以真诚的态度面对媒体和公众，这是新闻发布工作的灵魂。任何情况下，必须保证说真话，并尽可能保持信息透明度。真相迟早是要大白于天下的，如果说假话，等事后真相大白将严重损害企业形象。与记者沟通，少用“你”“你们”“他”“他们”来进行回应，多用“我”“我们”进行表述，这样更具亲和力。发言人不要随便打断记者的发言和提问，也不要采取任何动作、表情或语言阻止他们。

7. Manner：仪态得体，态度自然

在公众沟通和危机应对中，发言人传递出去的不只是话语，更是一种态度。而这种态度，往往先于语言被感知：是眼神的交流，是语气的起伏，是那一刻身体的姿态与表情。而支撑这一切的，正是“Manner”——

一种外在有形、内在有感的表达修养。

在人际交往和商业活动中，内外合一的礼仪修养是发言人可信与尊重感的基石。正如孔子所言，“不学礼无以立”。礼仪不仅体现了个人的修养和素质，也是社会公德的反映。在演讲与发言中，得体的言谈举止、恰当的着装和专业的动作，都是提升个人形象与品牌价值的关键。

中国人讲“人要衣装，佛要金装”，但真正的“装”，不是浮于表面的华丽，而是合时宜、有分寸的体面。我们在前文已经详细介绍了着装的选择、颜色的搭配、面料的质感，以及发言人应如何运用肢体语言与面部表情，来建立专业、可信的第一印象。因此，本节不再赘述这些操作层面的细节，感兴趣的读者可以参考前文章节及对应表格。

这里我们更想强调的是——礼仪不仅是“看起来得体”，更是一种“发自内心的尊重与自律”。发言人代表的，从来不只是他个人，而是整个组织的态度、气质和文化底色。一个举止有度、谈吐从容的人，比起一个语言精准但表情僵硬的人，更容易让公众放下戒备，建立信任。甚至可以说，很多时候，态度比内容更有分量。因此，“Manner”作为“SPOKESMAN 法则”的一环，不应被简单理解为穿着得体或动作得宜，而应被提升为“内外一致、形式与内容协调”的综合表达修养。

想象一下，在一次高压的新闻发布会上，一位发言人语速适中、语气诚恳、语义简洁、面带理性温度——即使说得不多，也能让人感受到组织的稳重与诚意。相反，如果发言人穿着合规，却满脸慌张，声音发紧、眼神飘忽，那无论他说得多么正确，观众也未必买账。因为在信息爆炸、情绪主导的时代，人们不仅在“听你说了什么”，更在“读你是怎么看这件事的”。

“Manner”强调的不只是外形，更是一种“人与人之间的温度感知”。一个好的发言人，面对质疑不会硬怼，面对误解不急躁，面对情绪也不随波逐流。他懂得用语气、节奏、姿态，让信息“软着陆”，让立场“有人味”。

更进一步，“Manner”也意味着一种专业的自我管理。在镜头下、聚光灯下、舆论压力之中，一个未经训练的人很容易暴露焦虑：手足无措的小动作，忽快忽慢的语速，不自觉的防御性表情……这些都会悄悄削弱你的可信度。而优秀的发言人则是把“自信但不骄、真诚又不软”的状态，练成一种下意识的本能，一种“情绪不外泄、态度有温度”的表达方式。

归根结底，真正的“Manner”，不是摆出来的“礼貌”，而是内化成习惯的尊重；不是刻意为之的“姿态”，而是发自内心的分寸感。真正的“Manner”是一个发言人在危机博弈中最稳定的锚点，也是让一场沟通化险为夷、化解危机的隐性力量。

一句话总结“Manner”：不是形式，是态度；不是修饰，是底色；不是“会表现”，而是“懂分寸”。在所有你说出的话之前，公众早已感受到你的立场与分量。

8. Angle & Appearance：角度合适、形象专业

“角度合适”要求发言人需以“公众听得懂、愿意听、记得住”为基准，将复杂信息转化为公众可感知、可共情、可传播内容的核心，使专业表述与大众认知形成共振。

第一，利益关联视角，抽象议题具象化。公众对危机事件的关注往往源于“与我何干”的底层逻辑。发言人需将技术性、政策性信息转化为与公众生活直接相关的利益表述，比如对抽象的概念可采用数据化表达；数字化的内容可使用具体化的表达；讲述具体的案例或故事，将复杂的概念融入情节之中；对重要的信息可以做适当的重复；利用图表、流程图、时间线等视觉元素来展示复杂数据或过程；使用类比和比喻，将复杂的概念与大家熟悉的事物进行比较。

2021 年长江流域限电期间，国家发展改革委发言人未局限于“能耗双控”政策解读，而是以“每户家庭日均减少 1 小时空调用电，可保障 500 家医院 ICU 持续供电”的类比，成功将行政指令转化为社会互助倡议。

第二，第三方中介视角，借权威背书。当企业公信力受损时，需引入中立权威作为信息“转译者”，比如邀请院士、行业协会发布独立检测报告；由公证机构对赔偿方案、数据真实性进行第三方鉴证；援引国际组织标准或他国同类事件处置经验。

2015 年天津滨海新区爆炸事故后，天津市政府邀请美国化工安全委员会参与事故调查，其出具的英文报告经官方翻译后发布，显著提升了调查结论的国际认可度与国内可信度。

第三，切忌站在个人角度讲问题。新闻发言人代表的是一个单位，甚至一个地区，一言一行都代表整个单位的形象，不容半点马虎。在面对媒体时，发言人如果站在自己的立场和角度去谈问题，往往会带来严重的后果。

2011 年 7 月 24 日晚，在“7·23”甬温线特别重大铁路交通事故发生 26 个小时后，铁道部召开首次新闻发布会，铁道部新闻发言人王勇平说：“至于你信不信，我反正信了。”在讲这段话的时候，王勇平用力一甩脑袋，面带笑容，引发了广大网友的不满愤懑，这段画面也被制作成 GIF 动画流传，而“我反正信了”的“高铁体造句大赛”席卷网络。

最后强调一点，新闻发言人的职业形象是“视觉说服”与“理性沟通”的结合体，严谨的着装规范、得体的仪态管理、专业的举止表现，以及内在的素养积淀，可以构建起公众信任的基石。在上面的章节中，笔者已经介绍了着装问题和体态语言，此处不再赘述。

9. Never Say Never：绝不说不，决不瞎说

危机沟通中，新闻发言人既是“回应者”，也是“守门人”。新闻发言人的应答智慧除了体现在“有所言”与“有所不言”的辩证统一上，还应该反映在“知之为知之，不知为不知”的底线原则上。对尚未掌握或未经核实的议题，发言人应保持审慎克制，避免以模糊表态、空洞承诺或主观臆测损害企业公信力。关于说“不”的原则详见下一节。

（十）说“不”也有讲究

本节围绕两个维度展开：一是如何在信息不完整的情况下谨慎发言，二是如何在不得不拒绝时婉转表达。二者共同构成对发言人来说最难、也最重要的表达场域。

1. 审慎说话：面对不确定信息如何开口

发言人不是“万能知情人”，在危机初期或事件演化阶段，部分信息尚未查清、部分数据仍待核实，若强行表态，极易造成事实偏差或误导公众。

第一，不了解的少说。危机常常信息复杂、责任交织，发言人必须坚持“知之为知之”的底线原则。面对不清楚的问题，应坦率说明“目前尚未掌握”“正在调查核实”，而非用“可能”“大概”“我们认为”等主观推断填补空白。

错误示范：“应该不会是质量问题。”

专业说法：“目前我们尚未发现产品系统性缺陷，调查正在进行，后续将公布详细检测数据。”

2013 年 3 月 13 日，在十二届全国人大一次会议新闻中心举行的“保障基本民生，发展社会服务”记者会上，有媒体问近期浙江死猪投入黄浦江事件，是否“因付不起火葬费”。民政部部长按照关于殡葬管理服务的收费问题来理解和回答记者提问。这个回答引起广泛讨论，众多媒体评论“答非所问”。

第二，空话套话不可取。公众在危机中关注的是确切进展与实质措施，而非敷衍的口号。避免使用诸如“我们高度重视”“相关部门已介入”之类的机械语言，必须结合事实讲清楚“怎么重视、谁在介入、进度如何”。

2013 年 4 月 20 日芦山地震发生后，央视连线雅安市委书记徐孟加，在市委书记开始历数四川省党政军领导奔赴地震灾区情况时，央视主播打断说：“这个我们可能比你知道的多些，说说现在采取了哪些措施吧。”连线一结束，网上便出现了指责徐孟加“说套话”“溜须拍马”的文章：《雅安书记介绍领导关注灾情遭央视主播打断》《央视主播打断雅安书记介绍灾区：别废话说具体措施》。

第三，信息有限，也能表达清晰态度。即便信息有限，也不能一问三不知。发言人应明确表达三点——“我们知情”“我们正在查”“我们将公布”，这种表态比空白更具安抚力。

示例回应："这起事件我们已第一时间关注，相关部门正同步核查中。我们将在 24 小时内提供阶段性进展，并同步向公众披露。"

第四，坚持"就事论事"，不回答假设性设问。面对假设性提问，如"如果是你们产品的问题怎么办""如果监管问责是否会辞职"等，发言人应坚守事实边界。以"当前尚无证据支持该假设""相关调查尚在进行中"为锚点，防止陷入推测与情绪牵引的陷阱。

2. 策略拒绝：当不得不说"不"时，怎么说？

在危机应对中，发言人并非"有问必答"。但"拒绝回应"绝不是简单说"我不回答"，而是一套有判断、有技巧、有话术的表达系统。我们将这套系统拆解为"三道防线"：

第一道防线：判断是否应答。

在信息未确认、超出权限或涉及法律红线的场景中，第一步是明确"是否可以说""该不该说"，防止在不具备信息和授权的前提下贸然发声，造成误导。常见的四类不宜回应情境包括：

- 权限未授权：问题涉及高层决策、集团协调、尚未披露的战略信息
- 法律与政策限制：进入司法程序、涉及国家安全或保密法规
- 信息尚未核实：事实仍在调查、数据统计不完整
- 假设性或诱导性提问：带预设立场、误导推理或挑动情绪

第二道防线：用"五步法"有技巧地说"不"。

若判断出"暂不宜回应"，发言人应当通过一套专业的五步表达流程（见表 46），在不正面作答的同时，依然维持对话张力与公众信任。举个例子：

"首先感谢您的关注，也理解公众对信息安全问题的高度关切。（第一步：承认问题合理性）

"目前公司已启动全面调查程序，但因数据量大、技术链条复杂，相关信息尚在核实中，因此在事实未明之前，我们暂不宜就传闻内容作出判断。（第二步：说明无法回应的原因）

“我们承诺将在48小时内发布阶段性进展，并同步披露检测机构报告摘要，保证信息透明、客观。（第三步：承诺后续跟进机制）

“虽然目前无法确认是否存在外泄，但可以明确的是，公司已暂停相关系统运行，并邀请第三方安全机构同步介入调查。（第四步：引导至可控信息域）

“为了保证发布会秩序，若该问题后续还有补充，我们欢迎通过官方渠道进一步沟通。（第五步：设置议题缓冲区）”

表46：拒绝回应的五步表达策略表

步骤	表达策略	核心目的	技巧融合场景	典型语句示例
第一步	承认问题合理性	缓解对抗氛围，表示理解和尊重	打断尖锐提问，争取思考时间	“感谢您对该议题的关注，我们也高度重视。”
				“这个问题确实也是我们内部正在持续讨论的焦点。”
第二步	说明无法回应的原因	清晰划定回应边界，避免被误解为“刻意隐瞒”	使用法律/制度/权限作为“回应限制”理由	“该议题涉及司法程序，目前不便评论。”
				“此事务需高层决定，我暂无授权回应。”
第三步	承诺后续跟进机制	防止舆论真空，稳定公众期待	回应“尚无信息”“正在调查”等阶段问题	“我们将在今晚8点发布阶段性通报。”
				“公司承诺48小时内在官网更新。”
第四步	引导至可控信息域	稳住舆论方向，淡化敏感话题	脱离假设陷阱，引导舆论聚焦企业行动力	“虽然尚待核实，但我们已完成排查。”
				“虽无法确认外界传言，但我们公开应对流程。”
第五步	设置议题缓冲区	终止恶性循环提问，保护发布秩序	应对情绪化、重复性、挑衅性问题	“为避免重复占用时间，建议通过书面提交。”
				“该议题已完整回应，请进入下一环节。”

第三道防线：备好“说什么”的标准语句。

一线发言人常因语言准备不足而“说漏嘴”或“说太多”。因此，在内容判断与表达技巧之外，还需准备一套可直接套用的标准回应模板，方便内部培训与实战演练。

表 47：拒绝回应的七类典型情境、原因、应对策略说明和回应话术

典型情境	拒绝回应的原因	应对策略说明	回应话术
权限不在本岗	涉及高层决策、敏感业务、跨国合作，发言人未授权	转由高层或集团统一发声，表明职责边界	“该问题涉及更高层级决策，我将在获得授权后向大家说明。”
涉密或受限	案件进入司法程序、政策尚未公开、数据受监管约束	以“法律合规”立场设定回应边界	“因案件已进入司法审查阶段，目前不便评论。”
			“依据相关监管规定，该项数据暂无法披露。”
信息未核实	事实尚不完整、数据仍在统计、结论尚未形成	表示“我们在查”，并承诺后续更新	“目前我们正在核查相关情况，稍后将通过官网发布进展。”
假设推演问题	设问前提尚未成立，有诱导性或操控性	切断假设链条，引导回归事实	“目前并无证据支持该判断，我们尊重调查流程。”
			“我们不评论假设性问题，请关注事实进展。”
过度重复提问	已多次回应、无新增内容	礼貌终止，设立“议题缓冲区”	“这一问题我刚才已说明，如您仍有疑问会后欢迎进一步沟通。”
不当提问方式	情绪化攻击、用词挑衅或不符合发布会规范	不与情绪对抗，强调发布秩序	“请注意提问秩序，如有进一步问题可书面提交，我们将按程序回复。”
数据 / 决策仍在处理中	企业尚未完成内部调查或协调程序	表明还在调查，强调信息审慎	“调查正在进行中，为确保信息准确，我们将于24小时内正式通报。”

第九章

危机后怎么救形象：甩锅、认错、讲情、喊痛，你选哪个？

道歉，这一社交行为，在人类社会中占据着举足轻重的地位。然而，道歉并非简单的“对不起”三个字所能涵盖的。

首先应了解两个关于道歉的基本事实：

其一，道歉本身具有心理与制度阻力。无论个体还是组织，道歉都意味着权力让渡、面子受损与责任承担，天然令人抗拒。企业层面尤为明显：错误常由个别员工引发，却需公司整体担责，加上法律顾问常提醒道歉可能被视为“承认过失”，引发诉讼风险，使得企业在是否道歉的问题上普遍犹豫不决。

其二，道歉虽有风险，但更具长期价值。从危机管理视角看，适时而真诚的道歉可有效缓和情绪，引导舆论，重建信任。相较于品牌受损、舆情恶化、法律追责等危机后果，道歉的成本往往更低，也更具掌控性。

威廉·班尼特（William Benoit）提出了形象修复理论（Image Repair Theory）①，这一理论的核心观点是，危机会对个体或组织的公众形象造成不同程度的损害，而组织若希望恢复其信誉与社会认同，必须通过有策略、有步骤的沟通行为来实现"形象修复"。

表 48 给出了形象修复理论中常见的 15 种策略。在实际危机处理中，单一策略往往难以应对复杂多变的舆情局势。更有效的方式，是根据危机情境灵活组合多种策略，形成"组合拳"式应对，从而提升修复效率与公信力。

在舆情初期，"否认＋安抚"的组合有助于迅速控制局势、稳定情绪；当品牌声誉受到重创时，联动"补救＋超越"策略，则可推动形象的逆转式重建。

在公众关注度高、情绪强烈的场景中，"道歉＋赔偿＋纠正"被广泛视为最具诚意和修复力的"黄金三件套"。

针对成因复杂、责任边界模糊的危机情境，"道歉＋推诿＋区分"也是常用结构：先通过道歉争取理解，再借助推诿厘清责任，最后通过区分策略引导公众进行合理评估，从而在"归因"与"减责"之间寻求平衡。

此外，建议将安抚策略与后续的补救措施（如道歉、赔偿、纠正）协同部署，使安抚成为"情绪前哨"，为实质修复铺平情感通道。

需要特别强调的是，组合策略不是一套固定模板，而应根据危机的发展节奏动态调整。唯有持续修正与精准匹配，才能真正实现从失误到修复的有力转身。

---

① W. Benoit, "Sears' Repair of Its Auto Service Image: Image Restoration Discourse in the Corporate Sector," Communication Studies (Spring/Summer 1995)：46.

表 48：主要形象修复策略的分类和解释

主分类	子分类	解释	形象解释
否认类策略【坚决不背锅，把矛头推走】	否认	企业否认发生了错误或参与了危机事件，试图切断与不良行为的关联	【别找我】事不关己，直接撇清
	攻击	企业可能对提出指控的个体或团体进行反击，挑战其信誉或意图	【怪别人】不是我的错，是你不对
	恐吓	使用威胁或法律手段来应对危机的批评者或指责者	【告你信不信】别乱说话，小心律师函
逃避类策略【模糊焦点，把事"讲没了"】	超越	将危机置于更广泛或更高尚的语境中："虽然我们做了这件坏事，但我们的出发点是好的。"	【装高尚】升华成道德高度、社会价值
	支撑	强调企业的正面属性和历史成就	【讲贡献】旧功遮新过，打感情牌
	推诿	将危机的责任从企业本身转移到环境因素或不可抗力	【甩锅侠】别看我，看他
	区分	强调企业在类似情况下与其他企业或个人行为的不同	【划清界】我是我，他是他，别混为一谈
	淡化	强调危机影响有限、范围小或不对大多数人构成威胁	【大事化小】这不严重，别大惊小怪
补救类策略【止血止损，用行动赢回信任】	道歉	承认过失或失误，并表达歉意。道歉未必伴随着深刻的悔过或承诺改正行为	【认了】我们错了，先说对不起
	赔偿	向受危机影响的个人或团体提供物质上的补偿	【赔了】拿钱说事，换回一点儿体面
	纠正	技术性和行动性的策略，旨在解决问题、改善流程	【改了】问题抓到了，正在整改
	忏悔	忏悔是情感和道德层面的策略，强调承认责任和道德反思，适用于严重的危机	【跪了】深切反省，发自内心悔过
安抚类策略【唤起共情，软化情绪】	迎合	通过认同公众的价值观获取支持和好感	【比你还惨】我也受害，别只骂我
	关怀	重在表达对受害者的关怀，而不一定是承认企业本身的错误	【我懂你】表达理解、主动顺从
	痛苦	强调企业在危机中的"受害者"身份，获得公众的同情	【我疼你】真心安慰、展现温度

一、否认类策略：别找我、怪别人、告你信不信

（一）否认

否认（Denial）是一种防守型修复策略，适用于企业能明确排除自身责任，或危机明显来自外部的情境。它的核心在于尽早“撇清关系”，阻断公众对企业的负面归因。

1. 策略要点

否认策略通常有三种：否认事件存在、否认与企业有关、否认企业应负责。但采取否认策略的前提是信息要准确、证据要充分，比如能出具权威报告、调查结论或法律文件。否认应第一时间公开发布，通过声明、发布会或律师函等方式主动出击，防止谣言发酵。

需要注意的是，否认不是冷漠。即便与企业无关，也应表达对事件或受害者的基本关切。否则容易被解读为“推责冷血”，引发二次舆情。

此外，在涉及高管私事时，也可依法维护其名誉，但要区分个人行为与企业立场，避免混淆。

2024 年 4 月，理想汽车法务部微博发文就网传“理想汽车出海最新进展”“乌兹别克斯坦签约”等图文内容进行了辟谣：“经查证，部分网传图片内展示的‘乌兹别克斯坦销售授权签约’并非理想汽车官方行为，该图片系冒用理想汽车名义制造和传播虚假信息。”

2. 策略风险

否认是一种态度鲜明的危机回应方式，但若使用不当，反而可能加剧危机。最大的问题是“反转效应”：如果企业在信息还不完整时就急于否认，结果后续证据显示确有责任，公众很容易将其解读为“撒谎”或“掩盖事实”，从而对企业彻底失去信任。在社交媒体高度放大的环境下，前后不一致的表述会迅速被截图、传播，成为长期负面标签。

此外，否认若过于“技术化”、缺乏温度，尤其在涉及公共安全、消费者权益等敏感问题时，容易让公众觉得企业冷漠无情、缺乏担当，即便事实还在查证中，也难以赢得情感支持。

否认策略还有一个前提假设：事实已查清。但现实中，危机往往是信息不对称、情况不断变化的过程。如果在真相尚不明朗时就选择否认，一旦方向错误，转身的代价会更大。

因此，企业如需使用否认策略，必须做到三点：一是确保所有信息经过法务与公关的双重审核；二是在表达立场的同时，照顾公众情绪，避免只讲逻辑不讲态度；三是提前准备好“如果否认错了该怎么办”的应对方案，保持回应的灵活性和可调整空间。

2022 年 6 月 22 日，蔚来汽车发生坠楼事故，造成两名试车员丧生。蔚来汽车在事故发生后迅速采用“否认策略”发表声明，强调坠楼事件是“意外事故”，与车辆本身无关，意图否认车辆因素来切断品牌与事故的关联。然而，该声明因措辞冷漠，引发公众强烈反感，导致负面舆情进一步发酵。面对舆论压力，蔚来删除并修改声明，将“与车辆无关”的表述前置，并调整措辞以缓和情绪。

在蔚来汽车坠楼事故中，蔚来采取“否认策略”单纯否定责任，缺乏同理心，忽视了公众对生命安全的关注，应优先表达对受害者的哀悼和对事故的重视。其次，声明应基于更充分的调查结果，避免仓促否认。此外，事故发生在公司内部，涉及自家员工和合作伙伴，仅凭初步调查便急于撇清责任，显得草率，削弱了声明的可信度。公众并未被简单的否认所说服，反而对企业的安全管理、测试环境和责任承担提出更大质疑。

（二）攻击

攻击（Attack）被视为危机应对中的“逆风翻盘”之道。攻击策略是一种主动出击的方式，适用于对方指控存在疑点、不实信息或动机不纯的情况。企业若能揭露这些破绽，不仅能自证清白，还能扭转舆论焦点，将公众关注从“企业错没错”引向“谁在误导大家”。

1. 策略要点

攻击策略是一种高度主动的形象修复方式，适用于指控方本身存在动机不纯、证据失真或程序不当的危机情境。其核心目标不是辩解“我没错”，而是改变公众对“谁该负责”的认知路径，把企业从被动应对转向主动设定议题。

这一策略的有效运作需从三个维度同步发力：

一是事实维度，即用技术手段戳穿危机信息中的漏洞。包括揭露图像剪辑、时间线混乱、数据伪造等，必要时通过数字取证技术（如哈希认证）证明证据未被篡改，削弱对方的可信度；

二是道德维度，聚焦对方的动机，揭示其背后是否存在资助结构、利益牵连或历史偏见，从而唤起公众对“攻击是否公正”的质疑；

三是程序维度，审视危机的操作流程是否合规，包括举报是否合法、信息发布是否越权、是否违反行业规范等，质疑其正当性与权威性。

在法律操作层面，攻击策略必须与司法路径并行。企业可通过名誉侵权、商业诽谤、虚假信息等条款提起反诉，同时借助证据保全、公证、法院禁令等手段，搭建防御体系，反制信息扩散与恶意操控。

在舆论层面，企业应构建“反击信息模块”。包括组织专家出具第三方报告、制作图表解构事实、利用权威媒体定向发声，以及与行业协会、上下游合作伙伴联合发起支持声明。同时，可以建立“KOL 矩阵”，通过深度稿件、短视频、问答机制等形式，将话语权从危机制造者手中夺回。

此类策略讲究节奏推进，一般分为四个阶段：

初期（0—72 小时）：快速定性指控为“恶意攻击”，同步发布初步反证；次期（第 4—7 天）：启动法律程序，逐步揭示对方背景与操作逻辑；中期（第 8—15 天）：发起反向诉讼，公布企业受损细节，争取舆论同情；后期（第 16—30 天）：借助行业组织发声，发布企业后续修复计划，转向形象重建阶段。

2024 年 10 月 17 日，针对“背刺中国汽车行业”等言论，小鹏汽车法务部官方微博发布辟谣声明：“散布网络不实信息，炮制相同的文案进行扩散，这类有组织的传谣言、带节奏、操控舆论导向的违法行为，躲在背后操控的人，终究会为自己的违法行为承担后果。正义决不缺席！”

另一个使用攻击策略回应媒体的例子是2013年特斯拉和马斯克起诉《纽约时报》的案件。这场争议始于《纽约时报》记者撰写了一篇批评特斯拉 Model S 的评论，描述了在寒冷天气下试驾时电池性能出现的问题。作为回应，马斯克指责《纽约时报》发表了一篇误导性的文章，事实不准确。特斯拉随后公布了驾驶日志，称这些数据与《纽约时报》文章的关键内容相矛盾。

2. 策略风险

攻击策略强调主动出击，看似强势有效，但稍有不慎便可能“反伤自己”。最大的问题是证据不足。一旦企业在情绪未平、真相未明时发起反击，容易被公众视为“转移视线”或“强行洗白”，反而加重不信任。

此外，若攻击对象是个人、弱势群体或涉及社会敏感议题，企业的行为就可能被舆论贴上“滥用权力”的标签，引发道德反噬，造成更大反弹。在法律层面，攻击策略若涉及私自取证、信息外泄，还可能触犯法规，带来合规风险，特别是在国际舆论与法律环境复杂的背景下更需谨慎。

从文化角度来看，很多社会更认同“克制与协调”，直接攻击对方容易被理解为失德失控，得不偿失。而从长期角度看，攻击策略也可能种下“报复循环”的种子，甚至损害雇主品牌形象，影响企业的社会声誉。

使用该策略前，企业至少要有三项准备：确凿证据、专业团队、清晰判断舆情氛围。即便启动攻击，也建议外部强势、内部柔性：用事实说话，但同时保持沟通透明与修复诚意，才不会把短期反击变成长期伤害。

2020年，苹果公司与游戏开发商 Epic Games 之间爆发法律冲突，起因是后者质疑苹果在苹果应用商店中的抽成政策涉嫌垄断，并据此发起诉讼。面对这一指控，苹果没有回避，也并未止步于“只能被动回应”的否认声明，而是主动出击，质疑对手的行为正当性，削弱其在公众和法庭中的道德优势。

在反诉中，苹果明确指出：Epic 擅自修改支付系统，绕过平台规则，构成违约行为。这一举动成为苹果反制的核心切入口。苹果进一步指出，此次诉讼并非单纯的规则争议，而是 Epic 有意谋求对平台政策的特殊豁免，以便获取更多利益。苹果把公众视角引导至 Epic 背后的动机，于是成功地转移了舆论焦点——从“是否垄断”转向“谁更不守规矩”。

（三）恐吓

恐吓（Intimidation）是一种高压式回应方式，通常利用法律威胁、经济打压或舆论施压来迫使对方“闭嘴”或让步。恐吓策略是一把双刃剑。它或许在某些特殊场景中能起到震慑作用，比如应对恶意中伤、敲诈勒索或捏造事实的攻击者。但如果使用不当，尤其是在缺乏证据、程序不合法、公众情绪已高度紧张的情况下，不但无法止损，反而会演化为“企业滥权”“压制弱者”的符号，引发更严重的道德谴责与监管关注。

1. 策略要点

恐吓这一策略主要用于三种典型场景：

一是以法律相威胁。企业针对指控方（如媒体、前员工或竞争对手）发出律师函或提起诉讼。2018 年，特斯拉前员工马丁·特里普（Martin Tripp）爆料称其内华达工厂存在安全隐患。特斯拉随即指控其窃取数据并提起法律诉讼。马斯克甚至亲自发邮件警告，如继续散布虚假信息，将承担法律后果。这种策略虽能震慑部分恶意行为，但若证据不足，易被解读为打压言论自由。

二是利用经济手段施压。企业借助自身资源优势，向合作方、供应商施加商业压力，以遏制对方不合作行为。2014 年，亚马逊与出版商阿歇特（Hachette）发生分成纠纷，后者拒绝提高让利比例。亚马逊并未直接下架其图书，而是故意拖延发货、调高价格、改变推荐机制，试图迫使对方妥协。这种行为虽有效施压，但也被批评为“滥用市场支配力”，损害了亚马逊在出版界的声誉。

三是进行人身威胁。一些企业暗示或赤裸裸直言，若对方继续行为，将面临名誉受损和个人安全问题。2004 年，《青岛早报》记者报道新海园地产违规施工，结果遭到开发商员工的电话恐吓，甚至扬言“你写这个稿子就让你死一次”。该事件激起市民声援，舆论强烈反弹，最终引来警方介入。公众愤怒反而将企业推向更深的危机泥潭。

2. 策略风险

恐吓策略是一种“以压制求平息”的危机手段，表面强硬，实则高风险。一旦企业在没有充分证据的情况下对外发出威胁性表态，很容易被公众解读为打压言论、掩盖真相，尤其在媒体敏感、舆情高涨的时刻，恐吓式回应往往激起更大的反弹，把企业推入“强权压制”的负面标签中。

如果恐吓对象是媒体、消费者或员工，更可能被视为欺凌弱势，引发群体抵制。一旦被认定为滥用法律程序或违背公平正义，还可能招致二次声誉重创。

更严重的是，这种高压反应若被反复使用，将变成企业的惯性机制，使组织在危机面前总是本能压制、缺乏自省，久而久之，反思能力、透明文化和信任机制都会被削弱。

恐吓策略并非完全不可用，在面对恶意中伤、商业勒索等特定场景下，如证据确凿、目标明确、公众可感知道德底线时，短期使用仍具威慑力。但必须控制适用范围，绝不能把它当成常规武器。

最后，我们来总结本小节所讨论的内容。否认类策略在危机管理中属于典型的防御性形象修复手段，尤其在危机责任尚不明确或争议较大的情境中被广泛应用。

表 49 从“否认”“攻击”“恐吓”三种典型策略出发，分别阐述其适用逻辑、表达焦点与典型话术，通过具体案例解析策略间的边界与运用场景。在实际运用中，应对三种策略的适用场景进行充分风险评估，特别是在“攻击”与“恐吓”策略的部署上，需建立内部法律—公关联合审查机制，避免因话术过激引发“二次危机”。

表 49：三种否认策略的辨析

策略	侧重点与适用情景	举例说明
否认	核心在于彻底切断组织与危机行为之间的关联，强调事件的“不存在”或“与我无关”。 适用于企业确实无责，且能提供强有力的证据支持的情形，需慎用，避免“否认现实”或“掩盖事实”的误读。	某化工企业被环保组织指控非法排放污染物，该企业在第一时间公开监测数据，并发表声明称：“本公司自成立以来严格遵守国家环保法规，从未在任何时间向外环境排放有毒物质。”
攻击	质疑指责者的动机、立场或专业性来转移公众焦点，削弱危机指控的可信度。 适用于指责方动机不纯或行为存在利益导向时，使用此策略应辅以事实支撑，避免激化冲突。	某科技公司被曝其产品存在隐私安全漏洞，公司CEO回应称：“此报道来自一家竞争对手投资的媒体平台，其言论失实且无技术依据，旨在制造恐慌并扰乱市场秩序。”
恐吓	通过法律威慑或权力压制，试图迫使危机信息源头方收声或撤回。 多用于危机进入对抗阶段，若使用不当，可能被视为打压言论。此类策略须谨慎使用，并注意合法合规。	一家国际餐饮品牌因视频曝光“厨房卫生不达标”被网民批评，公司随即发布律师函称：“部分社交平台发布的内容严重失实，已严重损害公司声誉，本公司已委托律师依法维权。”

二、逃避类策略：装高尚、讲贡献、甩锅侠、划清界、大事化小

（一）超越

超越策略（Transcendence）是一种“升维”的处理方式，重点不在回避错误，而在于引导公众从“这是谁的错”跳转到“这件事对未来有什么意义”。它的核心在于把一次危机变成推动企业进步的契机，用更高层次的目标来重塑企业的形象与愿景。通俗来说，它的作用就是：让坏事成为好事的起点。

1. 策略要点

策略要点包括三个关键部分：

一是意义重构。企业需要重新诠释事件的意义，把它从“损失”转化为“启发”。比如数据泄露可以被视为推动系统安全升级的起点，劳资纠纷也能成为加强内部治理的触发器。重点是讲清楚问题暴露了什么，未来

我们会因此作出哪些改变。这种讲法能帮助公众看到企业愿意成长、愿意修正。

2021 年特斯拉因触摸屏故障召回 13.5 万辆汽车。马斯克没有止步于道歉，而是把话题转向特斯拉的长期使命——推动电动汽车、自动驾驶和清洁能源的变革。这种价值导向的话语框架，弱化了缺陷本身，强化了“我们正在进步”的主线。

二是行动支撑。不能只说愿景，还得拿出真动作。企业必须同步推出实质性的改革计划，比如重新设计责任流程、升级产品标准、完善管理体系等。只有愿景和行动配套，公众才会相信这不是“说一套、做一套”。

三是话语锚定。再好的故事，也需要被可信的人讲出来。企业可以借助专家、行业协会、公信平台等“第三方声音”，帮忙讲好这个“超越”的故事。同时，善用图文、视频、场景化呈现等方式，让复杂的理念变得直观易懂，拉近和公众的距离。

在“红内裤掉色”风波中，胖东来虽经检测证明无过，但仍主动赔偿、致歉，甚至公布了 53 页整改报告，详细解释检测流程、追责机制和员工后续培训。这种高度透明的处理方式，让原本的负面舆情反转成公众认可的管理范本。

2. 策略风险

超越策略强调“升维叙事”，试图用更高价值引导公众情绪，重建企业愿景。但若操作时机错误、责任未清、情绪未安，容易被批评为“虚情假意”，甚至引发二次信任崩塌。

常见误区包括：还没妥善安抚受害者、兑现赔偿，就急着发布战略蓝图，给人“跳过现实谈理想”的突兀感；企业过往声誉平平，却突然自诩为“责任先锋”，反差过大，公众难以买账；或在面对具体问题时不回应关键细节，却空谈社会价值，情感断裂，易被解读为“冷漠升华”。

超越策略不能替代承责与修复。超越策略要想取得成功，必须先承认问题，修复信任，再讲未来故事。否则，再美的愿景也站不稳脚跟，只会让危机加速失控。

2021年9月，网友发现江南布衣品牌童装上印有不当文字（如“Welcome to hell”等）和图案（如砍断腿、炼狱等）。江南布衣在公开声明中利用“超越策略”强调其设计的独特性与初衷之善：“自创立之初，jnby by JNBY品牌以‘自由的想象力’为理念：借助艺术的设计手法，创造更多童趣。”“我们的初衷是希望能够推广更好更独特的创意，也深知最重要的还是要传递美好的价值观念。”但企业并未正面回应设计内容可能对儿童心理造成的暗示性影响，也未反思其内部审核机制在文化敏感性上的缺失。最终，这种“只讲理念、不讲责任”的高调回应，被广泛视为缺乏诚意、逃避核心问题，从而进一步激化了舆论反感。这提醒我们，超越策略若无事实承认与情感修复作为前提，只会变成“自我拔高”的独白，难以获得公众真正的理解与信任。

（二）支撑

支撑（Bolstering）策略是一种“打感情牌”的方式，核心做法是在面对质疑时，主动提醒公众：这家企业以前做得不错，不该因为一时的问题就全盘否定。这种策略并不直接为危机行为辩护，而是强调企业以往的良好记录，缓解公众的负面情绪，帮助品牌度过舆情高峰。

1. 策略要点

支撑策略适用的三种典型情境：

一是危机未触及企业的核心业务能力。如果争议仅限于流程漏洞或个别环节出错，并未波及产品质量、服务稳定或法律红线，企业可通过重申其在主业上的长期口碑，如技术实力、客户满意度等，来稳定信任。例如，某科技公司因为高管离职引发市场猜疑，但若其产品口碑一贯优秀，仍可通过强调技术实力和客户支持，降低事件的负面外溢。

二是企业原本已有正面形象积累。如果企业过去一直在履行社会责任、参与公益、维护行业标准，这些都可以成为“信任储备”。在危机发生后，及时回顾并展示这些内容，比如公益项目成果、奖项荣誉、媒体报道等，可作为危机回应的重要素材，告诉公众：“我们曾做过很多对的事。”

三是事件对公众没有直接伤害。当危机没有涉及消费者、员工等核心群体的切身利益，而是内部管理失误、话语争议、形象偏差等问题时，支撑策略更容易被接受。例如，一家超市因物流问题临时断货，可以在回应中提及过去在疫情期间坚持供货、价格稳定的表现，以争取消费者谅解。

2013 年“农夫山泉标准门”事件中，媒体质疑其采用地方标准低于国家标准。农夫山泉在回应中没有急于争辩技术标准，而是回顾了自己在行业内的品牌影响力和所获荣誉，强调其对环保和公益事业的持续投入，如水源地保护和灾区援助。这一策略帮助农夫山泉稳定了市场信任，避免事态进一步恶化。

2. 策略风险

支撑策略常用于展示企业过往成就，希望借此稳定情绪、重建信任。但如果方式不当，非但起不到效果，反而可能引发新一轮质疑。

常见问题包括三类：一是回避现实。当公众关心的是“现在出了什么问题”，企业却只在讲“我们以前多努力”，容易被认为“以功抵过”“自说自话”。二是叙事脱节。比如面对环保危机，却拿文化捐助说事，让人觉得你在转移话题、粉饰太平。三是信息失真。若内容夸大其词或真实度存疑，很容易被舆论反手批为“自我神化”“虚假宣传”。

使用支撑策略时，既要讲得具体可信，也要传播得真诚有力。最好借助权威第三方背书，让你的成绩看起来“不是你自己说的”，公众才更愿意信。

一个失败的例子是全棉时代关于“全棉时代广告被指侮辱女性”的道歉信。全文只有 1% 的篇幅是“我错了”，剩下的 99% 都是“我真棒”：有 200 多个专利，填补了很多市场空白，永远把消费者利益放在第一位，给了用户舒适的体验，还做过公益……有网友抨击道：“不知道的还以为是获奖感言呢！”

另一个失败的例子是在 2021 年江南布衣“不当文字设计”事件中，企业不仅尝试使用超越策略强调“创意初衷”，也同时采用了支撑策略强调其一贯坚持本土原创设计、童趣表达与品牌使命，想借助品牌过往的正面形象，削弱此次危机对整体声誉的冲击。然而，这种“强化自我正面叙述”的回应方式，在舆论高敏时刻并未达到预期效果。一方面，该危机所触及的是“儿童服饰是否得体与安全”的核心伦理问题，公众期待的是对设计失误的正面回应与整改承诺，而非理念辩护。另一方面，强调企业过往价值反而被解读为“避实就虚”，加重了公众对其不承认错误、逃避责任的观感。由此可见，支撑策略在应用时必须建立在责任承认与共情表达的基础上，否则将沦为一种“自我粉饰”的姿态，适得其反。

（三）推诿

推诿策略（Displacement）是一种围绕“责任再分配”展开的形象修复路径，目的是将责任部分或全部转移至第三方、环境因素或特定个体身上，打破公众对企业是唯一过错方的印象。它常用于危机成因复杂、责任链条交错的情况，帮助企业减轻声誉压力和法律追责。

推诿策略主要强调“我们有错，但不是全责”，典型话术为：“问题出在供应商 / 员工 / 外部系统”“我们也是受害方”。

1. 策略要点

推诿并不意味着彻底甩锅，而是要在承认企业存在问题的前提下，合理指出其他责任主体的作用。常见操作路径包括：

一是指向外部合作方。当危机来自供应商、技术外包商或其他协作单位，企业可借助调查结果说明责任归属，同步公开相关合同、验收记录等材料，证明自己尽到了基本义务。

二是归因于个体行为或行业共性。若事件系员工个人越线或偶发失误，企业可在承认监管疏漏的同时，强调行为的偶然性。若问题反映出行业普遍短板，也可借助行业数据或监管空白来降低独责风险。2011 年，双汇“瘦肉精”事件中，集团强调是济源工厂个别员工未尽检测职责，非总部主导错误，同时引入检测数据划清界限。

三是强调外部环境因素。在不可抗力或政策、天气、国际环境等影响下，企业难以完全控制运营秩序时，可适当指出“环境性诱因”，让公众理解企业的被动与限制。

吉祥航空曾就有乘客中暑一事致歉：“受虹桥雷雨影响，该航班延误。考虑到该飞机一侧空调制冷能力较弱，在前期等待起飞期间，机组开启飞机舱门，并安排廊桥桥载空调持续为飞机实施供气降温。但后期因当时天气不符合地面单位作业标准，导致上述设备未能及时对接飞机。”

四是引入第三方佐证机制。为了增强公信力，企业可委托权威第三方进行检测或调查，借助其报告佐证自己“流程合规、问题偶发”的说法，提升公众的认同感。双汇“瘦肉精”事件中，双汇引入第三方的检测结果来缓解负面舆论的冲击——河南省质监系统对济源双汇生产的老汤火腿、肘花火腿等 75 种产品规格进行检验，未检出“瘦肉精”。

2. 策略风险

推诿策略的关键是把握“尺度”。不能完全撇清责任，否则易被视为甩锅；也不能情绪化地指责他人，否则会引发新的关系冲突或公众反感。最理想的表达是：“我们有失察，对此负责；但问题的发生，还有其他重要因素。”

推诿策略一旦用得不当，很容易被舆论贴上“甩锅”“逃避责任”的标签。特别是在食品安全、环境污染等敏感议题中，公众更关注企业是否敢于承担责任。如果把责任推向供应商、外包商等无法代表自己的对象，反而会被质疑在卸责、回避问题，甚至引发道德反感或抵制情绪。

此外，推诿给合作伙伴还可能损害原有的合作关系，影响今后的业务协同。若没有确凿证据，轻易转嫁责任还可能招来监管调查，让危机进一步扩大。

因此，推诿不能成为“切割”的借口。更稳妥的做法是承认流程漏洞或管理失误，提出改进措施，在有限担责中展现企业的担当与修复意愿，才不会因“甩得太急”失了信任。

在 2018 年“乐清顺风车事件”中，滴滴方面表示，案发车辆的车牌系犯罪者线下伪造，平台难以及时发现并有效拦截。在创始人程维与总裁柳青的公开致歉声明中，滴滴坦言："虽然安全工作永无止境，但是我们很难完全杜绝别有用心之人利用平台实施违法行为。"从措辞上看，滴滴试图将责任转向"不可控的外部变量"，这种表态等于间接承认平台尚不具备全局掌控能力，也未能建立起足够强的预警与防控机制。尽管具有一定的事实依据，但从危机沟通角度来看，这种"责任边界推远化"的话语策略，可能引发公众对平台安全性的进一步质疑。

（四）区分

区分策略（Differentiation）是一种基于"参照系重构"的沟通方式，其核心策略不在于逃避，而是把"这次事件"和"其他事件"或"其他部分"进行对比划分，从而让公众明白："这不是同一类事，也不是一样严重"。

区分策略典型话术为："我们的问题和 ×× 不一样""受影响的是局部，不是全部""核心业务仍在正常运转"……这些表述本质上都在做一件事：区分风险范围、划定责任边界。

1. 策略要点

这一策略的目的并非推卸责任，而是改变公众"默认参照对象"的判断路径，引导其换一个角度重新评估这场危机的性质与程度。下面几种情况是常见使用区分策略的场景：

第一，当危机具备"程度区分"时。若企业确有过失，但其后果轻于同类事件，适用区分策略可防止"一刀切"式的公众惩罚。例如，食品包装瑕疵不等于食品中毒，企业就应主动说明问题仅限于包装、无健康风险，与"致病事件"性质不同，防止公众一概而论。"此次为小批量外包装偏差，经检测未影响食品安全，与此前行业出现的严重质量事故存在本质区别。"

第二，当危机嵌入"制度差异"时。在全球化背景下，一些"本地合理"做法在他国文化中可能引发争议。区分策略可用来澄清法律标准或管理逻辑，避免跨文化标签化批判。如中国企业在海外因绩效管理被质疑

“压迫员工”，企业可说明该机制基于当地劳动法规与接受度设计，并承诺根据公众反馈进行调整。

第三，当企业处于“情势受限”中。当危机发生在不可控环境下，区分策略可用于解释企业“非最佳但合情合理”的操作选择，强调背后的现实压力。如疫情期间，部分企业因原材料断供出现交付延迟，可说明：“在行业大面积停工、物流停滞背景下，我们选择坚持履约、保持供货，而未转嫁压力或临时涨价。”

2019 年，美国对华为发起制裁，波及芯片采购和软件授权等核心技术环节。华为的回应不是一味喊冤，而是通过区分策略稳定舆论。一方面，明确指出受影响的主要是部分终端业务，对通信主业和核心客户基本无影响。另一方面，强调企业早有准备，包括“鸿蒙”操作系统、自研芯片“鲲鹏”“昇腾”等技术储备，保障关键业务不受断供冲击。

2. 策略风险

区分策略通过“解释不同”来引导舆论，试图降低公众对企业的负面认知。但若表达不当，容易被认为是在转移焦点、推卸责任，甚至表现出一种“居高临下”的姿态，引发反感。

最常见的问题是，企业举出的差异点、行业标准或对比案例，若与公众认知相去甚远，反而会让人觉得你在“讲理逃责”，缺乏诚意。此外，区分策略要讲逻辑，更要讲人情。对比不能显得冷漠或自夸，拿同行“垫背”式的对比，也容易引发行业道德争议，使问题升级。

更关键的是，区分不能替代实质行动。在严重事故中，光靠“解释不同”远远不够，必须与道歉、赔偿、纠正等策略配合使用，才能让公众看到真正的责任感与行动力。否则，即便话术合理，也难以获得谅解。

2021 年 1 月，一段网红丁真在酒店里抽电子烟的视频在社交网络上流传。在视频中丁真抽着电子烟，看起来十分娴熟。有网友表示非常失望。理塘文旅公司的一名员工曾向媒体回应此事说：“小孩子对电子烟感兴趣，试了一下，根本不是抽烟。它是电子烟。”这一回应引发了网友们的不满，有人认为工作人员是在避重就轻地混淆事实。

（五）淡化

淡化策略（Minimization）是在承认问题存在的前提下，主动界定危机影响范围、削弱其严重程度的修复手段。其核心在于引导公众相信事件是偶发、局部、可控的，目的是降低焦虑情绪，为企业赢得应对空间。

淡化重点在于说“这个问题其实没那么严重”“事情没有大家想象的严重”，常见话术：“影响范围有限”“风险可控”“概率极低、伤害极小”。

1. 使用情境

相较于否认策略的“彻底推翻”，淡化策略强调“有限承认”，突出事件的偶发性、可控性和有限性。

淡化策略通常适用于危机具备以下特征的情境：

- 影响范围小，未波及企业核心业务或公众利益
- 责任边界明确，企业具备较强的事实澄清能力
- 舆情敏感度较低，事件不触及如儿童、死亡、歧视、动物等情绪高压点

淡化策略依赖技术化语言与边界信息，帮助公众从情绪认知转向事实判断。典型话术路径包括：

- 比例对照：如“此次问题批次仅占全部产品的 0.2%”
- 时间限定：如“事件集中发生于 7 月前后，近期批次均合格”
- 地理限定：如“仅南部三个城市的流通环节出现偏差”
- 概率演绎：如“根据历史数据，该类事件发生概率低于百万分之一”

在 2010 年“刹车门”事件中，丰田采取多层淡化表达：通过“比例对照”强调问题车辆占比极小；通过“地理限定”明确问题集中于北美和欧洲，非全球普遍现象；通过“概率演绎”表明问题仅在特定驾驶情境下才有可能发生，非普遍性风险。

2016 年，自动驾驶致命事故发生后，特斯拉没有回避责任，而是强调这在全球 1.3 亿英里行驶里程中首次出现，通过“极低概率”设定公众预期，避免公众将此事视为技术系统性崩溃。

2. 策略风险

淡化策略的本意是降温，帮助公众理性看待问题。但如果用错时机，很容易引起反作用。尤其在舆论关注度已高、社会情绪已被激发的情况下，企业若还在说“影响不大”“无须担心”，就容易被解读为没诚意、不负责，甚至漠视受害者，引发更大的不信任和情绪反弹。

真正有效的淡化，不能靠“轻描淡写”，而要建立在三个基础上：一是客观还原事实，有理有据；二是正视公众情绪，表达理解与回应；三是配合实际补救行动，展现解决问题的诚意。只有这样，淡化策略才能真正争取时间、稳定局面，而不是让危机失控。

2017 年 Equifax 数据泄露初期，公司声称仅部分用户受影响，风险较低。然而，后续调查发现 1.47 亿用户受波及（几乎占美国人口的一半）。Equifax 采取的淡化策略适得其反，导致诉讼、股价下跌及信誉受损。

另一个采用淡化策略失败的例子是郑爽因偷漏税而在微博发布致歉信：“在配合税务机关的调查过程中，我了解到，由于个人财务知识缺乏、法律意识淡薄，我没有严格按照国家税收征收管理的要求缴纳税款。”中纪委网站点评郑爽道歉信：“避重就轻，不知悔改，为自己开脱。”

最后，我们来总结本小节所讨论的内容。逃避策略作为危机回应中的一种消极性修复路径，主要用于企业希望降低自身责任、重新塑造危机语境或稀释公众情绪的场合。其核心不在于彻底化解危机，而在于调整公众认知与关注焦点。

表 50 系统梳理了五种常见逃避措施，包括超越、支撑、推诿、区分、淡化，并附上典型话术以呈现其背后的传播逻辑。在使用此类策略时，需格外注意公众情绪基调与媒体敏感性，避免因话术回避或推责产生“二次伤害”。尤其在涉及伤亡、歧视、环境破坏等高道德风险议题上，应慎用“推诿”“淡化”等策略，以免激发更强烈的反弹。

表 50：五种逃避策略的辨析

策略	侧重点与适用情境	举例说明
超越	升维事件意义，将危机重构为转型、进步、创新的契机，强调组织的远景价值或社会使命，即所谓"坏事变好事"。 该策略适合用于品牌转型期或企业确有后续实质变革时使用。	本次数据安全事件使我们意识到系统存在历史积弊。我们已全面引入国际领先的安全标准，并将在未来两年内实现全球数据架构的统一升级。
支撑	列举组织的历史成绩与价值积淀，引导公众从"整体形象"角度看待局部危机，强调"这不是我们惯常的行为"。 适合用于声誉基础较好、事件属偶发性失误的情况。	我们连续十年获得"最佳雇主"称号，此次员工冲突是孤立个案，不代表我们一贯秉持的以人为本文化。
推诿	将责任部分或全部转移给第三方，如供应商、合作伙伴或用户本身，从而弱化企业自身的直接责任。 适用于事件确实由外部环节引发，企业可提供链条性证据佐证时。	此次事件源于第三方物流环节的疏漏，与我们生产工艺无直接关联。我们已对合作方提出正式整改要求，并将加强全流程监控。
区分	将当前危机与其他更严重事件对比，营造"可控""有限"的感知认知，从而缓解外界的过度恐慌或误读。 适合于事件影响范围小、未造成人身或法律损害的情形。	与市场上部分品牌因致癌物质召回产品不同，我们的问题仅是外包装瑕疵，并未涉及产品成分或安全。
淡化	着力突出事件的短时性、偶发性或局部性，使公众认为事件本质上"无关痛痒"。 此策略适用于技术故障、小规模投诉等不构成法律或信任危机的情况。	截至目前，仅收到4起反馈，占总出货量不到0.01%，我们已全部完成召回处理。

三、补救类策略：认了、赔了、改了、跪了

（一）道歉

根据《韦氏词典》，道歉（Apology）是指"承认错误或无礼行为，并表达遗憾"。在危机处理中，道歉是企业或个人面对外界批评时最常用的回应方式之一。它是态度的体现。真正有效的道歉不能只靠一句"对不起"，还要有明确的责任承担和实际行动，才能帮助修复公众信任。

1. 策略要点

是否道歉。道歉有助于缓解公众的愤怒与失望情绪，缓和对立关系。如果企业能够及时承认错误并提出改进措施，往往能扭转局势，重塑形象。支付宝就“校园日记”事件道歉：“错了就是错了。在此向所有热爱阿里、热爱支付宝、一直坚信并践行阿里价值观的同事道歉！向所有信任且陪伴支付宝的用户、合作伙伴道歉！”

谁来道歉。道歉者的身份会直接影响公众对企业的态度。若危机触及企业核心价值观，高层亲自道歉更具说服力。若是部门或个体造成的错误，则由责任人出面更能展现透明度。但在重大事件中，CEO 或管理层道歉往往是必要的，以显示企业的重视程度。

道歉对象。道歉需明确“说给谁听”：面对直接受害者（如消费者、合作方），应提供有针对性的道歉与补偿；面向公众与媒体，则需进行公开说明，增强透明度，争取理解与支持。

道歉形式。不同形式的道歉适用于不同情境：

- 书面声明：适用于日常性错误，通过媒体或社交平台迅速发布
- 视频道歉：由高管出镜更具亲和力，提升信任感
- 现场道歉：适用于严重事故，高层到场表达歉意，体现企业重视度

2005 年美国西南航空一架客机在芝加哥 Midway 机场冲出跑道，造成一名 6 岁男孩死亡、多人受伤。CEO 加里·凯利（Gary Kelly）立即飞往芝加哥，前往医院探望伤者，举行新闻发布会并多次道歉，获得公众认可。

道歉时机。及时出面道歉有助于阻止舆论扩大。但若事件复杂、信息未明，宜在基本调查完成后道歉，确保准确性。如危机有新进展或影响扩大，应主动追加回应与修复方案。

表达方式。有效道歉不仅看内容，更看态度。表达需真诚、有同理心，避免套话或生硬表述；高管应以平等、亲近的方式与公众沟通，避免“官腔”，展现企业的诚意与尊重。

2. 策略风险

道歉不是万能钥匙，方式不当反而会让公众更反感。首先，道歉必

须与危机严重程度相匹配。若是涉及生命安全、数据泄露等重大事件，必须态度坚决、承担彻底；而在普通运营失误或服务纠纷中，则可以解释为主、适度致歉。2008 年，加拿大音乐人戴夫·卡罗尔以歌曲《美联航弄坏吉他》讽刺航空公司的傲慢服务，视频发布后迅速走红，点击量破千万，对美联航形象造成重大冲击。企业最终不得不通过高管致电道歉，试图挽回舆情。此案例充分说明，哪怕是看似微不足道的小事，一旦被情绪化演绎并放大，即可能引发连锁式信任危机。

其次，要重视公众的“心理合约”。企业哪怕法律上无责，但若被认为违背承诺，也会激起情绪反弹。道歉时间也很关键，越早越能止损，越拖越被视为“逼出来的”。美泰（Mattel）公司推出的“Hello Barbie”因智能录音功能引发隐私担忧，尽管其初衷是增强用户体验，但公众对“偷听玩具”的强烈不适感最终迫使企业道歉并修改产品设计。由此可见，危机源于信任的微妙裂缝，而非行为本身的绝对错误。

此外，公众对“格式化”“公关式”道歉极为敏感，空洞表态只会加剧不满。有效的道歉必须辅以明确整改、调查与补偿措施，让公众看到实际行动，而非只听到“公关话术”。

时机把握也是道歉策略成败的关键。若企业在事件初发阶段就能坦承问题并表达歉意，能够迅速遏制负面舆论蔓延，控制危机蔓延边界。相反，若态度迟疑或刻意拖延则会让公众信任迅速流失。2017 年美国联合航空公司因强行拖拽乘客事件遭遇舆论风暴，CEO 最初的推责言论引发更大不满。在公众愤怒几近失控之际，公司最终发布正式致歉声明，承认处置不当并承诺改进，才得以逐步缓和社会情绪。

（二）赔偿

赔偿（Compensation）策略是一种兼具补偿性与修复性的回应方式，常用于企业在产品、服务、管理或制度方面出现问题，给消费者、员工或公众带来直接损害时。

1. 策略要点

赔偿策略的本质，不在于“付出多少”，而在于“何以付出”“如何执行”以及“能否满足真正需求”。企业若能采用恰当的赔偿安排，便可传递出责任意识与道义姿态，在一定程度上修复被侵害方的情绪与信任。

经济赔偿是最常见的方式，适用于如产品质量问题、安全事故、数据泄露等造成实际损失的场景。这类赔偿包括退费、医疗费用、生活补贴、运营损失补助等。金额的多少不是关键，重点是能否及时解决受害者面临的实际困难。交个朋友公司就存在品牌关联性涉嫌造假的情况道歉：“公司决定对所有购买该品牌的消费者进行先行赔付：将对购买该商品的消费者全部进行主动退款，并另行给予三倍购买金额的赔偿。公司将在未来的十个工作日内通知全部消费者并办理赔付事宜。”

服务支持则是对经济赔偿的延伸，尤其适用于因危机造成的人身伤害、精神打击或长期生活影响。企业可以提供心理咨询、法律援助、教育或就业支持等，体现对受害者处境的真实关怀。这种“以人为本”的方式，更能唤起公众的认可与支持。

建立长效机制是对严重或长期影响型危机的必要补充。企业可设立专项援助基金、长期帮扶平台或热线服务，确保受害者在后续仍能获得帮助，实现从“一次赔偿”向“持续支持”的转变。

2018 年，美团外卖因骑手交通事故频发引发舆论批评，采取多层次赔偿应对：一是设立紧急救助机制，为涉事骑手家庭提供垫付医疗费用与经济补助；二是启动保障体系，包括专项救助基金、扩展商业保险覆盖范围、强化交通安全培训；三是推行防控改革，如缩小配送范围、配发安全装备、参与政府协作的交通治理。

2. 策略风险

赔偿可以快速止血，但赔不好，反而会引发“第二轮信任危机”。最常见的问题就是慢和模糊：如果赔偿启动太晚，或者是在舆论压力下才被动反应，就容易被认为“不是真心认错”，只是迫于形势“花钱摆平”。

此外，标准不清也容易引火上身。若赔偿金额、方式、流程不清不楚，受害者之间容易互相比较，进而引发新的不满，甚至群体投诉或诉讼。

还有一种情况是“赔过头”，本意是想快点平息争议，但容易被误解为“认了所有错”，引发更多人仿效索赔，甚至影响企业的经营安全。

更重要的是，赔偿不能替代道歉和整改。光赔钱、不查原因、不修机制，只会让人觉得你是在“封口”，而不是负责。赔得稳，必须做到程序透明、态度真诚、行动持续。

（三）纠正

纠正（Corrective）策略是一种以“制度重构”与“系统进化”为目标的修复方式。它不仅是对错误的承认和修补，也是推动企业治理机制和文化体系全面升级的起点。

1. 策略要点

核心逻辑：问题识别—结构调整—信任重建。

纠正策略是企业“系统性自我修复”。纠正不是临时修补，而是企业对内部运作进行根本性检视与重塑，目的是从源头上防止类似问题再次发生。

直接修复与补救行动。纠正策略的可感知性必须体现在第一线。如产品召回、事故现场整顿、用户补救服务等具体操作，是公众评估企业改正诚意的“第一指标”。

流程与制度重构。危机会暴露原有制度的漏洞，企业需对关键流程进行审视和重组，引入如独立审计、风险预警、日常演练等机制，从处理单一事件转向构建可持续的系统治理。

员工培训与执行力提升。再好的制度也要靠人来执行，企业需系统性提升员工在规范执行、风险识别与应对流程的理解与实践力，将“纸面规章”转化为“行为习惯”。

技术升级与系统优化。针对数据安全、系统漏洞等技术型危机，需部署相应的技术补救与升级措施，如增强信息加密、防火墙、权限控制与数据溯源系统等，筑牢技术安全底座。

文化调整与价值观重塑。若问题根源在于企业文化，如内部推诿、过度逐利等，必须通过愿景重申、价值导向激励、氛围引导等手段，重建组织的内在认知和行为准则。

透明反馈与阶段性通报。企业应通过官网、媒体或社交平台公布改进进展，同时引入用户回访、独立评估等方式，让公众能看到企业的行动轨迹，感受到其治理方向与改进诚意。

广东省东莞市粤晖园旅游景区在道歉信中采用纠正策略来“持续完善景区的不足”：“关于停车场的不足……景区已增设停车指引，客流量较大时加派人员，重新规划增设停车场出入口，并将增扩停车场区域；关于景区未能及时清理各个区域的垃圾……加派保洁人员，加大人员巡查力度，全力做好景区卫生保洁工作；关于景区照明设备的不足……增设并更换更明亮的照明设备，确保游客出行安全。”

2. 策略风险

纠正策略常被视为“亡羊补牢”的关键一招，但说起来容易，做起来难。如果企业高调宣布整改，却迟迟没有实际行动，公众很容易将其视为“做样子”“走过场”，不仅无助于修复信任，反而会引发新的质疑。

此外，改革往往伴随高投入、高压力，特别是中小企业若未评估清楚资源承受能力，容易出现“有始无终”，最终成了“半拉子工程”。更棘手的是，改革若忽视组织文化、员工接受度和内部配合，也可能导致团队分裂、人才流失。

另一个风险是将整改简化为“技术升级”，却不触及制度责任和管理漏洞，将导致“表面整改、实质空转”。若缺乏持续跟踪机制与公开反馈，也容易被质疑“只喊口号，不真改”。

真正有效的纠正策略，必须平衡企业治理能力、资源实力与社会责任，讲究真改、能改、改得住。

（四）忏悔

忏悔（Confession）是一种面对严重信任危机时高度情绪化的应对方式，其核心不仅是“认错”，更是以谦卑态度真诚回应公众的道德期待，在情感层面唤起理解与共鸣。

1. 策略要点

并非所有危机都能靠澄清或补偿解决，某些情境下，只有通过高层的深刻反思和道德承认，才能缓解社会情绪的高压。忏悔策略之所以有效，是因为它传达的不只是错误确认，而是一次公开的价值重建——用情感修复重塑公众信任。适用情境主要包括以下几类：

一是道德失范导致信任崩塌。当企业被揭露虚假宣传、造假、内幕交易等问题，公众开始对企业整体道德形象产生否定。此时，解释无效、补偿无感，必须通过高层真诚忏悔重新建立合法性基础。

京东为低俗广告道歉：“这次事件不仅仅是管理审核的问题，更是操作团队的导向、文化和价值观出了问题，一味地为了追求业绩，迷失了自我，丧失了责任，丢掉了初心！”

二是重大事故涉及人身伤亡。当产品或服务直接导致伤害甚至死亡，舆论已不再聚焦企业运营，而升级为公共议题。公众愤怒情绪高涨，道歉力度不足，必须由高层出面，发出真正的忏悔与制度整改承诺，才有可能稳住信任。

2023 年 6 月 21 日，宁夏银川市一烧烤店发生燃气爆炸事故，事故造成 31 人死亡、7 人受伤。6 月 22 日，银川市市长陶少华在事故新闻发布会上鞠躬致歉，“深表痛心，深感内疚”，并向遇难者表示沉重哀悼，向遇难者的家属、受伤人员及亲属表示诚挚慰问。

三是侵犯用户权益或隐私。在数据主权与隐私保护议题日益受到重视的背景下，企业一旦因侵犯用户数据、诱导消费、滥用市场权力等行为损害消费者权益，通常将面临强烈社会抵制。此类危机若处理不当，极易面临监管调查甚至法律诉讼。

2017年，苹果公司被指故意降低旧款iPhone处理器性能，以诱导用户更换新机，引发“计划性报废”指控。最初，苹果否认蓄意误导消费者，公众反响强烈。在多方压力下，CEO库克最终公开道歉，承认沟通不足并推出电池更换补偿计划。该策略虽未完全消除公众不满，但在一定程度上稳住了品牌声誉。

四是高管言行引发品牌危机。企业领导人往往象征组织价值。一旦高层涉及性骚扰、歧视、丑闻等问题，危机便转向象征层面。只有涉事者本人出面深刻忏悔，并配合企业层面的系统改革，才可能恢复公众的信任基础。

2017年，优步在全球范围内因性别歧视文化、数据安全漏洞与管理层不当行为陷入重重舆论危机。优步CEO特拉维斯·卡兰尼克最终辞职并公开忏悔。优步随后推行系列文化重塑、制度优化及高管更替计划。

2. 策略风险

忏悔是一种情感强度极高的修复方式，看似“真诚低头”，实则风险极大。最大的问题在于公众是否相信你的真心。若忏悔缺乏事实支撑，或责任还没厘清就急着“认错”，很容易被看作“情绪操控”“公关表演”，反而激怒舆论。

此外，若企业内部没统一口径，就会出现“高层认错、基层否认”的混乱局面，员工也会质疑领导是否真有担当，打击士气。更严重的是，若在赔偿、调查尚未完成时表达悔过，还可能被视为“自认有罪”，带来法律风险。

长期滥用忏悔，还会透支公众信任，一旦形成“忏悔成套路、事后不改正”的印象，品牌就会被彻底贴上“不可信”的标签。

忏悔策略必须慎用，只适合重大伦理失误、责任明确的情况，并须与赔偿、整改等措施配套推进，让公众看到真改、真担责，才能唤回信任。

2013年国家男足全体运动员致全国球迷的道歉信中采用忏悔策略：“我们对这场比赛从内心中未引起高度重视，没有表现出积极向上的比赛态度，没有表现出代表国家奋勇拼搏的精神和斗志，从而导致了大比分失利，我们向大家表示真诚的道歉！”这封信在互联网上并未获得广泛的舆论理解与支持，反而引发了大量质疑，甚至被解读为例行公事、情绪安抚式的文字处理。

问题的关键，并不在于这封信是否使用了“真诚”“道歉”等关键词，而在于其在“真诚认知”维度上未能建立起有效连接。公众是否接受忏悔，首先依赖于其是否“相信”你在说实话。此案例中，国家队未能提供更具实质性的背景信息——赛前准备是否松懈、教练组决策是否失误、内部机制是否失灵——致歉内容停留在泛化层面，缺乏针对性，无法建立事实与情感之间的闭环。更重要的是，球迷此前已多次接收到类似措辞的公开道歉，这种重复而空洞的表达形式，反而加剧了舆论对其“套路化”的判断。

最后，我们来总结本小节所讨论的内容。根据不同类型的责任归属、受众情绪和事件性质，补救策略可划分为情感导向（道歉、忏悔）与行动导向（赔偿、纠正）两大维度。

下表系统梳理了四种典型补救路径——道歉、赔偿、纠正与忏悔，分别呈现其适用场景、表达重点与典型话术。注意，补救策略并非孤立选项，可根据危机进程进行阶段性叠加使用，如“先道歉后赔偿、先纠正再忏悔”。

表 51：四种补救策略的辨析

策略	侧重点与适用场景	举例说明
道歉	聚焦情绪安抚，通过语言承认过失并表达关切； 适用于轻微错误或非故意行为，或者当企业存在轻度服务瑕疵或程序性失误，公众情绪尚未激烈、企业责任边界清晰时。	对此次延误带来的不便，我们深表歉意。我们承诺将在未来持续提升服务质量，避免类似事件再次发生。
赔偿	提供退款、替换、服务延展等具体物质补偿，以修复经济或物理性损失； 适用于企业过失造成实质损害，如财产损失、产品伤害或客户权益受损。	为表达我们的诚意，我们将为所有受影响的用户提供全额退款，并附赠三个月的服务期。

续表

补救措施	侧重点与适用场景	举例说明
纠正	着眼于系统性修复与技术改进，突出问题根源排查与长期改进承诺； 适用于管理流程漏洞、产品技术缺陷、安全控制失效等操作性风险。	公司已全面启动内部审计流程，正在对产品线进行结构性重构，确保所有安全标准达到行业最佳实践。
忏悔	聚焦道德悔过，强调深度反省与价值观重申，试图唤起公众的原谅与共情； 多用于企业涉及伦理边界、歧视言论、恶意营销、环境破坏等高度敏感议题。	我们以沉痛的心情检视自己的决策失误，这不是一家负责任企业应有的表现。我们正在自我反省，也愿意承担应有后果。

四、安抚类策略：比你还惨、我懂你、我疼你

（一）迎合

迎合（Ingratiation）策略强调的不只是企业“做了什么”，更关注“公众期望企业做什么”。在危机处理中，企业若能准确识别利益相关方所看重的价值观，并通过真实行动表达认同，便可通过价值契合修复信任，重建情感联系，增强道德认同与好感度。

1. 策略要点

迎合策略操作可分为以下三个关键步骤：

一是认同共同价值观。企业需主动识别其核心受众关心的社会议题，并围绕这些议题构建表达框架。在当前语境下，环保、包容、多元、公平、科技伦理等都是典型的价值焦点。迎合策略的第一步，是在舆论场中向公众明确表明“我们重视的东西和你一样”。

2020 年，星巴克设定 2030 年前大幅降低碳排放、水耗和废弃物量的企业目标，并通过各类传播渠道强化其环保品牌形象，赢得了以环保为核心关切的年轻消费者的广泛认同。

二是展示行动一致性。价值认同必须通过真实行为体现。企业只有在价值表述与实际行为之间保持高度一致，才能建立可信的长期信任关系。

换句话说，说什么不重要，做什么才决定迎合是否成立。

2018 年，耐克发布“疯狂梦想”广告，公开支持 NFL 球员科林·卡佩尼克因抗议种族不公而下跪的行为，这一行为激发了年轻消费者的价值共鸣，带动了市场销售增长，成为“价值导向营销”的典型。

三是积极表达赞扬与认同。迎合不仅靠行动，更依赖情感表达。通过赞扬员工、消费者或公众在危机中的理解与支持，企业可构建“我们和你在一起”的信任关系，实现双向共情。危机期间的感谢信、表扬信、公开认可，都是激发正向认同的有效工具。

2013 年国家男足全体运动员致全国球迷的道歉信中也采用了迎合策略：“尽管中国足球水平不高，但大家仍然为我们每一次比赛的胜利而欢呼，为我们每一次比赛的失利而沮丧；我们的球迷们又很宽容，大家对我们实力不如对手输掉比赛可以理解，与我们风雨同行，不离不弃。”

2. 策略风险

迎合策略看似在关键时刻“站对队”，能赢得舆论好感，但一旦处理不当，很容易被质疑“假装站队”或“借势洗白”。

最大的问题是空喊口号、缺乏行动。如果企业在危机后突然高调表态，却没有任何具体承诺或行为支撑，就会被公众认作是“公关姿态”或“价值投机”。迎合必须基于真实、可信、可验证的长期价值选择，否则适得其反。

此外，迎合的议题必须选得准。若品牌认同的群体与表达对象不匹配，容易“讨好错人”，甚至误伤自己原有的核心用户。

还有就是“不能太勤快”。迎合若太晚显得被动，太频繁又会被批为操控舆论、追求人设。把握好节奏和分寸，才是这类策略真正的功夫所在。

（二）关怀

《韦氏词典》把关怀（Compassion）定义为：“对他人痛苦的关怀意识以及减轻痛苦的愿望。”这就意味着关怀策略不只要知道对方的情绪，还“愿意帮助对方”。

相比“同情”这个偏情绪性的表达，“关怀”更强调实际行动，是一种兼具情绪抚慰与行为支持的策略方式。

1. 策略要点

当企业行为造成对公众或特定群体的直接或间接伤害，如产品故障、服务失误、环境事故或人身安全问题，关怀策略尤为关键。通过持续提供医疗援助、心理支持等内容，舆论焦点可从“究责”逐步引导至“关注伤者”，缓和社会情绪。

一是以受害者为中心的沟通。沟通要从自我防御转向“关注对方”，遵循“先情感，后事实”的原则。例如使用“我们理解您的焦虑”“感谢您的耐心等待”这类语句，比直接讲处理进度更具人情味。企业还应根据不同受众类型构建“受害者画像”，制定个性化沟通方案。

2018 年波音 737MAX 空难事件中，企业设立的“家属支持中心”便成功运用了这一策略，利用多语言服务团队和创伤心理咨询，在未承认技术缺陷的情况下有效缓解了舆论压力。

二是建立情感锚点。通过象征性动作与仪式化语言，营造公众对企业“有温度”的认知。例如鼓励受害者讲述个人经历、设立纪念墙、发布周年追思公告等，都是在制造“记得我们曾经关心过你”的长期情感联结。定期发布关怀进展报告，以可视化数据呈现援助措施的落实情况。

博阅书店在《关于未经授权转载，侵害林润南先生 / 女士著作权的道歉信》中就采取了关怀策略：“作为一名微信公众号编辑，深知原创不易，能切身理解体会原创作者的辛苦，未经原作者同意而转发的行为确实很不好。”

三是“精确—模糊”双轨表述。在补救方案上，表述需清晰、可执行，例如“承担全部医疗费”；但在事件责任归属上，可使用模糊语句保留法律空间，例如“无论起因如何，我们都将尽力守护您的健康”。这样的表述既显态度，又不轻易暴露法律风险。

四是搭建关怀支持网络。由公关、法务、社会责任及外部专家组成的专项小组负责危机期间的情绪支持和实质援助。内容覆盖医疗补助、心理康复、家庭照料等层级服务，并可使用AI情感分析工具监测社交媒体上受害者的情绪动向，实时调整沟通策略。

2. 策略风险

关怀是一种传递善意、缓解情绪的方式，但如果做得不真诚，反而会让危机更严重。若关怀只停留在表面，公众很容易看穿，把它当成“虚伪公关”，引发更强烈的反感。

时机也很关键。危机发生后是公众最敏感的阶段，企业若反应迟缓，容易被视为冷漠，错失情感修复的窗口。

语言表达要讲究。不要急着认错或甩责，避免使用“道歉”“责任”“过失”等具有归属性、结论性的词汇，而应多用“理解”“重视”“承诺”等同理心词语，引导公众情绪，拉近心理距离。

同时，公关与法务要协同，把控措辞既有温度又有边界。例如将法律文本中的“无证据表明企业行为与损害存在因果关系”，转化为公关声明中的“我们高度重视所有关联性线索，正在协同第三方机构进行全面核查”。

在客服沟通中，也要根据情绪强度灵活切换话术，做到既能共情，又不自陷风险。在面对高情感强度且低法律风险的情境时，采用深度共情的话术，如“我们与您共同经历这段艰难时期”；而在低情感强度且高法律风险的询问中，则使用防御性应答，如“专业团队正在依法核查每个环节”。只有把“情”讲到位，形象才能稳得住。

（三）痛苦

痛苦（Suffering）策略是企业主动呈现自身也在遭受打击，构建“共同受害”的叙事，使公众从“道德审判者”变为“共情者”，从而缓解外部压力。

1. 策略要点

一是重构“归责结构”。通过表达企业在危机中同样受损，打破“企业单方面加害—公众单方面受害”的舆论结构，改写为“我们都在承受创伤”的共情逻辑，尤其在企业确实经历经济损失、运营受阻或员工伤亡的情境中，痛苦策略更具说服力。

二是双维度叙事设计。痛苦表达需兼顾两个层面。在内部创伤维度，需要呈现企业在此次事件中的真实损失，如设备破坏、停产停业、高管离职、技术泄密、人员受伤等；在外部关怀维度，则展现企业即便自身遭受重创，仍投入资源照顾受害者，比如抢修恢复、主动垫付赔偿、协助家属处理后续。这类“我们自己也流血了，仍在努力为他人止血”的表达方式，有助于情绪引导与舆论转向。

烟台市热力公司就锅炉故障造成部分居民家中温度不达标发布致歉信：“此次引风机故障，确实是从来没有发生过的突发情况。连日来，市热力公司干部职工同广大群众一样心急如焚，白天黑夜连轴转，全力以赴抢修设备、寻找解决办法。当然，相比较群众家里不暖和，我们再多的努力都是微不足道的。”

三是情感符号与仪式设计。痛苦的有效传达需通过视觉符号与仪式表达构建完整结构。在基础层，用数据说明损失规模，如“损失 2.3 亿美元”“37% 产线停摆”；在强化层，借助影像与细节增强具体性，如员工遗物、事故现场画面、幸存者讲述等；在升华层，运用公共象征提升传播力，如降半旗、发布悼念视频、设立纪念日等。

东京电力公司在福岛核事故后，持续公布抢险员工的辐射暴露数据，配合家属采访等素材，尽管未直接承认错误，但成功引导舆论焦点转向前线风险与集体承受，情绪压力有所缓解。

四是让牺牲可见。痛苦策略能否生效，取决于公众是否“看到企业真的在付出”。如宣布高管集体降薪、暂停分红、启动专项补救基金、重新安排预算优先级等，均属于“主动自损”的道义表达。

汉莎航空在空难事件后，管理层统一改乘经济舱前往事故现场，机身添加纪念标识，借此传达“企业本身也在哀悼”的形象，赢回了一定程度的公众信任。

五是构建周期性记忆场。痛苦表达不能停在当下，更需进入组织的长期行动体系。企业可通过设立纪念馆、年度发布危机回顾、将事故地改建为教育点等方式，强化“我们曾共同承受”的集体记忆，使品牌从“曾经出事”过渡为“曾经承担”，推动信任再构。

2. 策略风险

痛苦策略强调“我们也在受伤”，试图唤起公众的理解与共情。但如果表达不当，很容易适得其反。最常见的错误是“过度自怜”——企业一味强调自己多惨，却不提受害者的损失，公众就会反感，觉得你在抢情绪资源。

痛苦策略存在情感半衰期，需精准把控表达节奏。初级痛苦表达（数据 / 影像）有效期约一周，中级痛苦叙事（故事 / 仪式）持续两至三周，高级痛苦记忆（制度 / 纪念碑）可延长至半年以上。超期使用可能导致公众疲劳，甚至引发审美疲劳或信任下降。

此外，如经济损失、人员伤亡、运营中断等有关损失的数据，必须真实可查，不能随便夸大，最好由合规文件、审计报告、医疗证明来支撑。否则一旦被揭穿，不仅会被视为博同情，更可能引发法律责任。

痛苦的表达还要考虑文化差异：在亚洲讲“团队受创”更易引起共鸣，欧美则更强调“个人挣扎与自救”。时间也要把握好，痛苦叙事有“情绪保鲜期”，讲早讲准才有用。

最忌与受害者比惨，一旦出现“谁更痛”式的对比，企业马上会失去道德立场，舆论反噬也随之而来。

最后，我们来总结本小节所讨论的内容。安抚策略作为危机形象修复的重要辅助手段，其核心目标在于缓解公众的不满情绪、降低冲突强度，并为后续补救或重建行为赢得时间与理解空间。安抚策略不等同于责任承认，其本质是一种情绪性修复机制，可根据公众态度、媒体关注强度及舆论张力进行灵活运用。

表 52 展示了三种典型安抚路径——迎合、关怀与痛苦，并分别解析其侧重点与适用场景。安抚策略并非危机解决的终极手段，但在危机初发期或情绪峰值阶段，适当运用可大幅缓解对立情绪、抑制负面发酵。

表 52：三种安抚策略的辨析

策略	侧重点与适用场景	举例说明
迎合	通过赞美公众、强调客户至上等方式重建亲和关系，传递企业对公众意见的尊重与重视；此类策略常带有明显的“执行承诺+顺应你说”色彩。	某餐饮品牌在遭遇服务投诉后，在公开声明中写道：“您的每一份评价，都是我们努力的方向；您的每一次建议，都是我们前行的动力。我们诚挚感谢您对服务提出的反馈，也更加明白：唯有更贴近您的期待，才能不负每一次光临。”
关怀	主打“情绪链接+陪伴感”，强调企业对受害者的情感关注与现实支持；可不涉及直接责任承认，但传递“我们与你同在”的态度。	某航空公司因天气原因导致大面积航班延误，在声明中表示：“我们深知，此刻的等待让您身心疲惫，也打乱了原有的行程。每一位旅客的不便，我们都感同身受。此刻，您的安稳与安心，是我们最在意的事。”
痛苦	企业以“共同受害者”身份出现，试图引导公众关注其在危机中的损失与挣扎，从而赢得理解与舆论缓冲；适用于不可抗力或非企业直接责任的情形。	某电力公司因地震导致设施损毁、大范围停电，在通报中表示：“这场突如其来的地震，不仅造成大范围停电，也重创了我们的设施与一线队伍。我们和千万市民一样深受其害，此刻也正承受着巨大的抢修压力与情绪冲击。我们不是旁观者，而是灾难中的共同承受者。”

第十章

道歉信和情况说明怎么写：策略+写法+案例

企业如何与公众进行有效沟通是决定危机应对成功与否的关键因素之一。其中，情况说明和道歉信作为两种常见的沟通方式，各自扮演着不可替代的角色。有效的危机管理需要企业在适当的时间点灵活运用道歉信与情况说明两种沟通工具，根据事件发展、公众反映和企业实际情况动态调整沟通策略，以达到最佳的公众沟通效果，让企业的声誉在危机中受到最小损害。

一、道歉信 or 情况说明：什么场合用哪个？

道歉信强调企业主动承担责任，向利益相关方及公众表达歉意，展现出积极解决问题的诚意。

情况说明则更加侧重客观事实的披露，强调信息的真实性和准确性，通常用于企业尚未明确责任归属或需要进一步调查取证的情境，以减少公众因信息缺乏或误导而产生的不安与恐慌。

在实际危机处理中，企业要精准识别当前危机的性质和自身责任程度，更要灵活选择合适的沟通工具。

表 53：道歉信与情况说明的比较

对比维度	承担责任原则下的道歉信	一般信息公布声明（提供情况说明）
定义	企业承认在危机事件中的责任，向利益方或公众表达歉意，展现解决问题的诚意与决心。	企业向公众客观、真实地提供危机事件的相关信息、事实和数据，澄清事件真相，但未必主动承担责任。
目的	表达诚意，化解公众的不满与负面情绪，主动承担义务以修复关系。	消除谣言和误解，避免公众因信息缺失或不准确而产生焦虑或恐慌。
关注重点	情感安抚和公众信任的重建，体现企业社会责任感。	信息发布的真实性、及时性和透明性。
适用场景	企业确实存在责任或公众强烈认为企业应承担责任，如食品安全事故、产品缺陷事故、环境污染事件等。	企业责任尚未明确，或尚需进一步调查，但公众亟须了解事件真相，如突发公共安全事件的初期信息发布。
沟通基调	谦逊、诚恳、积极主动，承认错误并展示积极态度。	冷静客观，以事实为基础，避免不必要的情绪渲染。
后续行动	明确企业将采取的补救措施和改善方案。	持续跟进信息发布，不断更新事件进展，保障公众知情权。

（一）情况说明：危机初期的信息灯塔

突发事件面前，最先产生的往往不是事实，而是猜测与焦虑。若信息空白持续存在，极易滋生误解与谣言，干扰事态评估与公众认知。所以，在危机爆发初期，情况说明的发布如同一座锚定方向的信息灯塔，为外部环境提供初步认知，引导公众在不确定情势下建立基本判断。

首先，情况说明的主要目的在于回应公众对“事实”的迫切关切，及时传达事件发生的基本情况、已知影响和企业的初步应对措施。通过主动公开信息，企业可有效填补信息缺口，稳定舆情走向。

其次，情况说明也是企业介入信息传播、争取叙事主动权的重要手段。在危机事件的舆论高发阶段，企业若不能以权威声音介入信息场，将很快陷入被动境地。清晰、及时、统一的信息发布，有助于压制无序信息流，强化公众对企业立场的感知，从而为后续深层沟通打下基础。

此外，情况说明亦承载着企业初步态度的传达功能。通过公开声明，企业不仅告知公众“发生了什么”，更传递出其对事件的基本判断与行动意图。这种立场表达虽非最终定性，却是建立信任的重要一步。

就内容结构而言，情况说明通常包含：事件发生的时间、地点、初步原因、影响范围、组织已采取的措施以及下一步处理方向等要素。语言风格以克制、准确为主，避免使用情绪化词汇，以保持专业形象并降低二次舆情风险。

（二）道歉信：重建信任的情感桥梁

当危机进入深水区，公众关注从“事情本身”转向“企业责任”，此时，道歉信成为组织修复关系、重建信任的重要载体。相较于情况说明以事实回应为核心，道歉信的功能更侧重情绪抚慰与态度表达，强调企业与公众之间的情感联结。

道歉信的核心价值在于：企业主动承担责任，并以真诚的姿态正面回应公众情绪。事实证明，及时而真挚的道歉，往往比回避和拖延更能赢得公众谅解，也为后续补救与和解创造条件。

在表达歉意的同时，道歉信还应体现企业对受害群体的情感关怀。危机造成的影响不仅限于物理或经济损失，更涉及情绪受挫与信任受损。企业通过表达关切与同理心，可拉近与公众的心理距离，在人性层面重建对话的基础。

此外，道歉信还应承担向外界清晰传达改进承诺的功能。通过提出具体整改方向与预防措施，企业展现出直面问题、持续改进的意志，从而增强道歉的说服力与行动力。

在内容结构上，道歉信通常包括：事件回顾、责任归属、受众关怀、致歉措辞、整改计划和未来承诺等关键要素。语言风格则需更富情感色彩，强调真诚、谦逊与担当，区别于情况说明的冷静与理性，更适用于情绪疏导与关系修复的沟通场景。

（三）两种沟通工具的协同运用

情况说明与道歉信作为危机传播中的两种核心文本形态，功能各异、分工明确，是企业在舆情应对过程中的主线话语工具。

在危机爆发初期，企业应优先发布情况说明，迅速建立信息基础框架，明确事件边界，稳定基本舆情结构。随着事件调查深入，责任界定逐步明朗，企业应当转入道歉信的沟通阶段，通过态度表达、情绪照应与行动承诺，实现与公众之间的修复性沟通。这一阶段的语言策略需从“表述事实”转向“回应情绪”。

在不同危机情境中，两类文本也可根据需要灵活组合。如在责任尚未完全厘清但情绪已高度发酵的情况下，情况说明与初步致歉可同步发布，以平衡信息透明与情感照应的双重需求。

总体而言，情况说明承担着构建理性框架的职责，道歉信则着力修复情感裂痕。两者协同配合、先后有序，是危机传播体系中不可或缺的双重支点。唯有把握好二者的使用逻辑与时机节奏，企业方能在高压舆论环境中掌握沟通主动权，稳定外部关系，为后续恢复与重建创造可持续的舆论环境。

（四）写作中要注意的言语技巧

积极词汇在危机管理的道歉信与情况说明写作中，扮演着举足轻重的角色。巧妙地运用这些蕴含正面能量的词汇，危机管理者能够更有效地与公众沟通，传递出积极、正面的信息，从而在动荡不安的危机环境中，为公众注入信心，促进危机的有效解决。

首先，需要明确何为“积极词汇”。在危机管理的语境下，积极词汇是指那些能够激发正面情绪、传递乐观态度、增强信任感的词语，比如“合作”“共克时艰”“积极应对”“透明沟通”等。积极词汇能够触发人们的正面情感反应，有助于建立信任感。在危机管理的道歉信与情况说明中巧妙运用积极词汇，不仅能有效地传达公司对事故的严肃态度和积极补救的决心，同时能缓解公众的愤怒情绪，引发双方的情感共鸣，为后续的危机处理赢得宝贵的时间和空间。

当然，积极词汇的运用并非一成不变。在不同的危机情境中，我们需要根据具体情况灵活选择最合适的词汇。我们以道歉信的词语运用为例。

在道歉信的开篇，应直接而明确地表达歉意。此时，可以运用如“深表歉意”“诚挚道歉”等积极词汇，以展现真诚和悔意。

在道歉信的正文，一方面可以强调企业与受众之间的共同价值观和责任。可以使用如“我们共同致力于”“我们深知责任重大”等积极词汇，来表达对受伤害的重视和主动担责的态度。另一方面，可以具体描述已经采取的补救措施和未来的改进计划。这是重建信任的关键，比如撰写“立即采取行动”“全面排查”“加强培训”等积极词汇，来展示企业的决心和行动力。

在道歉信的结尾，表达对未来关系的期待与承诺。这是传递积极信息的重要环节，可以使用如“期待与您继续合作”“我们承诺将做得更好”等积极词汇，来表达企业的乐观态度和坚定承诺。

注意，在把消极词汇转换为中性或积极词汇时，请务必确保信息的真实性，不要为了营造积极氛围而故意歪曲事实或隐瞒真相。另外，选择词汇时要考虑受众的感受和理解能力，使用过于复杂或模糊的词汇可能会引起误解或反感。

表 54：消极词汇转换为中性或积极词汇的对照表

消极词汇	中性或积极词汇	举例
问题	挑战、议题、关注点	将“我们遇到了问题”更改为“我们正面临一项挑战”
危机	挑战、困境、紧急情况、转折点	将“这场危机对我们的业务造成了严重影响”更改为“这个困境使我们的业务受到冲击/这个紧急情况对我们的业务构成了压力”
失败	未达目标、未如预期、学习机会、改进空间、正在调整策略	将“项目失败”更改为“项目未达预期目标，但我们从中学到了很多，并有改进的空间”
裁员	人力资源调整、组织结构优化、团队重组	将“公司裁员”更改为“公司进行人力资源调整，以优化企业结构和提高效率”
灾难	重大事故、不幸事件、突发事件	将“那场灾难给企业带来了巨大的破坏”更改为“那场重大事故给企业造成了一定损失/那个不幸事件给企业带来了破坏”
崩溃	系统故障、服务中断、运行异常	将“系统崩溃”更改为“系统目前出现故障，我们正在紧急修复中”
衰退	市场调整、行业波动、增长放缓	将“经济衰退”更改为“当前经济市场正在经历调整，增长有所放缓”
亏损	财务挑战、经营压力、负利润	将“公司亏损”更改为“公司当前面临财务挑战，正在积极采取措施改善经营状况”
损失	成本、投入、资源调整	将“公司遭受了重大损失”更改为“公司在这次事件中投入了大量资源，并正在进行资源调整”
困难	复杂情况、特殊挑战、需要克服的障碍	将“我们遇到了很多困难”更改为“我们当前面临一些复杂情况，但正努力克服这些障碍”
恐慌	担忧、不安、关切	将“市场恐慌情绪蔓延”更改为“市场担忧情绪增加/市场出现不安情绪”
混乱	复杂情况、正在调整中、需要更多协调	将“公司内部管理出现了混乱”更改为“公司内部管理面临复杂情况/公司内部管理需要进一步优化和协调”
风险	不确定性、潜在挑战、机遇与挑战并存	将“这个项目存在很大风险”更改为“这个项目存在不确定性，但同时也带来了机遇和挑战”
延误	时间调整、进度更新、计划变更	将“项目延误了”更改为“我们根据当前情况对项目时间进行了调整”
绝望	面临困难、需要更多努力、寻找解决方案	将“绝望的情绪在团队中蔓延”更改为“团队需要更多鼓励和支持/团队正在积极寻找解决方案”
停滞	零增长、稳定状态、当前水平维持	将“业务停滞”更改为“业务目前处于零增长状态”
减少	负增长、调整规模	将“销售额减少”更改为“销售额出现负增长”或“我们正在调整销售规模以适应市场变化”
负面反馈	客户意见、改进建议、反馈意见	将“我们收到了很多负面反馈”更改为“我们收到了很多客户的宝贵意见和改进建议”
失败案例	学习案例、经验分享、教训总结	将“这是一个失败案例”更改为“这是一个值得我们学习的案例，我们可以从中总结经验教训”
损失惨重	受到一定影响、面临挑战、正在评估损失	将“公司在这次事故中损失惨重”更改为“公司在这次事故中受到一定影响/公司在这次事故中面临挑战”
无法控制	正在积极应对、努力控制局面、采取必要措施	将“火势已经无法控制”更改为“我们正在努力控制火势的蔓延/我们已经采取了必要的灭火措施”

二、不是“我错了”就够了：道歉信的专业表达逻辑

自古以来，道歉在中国社会始终被视为一种负责任、知错能改的道德行为。这一文化传统在历史叙事中屡见不鲜，无论君主还是士大夫，皆以认错为耻中有荣的修身之道。汉武帝在晚年针对“巫蛊之祸”颁布《轮台诏》，反思施政失误，通过公开自责重建君主权威与百姓信任。赵国名将廉颇“负荆请罪”于蔺相如，成为政治人物勇于认错、主动修复关系的典范。上述案例表明，道歉在中国古代不仅具有情感修复的作用，更是重建秩序、维系伦理的重要手段。

在现代语境中，公共道歉依然承载着高度象征意义。将形象修复理论中的核心策略科学嵌入道歉话语，能够系统提升企业或个人在危机发生后的修复效果。这一逻辑，无论在古代的诏令中，抑或在当代的新闻发布会上，其内在机制具有高度的相通性。

（一）道歉信的策略选择

尽管上一章节系统梳理了十五种形象修复策略，但在实际写作与应用中，很少会在一封道歉信中同时运用所有策略。在真实的危机沟通中，策略的选择应结合事件本身的敏感度、企业的处境和受众的期待，有所取舍、有所侧重。有效的形象修复不是“策略叠加”，而是“策略匹配”——以合适的语气，在恰当的时点，对最核心的问题作出回应，这才是危机处理的真正功力所在。

在多数企业危机应对实践中，道歉信通常聚焦于若干核心策略的有机结合。较为常用且效果显著的策略包括：**道歉、赔偿、纠正、忏悔、关怀、痛苦、讨好与淡化**。这八类策略共同构成了组织在危机沟通中修复信任的基本路径。

在真实的公关实践中，很少有企业会在一封道歉声明中同时使用全部形象修复策略。但为了更直观地展示所有策略在文本层面的表达方式，笔者特别撰写了一封特别的道歉信，尝试将十五种形象修复策略统一纳入一

套叙述逻辑中。需要说明的是，这封道歉信更多是一种教学性演示，用于帮助读者识别与理解不同修复策略在文字层面的表达方式，并不代表实际公关传播的标准范式。

这封融合了十五种形象修复策略的道歉信以一种带有情绪张力的笔调开场，向客户表达歉意与自责。承认本次服务中断给用户带来了困扰，明确承担全部责任。

接着，在承认问题的同时，试图引入外部变量以解释事件复杂性，指出技术问题或网络环境中的不可控因素扩大了事件影响。此处体现了“推诿”策略的使用。但并未将责任推向一线员工，而是明确否认员工为责任主体，采用“否认”策略为团队止损。

随后，信中引入“区分”策略，将此次事件与公司一贯秉持的服务理念进行区隔，指出中断行为违背了公司“以客户为中心”的初心。同时，公司宣布推出“全额退款＋服务升级”的补偿方案，采用“补偿”策略，通过具体措施挽回用户信任。

在面对外部质疑时，信中发出明确反击，否认关于其诚信与技术能力的负面声音，并以“攻击”策略维护声誉；同时也声明将保留法律追责权利，体现“恐吓”策略，以遏制负面舆情蔓延。

在问题处置方面，阐明已启动全面系统优化工程，明确了“纠正”措施的具体路径。同时，也强调中断并未波及企业核心服务功能，使用“淡化”策略降低风险认知，稳定客户情绪。

笔者还在信中多次使用“超越”策略，将此次中断视为转型和提升的契机，提出服务系统将迈向更高标准，引导用户将焦点从“当前的失误”转移至“未来的改进”，重构信任逻辑。

情绪层面，信中表达了“痛苦”与“忏悔”情绪，强调管理团队与客户一样承受着危机的压力，通过“情绪共鸣”试图赢得客户的理解与同理心。

信末，对客户表达“关怀”，并用温情化语言强调其始终如一的服务初心，并采用“迎合”策略强化情感认同，借以唤起用户对企业形象的正面联想。

一封融合了十五种形象修复策略的道歉信

尊敬的客户：

您好！

对于近日服务中断给您带来的不便，我们深感愧疚。在此，我们向您诚恳致歉，并愿意承担全部责任。【道歉】

我们理解，服务中断问题打乱了您的正常安排。尽管我们全力抢修，但由于技术故障与外部网络干扰等客观因素，问题的影响范围被进一步放大。【推诿】需要特别说明的是，此次事件并非由我司员工操作不当引发。【否认】

我们深知，这次服务中断影响了您的体验，对此我们感同身受。然而，我们也希望您理解，此次事件源于操作层面的突发状况，并不代表我们一贯的服务标准与宗旨。我们的“客户至上”理念始终未变，这一偶发问题与我们长期以来所坚持的高品质服务存在本质区别。【区分】为表达歉意，我们将为所有受影响客户提供免费升级服务，并主动全额退款，希望以实际行动表达我们的诚意。【补偿】

与此同时，我们注意到个别言论借机造势，恶意歪曲事实，试图借此损坏我司声誉。我们对此予以强烈反驳：相关指控不仅毫无依据，且明显带有操控意图，严重误导公众认知。【攻击】对于刻意传播不实信息、恶意诋毁品牌形象的行为，我们将保留依法追责的权利。【恐吓】

目前，我们已启动紧急技术排查，对系统架构和操作流程进行了全面梳理与优化，确保类似问题不再发生。我们深知，只有切实改变，才能赢回信任；只有实际举措，才能化解焦虑。【纠正】

我们也想说明，虽然此次事件造成了一定影响，但我司核心系统保持稳定，主要服务功能并未受到实质性破坏。【淡化】未来我们将以此次事件为契机，全面升级系统能力，强化服务标准，把问题转化为改进的起点。【超越】

这场危机对我们而言同样是一次沉重的打击，既扰乱了日常运营，也让团队成员承受了前所未有的心理压力。【痛苦】然而，比起自身的困扰，我们更难以原谅的是未能在第一时间为您妥善解决问题。这是服务的缺失，更是责任的缺

位。对此，我们正在深刻反思，将从价值观、制度与行为准则层面进行全面检讨，确保类似问题不再重演。【忏悔】

我们深知，在技术修复之外，更重要的是让每一位用户感受到被理解、被在意。正因如此，我们已启动专属客服通道与一对一回访机制，只为更及时回应每一条声音、安抚每一份焦虑，让您清楚知道：您不是一个人在面对，我们始终与您并肩同行。【关怀】

您的反馈就是我们前进的方向，您的期待就是我们的努力目标。未来，我们将严格对照您的建议进行调整，把每一次意见都视为改进清单中的重要指令，持续修正不足，只为成为您理想中的那家企业。【迎合】

请相信，我们正在全力以赴，争分夺秒修复系统，筑牢防线，确保服务更加稳定。我们希望，这次挫折能够转化为我们与客户共同成长的机会，在挑战中加深彼此信任，迈向更加稳健的未来。【超越】

感谢您一直以来的支持与理解。未来，我们将更加珍惜这份信任，不断提升服务品质，努力做到更好。

此致

敬礼!

某公司团队

（二）道歉信写作的“4R 模式”

道歉如何展开，加拿大学者约翰·克利费尔提出的道歉“4R 模式”可操作性强。在该模式中，每个词的首字母都是“R”，即道歉必须包含示悔意（remorse）、担责任（responsibility）、表决心（resolution）和做补救（reparation），故称“4R 模式”。

表 55：道歉的“4R”要素

道歉要素	需要传递的意思	表达方式
示悔意	表示深深的懊悔和深刻的反省。	非常抱歉，我没有在其他日子打电话告诉您这一信息。
担责任	表达到底是怎么回事，为什么错，错在哪里。	我知道我做错了。
表决心	表达自责、羞耻、谦卑、真诚等态度，同时表示此类错误以后再也不会发生。	我保证以后再也不会发生这种事情。
做补救	表示为自己的错误进行补偿或补救。	如果有任何能够弥补的方式，请您一定告诉我。

1. 示悔意（remorse）

在组织发布道歉声明的过程中，首要步骤是清晰传达悔意。这不仅是道歉表达的起点，更是公众判断企业态度真伪的关键指标。没有悔意，道歉难以成立；缺乏诚意，道歉无法被接受。

所谓“示悔意”，是指组织在面对危机责任时，以真诚、具体的语言表达出对过失行为的悔恨与反思。它能够有效释放企业的善意信号，为后续赔偿、整改与恢复措施赢得舆论空间。

悔意的传达方式应以公开透明为基本原则。无论是通过新闻发布会、公开信函，还是通过社交媒体的官方渠道，道歉主体都应在第一时间明确表态，直接面向公众或受害群体表达歉意。这种坦率的自我检视，能够使组织在危机初期树立起“责任在我”的基本认知形象，避免陷入推诿、否认等可能引发次生危机的沟通陷阱。

2006 年，在推出 News Feed 功能后，Facebook 遭遇大量用户抗议。时任 CEO 马克·扎克伯格在回应中开门见山地表示：“我们这次确实搞砸了。”他的书面道歉声明中多次出现“错误”“失败”“我很抱歉”等措辞，态度明确，悔意清晰。他不仅道歉，还感谢抗议者“让我们的声音被听见”。

2014 年，在预售产品严重延期交付后，雷蛇（Razer）CEO 在回应中直接承担责任：“我们搞砸了。我搞砸了。”他坦承预测不足、供应安排失败，并直言“我们让用户等得太久”。这种毫无保留的语言极具冲击力，有助于重建品牌在核心用户中的信任。

2018 年，面对暴雨带来的城市内涝问题，珠海市三灶镇政府通过官方公众号向全体居民与企业公开致歉，文中写道："我们深刻反思近年来三灶城镇管理工作的不足和短板"，并将问题逐项公开列出，请社会监督。

水浸问题是一个综合性问题，与地理区位、城市发展、自然生态、历史情况等因素有着千丝万缕的联系。三灶镇地处沿海边缘，多面环水，山体众多，历史遗留问题较为复杂，治理起来难度较大，周期也较长。

镇党委、镇政府将充分重视城镇水浸这件民生大事，不回避任何问题、不推卸任何责任、尽全力做好水浸整治工作。

短期内，我们将加大对暴雨等极端天气的应对反应，做好各项应急处理措施，全面排查区域管网系统，加强地下管网疏通、管护力度，督导、协调镇内各施工单位规范施工，保障城镇排水功能正常运转。

后期规划中，我们将持续改造管网系统，不断增建排水设施，逐步增强城镇排水能力，以彻底解决水浸问题。

望社会各界、全体居民能够给予更多的理解和支持。

中共三灶镇委员会
三灶镇人民政府
2018年6月13日

图 4：三灶镇委镇政府在官方公众号发布的致歉文

2. 担责任（responsibility）

第二步是担责任。在道歉行为中，表达悔意固然重要，但若缺乏对责任的明确承担，道歉有时难以触及信任修复的核心。真正具有说服力的道歉，不止于情绪性表达，更在于组织或个人对过失行为的全面认知与公开承担。"担责任"，是信任重建过程中的关键节点，有着以下几层含义：

第一层意义在于拒绝推诿与回避。在危机发生后，公众最为敏感的并非事件本身，而是责任主体的态度表现。真正负责任的道歉必须由责任方主动发声，正面回应质疑，并清晰承认自身在事件中的过错。与之相对，试图将问题归咎于外部、使用模糊措辞或逃避责任的表述，只会激化不信任情绪，进一步加剧舆情反弹。

2007 年，全球知名玩具制造商美泰公司因产品含铅量超标被迫实施大规模召回。面对公众与监管压力，时任 CEO 罗伯特·艾克特在新闻发布会上表态："这是我们的责任，我们没有做好我们的工作，我们会改正。"

第二层意义在于清晰呈现事实链条。有效的"担责任"，不仅是态度表达，更需要对事件全貌进行准确梳理，包括事件起因、关键节点、相关责任人及内部机制失效点等。这种信息透明的处理方式，有助于受众还原真相，也能传递出组织面对问题的开放性与建设性。

第三层是对错误成因的剖析与反思。是对情况判断失误，还是某种疏忽导致了问题的发生？这一部分的解释至关重要。企业需要在道歉中适度说明错误发生的背景因素，既包括操作失误、流程漏洞，也包括管理盲区或文化缺陷。只有当公众感知到企业的反思是真实的、深刻的，道歉才具备修复意义。

第四层是具体责任点的明确呈现。是沟通不畅导致了误解，还是某个具体行为造成了伤害？空泛的责任承认难以形成行动预期，企业需将认责落实到实际操作层面。例如，在航班因机械故障延误的情形中，航空公司若能清晰说明故障部位、预计修复时长与后续安全保障机制，公众将更易理解事件性质，进而降低焦虑与抱怨。

珠海市金湾区三灶镇委镇政府的致歉文彰显出"担责任"的态度："痛定思痛，倒查原因，我们发现严重水浸背后，除了自然原因外，我们的工作确实存在诸多不足，的确做得不够好。""镇党委、镇政府将充分重视城镇水浸这件民生大事，不回避任何问题，不推卸任何责任，尽全力做好水浸整治工作。"

3. 表决心（resolution）

在道歉声明中，"表决心"承接在悔意表达与责任认领之后，作为企业自我修复态度的明确传达。这一环节强调的是对未来的承诺，即如何通过制度改进与流程优化，杜绝同类事件再次发生。

与实质性的“做补救”不同，“表决心”并不直接触及补偿与赔付问题，而是着眼于未来的组织调整与系统性修正。这些承诺可能涉及内部机制的反思、管理制度的更新、关键岗位的责任强化，甚至是外部监管机制的引入。公众通过这一环节，判断组织是否真正意识到了问题的根源，并愿意就此进行结构性纠正。

有效的表决心具备以下三项特征：

• 明确指向问题背后的系统性成因，而非仅限于事件表面

• 对未来的整改路径给出时间节点与行动框架，体现“不是说说而已”

• 强调组织自我革新的意愿，并邀请公众监督，增强信任基础

在语言表达上，表决心应保持理性、清晰、具备计划感。例如：“我们已启动对内部审核制度的全面评估，预计将在三个月内完成整改方案制定，并定期向公众通报进展。”相比情绪化的悔过之词，这一部分的语气更偏理性、策略性、建设性。

总之，“表决心”不是危机解决的终点，而是组织重建信任的起点。公众不需要企业一夜之间完美转身，但他们期待看到企业有方向、有打算、有行动意志，真正把“不会再发生”落到可执行的路径之上。

珠海市金湾区三灶镇委镇政府针对大面积水浸的短板问题，在致歉文中明确了近期、中期和远期的改造方案。这一坦诚态度获得广大网友的好评。原文如下：“短期内，我们将加大对暴雨等极端天气的应对反应，做好各项应急处理措施，全面排查区域管网系统，加强地下管网疏通、管护力度，督导、协调镇内各施工单位规范施工，保障城镇排水功能正常运转。后期规划中，我们将持续改造管网系统，不断增建排水设施，逐步增强城镇排水能力，以彻底解决水浸问题。”

4. 做补救（reparation）

如果说“表决心”是一种面向未来的表态，那么“做补救”则是回到现实的责任兑现。它是危机应对中最具操作性的阶段，核心在于用实际行动弥补危机造成的直接损失，维护受害者的权利，安抚其情绪。公众对于补救方案的关注点，不是“你认没认错”，而是“你怎么负责”“什么时候

兑现”。

补救行为包括经济赔偿、服务替换、流程调整、产品召回、公众安抚等一系列操作层面的举措，其效果直接影响道歉是否真正“落地”。特别是在损失可量化的危机中，如财产损失、信息泄露、服务中断等，若企业无法及时建立清晰、透明、可执行的补偿机制，将很难挽回信任。

补救不同于情绪性语言，它以可感知的方式修复伤害，也以实际兑现建立起“组织可信赖”的认知。有效的补救应具备以下特点：

- 具有明确对象：谁是受害者，谁应该被优先安抚？
- 具有具体方案：补偿标准如何、申请流程是否清晰？
- 具有时间节奏：兑现分几步？预计完成时间是何时？
- 具有责任闭环：是否有人追责？是否能追溯到源头环节？

在表达上，补救声明应避免模糊用语，突出“我们已经采取了……”“目前正在为……处理补偿”“截至今日，已有……人完成申领”等操作语言，减少“我们正在努力”“我们非常重视”等空泛表达。

总而言之，“做补救”是对道歉内容的实际验证，是危机舆论从情绪博弈向信任重建转化的关键一步。公众未必要求你完美无错，但他们高度在意：当错已经发生，你是否愿意并有能力及时止损，负责到底。

2013 年，美国连锁超市塔吉特（Target）因 4000 万信用卡和借记卡账户信息被泄露遭遇信任危机。塔吉特发布了正式致歉声明，还迅速向受影响用户提供一年免费信用监控服务，并对用户可能面临的财产损失进行专项赔付。同时，在声明中细化了近期补偿执行、中期技术防护、长期安全战略的三个阶段安排。这种“边道歉、边补救”的操作，被媒体评价为“危机应对的标杆”。

（三）两个“翻车”的道歉案例

我们用上述关于道歉信写作的策略与技巧来剖析下面两个真实的案例。

1. 北大校长就读错“鸿鹄”致歉

2018 年 5 月 4 日，在北京大学建校 120 周年庆典大会致辞中，校长林建华将“鸿鹄（hú）之志”读成了“鸿 hào 之志”，舆论一片哗然，引起公众对林建华作为北大校长的不满，甚至对北大的质疑和担忧。

5 月 5 日，林建华在北大校内 BBS 北大未名上作出了回应，发表了一封道歉信。需要强调是，林建华道歉信中有多处语文错误。例如标点错误：“亲爱的同学们”后面应该用冒号，“既不完整、也不系统”应为“既不完整，也不系统”，语录、老三篇、文革、文化大革命等应该加上引号；毛选加上书名号；用词错误：“致词”应为“致辞”，“人们很难想像”应为“人们很难想象”；事实错误：《校长观念 – 大学的改革与未来》应为《校长观点：大学的改革与未来》。

致同学们

PKU 北京大学　[楼主]1楼
最后修改于2018-05-05 16:40:02

亲爱的同学们，

很抱歉，在校庆大会的致辞中读错了“鸿鹄”的发音。说实话，我还真的不熟悉这个词的发音，这次应当是学会了，但成本的确是太高了一些。

我想，我的这个错误会使很多同学和朋友失望，觉得作为一个北大校长，不应该文字功底这样差。说实话，我的文字功底的确不好，这次出错是把这个问题暴露了出来。

上中小学时，正赶上文革，教育几乎停滞了。开始的几年没有课本，后来有了课本，也非常简单。我接受的基础教育既不完整、也不系统。我生活在内蒙古的一个小农场，只有几十户人家。现在人们很难想像当时的闭塞状态，农场离县城几十公里，距离虽不能算远，但乘马车要一整天时间。当时不但没有现在发达的互联网，连像样的书都很难找到。最近，我刚出了一本书《校长观念－大学的改革与未来》，其中还提到了当时的情况：

“文化大革命开始时，我小学五年级，几年都没有课本，老师只是让我们背语录和老三篇。十几岁时是求知欲最强的时候，没有其他的书，反复读毛选和当时一本干部培训用的苏联社会主义教程。我的中国近现代史知识，最初都是通过读毛选和后面的注释得到的。《矛盾论》和《实践论》当时都读过，中学政治课又学了一遍。一分为二、对立统一、主要矛盾和次要矛盾等等，这些概念都滚瓜烂熟，也深深影响了我们这一代人的思想观念。”

我很幸运，77级的高考语文考试作文占了80分，词句和语法只有20分，否则我可能就考不上北大了。我只是在考试前的几天，读了一本语法方面的书，刚刚知道什么是主语和谓语。语法概念不清，上大学之后学英语也多费了很大的劲。

我写这封信，告诉大家这些，并不是想为自己的无知或失误辩护，只是想让你们知道真实的我。你们的校长并不是一个完美的人，也有缺点和不足，也会犯错误。另外，我还想告诉大家，我所有重要讲话，也包括上面提到的那本书，都是自己写的，其中的内容和思想都是我希望大家了解的。

我是会努力的，但我还是很难保证今后不会出现类似的错误，因为文字上的修炼并非一日之功。像我这个年纪的人，恐怕也很难短时间内，在文字水平上有很大的进步了。

真正让我感到失望和内疚的，是我的这个错误所引起的关注，使人们忽视了我希望通过致词让大家理解的思想：“焦虑与质疑并不能创造价值，反而会阻碍我们迈向未来的脚步。能够让我们走向未来的，是坚定的信心、直面现实的勇气和直面未来的行动。”

再次致以歉意！

热爱你们的校长，

林建华

图 5：林建华在北京大学 BBS 发表的道歉信

抛开文字错误，下面基于“4R 模型”对林建华的道歉信进行系统分析，分析道歉信的缺陷，提供相应的改进思路。此外，结合“4R 模型”的理论框架，我重新撰写了一封符合有效危机公关原则的道歉信，供读者参考。

表 56：利用“4R 模型”分析林建华的道歉信

道歉要素	需要传递的意思	林建华的道歉	应该如何去做
示悔意	表示深深的懊悔和深刻的反省	只是说很抱歉在校庆大会的致辞中读错了“鸿鹄”的发音。虽然表示了道歉，但轻描淡写道“我还真的不熟悉这个词的发音，这次应当是学会了”，未做深刻反省。	需要承认所犯错误并道歉。考虑到自身的文字功底并不是太好，此处将事情扼要地交代清楚并承认错误，然后作简短道歉即可。
担责任	表达到底是怎么回事，为什么错，错在哪里	“上中小学时，正赶上文革，教育几乎停滞了。开始的几年没有课本，后来有了课本，也非常简单。我接受的基础教育既不完整、也不系统。我生活在内蒙古的一个小农场，只有几十户人家。现在人们很难想像当时的闭塞状态……”未能主动承担责任，不是指出犯错是因为自己学习不够，而是把责任推给“文革”和出生农村等客观原因，故没能承认和正视自己出错的真正原因。	应表明作为一名长期从事高等教育教学和管理的教育工作者，尤其是身为北京大学校长，此类错误的发生是让人不可原谅的，为此感到深深的羞愧与自责。
表决心	表达自责、羞耻、谦卑、真诚等态度，同时表示此类错误以后再也不会发生	“我写这封信……只是想让你们知道真实的我。你们的校长并不是一个完美的人，也有缺点和不足，也会犯错误”，这些话并未表现出自责和羞耻。 “焦虑与质疑并不能创造价值，反而会阻碍我们迈向未来的脚步”则直接“开怼”网友质疑的真诚，引起舆论的反弹，更未表示此类错误以后再也不会发生。	明确表示类似错误以后再也不会发生，作为北京大学校长，在道歉中必须说明，而不能含糊其词。
做补救	表示为自己的错误进行补偿或补救	“我是会努力的，但我还是很难保证今后不会出现类似的错误，因为文字上的修炼并非一日之功。像我这个年纪的人，恐怕也很难短时间内，在文字水平上有很大的进步了。”除了“我是会努力的”几个字之外，没有表示为自己犯错让北大形象受损，让广大北大师生蒙羞进行补偿的任何措施。	应承诺为杜绝类似错误再次发生，自己在治学与工作方面所做的改进措施，以及为自己的错误使北大形象受损而进行的补救措施。

笔者修改后的道歉信

致北京大学全体师生、校友及社会各界朋友：

在北大120周年校庆这一庄严时刻，我于典礼致辞中误读“鸿鹄之志”，引发舆论关注，损及学校声誉，更辜负了社会各界对北大的期许和对我的信任。在此，谨向全体师生、广大校友及社会公众，致以深切的歉意。

语言不仅是思想的载体，更是学识与涵养的映照。此次发音失误虽非本意，但责任不容推诿。我怀着敬畏之心，逐字拜读师生、校友及各界人士在网络上的评论，不禁喟然长叹：“一字之讹足撼千钧，半句之偏可毁百年。”思及此疏，愧怍如芒刺在背，痛悔若鲠骨在喉，我深感辜负了公众的殷切期待。

【表达歉意】

作为北京大学校长，我深知肩上承载的千钧重托：我的一言一行不仅关乎个人荣辱，更牵系着这所百年学府的精神命脉与学术尊严。尽管我成长于特殊年代，学术积淀确有不足，但这绝不能成为工作失误的托词。既忝居要职，自当临深履薄以修身，夙夜匪懈以执事，日省吾身，夕惕若厉。此番误读，是我学养未逮、准备不周所致。对此，我必将反躬自省，引以为戒。

【明确责任】

荀子有言：“君子博学而日参省乎己，则知明而行无过矣。”此次失误，如晨钟暮鼓，振聋发聩，令我惕然自省，铭刻于心。今后，我将以“思想自由、兼容并包”的北大精神为指引，恪守严谨求实的治学准则，在每一次立言前穷理尽微，在每一处论述中字斟句酌。唯有如此，方能不负北大“学术至上”的百年风骨，不负时代赋予知识分子的使命担当。

【表明决心】

治学之道并非一蹴而就，雅言之功贵在铢积寸累。我将加强语言文字的系统学习，深化对传统文化精髓的理解，让每一次公开演讲既有思想的力量，又有传播的温度。同时，我已安排校办成立校长文稿学术顾问小组，诚邀文学、历史等学科名师，对重要文稿逐字逐句推敲，确保用词精准、典故贴切、表达得体。

值此契机，我还计划发起“北大雅言”文化传承项目，广邀海内外语言学大家与国学名家，借助经典诵读会、语言艺术讲座、学术沙龙等多样形式，营造崇文尚雅的学术氛围，共筑严谨纯正的表达范式。

【提出补救】

“知错能改，善莫大焉。”此次事件不仅暴露了我在表达上的失当，更促使我进行了一场触及灵魂的深刻自省。我愿以最坦诚的态度接受公众监督，以自省明志，以行动正名，不负北大百年荣光，无愧学者立身根本。

此致

敬礼

2. 范冰冰就逃税事件发布致歉信

2018 年 5 月，崔永元曝范冰冰 4 天获 6000 万元天价片酬，并起底疑似大小合同、阴阳合同等偷漏税等潜规则。2018 年 10 月 3 日中午，范冰冰就逃税事件发布道歉信。

同样，范冰冰的致歉信中也有语文基础知识错误。比如，“我经历了从未有过的痛苦、煎熬”应改为“我体会到了从未有过的痛苦和煎熬”，“在影片《大轰炸》和其他一些合同中”应改为“在影片《大轰炸》和其他影片的一些合同中”，“出现利用‘拆分合同’等逃税问题”应改为“出现利用‘拆分合同’等方式逃税的问题”，“尽全力克服一切困难，筹措资金、补缴税款、缴纳罚款”应改为“克服一切困难，尽全力筹措资金，补缴税款，缴纳罚款”，“我每一点成绩的取得”应改为“我取得的每一点成绩”，“向关爱我的朋友家人”应改为“向关爱我的朋友和家人”。

致歉信

最近一段时间，我经历了从未有过的痛苦、煎熬，进行了深刻的反思、反省，我对自己的所作所为深感羞愧、内疚，在这里我向大家诚恳道歉！

长期以来，由于自己没有摆正国家利益、社会利益和个人利益的关系，在影片《大轰炸》和其他一些合同中出现利用“拆分合同”等逃税问题，我深感羞愧。这些天在配合税务机关对我及我公司的税务检查中，我一直深刻反省：作为一个公众人物，应该遵纪守法，起到社会和行业的模范带头作用，不应在经济利益面前，丧失自我约束，放松管理，以致违法失守。在此，我诚恳地向社会、向爱护关心我的朋友，以及大众，向国家税务机关道歉。

对税务机关调查后，依法作出的一系列处罚决定，我完全接受，我将按照税务部门的最终处罚决定，尽全力克服一切困难，筹措资金、补缴税款、缴纳罚款。

我从小喜欢艺术，又赶上了影视业蓬勃发展的好时机，在诸多前辈的提携和观众朋友的爱护下，加之自己的不断努力，这才在演艺方面取得了一点成绩。作为一个演员，我常为自己能在世界舞台上展示我国文化而自豪，并不遗余力为此冲锋。可以说，我每一点成绩的取得，都离不开国家和人民群众的支持。没有党和国家的好政策，没有人民群众的爱护，就没有范冰冰。

今天，我对自己的过错深感惶恐不安！我辜负了国家对我的培养，辜负了社会对我的信任，也辜负了影迷对我的喜爱！在此，我再次向大家诚恳道歉！请大家原谅！

我相信，经过这次整顿，我会讲规矩、遵秩序、重责任，在把好的作品献给大家的同时，也要监督公司管理，守法经营，诚实守信，争做富有文化内涵的好公司，为全社会传播正能量！

再次向社会，向一直支持我的影迷，向关爱我的朋友家人，真诚的说一句，对不起！

范冰冰

2018 年 10 月 3 日

不谈语文基础错误，单看道歉信的内容，这封道歉信虽然在形式上符合公众期待，但在“示悔意、担责任、表决心、做补救”四个维度上均存在不足。悔意表达较为表面化，责任承担不够直接，未来承诺缺乏具体措施，补救行动仅停留在法律最低标准。

第一，在“示悔意”层面流于表面，缺乏情感共鸣。

在道歉信中，范冰冰多次表达羞愧、惶恐、不安，如“深感羞愧”“向大家诚恳道歉”“对自己的过错深感惶恐不安”等。然而，尽管这些词句显露出一定的悔意，但整体来看，这些表达显得较为泛泛，没有针对具体错误的情感共鸣，缺乏深刻的自我剖析。例如，她没有说明自己在逃税问题上的具体行为以及当时的决策失误，仅笼统地谈及“没有摆正国家利益、社会利益和个人利益的关系”。这一表述含糊其词，使公众难以感受到她真正的痛悔之心。此外，过多地提及自己在演艺事业中的努力，如“没有党和国家的好政策，没有人民群众的爱护，就没有范冰冰”，容易被解读为转移话题，甚至有为自己争取同情的嫌疑，削弱了道歉的诚意。

第二，在“担责任”层面缺乏个人担当，责任认定模糊。

范冰冰在道歉信中承认了自己存在逃税行为，但措辞上较为被动，甚至带有推脱之意。例如，她提到“由于自己没有摆正国家利益、社会利益和个人利益的关系”，这一表述模糊地归因于观念错误，而非主动承认逃税行为本身是违法的。其次，她提到“这些天在配合税务机关对我及我公司的税务检查”时才进行“深刻反省”，给人的印象是，反思并非源于自身的主动觉悟，而是因为受到了调查和处罚才开始意识到问题的严重性。此外，她的表述更像是在检讨“管理疏忽”，而非直接承认个人违法行为，如“放松自我约束和管理”“违法失守”，这种用词使责任感被稀释，让公众感觉她在淡化自己的主观过错。

第三，在“表决心”层面缺乏具体行动，对未来承诺流于形式。

范冰冰在道歉信中表达了对未来的决心，例如“监督公司管理，守法经营，诚实守信，争做富有文化内涵的好公司”等。然而，这些承诺较为空泛，缺乏具体执行措施。例如，她并未提及如何整改财务管理制度，也未说明未来如何增强税务合规性。此外，“把好的作品献给大家”这样的表述与道歉主题关系不大，显得有些不合时宜，甚至可能被解读为在利用道歉信营销自己，削弱了公众对她决心的认可。

第四，在“做补救”层面缺乏社会责任感，补救措施单一。

范冰冰在道歉信中表示“我将按照税务部门的处罚决定，尽全力克服一切困难，筹措资金、补缴税款、缴纳罚款”。虽然这表明了她愿意承担法律后果，但其补救措施仅限于法律要求的罚款，而未进一步展现主动承担社会责任的意愿。作为公众人物，仅仅符合法律最低要求是不够的，还应展现更多社会责任担当，例如是否愿意帮助公众提升税务合规意识、是否会开展相关公益活动等。此外，她在道歉信中没有直接回应公众关切的问题，如为何在事件曝光之前未主动补缴税款、如何改进公司财务管理等，缺乏主动补救的力度。

笔者修改后的道歉信

致所有关心我、关注我，以及一直以来支持我的朋友们：

此时此刻，我内心非常难过，也充满了深深的愧疚。这段日子以来，我经历了人生中最煎熬的阶段。我想真诚地跟大家说一声：对不起！

在税务部门调查期间，我进行了深刻的反思和自我检讨。在参与《大轰炸》等电影项目时，我的确犯了严重的错误，使用了“拆分合同”等不当手段逃税。这不仅触犯了法律，更辜负了国家和公众对我的信任，严重违背了作为公众人物应该坚守的职业底线。我对此感到非常羞愧和痛心，也完全接受国家税务部门依法作出的处罚。

【表达悔意】

作为一名公众人物，我的一举一动不仅代表我个人，更会给社会带来一定的影响。这次的错误，让社会各界对我失望，也给影视行业带来了不好的影响。对此，我向社会公众、影迷朋友、家人和同事，再一次诚恳地道歉。我会承担一切后果，并认真接受这次深刻的教训，坚决不再犯类似的错误。

【明确承担责任】

我清楚地知道，错误一旦发生，就不能轻易抹去，只有真诚悔改、踏实改变，才是唯一正确的路。接下来，我会认真学习相关法律法规，不断提高自己的法律意识，以更严格的标准要求自己。不管未来我从事什么样的工作，我都会时刻提醒自己：依法守规是底线，决不能再辜负公众的信任和支持。

【表明改正态度】

目前，我已经在积极配合税务部门的各项处理，并将竭尽全力，克服一切困难，及时足额补缴所有税款和罚金。此外，我将更加主动地投身公益事业，尽最大努力去传递正能量，用更好的作品和表现回报大家的期待。

【落实补救承诺】

作为演员，我热爱这个职业。我能够得到今天的成绩，离不开国家政策的扶持，更离不开广大观众和影迷朋友的支持。然而，我却没有守护好大家赋予我的这份珍贵的信任。在这里，我想再郑重地说一句：对不起，我辜负了你们!

公众的信任得之不易，失去之后，要重新赢得更是难上加难。我真心地希望大家能给我一个改正错误、重新开始的机会。从今天起，我会用更加谦虚、敬畏的心态来对待生活和工作，用踏踏实实的行动重新赢得大家的理解与信任。

三、不能只讲“事实”：撰写情况说明的“五结构”法

一份成功的情况说明，其目的在于迅速澄清事实，防止误解的扩散，更在于通过精心构建的信息框架，引导舆论走向，为后续的沟通和危机应对奠定坚实的基础。情况说明更适合使用否认、转移、超越、淡化和强化等策略。

一份精心撰写的情况说明在危机管理中发挥着至关重要的作用。在危机管理中，企业必须高度重视情况说明的撰写和发布工作，确保其内容准确、全面、具有说服力，以赢得公众的信任和尊重。

为确保具备清晰的结构和有力的说服力，情况说明通常应包含以下五个核心部分，即发表声明的原因、陈述事实、事件责任及原因、采取的措施和价值观陈述。下面分别就这些部分进行详细阐述，并就惠普笔记本宣传材料事件和三星 Note7 爆炸事件两个案例进行对比分析。

（一）发表声明的原因

在情况说明的开头部分，明确阐述发表声明的原因至关重要。这是对危机事件的直接回应，更是企业向公众展示其敏感性和责任感的重要窗口。危机发生时，公众多数时候处于信息饥渴状态，急切地想要了解事件的真相和企业的态度。因此，一个清晰、明确的发布原因能够迅速吸引公众注意力，并传达出企业正在积极应对危机的态度。

以惠普笔记本宣传材料事件为例，惠普在声明开头即明确指出“近日，惠普收到用户反馈……宣传材料中散热管数量标注有误”，清楚地表达了声明发布的具体原因。这种主动、明确的姿态体现了对消费者反馈的高度重视，迅速拉近了与公众之间的心理距离，减少了公众的负面情绪。相比之下，三星在 Note7 爆炸事件的声明中，用“给大家带来的困扰和担心”作为道歉的理由，未明确提及产品燃损本身，而是将问题泛化成消费者情绪上的不安，使声明原因显得模糊，未能有效满足公众对问题实质性的关注，从而造成一定程度的公众失望。

（二）陈述事实

事实的准确陈述是情况说明的生命线。企业需以官方的身份陈述事实，以有效区别于外界如消费者、媒体、同行等版本的描述。在危机事件中，谣言通常迅速蔓延，错误信息比真相传播得更快、更广。企业只有第一时间提供准确、全面的信息，才能有效遏止谣言的扩散，掌握主动权。事实陈述考验企业的信息收集和处理能力，更考验企业的诚信和透明度。

惠普笔记本事件的声明中清晰描述了问题涉及的具体型号、错误的发生原因和发现时间，客观且具体，让消费者能够迅速了解事实全貌，降低了误解和猜测的可能性。三星 Note7 事件的声明，则更多强调产品的国际标准、不同电池供应商的技术细节以及产品批次的区别，这种过于技术化的陈述，未能清晰地解答公众关注的燃损安全问题，难以有效消除公众疑虑。陈述的复杂和晦涩使公众对声明的信任度下降，未能达到预期效果。

（三）事件责任及原因

在危机事件中，公众最关心的问题之一是企业是否为事件的发生承担责任。因此，情况说明必须明确回应企业是否承担责任，并详细解释责任归属的依据和事件原因。企业若能主动承担责任，明确自身的过错与不足，多数时候能够赢得公众的谅解；相反，若企业试图回避责任或模糊处理原因，将导致公众的更深层次怀疑与不信任。

惠普事件的情况说明中明确指出问题是“内部资料沟通中出现了失误”造成的，并主动承担了事件的责任。这种坦诚、明确的责任归属让公众清楚企业并未逃避自身问题，增强了公众对惠普负责任态度的认可。相比之下，三星在其情况说明中多次强调 Note7 燃损是由于“外部热冲击”，暗示可能是消费者操作不当所致。这种间接推卸责任的表达方式，虽然企业可能意在减少自身责任，但容易激发公众的逆反情绪，进一步加剧企业的危机。

（四）采取的措施

公众不仅关心企业是否承担责任，更关注企业是否采取了切实有效的措施来解决危机。因此，情况说明中必须详细阐明企业已经或将要采取的具体措施，包括内部整改、产品召回、赔偿方案或配合监管机构的调查等，以向公众传递企业解决问题的积极决心。

惠普在声明中提出了极具诚意的解决方案，给出了明确的补偿计划，包括“实际支付价款三倍的人民币赔偿，以及额外 500 元人民币补偿”或“全额退还您购买产品实际支付的价款，并提供购买产品实际支付价款三倍的人民币补偿”。这种措施彰显了惠普勇于承担责任的决心，也有效地平息了公众的不满情绪。相比之下，三星在声明中虽然提出了第三方权威检测机构以及客户服务热线，但并未提出直接的赔偿方案和召回措施，未能有效满足消费者的直接心理诉求，且未能在措施实施过程中体现对中国市场的公平对待，反而进一步激起了公众的不满情绪。

（五）价值观陈述

情况说明的结尾部分通常应重申企业的核心价值观。危机公关的本质之一，是维护并强化企业长期形成的价值观形象。公众在危机发生时经常质疑企业的价值观和诚信度，因此声明中再次强调企业的核心价值观，能够起到安抚公众情绪、重建信任的战略性效果。

惠普在声明的末尾，强调了自身“创无止境”的品牌理念，并承诺将继续优化流程，加强产品质量管理，体现了其持续改进、以客户为中心的价值观。这种价值观的重申，使惠普的危机管理策略具备更强的长期修复效果。三星在声明末尾也试图强调自身的社会责任和重视中国市场，但由于前期措施被公众质疑为“双重标准”，致使其价值观陈述的可信度和感染力大大降低，无法有效弥合公众与品牌之间的信任裂痕。

综合上述分析可知，惠普的声明整体表现更为成功，体现了主动、坦诚和有效的危机管理风格，而三星的情况说明则因回避核心问题、技术化陈述以及间接推卸责任等问题，未能有效缓解危机甚至加剧了消费者的负面情绪。

惠普公司关于暗影精灵Ⅲ代 PLUS 游戏本电脑宣传材料的声明

尊敬的惠普暗影精灵Ⅲ代 PLUS 游戏本用户：

近日，惠普收到用户反馈，暗影精灵Ⅲ代 PLUS 游戏本电脑（OMEN by HP Laptop 17-an013TX 和 OMEN by HP Laptop 17-an014TX，以下合称“产品”）宣传材料中散热管数量标注有误。我们立即进行调查，发现是内部资料沟通中出现了失误。对此，我们诚挚地向广大消费者道歉。

惠普在 2017 年 8 月 3 日发现此问题后，立即与电商合作伙伴通力合作，在当天更正了相关描述，并与购买此产品的消费者——进行真诚沟通，说明情况。截至目前，我们已经得到了多数购买产品的用户的谅解，但本着对支持惠普产品的广大消费者负责的态度，惠普决定主动承担责任。对于自 2017 年 8 月 1 日产品上市至 2017 年 8 月 3 日期间在中国大陆地区购买了该产品的消费者，我们将提供以下两种补偿方案供选择：

1. 用户可选择保留并继续使用产品，我们将在取得您的确认后，提供您购买产品实际支付价款三倍的人民币补偿，以及额外 500 元人民币的补偿。

2. 用户可以选择退货。若您选择退回产品，我们将在收到所退回产品后一次性全额退还您购买产品实际支付的价款，并提供购买产品实际支付价款三倍的人民币补偿。

消费者即日起可以通过惠普售后服务电话 400-885-6616 按 3，进行咨询和登记。

惠普一直将产品质量、客户体验和满意度放在首位，秉承“创无止境”的态度，持续为消费者提供高品质产品、优质客户体验和服务！我们将继续优化内部的产品宣传资料信息确认流程，严格把关各渠道的信息发布环节，为消费者提供准确完善的产品信息。

暗影精灵作为惠普电脑的游戏品牌，自上市以来，受到了广大消费者的关注与热爱。我们为出现这样的疏忽再次郑重道歉，希望广大消费者可以继续支持暗影精灵游戏产品。

中国惠普有限公司

2017 年 8 月 10 日

三星官网关于 Note7 事件的声明

< 最新声明 >

2016 年 9 月 29 日

尊敬的中国消费者：

对于近期发生的 Note7 召回及燃损事件给大家带来的困扰和担心、由于我们没有对产品安全性进行细致的说明给大家带来不解，我们向广大消费者表达真诚的歉意。

9 月 1 日起，我们在中国正式销售的国行版 Note7 是在全球统一的质量标准和品控体系下生产的，采用的是与海外 9 月 2 日宣布召回的产品完全不同的供应商提供的电池产品，同时经过国际和国内的检测认证及第三方独立研究机构的分析，我们可以确保产品的安全性与可靠性。

三星电子非常重视中国市场，从未且永远不会对中国采用双重标准。目前，在海外市场更换的全新 Note7 产品同样采用了与国行版相同的供应商所提供的电池。迄今全球包括 15 万中国消费者在内的超过 100 万的消费者都在使用。

在 Note7 正式上市前，为了能让关心与喜爱三星的用户率先体验到我们的新产品，我们通过盖乐世社区等渠道，用以旧换新等方式提供给消费者 1858 台测试体验机。由于测试体验机采用了与美国、韩国市场相同的需要召回的电池，可能存在潜在风险。我们主动向国家有关部门备案后，按照全球统一标准，进行回收更换。目前为止，我们已经收回了绝大部分测试体验机，剩余部分还在持续与用户沟通联络中。

我们高度重视在中国发生的国行版 Note7 燃损事件，针对每起事件，我们都会在第一时间主动联系用户并获取相关信息。在征得用户许可的前提下，我们联合电池供应商以及第三方权威检测机构对问题产品进行全面检测。目前最初收回的部分问题产品检测结果显示，电池内部并无燃损的迹象。同时，本着公开公正的原则，我们也委托国内外权威检测机构－中国泰尔实验室（CTTL）以及 Exponent 实验室再次检测。检测结果均显示，烧损的部位并非在电池区域，电池内部也未发现明显破损的痕迹，推定系外部热冲击导致的手机燃损。这一结果与我们初步检测的结果一致。对于我们陆续收到的其他有燃损问题的产品，我们也将本着同样的原则进行相关检测，也将报备政府有关部门并及时公开相关检测结果。同时，对其他反映 Note7 手机燃损的消费者朋友，我们诚恳建议：如果您在使用时遇到类似问题，请尽快拨打顾客服务热线（400810-5858），我们会有专人为您解答和处理相关问题。为了进一步打消用户的疑虑，我们也将委托第三方权威机构对问题手机进行详细检测，并将本着公开透明的原则及时公布检测结果。三星电子将持续坚守“做中国人民喜爱的企业，贡献于中国社会的企业”的承诺，秉持质量和服务第一的信念，为中国消费者带来最佳的产品和体验。

对于给中国消费者带来的困扰与不安，我们再次深表歉意，并真诚地希望大家继续关注三星电子。

中国三星电子

2016 年 9 月 29 日

四、AI 来救场：五步教你自动生成道歉信和情况说明

在当前日益数字化的组织沟通环境中，人工智能工具已成为危机回应与公关表达中的重要辅助手段。为此，笔者特归纳出一套系统化操作流程，供组织内部相关人员在使用 AI 工具进行书面沟通时参考与借鉴。

（一）第一步：明晰工具选择标准

AI 平台的选择是整个流程的基础，用户应结合自身需求与操作习惯，从功能稳定性、语言适配度、交互界面友好性等维度进行综合评估。当前较为成熟的平台包括国际通用类如 ChatGPT、Claude，国内平台如 Deepseek、文小言、讯飞星火等。使用中文语境时，建议优先考虑语言理解能力强、风格调适能力高的平台，以确保生成结果能够符合中文书信的表达习惯及社会文化语境。

表 57：常用 AI 列表

工具名称	平台类别	支持语言	优势简述
ChatGPT(OpenAI)	国际平台	多语言（含中文）	表达自然、语气柔和、结构完整
Claude(Anthropic)	国际平台	英文优、中文可用	注重逻辑推理与情境一致性
DeepSeek（深度求索）	国内平台	中文	理解和生成高质量文本
文小言（百度）	国内平台	中文	适配本地语境，输出速度快
讯飞星火（科大讯飞）	国内平台	中文	语义表达稳健，适合政企文书
通义（阿里）	国内平台	中文	擅长企业场景下的应用生成

（二）第二步：输入精准背景信息

AI 的生成质量高度依赖于提示输入的完整性与精度。用户应明确传达写作目标、对象身份、事件背景、责任承担方式及期望传达的情感态度。提示语应涵盖五要素：责任归属、影响结果、时间节点、情绪导向及后续措施。

以下为常见危机场景中提示语（Prompt）输入参考格式，供用户直接使用或二次编辑：

1. 撰写道歉信提示语（采用“4R 模式”）

“请帮我写一封正式的道歉信，按照‘4R 模式’结构撰写，即包括示悔意（Remorse）、担责任（Responsibility）、表决心（Resolution）和做补救（Reparation）。背景如下：我们因后台系统故障，导致客户的订单信息错误，因此延误交付。请用真诚、专业的语气表达歉意，承担责任，明确提出整改承诺，并给出具体补偿方式。收件人是企业客户，语言风格要正式但不生硬。”

可替换变量：

• 场景背景（如客户投诉、员工差错、供应链延误）

• 收件对象（客户 / 公众 / 合作方 / 员工）

• 语言风格（正式 / 温和 / 简洁 / 亲切）

2. 撰写情况说明提示语（采用“五结构”）

“我需要撰写一份情况说明，请按照以下五个要素展开：①发布说明的原因；②事件的客观事实；③责任归属及原因分析；④已采取或拟采取的解决措施；⑤重申我们的价值观和长期承诺。背景是：我们原定于本月交付的项目因外包团队延误未能按时完成，客户对此表示不满。请以正式、客观、具有恢复信任导向的风格撰写全文，适用于公开发布。”

可替换变量：

• 情况背景（项目延期、产品质量问题、服务中断等）

• 适用对象（客户 / 合作方 / 公众）

• 风格语气（中性解释型 / 积极承诺型 / 防误解说明型）

注意：关于情况说明的常见情形和备用口径，可以参见第十一章。

（三）第三步：审视结构完整性

AI 生成的初稿多遵循标准商务书信格式，包括称呼、致歉陈述、事件说明、补救措施、再次致歉与落款结束等模块。用户需重点审查文本的逻辑连贯性与内容覆盖度，核查是否遗漏关键信息，语言表达是否存在模板化痕迹，语序是否合理，语意是否连贯。如发现表达模糊、内容跳跃或语义堆叠，应记录具体问题，为后续人工润色奠定基础。

检查初稿的提示语（用于审视结构和逻辑）：

“请检查这封道歉信 / 这份情况说明的逻辑结构是否完整，是否包括关键要素：称呼、背景说明、责任承担、补救措施、致歉表达与结束语。请指出有哪些部分需要加强或调整，使其更具说服力。

“请帮我审查以下文本是否存在语气不当、逻辑跳跃或用词含糊的问题，并提供修改建议。文本如下：……”

（四）第四步：深化润色与人文表达

润色阶段不仅仅是语言修饰，更重要的是在文字中注入情感温度与组织价值观。用户应根据沟通对象的身份特征与事件敏感程度，调整表达方式，增强文本的真实感。例如，针对因我方失误造成客户业务延误的情况，建议将“如造成不便，敬请谅解”改为“我们意识到这一失误对贵方项目进度造成了直接影响，深感歉意”。此外，应注意语言整体风格保持一致，防止文本因过度中性或技术性而失去感染力。

润色调整内容的提示语（用于优化语言和情感表达）：

“请帮我润色这封道歉信，使其更自然真诚，同时语言更具温度，避免模板化表达。保持正式语气，优化逻辑流畅度，加入人性化用词，突出责任感和补偿意愿。

“请对以下情况说明进行润色，使其语言更专业、清晰有条理，同时避免冷漠和推诿的语气。注意突出我们的改进承诺与对合作方的尊重。文本如下：……”

（五）第五步：形成正式发布文本

完成润色后，应将文稿整理为正式版本，适配于电子邮件、企业公告或法律函件等多种沟通场景。该版本需再次校核称谓、语法、段落布局与逻辑一致性，确保措辞得体、事实准确，并附上必要的后续处理信息或联系方式。对于外部公开文书，建议交由公关、法务或品牌管理部门进行终审，以确保在法律责任、风险规避与形象维护等方面达成平衡。

综上所述，通过上述五个步骤，即便非专业写作者，也能在危机情境下借助 AI 平台快速、高效地输出结构清晰、态度诚恳、逻辑严谨的道歉信与情况说明。

第十一章

一出事就翻这章：17种高频危机，一一有口径

在全国各地讲授危机管理课程期间，我时常遇到学员提出这样的疑问：在突发事件发生时，如何才能做到回应及时、表达得体、措辞精准？

这个问题说到了危机管理人员的痛点，因为危机的发生经常不给公关人“准备时间”！作为企业的公关负责人，你没有所谓“下班”的时刻。清晨六点，午夜十一点；在办公室会议中，或是休假途中，随时随地都可能被手机上的微信消息或电话打扰。记者以一个直切核心的问题打破平静：“对这个事情，你们怎么回应？”彼时你才刚刚获知事件，却不得不面对舆情已在社交平台上扩散、媒体已掌握部分事实的现实压力。

在这样的情境下，你无法反复斟酌措辞，也不可能用“正在了解情况”或“暂不回应”拖延时间。一个成熟的公关管理者，脑中必须有一张清晰的“危机地图”，对各类突发状况都具备预设性的应对思维。这些口径不是僵化的话术，而是一种“标准口径”——它们帮助你在高压之下理性开口、精准回应。

所以，我准备了这份涵盖17种典型风险情境的回应清单——这是我在多个真实危机现场中反复推演、不断打磨的实战成果。每一条口径都来源于经验，适用于在信息不对称、时间有限的情境中应对媒体提问、稳定舆论风向。

我建议每一个公关人员都要将这17种危机情境的基础回应口径内化于心。它们是电话采访时的应急工具，更是在新闻发布会现场应对“突发提问”的心理支撑。

唯有在信息不明、局势紧张的现场，依然能够保持表达清晰、应对冷静的人，才能在关键时刻承担起舆情引导的核心角色，才能成为企业最可信赖的发声者。

表58：17种可能引发公关危机的常见风险清单

类别	风险类型
产品	1. 质量问题或设计缺陷
	2. 不符合相关法律法规
	3. 由于产品问题引发火灾、爆炸等事故
服务	4. 客户因服务不佳而投诉
人力资源	5. 员工因工死伤
	6. 骨干人员作风问题
	7. 招聘歧视
	8. 裁员
	9. 员工福利保障不到位
研发/生产	10. 知识产权侵权
	11. 环保不达标
	12. 施工消防不达标
营销/销售	13. 涉嫌虚假宣传
	14. 渠道商合同纠纷
	15. 不正当竞争（行贿以获取业务）
信息安全	16. 数据隐私
金融税务	17. 偷税漏税

一、质量问题已成事实，还能挽回用户信任吗？

【常见情形】

某款产品因功能异常、设计不合理或使用体验问题引发客户投诉，相关情况被媒体曝光并刊发，公众开始关注产品品质与企业责任。

【备用口径】

- 媒体关注：已关注相关报道，态度严肃
- 快速响应：当日完成联系与上门处理
- 技术查明：问题已识别，立即解决
- 用户反馈：用户满意，处理过程透明
- 后续行动：优化设计，完善质控流程

我们注意到【××媒体】关于“用户投诉某款产品功能或质量问题”的报道，并对此高度重视。在获悉相关情况后，企业第一时间启动了内部应急响应机制，迅速组织调查与处理。

目前，我们已与当事用户取得联系，表达诚挚关切，并安排专业技术团队上门排查。经现场检测与系统评估，问题初步确认源于【产品设计中某一环节未达到预期标准 / 生产过程中出现质量偏差】，该问题与我们一贯秉持的品质要求存在偏离。

对此，我们向用户致以诚挚歉意。为妥善解决问题，我们已采取以下具体措施:【免费更换产品 / 升级核心部件 / 提供专项补偿服务】，目前用户已确认满意，问题处理完毕。

产品质量关乎企业声誉，更是用户信任的根本。本次事件再次敲响了警钟。我们将据此进一步加强全流程质量控制，从设计到生产，从检测到售后，确保各环节标准执行到位，防止类似问题再次发生。

我们欢迎媒体与公众持续监督，也感谢各方对我们的关注与支持。未来，我们将继续以严谨态度对待每一项产品与服务，不断提升用户体验，守住对市场与社会的长期承诺。

【常见情形】（多地、多用户集中反馈的批次性产品问题）

企业某批次产品出现集中性质量问题，引发多位消费者投诉，社交媒体热议或被媒体报道，公众普遍质疑企业品控能力与回应机制。

【备用口径】

- 表达歉意：对消费者困扰表示诚挚歉意
- 启动调查：成立专项小组，针对相关批次展开全面排查
- 结果披露：承诺结果公布，过程透明
- 品控标准：重申质量管理体系的严谨性

近期，我司 ××× 产品在使用过程中出现的问题引发了消费者的广泛关注。对此，我们高度重视，并向所有因此受到影响的用户致以诚挚歉意。

问题发生后，公司已第一时间成立专项行动小组，对相关产品批次展开全面调查。目前，核查工作正在有序推进，涵盖产品设计、原材料、生产流程及质检环节，力求尽快查明问题根源，厘清责任归属，并据此制定切实可行的整改措施。我们郑重承诺，调查结束后将及时公布结果，确保信息透明，回应社会关切。

长期以来，我司始终坚持严谨的质量管理体系，在产品研发、生产及售后等环节均设有严格的内控标准与审核流程，力求为消费者提供安全可靠的产品。此次事件的发生，暴露出我司在质量管控方面仍存在需要优化的环节，我们对此深感责任重大。

针对已确认的问题，我们已启动以下处理机制：

1. 对相关产品批次开展溯源召回或整改服务；

2. 启动技术升级方案，排除潜在风险隐患；

3. 强化质量检验环节，增加重点品控节点；

4. 完善用户反馈机制，确保消费者意见能够快速有效进入改进流程。

公司将以此次事件为契机，进一步审视并提升质量管理体系，从源头防范问题的再次发生。我们也诚挚欢迎广大消费者和媒体继续对我们的产品质量进

行监督与反馈，共同推动企业在质量管理方面不断进步。

再次感谢社会各界对我司的关注与监督。我们将以更高标准审视自身，以更严要求落实责任，用切实行动恢复用户信任，履行企业应尽之责任。

二、被抽检点名了，怎么回复才能止住市场恐慌？

【常见情形】

企业某产品在地方工商、质检或市场监管部门抽查中被认定为不合格或不符合法规标准，引发媒体报道和消费者疑虑。

【备用口径】

- 表明态度：已关注抽检结果，高度重视
- 原因说明：不合规原因为技术性问题，产品安全无虞
- 政企沟通：正与主管部门沟通说明，整改已启动
- 消费者沟通：表达歉意，感谢监督，持续提升产品合规标准

近日，我们获悉企业【具体型号产品】在【具体部门，如：当地市场监管局及质量技术监督部门】组织的抽查检验中，被认定存在【具体问题，如：某项技术指标未达到国家相关标准】的情形。对此，我们高度重视，第一时间启动了内部调查与处置程序。

经核查，问题原因已初步明确。此次抽检不合格，源于【生产环节中的某一特定控制节点未严格执行工艺要求，导致某项指标偏离国家标准设定值】。该问题属于工艺层面的局部偏差，不影响产品整体性能与使用安全，不涉及对人体健康或功能可靠性的风险，消费者可正常使用，无须恐慌。

尽管如此，事件本身所引发的公众关切，我们深感责任在肩。在此，对因抽检结果可能带来的疑虑与不便，我们向广大消费者表示诚挚歉意。

我们已向【具体部门】作出正式说明，并积极配合相关调查工作。目前，针对抽检反映的问题，我们已采取以下具体措施：

1. 暂停相关生产线并开展整顿。对涉及批次的生产环节进行全面复查，逐项整改，确保流程执行严格合规。

2. 强化全过程质量控制。从原材料采购到出厂检测，全面提升检验标准与检测频次，构建闭环质量控制体系。

3. 启动产品召回与替换机制。针对可能流入市场的同批次产品，已同步启动召回程序，并向消费者提供免费更换或退货服务。

4. 提升操作标准与强化人员培训。加强一线人员的质量意识培训与岗位操作指导，明确质量责任边界，杜绝同类问题反复发生。

我们始终坚持将消费者权益放在首位，长期以来严格执行国家法规要求，在设计、生产、销售等环节构建了覆盖全流程的质量管理体系。此次事件暴露出我们对个别环节的把控仍有待加强，已为我们敲响了警钟。

我们将以此为契机，进一步完善质量保障机制，压实质量管理责任，持续强化产品全生命周期的合规性与稳定性。同时，感谢监管部门与社会各界的监督与关注，正是这些外部反馈，促使我们不断审视自身短板，推动产品与服务体系迭代优化。

再次向广大消费者致以诚挚歉意。我们承诺，将以更严谨的态度、更扎实的举措，守护产品质量底线，为消费者提供更安心、更可靠的产品与服务。

【常见情形】（产品需要批量召回）

用户因某款产品的质量或设计问题向媒体投诉，报道涉及产品存在功能瑕疵、结构不合理、影响使用体验等，引发公众关注与品牌讨论。

【备用口径】

- 表达歉意：对给消费者带来困扰深表歉意
- 启动调查：成立专项小组，全面排查问题批次
- 召回决定：主动召回相关批次产品，立即执行
- 用户服务：提供更换或退款，全程免费，快速响应
- 整改措施：优化工艺与供应链管理，堵住风险漏洞
- 承诺态度：若属我方责任，将依法依规承担，不推诿

近期，我司接到【国家 / 地区质量监督检验检疫总局或具体监管机构】通知，我司所生产的【×× 型号产品】在例行质量抽检中被认定存在【具体安全问题，如“潜在安全隐患”或“不符合某项国家安全标准”】。对此，我司高度重视，并已迅速启动专项响应机制，全面调查问题产生的根源，制定风险控制与补救方案。

事件发生后，公司立即组建由技术、质量、生产、法务等多部门协同参与的专项工作小组，对所涉产品的设计标准、制造过程、质检记录等关键环节进行全流程复盘。经排查发现，虽然该型号产品在立项、设计及量产过程中均严格遵循【如“ISO 9001 质量管理体系”“国家电器产品强制性认证标准”等】多项国内外质量与安全标准，但由于【具体原因，如“原材料批次差异”“装配工艺环节把控失衡”等】，部分产品在实际使用中存在【具体风险，如“短路风险”“外壳脱落”等】问题。

为最大程度消除风险隐患，保障消费者人身与财产安全，公司决定自即日起，主动召回【具体批次产品，如“2023 年 ×× 月 ×× 日至 ×× 月 ×× 日期间生产的 ×× 型号产品”】。本次召回范围覆盖在售与已售产品，召回措施即刻执行。

召回安排如下：

▶ 召回时间：即日起至【填写具体日期】

▶ 服务方式：更换新品或全额退款，用户自主选择，企业无条件配合

▶ 联系方式：客服热线【具体电话号码】、召回平台【官网召回专页链接】、微信公众号 / 小程序【官方服务名称】

消费者权益保障承诺：

▶ 所有召回申请将在收到后 24 小时内建立专属服务档案并启动处理流程；

▶ 对于选择更换的新产品，公司将提供延长保修服务；

▶ 在整个召回过程中，消费者无须承担任何费用；

▶ 公司将增配售后服务力量，确保响应高效、反馈通畅。

我们向因本次事件受到影响的消费者致以诚挚歉意。此次质量偏差虽属个别批次，但其暴露出的管理漏洞与工艺盲区引发了我们的深刻反思。为杜绝类似

问题再次发生，公司将：

1. 对现有质量控制体系进行系统评估与升级；

2. 调整关键零部件供应链策略，强化原料准入标准；

3. 建立产品全生命周期风险监控机制；

4. 强化质量追责制度，压实每一道工序的质量责任。

产品质量是企业立身之本，安全合规是对消费者最基本的承诺。我们感谢监管部门的监督，也感谢广大消费者的理解与信任。公司将以此次事件为警示，以更严标准推进生产管理，用更实举措兑现对市场与用户的责任。

三、产品安全事故上热搜，企业如何第一时间认错？

【常见情形】（无人员伤亡）

产品出现自燃、爆炸、漏电等风险事件，虽无人员伤亡，但对消费者财产或情绪造成影响，媒体介入并引发舆论关注。

【备用口径】

- 应急响应：启动应急机制，立即联系用户
- 原因调查：成立专案组调查，原因待核实
- 用户处置：提供补偿支持，积极协助善后
- 制度改进：强化质量控制与风险预防机制
- 信息披露：公开透明通报进展，主动承担社会责任

近期，我司【××型号产品】发生数起自燃及爆炸等安全事故。虽然未造成人员伤亡，但事件本身性质严重，已引发消费者的高度关注与媒体的持续报道。对此，我们深感痛惜，并将此列为当前最高优先级事务处理。

自接到首起用户投诉起，企业即刻启动应急响应机制。客户服务团队第一时间与相关用户建立联系，表达关切，并组织专业技术人员上门排查事故现场。初步处置完成后，公司随即展开全链条调查工作。

目前，事故原因尚在进一步调查中。为确保结论的科学性与客观性，我们已组建专门调查小组，由行业技术专家、企业内部工程师与第三方独立检测机构共同参与，围绕设计环节、材料采购、生产流程及使用环境等多个维度展开系统性排查，力求尽快厘清问题根源。

我们深知，每一次产品失效都可能危及用户的安全，容不得丝毫松懈。公司将持续与用户保持密切沟通，及时通报调查进展，并就受影响用户所面临的实际情况提供具体支持，包括产品更换、经济补偿及必要的安全保障措施。

本次事故对我们而言，是一次严峻警示，也是一面反观自身管理漏洞的镜子。我们已着手全面检视现有的产品开发、生产、质检与出厂流程，重新评估各关键节点的风控标准。在此基础上，公司将引进更高精度的检测设备，更新质量评估体系，确保每一款出厂产品符合国家标准、行业规范及企业自有控制标准。

供应链管理也将同步强化。我们将对上游原材料和关键部件供应商执行更高频率的抽检制度和更严格的准入机制，压实外部环节的质量风险控制责任。

信息透明，是企业应对危机的基本责任。公司将在后续调查推进过程中，定期公开说明调查进度与整改措施，接受社会各界监督。我们始终坚信，唯有对外坦诚、对内自省，才能逐步修复公众信任，真正重建品牌的安全边界。

对于本次事故对用户造成的恐慌、困扰与财产损失，我们致以诚挚歉意。同时，对社会各界、新闻媒体给予的监督、建议与理解，表示衷心感谢。这些声音提醒我们，作为一家面向公众的企业，安全责任从来不容推卸，品质承诺也必须兑现到底。

我们承诺，将以此事件为契机，全面反思、深度整改，建立更稳健的质量管理体系，筑牢产品安全底线。未来，我们将以更高标准要求自身，力求成为值得信赖、稳健可靠的责任型企业。

【常见情形】（有人员伤亡）

企业产品发生重大安全事故，导致人员受伤或死亡，引发社会广泛关注与媒体深度跟进，公众聚焦事故原因、企业责任与后续处理。

【备用口径】

- 表明态度：高度重视，对伤亡深感痛心
- 应急处理：成立应急小组，联动多方，妥善善后
- 原因调查：正配合调查，信息将及时披露
- 责任承担：若属产品责任，将依法依规、绝不回避
- 后续改进：吸取教训，全面排查并强化质量与安全体系

近日，我司【××型号产品】不幸发生严重安全事故，造成人员伤亡。这一惨痛事件令我们深感痛心。每一条生命都不可替代，每一个家庭的破碎都令人哀恸。我们向逝者致以深切哀悼，向所有受影响的家庭表示诚挚歉意。

事故发生后，公司管理层第一时间赶赴现场，与属地政府、应急救援部门、医疗机构紧密协作，配合开展抢救、安抚与初步调查工作。我们已成立由公司主要负责人牵头的应急小组，统筹调度各项应对事务，确保处置工作高效有序。

目前，事故具体原因尚在进一步调查中。我们已全面启动内部排查，并承诺全力配合相关部门的技术勘验与责任界定工作，确保真相早日查明，后续处理公开透明。

在救援层面，我们已尽最大努力提供必要支持。针对伤者救治、家属沟通、善后安抚等事务，公司已安排专项对接人员，全力保障每一项具体需求落到实处。

我们始终坚持“生命至上、安全第一”的原则。此次事故为我们敲响了警钟。若最终调查确认事故责任在于企业，我们将依法依规承担全部后果，严肃处理相关责任环节，并为伤者及遇难者家属提供切实补偿与人道支持。

与此同时，我们将以本次事故为深刻警示，系统重构安全管理机制。从源头设计、生产流程、材料验收到终端使用，将每一个风险环节重新审视、严格管控。内部质控体系将全面升级，安全培训和应急机制也将同步加强，坚决杜绝类似事件再次发生。

在此，我们向社会各界表示衷心感谢，感谢媒体的持续关注，感谢公众的监督与提醒。我们接受所有批评，也将以更严谨的态度回应外界期望。

再次对事故造成的人员伤亡表示沉痛哀悼，并向所有受影响的家庭致以诚挚歉意。我们会用行动负责，用时间重建信任。

四、客户在网上投诉了，我们该怎么挽回服务口碑？

【常见情形】

因售前或售后服务不当，如安装疏漏、维修无效、人员态度不佳等，引发客户不满并通过媒体或社交平台公开投诉，影响品牌声誉与公众口碑。

【备用口径】

- 表明态度：情况已知，高度重视
- 应对措施：指派专员对接客户，落实赔偿与修复问题
- 内部处置：严肃处理责任人员，规范服务标准
- 机制完善：优化售后体系，公开接受监督

近期，我们关注到部分用户因对我司【售前 / 售后服务】存在不满，通过媒体投诉或在社交平台发布相关言论。对用户的反馈与关切，我们高度重视并已迅速开展处理工作。

经调查，用户反映的主要问题包括【具体情况，如：安装作业不规范导致财物受损，维修环节未有效解决故障，以及客服沟通与上门服务过程中的态度问题】。上述情况确实暴露出我们服务管理体系中的漏洞，对由此给用户带来的不便与困扰，我们深表歉意。

事件发生后，我们秉持"用户第一"的原则，已指派专人对接用户，全程跟进问题处理。目前，我们已为用户提供了具体处理方案【具体措施，如：就财物损失进行合理赔付，重新安排维修服务，对相关服务流程和人员管理进行专项优化】。经沟通确认，用户对处理结果表示认可。

经内部复核，本次服务遭投诉的根源在于【第三方服务人员未严格执行公

司既定的安装与维修标准，存在作业不规范的情况】。对此，我们将依据公司管理制度，对相关责任人员作出严肃处理。

我们深知，服务质量是品牌信誉的重要支点。对所有授权服务网点与合作单位，公司均建立有完整的监督与考核机制。此次事件为我们提供了现实反馈，我们将以此为契机，进一步完善服务流程，强化一线培训，完善投诉响应机制，努力提升整体服务质量。

企业成长离不开用户的监督与提醒。我们诚挚欢迎广大消费者及媒体朋友持续关注我们的服务表现，提出建设性意见。

在此，再次就本次服务问题对用户造成的不便表示真诚歉意。我们将以更严谨的态度审视每一项服务流程，以更高的标准约束每一位服务人员，持续打造值得信赖、值得托付的品牌形象。

五、出了人命或有人受伤，如何表态才算真负责？

【常见情形】（有人受伤）

企业员工在作业过程中因工受伤，事件被社交媒体曝光或引发媒体关注，公众关注企业的员工安全保障与事故处置能力。

【备用口径】

- 事件说明：明确时间、地点、作业背景与伤情处置
- 应急响应：送医 + 补助 + 员工家庭援助
- 原因调查：成立调查组、排查隐患
- 管理提升：强化安全教育，防范再发

近期，关于我司一线员工在工作过程中受伤的情况引发了社会各界的关注。对此，我们高度重视，现就事件情况、处理进展与后续改进措施说明如下：

【具体日期】，我司位于【地点】的工作场所内，一名员工在执行【具体工作内容】过程中突发【具体症状或意外情况】。事故发生后，公司立即启动应急响

应机制，第一时间将员工送往附近医疗机构接受救治。目前，该员工已脱离生命危险，正在接受后续治疗与康复。我们对事故的发生深感痛惜，并向受伤员工及其家属表达最诚挚的慰问。

员工的安全，是企业最根本的责任。事故发生后，公司管理层高度关注，已组织相关职能部门成立专项应急工作组，全力统筹医疗救治、心理疏导与生活支持等工作。与此同时，依据国家相关法律规定及公司内部制度，我们迅速启动工伤认定及赔付流程，为该员工提供必要的医疗补助、工伤津贴与康复费用保障，力求缓解其康复期间的经济压力。

在此基础上，公司内部同步组织自愿捐助，为员工家庭提供额外支持。截至目前，共筹集善款人民币【××】元，将专项用于员工康复、生活保障及家庭支出。同时，我们已积极对接地方工会与相关社会组织，争取更多形式的援助，确保员工家庭在困难时期获得充分支持。

针对事故暴露出的管理短板，公司已成立由高层挂帅的专项安全整治小组，对【生产部门】的【工作流程或作业场景】进行全面排查。通过现场勘察、作业流程回溯、员工访谈等方式，我们初步识别出设备维护不到位、培训覆盖不充分、个别操作流程缺乏预警机制等问题。目前，整改方案已制定完毕，相关措施正在分阶段推进执行。

安全生产，不仅关乎设备管理，更关乎人的意识。公司已着手完善员工安全培训体系，计划通过定期讲座、应急演练、安全考核等方式，提升员工的风险辨识能力和应急处理水平。同时，我们将强化现场管理制度，压实各级管理人员安全职责，逐步形成制度规范、责任清晰、执行闭环的安全管理体系。

在此，感谢社会各界对我司的监督与支持，也感谢媒体朋友对事件的关注与理性报道。我们将以更严谨的标准、更扎实的行动回应关切，切实履行好保障员工权益、维护生产安全主体责任，为行业、社会与员工创造更长久的价值。

【常见情形】（有人死亡）

企业员工在作业过程中不幸发生意外并死亡，事件经社交媒体传播或被媒体关注，引发公众对企业安全管理与人文关怀的质疑。

【备用口径】

- 情感态度：表示哀悼与慰问，沉痛致意
- 事件说明：明确时间、地点、作业内容与救治过程
- 家属处理：看望慰问、赔偿到位、组织支持
- 安全调查：成立调查组，排查隐患，整改闭环
- 未来承诺：系统提升安全教育与管理机制，筑牢底线

近日，我司发生一起令人痛心的员工伤亡事故。在此，我们以沉痛的心情向社会各界通报事件相关情况，并就后续处理和改进措施作出说明。

【具体日期】，我司位于【地点】的办公/生产场所内，一名员工在工作过程中【具体情形】。事发后，公司立即启动应急处置流程，第一时间组织送医抢救。尽管医院全力施救，仍未能挽回员工宝贵的生命。我们对这起悲剧深感哀痛，向逝者亲属致以最深切的哀悼和慰问。

事故发生后，公司高层代表第一时间赶赴医院与家属见面，协助处理后续事务。在这一艰难时刻，我们深知，仅有慰问远远不够，更需要实质性的关怀与支持。公司将持续陪伴员工家属，尽最大努力提供各项帮助。

根据国家劳动法律及公司合同制度，员工依法享有工伤保险等相关保障。公司已启动赔付流程，确保相关赔偿及时到位，帮助家属减轻经济压力。与此同时，公司内部组织募捐，目前已筹集善款【××】元，全数交由员工家属，用于生活、治疗与心理抚慰等方面支出。

若后续调查确认事故与操作不当有关，公司将在深切反思的基础上，严肃追责，彻底整改。我们已成立专项安全整顿小组，针对事故环节及相关部门开展全流程排查，从操作流程、设备状态到岗位管理逐一过筛，力求将问题查实、查深、查透。整改方案已拟定，并同步进入执行阶段。

每一位员工的生命安全与健康，都是企业必须承担的根本责任。这起事故带来了极为沉痛的教训，深刻提醒我们：在安全问题上，不能存有丝毫侥幸，制度执行上不能留下任何漏洞。公司将全面加强安全教育和操作培训，严格落实班组管理，健全和强化全员安全责任体系，切实筑牢安全防线。

同时，公司将持续与员工家属保持沟通，主动了解他们的生活需求和实际困难，在日常生活支持、心理疏导等方面提供持续帮助。我们始终坚信，唯有真正承担起对员工及其家庭的责任，企业才能拥有直面未来的底气，也才配得上社会的信任。

在此，我们再次向逝者家属表示沉痛哀悼，并向所有关心事件进展的社会公众表示诚挚感谢。未来，我们将以更严谨的态度、更系统的管理，切实提升安全保障水平，全力营造安全、健康、稳定的工作环境，坚决防范此类悲剧重演。

六、高管出事，品牌形象跟着“陪葬”？

【常见情形】

集团中高层或核心管理人员被曝存在经济问题、管理失范或道德失德行为（如腐败、骚扰、赌博等），引发舆论关注，公众质疑企业用人标准与内部治理能力。

【备用口径】

- 知情与行动：已知情，配合相关调查进行中
- 立场原则：对违法违纪行为零容忍、不护短
- 信息承诺：处理结果将及时披露，维护公众信任

近期，有关集团高层或骨干管理人员存在【经济腐败、粗暴管理、骚扰同事、沉迷赌博等重大工作或生活作风】问题的报道，引起了社会各界的广泛关注。我们对此高度重视，并深感责任重大。在此，我们向所有关心此事的社会各界通报我们的处理态度和进展情况。

关于企业员工【具体问题，如涉及经济腐败、粗暴管理、骚扰同事、沉迷赌博】，我们已了解到相关情况，并立即启动了内部调查程序。目前，我们正在积极配合相关部门进行深入、细致的调查工作，以确保事实清晰、证据确凿。

我们企业对员工的违法违规行为采取零容忍的态度。我们始终坚信，每一位员工都应遵纪守法，坚守商业道德准则，这是企业持续发展和员工个人职业成长的基石。对于任何违反法律法规、企业规章制度及道德规范的行为，我们都将坚决予以打击，绝不姑息。

在调查过程中，我们将保持公正、客观、透明的原则，确保调查结果的准确性和公正性。同时，我们也呼吁所有知情人士积极提供线索和证据，以便我们更好地了解情况，采取相应的措施。

调查结束后，我们将根据调查结果，相应采取一切必要的处理措施。对于确实存在违法违规行为的员工，我们将依法依规进行严肃处理，决不手软。同时，我们也将加强内部管理，完善制度机制，防止类似问题的再次发生。

企业的声誉和形象凝聚着每一位员工的努力与付出。本次事件给公司带来了严重影响，也促使我们进行深刻反思。我们将以此为契机，全面强化员工法律法规教育与职业道德培训，切实提升法律意识和道德认知。

在此，我们向所有关心此事的社会各界人士表示衷心的感谢。我们将以更加严谨的态度、更高的标准要求自己，努力打造一个遵纪守法、诚信经营、和谐发展的优秀企业。同时，我们也欢迎社会各界继续对我们的工作进行监督和指导，共同推动企业的健康发展。

七、被指“招聘歧视”了，应该有几分情、几分法？

【常见情形】

招聘或用人过程中出现涉嫌歧视性言论或筛选标准（如性别、年龄、院校、健康状况、婚育情况等），被应聘者公开曝光，引发媒体讨论和公众质疑。

【备用口径】

- 事实核查：已启动专项调查程序，核实相关情况
- 立场声明：招聘始终坚持能力优先、公平公正、尊重差异

• 整改承诺：若属实，将严肃处理并优化招聘制度

近日，部分媒体与公众平台反映我司在招聘和用人过程中，涉嫌存在歧视的问题【如国籍、性别、年龄、婚育情况、宗教信仰、重大疾病等】。对此，我们高度重视，已第一时间组织专项调查，并就此事件向社会各界作出公开说明。

关于报道中提及的【具体事件】，公司已成立专项工作小组，全面梳理相关招聘流程、面试记录及用人决策依据。我们将坚持实事求是的原则，对每一项指控逐项核查，力求还原事实真相，确保判断有据、处置有据、结果公允。

招聘公平是企业雇主的基本责任，也是社会公平正义的重要体现。任何形式的歧视行为，均背离了公司一贯倡导的开放、多元与包容理念，也违背了国家法律关于平等就业的明确规定。对由此带来的公众质疑与社会关切，我们不回避、不推责，将严肃处理、彻底整改。

一直以来，公司始终坚持“能力导向、机会平等”的用人原则。在人才招聘与任用过程中，我们重视个体能力、职业操守与岗位适配度，从不将国籍、性别、年龄、身体状况、婚育背景、宗教信仰等非能力性因素作为招聘考量。我们致力于为所有员工营造一个尊重差异、反对歧视、鼓励多元的工作环境，保障每一位员工在公司获得公平机会和正当发展空间。

待专项调查工作结束后，公司将依据调查结果依法依规处理。如查实存在招聘歧视或不当言论行为，将对相关责任人严肃问责，决不姑息。同时，公司将系统加强招聘环节的合规教育，建立更为严谨的审查机制与反馈渠道，并通过开展专题培训、优化制度流程，全面提升管理人员在招聘过程中的专业判断与表达规范，切实防止类似问题再次发生。

此次事件对公司形象和雇主声誉造成了一定影响，我们对此深感遗憾。公司将以此为契机，进一步推动内部治理向更加规范、系统和制度化方向发展。

八、裁员消息传出后，怎么避免离职员工说公司“冷血”？

【常见情形】

因业务调整、结构优化或外部经济环境变化，公司实施人员精减措施，引发媒体关注与公众讨论，社会各界聚焦裁员是否合规、是否尊重员工权益。

【备用口径】

- 决策背景：结构调整，决策审慎，聚焦长期发展
- 管理原则：合规、透明、人本管理
- 对员工承诺：补偿到位 + 就业支持 + 情绪关怀
- 组织展望：感谢员工，稳中推进组织优化

近期，我司因业务调整所进行的员工优化安排引起了社会各界、媒体及网络平台的广泛关注。对此，我们高度重视，也深切理解外界对事件本身及员工安置问题的关切。我们愿意在此作出公开、诚恳的说明。

过去几年间，全球经济环境和市场格局不断变化，给公司正常运营带来了前所未有的挑战。面对持续波动的订单情况与业务结构调整，我们不得不进行一轮人员优化调整，旨在推动公司更加稳健、可持续地前行。

此次调整涉及撤销若干个岗位，确实影响到部分员工的职业安排。我们深知，这不仅是一项管理决策，更是一次影响员工家庭生活的重要变动。因此，公司在作出这一决定前，经历了反复的权衡与深思。这是一个非常艰难但必须作出的选择。

我们想特别强调的是：这不是对任何个人价值的否定，而是公司在当前市场现实下，为了保护更广泛员工利益与企业长远发展所必须作出的战略调整。

作为一家始终把员工福祉放在心上的企业，我们始终坚持依法合规、尊重员工、关怀人心的原则，全力保障受影响同人的正当权益与个人尊严。具体措施包括：

一是补偿保障。公司将在法律规定基础上，提供优于法定标准的经济补偿，确保员工在离开公司时获得应有的尊重与支持。

二是再就业支持。公司已启动职业转介服务，向受影响员工提供就业推荐、面试指导与技能培训，尽力协助大家找到新的职业发展机会。

三是情绪支持。公司将开放心理关怀通道，邀请专业人士为有需要的员工提供心理辅导，帮助大家度过情绪波动期。公司也已设立专门沟通小组，逐一回应员工提出的问题与建议，力求以最大诚意与透明度，处理好每一份托付。

在充满变动的当下，我们向所有曾经并肩奋斗的同人致以最诚挚的感谢。你们的努力，已经深深镌刻在公司的发展史中。无论身处何地，我们都衷心祝愿你们前程似锦，前路可期。

变革虽难，但每一个转折都是重新出发的契机。公司将不断精进管理、提升效率，期待在新的阶段里以更加稳健的姿态面对挑战，创造更多价值。

九、员工说公司福利缩水了，光回应“依法合规”够吗？

【常见情形】

因薪酬福利未兑现、工作环境不佳或内部沟通不畅，员工向媒体投诉，引发外部关注，公众对公司内部管理与员工关怀产生质疑。

【备用口径】

- 态度立场：高度重视，正核实并沟通问题
- 管理主张：尊重员工、保障权益是公司一贯承诺
- 当前行动：福利兑现 + 环境改善 + 沟通机制优化
- 长远承诺：坚持“员工为本”，持续提升员工体验

近期，部分员工因福利保障未落实、工作环境条件不佳等问题，向媒体反映情况，引发舆论关注。对此事件，我集团高度重视，管理层已迅速介入，并

就相关问题开展全面调查与深入整改。

事件发生后，集团管理层与相关部门负责人已就员工反映的问题开展多轮沟通。我们认真倾听员工意见，详细了解问题成因，深刻反思在执行层面存在的疏漏。员工对福利落实与办公环境的关注，充分体现了其对工作的责任感，也折射出我们在员工体验管理上的不足。

我们始终认为，员工是企业最核心的资产。为员工提供安全、舒适、有保障的工作环境，是企业的基本责任。在过往管理实践中，集团持续推进员工关怀机制建设，制定涵盖医疗、假期、晋升、培训等在内的福利体系，并致力于改善工作条件、营造积极文化氛围。

针对本次事件中反映的具体问题，公司已采取以下行动：

1. 关于工作环境问题。集团已组织专业评估小组赴相关场所开展实地勘察。对设施老化、通风照明、噪声污染等问题进行全面评估，制订整改计划并落实专项资金，确保员工能在符合标准的、安全健康的环境中工作。

2. 关于福利兑现问题。公司人力资源与审计部门已联合启动福利执行流程排查，逐项核查员工反馈内容，确保各项应发福利及时到位，对执行中的滞后环节予以责任追溯与制度修正，严禁任何形式的克扣或延付。

3. 关于沟通机制完善。集团将设立“员工反馈小组”，畅通信息收集与处理渠道，定期开展员工座谈与匿名问卷调查，第一时间发现问题，回应诉求。同时，加强对基层管理者在员工关怀与沟通方面的能力培训，构建更具信任感的内部关系网络。

我们深知，信任是组织持续发展的基石。此次事件对公司内部信任结构造成冲击，这一结果令人警醒，也促使我们必须以更严谨的态度重新审视人力管理体系与服务执行力。我们承诺，将以实际行动修复信任、回应期待，不回避问题、不掩盖不足。

再次向因本次事件受到影响的员工致以歉意，并向关注事件的媒体与社会各界表达感谢。监督是成长的镜子，批评是进步的推动力。我们将以此次事件为转折点，进一步加强制度建设、强化执行机制，切实提升员工满意度。

十、被告侵权时，沉默还是还击，哪个更伤品牌？

【常见情形】（不涉及侵权）

公司被竞争对手或第三方指控涉嫌侵犯专利、技术或其他知识产权，引发行业关注与法律争议。

【备用口径】

- 态度立场：高度重视，已完成法律核查
- 权属确认：自主研发，无侵权行为
- 合规主张：尊重知识产权，合规经营
- 维权行动：对恶意指控将依法追究责任

我们注意到，近日【指控方名称】对本公司提出了关于【具体知识产权细节，如某技术专利、产品设计等】的指控。对此，我们高度重视，并已在第一时间启动了全面的内部调查程序，同时聘请了专业的第三方律师团队进行独立核查。

经由公司内部技术团队及外部法律顾问的详细调查核实，该指控毫无根据。我们在【具体产品或技术领域】上的技术和设计均为公司自主研发，并早已依法申请并获得相关专利权。所有开发过程和创新设计均在严格遵守知识产权法律法规的前提下进行，不存在任何侵犯第三方专利权的行为。

作为一家在业内享有盛誉的上市公司，我们一贯严格遵守所有相关的知识产权法律法规，并始终奉行公平竞争原则。公司充分尊重他人的知识产权，同时我们也将不遗余力地依法保护自己的知识产权。任何未经过核实的指控，都不利于行业内的健康竞争与技术创新。

对于 ×× 公司的无端指控，我们深感遗憾，并认为此行为不仅损害了我司的商誉，也扰乱了市场的公平竞争秩序。为此，我们将通过法律途径，坚决维护公司的合法权益，追究相关方的法律责任，澄清事实，还原真相，以正视听。

我司始终坚持技术创新，致力于为客户提供最优质的产品与服务。在未来，我们将继续强化内部研发能力，提升企业的核心竞争力，同时也会不断优化知识产权保护机制，确保公司的每一项创新均得到有效保护和尊重。

我们感谢广大公众和合作伙伴的支持与信任，期待通过法律手段早日解决此事件，维护行业的公平竞争环境。

【常见情形】（涉及侵权）

企业在经营过程中涉及侵权纠纷，或在知识产权诉讼中败诉，可能面临高额赔偿责任，对品牌声誉、市场信任及后续产品运营造成实质性冲击。

【备用口径】

- 判决态度：正在评估结果，研究后续应对措施
- 法律立场：尊重判决，依法履行
- 合规主张：始终尊重知识产权，加强内部管理
- 长远承诺：判决不影响公司持续创新与合法经营方向

近日，×× 法院就【具体案件名称 / 编号】作出一审判决。对此，我公司现就有关情况声明如下：

针对近日媒体关注的知识产权诉讼事项，我公司尊重司法判决，已依照法院要求启动善后处理工作，并正全面研判该裁定对公司业务运营及后续发展的可能影响。在符合法律程序的前提下，我们将依法维护自身的正当权益，同时持续完善合规体系，杜绝类似问题再次发生。

一贯以来，我公司高度重视知识产权的合法获取与合规使用。我们坚信，知识产权是技术创新的根本，也是市场竞争的核心资源。在过去的经营实践中，公司始终恪守“尊重他人、保护自有”的基本准则，积极构建内部知识产权合规机制。

尽管本案判决结果对我方不利，但这不会动摇我们对知识产权战略的长期承诺。我们将以此事件为契机，系统强化知识产权管理工作，在以下方面持续投入：

1. 提升知识产权合规审核力度；

2. 强化员工知识产权培训及风险防控意识；

3. 优化创新成果的识别、归属与登记管理流程；

4. 主动参与行业知识产权生态文明建设，推动规范化竞争环境。

我们在此郑重承诺：本案不会影响公司持续为客户提供高质量产品与服务的能力和承诺。我们将一如既往以客户需求为核心，稳步推进技术升级和服务优化，确保客户体验不受干扰，持续维护良好的市场口碑。

公司由衷感谢社会各界长期以来的关注与支持。未来，我们将继续秉持专业、稳健、负责任的态度应对各类挑战，积极适应不断演进的合规环境，并与客户、合作伙伴及行业同人携手共进，推动企业提升治理水平，助力行业生态健康发展。

十一、污染曝光之后，整改声明要做到哪一步才有说服力？

【常见情形】

企业所属工厂在政府环保抽查中出现排污指标不合格情况，被责令整改，引发公众对企业环保合规与绿色理念的质疑。

【备用口径】

- 态度立场：高度重视，已展开自查与整改
- 原因说明：初判为设备 / 工艺 / 操作等技术问题
- 风险评估：与环保部门确认未造成环境问题或未引发健康风险
- 后续行动：引入第三方评估 + 强化绿色治理机制

近日，我企业【具体工厂】在接受 ×× 部门组织的环保专项抽查过程中，被发现部分排放指标未达相关标准。对此，我们深感愧疚，已第一时间启动应急机制，全力配合监管部门的调查与整改工作。

我企业一贯坚持绿色发展理念，将环境保护作为企业运营的重要底线。【具体工厂】作为重点生产单位，早已建立污废处理系统与在线监测设施，力求在生产过程中有效控制环境影响。然而，本次抽查结果表明，我们在落实环保管理责任上仍存在明显漏洞，问题暴露令人警醒。

根据初步排查，本次排放不合格主要因【具体原因，如关键设备故障、操作失误、数据采集异常等】所致。尽管事件未对周边生态和居民健康构成直接影响，但这一失误本质上属于环保责任缺位，必须严肃对待，全面整改。

事件发生后，我们已与××监管部门及第三方专业环保机构建立沟通机制，听取指导意见，并就后续整改制订明确计划，具体包括：

第一，对相关环保设备进行全面检测、维修或更换，确保运行稳定、达标排放；

第二，对操作流程重新梳理，修订关键作业规范，提升一线员工环保操作培训强度；

第三，引入权威第三方机构，对现有污废治理系统进行专项评估与技术升级；

第四，建立常态化外部环保审查机制，定期接受监管部门与专业机构的监督与辅导，确保将环保标准落实到底。

我们深知，环保合规不仅是法律要求，更是企业履行社会责任的基本准则。此次事件为我司敲响警钟，也促使我们重新审视环境治理体系的完整性与有效性。未来，我们将在环保管理上投入更多资源，强化制度执行力，力争将工厂打造为绿色制造标杆。

我们诚挚感谢社会各界对本事件的关注与批评指正。环保问题不容回避，我们愿以实际行动正视问题、整改到底，努力重建公众信任。同时，我们也诚邀监管机构、专业力量与社会公众继续监督我们的环保工作，协力推进企业绿色转型与社会可持续发展。

再次向监管部门和公众致以诚挚歉意。我们将以此为契机，不断提升治理标准与责任意识，确保同类问题不再发生。

十二、消防不达标被拍了视频，怎么回应才不会被网民围攻？

【常见情形】

集团所属工厂或施工现场在消防或安全检查中被发现存在不达标问题，部分作业区域存在安全隐患，相关情况被媒体曝光，引发公众对企业安全管理能力的质疑。

【备用口径】

- 表明态度：高度重视，发现问题后立即处理
- 整改措施：封闭隐患区域，完成专项复查
- 管理提升：启动专项培训与安全巡检机制
- 长效承诺：以此为戒，全面夯实施工与生产安全底线

近日，我企业【具体工厂名称】在接受 ×× 消防部门组织的突击检查过程中，被发现存在消防设施不完善、疏散通道不畅通、员工消防意识薄弱等问题，部分安全管理措施未能严格落实，违反了相关消防法规和安全生产管理规定。上述问题已引起媒体广泛关注，也引发了社会公众的合理质疑。对此，我们深感愧疚，并向全体员工及社会各界致以诚挚歉意。

事件发生后，集团管理层高度重视，立即成立由高层领导牵头的专项整改小组，第一时间启动全厂区安全应急响应机制。整改小组围绕本次检查所涉问题，迅速制定整改方案，明确责任分工、整改时限与监督机制，并同步对所有生产、施工区域展开全面排查，力求将风险隐患彻底清除。

针对消防安全设施配置不到位的问题，我们已紧急增设灭火器、消防水源、警报器等基础设施，并同步排查和疏通所有疏散通道，清理堵塞物与违章设置。现场管理方面，增设了安全警示标识，细化了责任人到岗值守制度，强化作业过程监督。

在整改过程中，我们深刻反思本次问题背后的管理短板。为此，集团组织安全生产部门联动外部专业力量，开展了针对性强、覆盖全面的消防与施工安全

培训，培训对象涵盖厂区作业人员、管理人员及项目施工队伍，力求从思想源头提升安全意识与操作规范。

为构建长效机制，我们已决定从以下三方面系统加强安全管理：

一是制度化安全生产巡查机制。建立覆盖日常、专项、节假日前的多层级安全生产巡查机制，并明确问责流程。

二是设施维护长效机制。设立安全设施维护专岗，定期完成检测、保养、更换工作，确保设备始终处于可用状态。

三是员工培训常态化机制。设定季度安全演练计划，结合典型案例讲解与实地演练，提高应急处置能力和逃生自救技能。

安全生产是企业稳定运营的底线。此次事件暴露出我们在管理执行和现场监管方面仍有不足，需引起高度重视。我们诚挚欢迎政府、媒体和公众对企业安全工作的持续监督，督促我们在履行责任和规范治理上不断改进。我们深知，安全无小事，唯有持续投入、严格管理，方能守住发展的根本。

再次就本次事件给公众带来的不安和困扰表示诚挚歉意。我们将以实际行动重建信任，以更高标准严格自律，持续推进安全、规范、负责任的企业建设，不辜负各界的期待。

十三、被质疑“虚假宣传”，怎么澄清才不会被定性为欺骗消费者？

【常见情形】

企业因产品宣传内容被指存在误导、夸大或失实，被网友在社交媒体曝光，引发舆论关注，公众对企业的合规性与诚信度提出疑问。

【备用口径】

- 表明态度：高度重视，立即核查
- 当前行动：争议内容已复核，按需澄清
- 法规立场：坚持合规宣传，尊重消费者权益

• 后续承诺：加强审核机制，防止问题再发

近期，【相关方】对我司产品宣传内容提出疑问，认为其中存在虚假、夸大或失实表述，引发了舆论关注。对此，我们高度重视，并在第一时间启动了内部核查程序，对相关宣传内容进行了全面梳理与复审。

经核实，针对【具体被指问题环节 / 描述】，我司在产品手册及官方网站发布的性能说明中，均进行了清晰、明确、具体的功能描述。相关数据依据企业标准或行业通行指标，具有相应的技术依据与实际应用支撑。我们始终坚持以信息真实、表达准确为宣传基本要求，努力避免消费者因理解偏差或表述不清而产生误导。

我们深知，诚信是企业至关重要的立身之本。宣传行为不仅反映企业形象，更关系到消费者权益和市场秩序。长期以来，我司始终严格遵循《广告法》《反不正当竞争法》等国家法律法规，确保宣传材料在内容审核、发布流程等环节依法合规，杜绝任何虚假、夸大或误导性信息的传播。

对本次事件引发的舆论反馈，我们表示理解并感谢关注。社会各界的监督是企业进步的重要力量。我们将以此为契机，进一步强化宣传内容的审核机制，对宣传文本、渠道发布、视觉呈现等环节进行系统自查与持续优化，确保对外传播口径真实、准确、可验证。

同时，我们也将持续倾听消费者意见，拓宽外部沟通渠道，认真对待来自用户的建议与反馈。通过不断提升产品体验和服务质量，回应公众关切，履行企业责任，推动公司与行业的良性发展。

再次感谢媒体与消费者对我们的关注。我们将以更严谨的标准约束自身行为，以更专业的态度完善治理体系，确保每一次表达都经得起审视，每一次承诺都兑现于行动之中。

十四、因合同纠纷打官司了，对外到底该不该说“谁对谁错”？

【常见情形】

企业与供应商、渠道商或合作方就付款进度、履约责任等发生合同争议，导致生产或销售受阻。事件曝光后，公众对企业履约能力与信誉度产生质疑，媒体持续报道，引发连锁舆情。

【备用口径】

- 立场态度：高度重视争议，正积极协商处理
- 合同立场：诚信履约、尊重协议、依法推进
- 评论原则：不对合同细节做公开评论，尊重当事方与处理机制

针对近日媒体关于我司与部分合作伙伴之间在合同履行或付款安排方面存在争议的相关报道，我司高度关注，并就相关情况作出如下说明：

我司始终秉持诚信经营、合规发展的基本原则，严格遵守所在地法律法规与商业契约精神。无论在渠道管理、供应链合作还是在合同执行方面，我们始终坚持平等协商、守约履责的合作准则，致力于构建长期、稳定、互信的合作关系。

针对本次与【具体合作方】出现的分歧，公司已在第一时间启动内部应对机制，全面梳理相关合同条款、履约情况及付款节点，积极与相关方沟通，推动问题妥善解决。我们相信，基于双方既有合作基础，通过平等、理性的协商，争议终将得到妥善化解，合作关系也将有机会修复与重建。

在此，我们郑重重申，公司不会对外披露任何涉及具体合同条款、付款安排或与合作方的沟通细节。但可以明确的是，我们始终严格遵循合同约定，恪守履约义务。对于尚存分歧的事项，我们尊重合同赋予的解决路径，愿在法定框架内依法依规妥善处理。

本次事件引发的舆论关注，对我们的客户、合作伙伴乃至公众认知产生了一定影响。对此，我们表示诚挚歉意，并感谢大家对企业发展的持续关注与监督。

我们承诺，将以此次事件为警醒案例，进一步优化内部管理流程，提升合同履行效能和风险防控能力，降低因执行偏差带来的误解与争议风险。

我们同样感谢媒体对此事的关注与客观报道。外部监督对于企业规范运营具有积极意义，有助于我们及时发现管理盲点、弥补制度短板。

未来，公司将持续完善对外沟通机制，稳步提升合规治理能力与信息透明度，以更加成熟的机制应对复杂多变的商业环境，推动企业在合作中稳步前行。

十五、被举报“搞不正当交易”，先认错还是先澄清？

【常见情形】

因涉嫌行贿、受贿等不正当交易行为，被供应商或竞争对手举报，引发执法部门调查及舆论关注，涉及破坏市场公平、侵蚀企业治理边界。

【备用口径】

- 态度立场：高度重视，已成立专项小组并配合调查
- 责任态度：一经查实，严肃追责，绝不回避
- 管理行动：启动内部审查，完善机制，防止问题重演
- 长远承诺：坚持诚信经营，维护公平竞争

近期，关于我司涉嫌通过【行贿 / 受贿】等不正当手段影响市场秩序、违反公平竞争原则的举报引发社会广泛关注。对此，我司高度重视，已于第一时间成立由管理层牵头的专项调查小组，全面配合相关执法机关依法开展调查工作。

事件所涉【具体部门】被指存在严重违纪行为，这一情况令人震惊与痛心。作为始终坚持诚信经营的市场主体，我司一贯秉持“合规为本、廉洁从业”的经营理念，坚决反对任何形式的腐败与商业不端行为。

目前，相关调查仍在进行中。我们尊重并支持执法机关依法独立调查的权力，并郑重承诺：一旦确认存在违法违纪行为，公司将依照法律法规及内部管理制度，严肃问责，绝不姑息。

此次事件暴露出公司在管理体系中存在监督盲区，也反映出个别员工在商业操守与廉洁意识方面的严重缺失。为此，公司已同步启动以下内部整顿与治理举措：

一是全面审查内部交易与流程节点，特别是采购、合作洽谈等关键环节，重点排查风险隐患；

二是强化制度建设与内部控制机制，优化廉洁合规审核流程，明确行为边界与责任链条；

三是组织开展全员商业伦理教育与反腐培训，推动制度“入心入脑”，将廉洁规范融入日常管理；

四是设立举报机制与信访渠道，保障员工与外部合作方的监督权力，构建阳光透明的商业生态。

良好的商业信用是企业生存之本，也是整个行业可持续发展的基石。在此，我们对事件所引发的公众关注与疑虑表示歉意，感谢执法机关的依法监督与各方媒体的舆论监督。本次事件对公司提出了深刻警示，我们将以此为契机，全面检视治理能力，重塑合规文化，确保企业行为清朗、透明、合规，切实履行对合作伙伴、客户及社会的责任与承诺。

十六、用户数据外泄了，怎么回应才能不丢掉信任？

【常见情形】

因黑客攻击、系统漏洞或操作不当导致客户或合作方数据外泄，引发公众关注与合规调查。

【备用口径】

- 态度立场：高度重视，立即启动调查与应急响应机制
- 初判原因：初判为恶意攻击，已封锁系统防止扩散
- 当前行动：正在分阶段安全恢复，兼顾运营与合作方影响最小化
- 后续承诺：后续进展将透明更新，确保信息对称

近期，针对【相关方】提出的关于我司在【被指涉嫌数据泄露的环节/方面】存在数据泄露的情况，我司高度重视。在接获相关信息后，我们已迅速成立由技术部门、安全专家及第三方顾问组成的专项调查组，对事件展开全面调查与技术排查。

根据目前初步调查结果，此次数据泄露源于一次恶意软件攻击。攻击行为利用系统漏洞进行渗透，导致部分数据系统受到侵入。我们深知，数据安全不仅关乎企业运营，更直接影响客户、合作伙伴及用户的信任与权益。对此，我们保持高度警觉，并以最严标准启动应急响应。

事件发生后，公司即刻采取多项紧急防控措施，包括：关闭涉事系统，隔离受影响区域，升级防护级别，执行全面漏洞修复计划。同时，我们引入第三方专业安全团队进行系统审计与溯源分析，确保漏洞彻底查清、系统恢复过程稳妥可靠。

针对数据防护机制，公司已在以下方面同步加强：

一是提升加密等级，对涉密数据全面更新加密算法，确保存储与传输过程的安全性；

二是优化权限管理，重新评估账户访问策略，压缩高权限范围，落实分级管理；

三是强化恢复机制，建立更完善的数据备份体系及系统还原能力，提升应急处置效率；

四是完善培训体系，开展覆盖全员的数据安全意识培训，压实岗位安全责任。

目前，相关系统服务已逐步恢复。我们在推进恢复工作的同时，更重视过程中的系统完整性与用户数据保护，确保所有业务恢复均以“安全为先、稳定优先”为基本准则，尽最大努力降低对客户、合作伙伴及业务运营的影响。

我们对本次事件可能造成的不便表示诚挚歉意。公司已主动与受影响客户建立沟通机制，及时通报调查进展与应对举措，并同步启动赔付和补救机制，以尽力弥补因数据风险带来的潜在损失。

信息安全是企业可持续发展的底线责任。我们感谢所有客户、合作伙伴与社会各界的理解与监督，也欢迎各方继续对我司的数据安全管理提出建议。我们将以本次事件为契机，系统审视现有网络安全架构与治理机制，全面升级数据防护体系，建立常态化安全监控和快速响应机制，力求为每一位用户提供可信、稳定、安全的数字服务环境。

十七、被媒体曝光偷税漏税了，如何表态才专业？

【常见情形】

常见触发因素包括：财税内部审计不严、跨地区税法理解偏差、外包机构失误或历史账目处理存在模糊地带。事件一旦被税务机关查实，将受到监管部门处罚，并引起媒体及公众对公司诚信和合规文化的质疑。

【备用口径】

- 表明态度：高度重视，已启动核查
- 当前动作：全力配合调查、保持透明
- 后续承诺：若属实，将依法补缴 + 整改流程

针对近日媒体就我司涉税事项所做的报道，我司高度重视，并已第一时间启动内部核查机制及整改流程，全面配合相关部门的监督与处理工作。

公司历年来所有财务报表均由【第三方公司名称】进行独立审计，并按照【所在国 / 所在地】现行会计准则及税收法规完成编制和披露。我们始终将财务合规视为企业运营的基本底线，严格执行税务申报与审计制度，确保各项经营行为合法、透明、可核查。

对于税务主管机关对我司开展的调查及作出的行政处罚决定，我们予以尊重并诚恳接受。在整个调查过程中，公司积极配合，及时提交所需材料，协助税务机关查明情况。我们相信，通过沟通与协作，能够进一步厘清事实，推动问题依法依规解决。

若最终确认相关行为构成税务不合规，公司将依照相关法律规定及时履行税务补缴义务，并承担相应法律责任。同时，公司管理层将就本次事件展开全面反思，深入剖析财税制度执行过程中存在的薄弱环节，针对审计流程、财税风控、信息申报等关键节点进行系统性改进。

为防范类似事件再次发生，公司将：

1. 完善税务合规管理体系，强化财税制度执行力度；

2. 提升财务团队的法规认知与操作能力，组织专项培训；

3. 引入外部专业资源进行合规诊断，提升风险识别和响应能力；

4. 建立常态化内部审计机制，确保各项财税行为受控、可溯、可问责。

我们深知，依法纳税是企业的法定义务，更是应尽的社会责任。本次事件对公司声誉造成了影响，也给外部利益相关方带来了困扰。对此，我们表示诚挚歉意，并愿以更加审慎的态度和务实的行动回应社会关切。

公司将持续秉持“诚信、透明、合规”的治理原则，以稳健的财务制度支撑企业可持续发展，也欢迎社会各界继续对我们的经营活动进行监督与指导。

第十二章

高频 Q&A：危机中最头疼的 12 个问题

在实际危机管理中，理论与经验总是交织前行。多年来，我曾面向政府、企业和高校系统开展危机管理的咨询与讲座，也频繁在各类专业论坛上与公关实务者、媒体从业者深入交流。这些一线互动让我意识到，真正困扰管理者的，往往不是模型、方法本身，而是那些反复遭遇、却难以从教科书中找到答案的实际难题。

结合多年实践积累与教学反馈，我对高频提问进行了系统整理，筛选出一组最具代表性的典型问题。这些问题集中反映了危机现场中一线人员的真实焦虑和决策难点。在本章中，我将逐一予以分析，力求为读者提供具备落地性的理解方式，并为企业建立更具预判力和操作性的危机管理机制提供参考。

一、员工私下能不能答记者的问题？

问：公司处于危机期间，一名员工在与熟识记者的私下聊天中，提及了尚未对外公开的应对措施，结果这些内容被媒体放大报道，引发公众误解并加剧了危机。未来如果再次发生类似情况，企业应如何防范？

答：这一案例凸显了非正式沟通在危机语境下的高风险性。很多企业在危机发生时过于关注对外口径，却忽视了内部信息的同步与风险控制。尤其是在“员工与记者私交不错”的情境中，许多人误以为一句“私人聊天”不会引发后果，然而，媒体对新闻价值的敏感远远超出一般人的预期，一句“未定之语”极可能成为次日头条。

在危机传播管理中，非正式渠道的信息外泄是“次生危机”的主要诱因。此次事件的本质，不在于员工是否“失言”，而在于企业内部危机沟通机制的缺位：员工未被及时告知应对策略、无法识别敏感内容，也未掌握应对媒体的基本原则。这不是某个人的过失，而是组织整体“信息纪律”松散所导致的系统性隐患。

企业要有效预防此类风险，需从四个维度着手：

第一，统一口径，统一发布。

危机期间，企业对外发言必须统一授权，仅限公关部门或指定发言人负责发布信息。所有员工一律不得私自对外回应涉及危机的信息，尤其是未公开内容。对媒体提问，应当明确表示“暂无权回应”或“请联系企业公关部门获取准确消息”。

第二，建立预警机制，快速响应媒体。

针对突发事件，企业应设立内部应急沟通通道。若员工在第一线接触到媒体提问，应立即上报公司公关团队，由专业人员接管沟通。此举既保护了员工，又能防止敏感信息外泄。

第三，开展全员危机沟通培训。

企业不能只依赖“少数专业人”来应对危机。真正成熟的危机管理体系，要求每一位员工都具备基本的外部沟通意识和自我克制能力。培训应包含：危机期间哪些信息不得外泄，如何识别“套话式提问”与“舆论陷阱”，在非正式场合中如何回避谈及敏感内容。

第四，强化责任意识，守住边界感。

员工需要清楚认识：在危机期间，任何一句未经授权的“善意交流”，都有可能成为媒体断章取义的素材。一旦误传形成负面舆论，不仅会加剧企业困境，也可能让员工本人承担组织问责。企业必须通过制度和文化，强化员工的舆情责任感。

危机之下，信息的每一次流转都是一场博弈。企业要想在不确定中掌控局势，不能只依赖几个“发言人”，而应构建起一套全员理解、全员遵守的信息管控体系。危机中的媒体不是朋友，信息的口径就是底线，言语越谨慎，风险越可控。

二、如何借助政府力量应对恶意攻击？

问：有竞争对手或境外势力利用网络水军发布大量虚假新闻攻击我司，这些不实之词如洪水般在网络上迅速扩散，成千上万条负面新闻接踵而至，严重地玷污了我司的声誉，破坏了我们的形象。我司在舆情危机爆发后，虽然第一时间启动了公关应急机制，积极回应不实传闻，并尝试通过多种途径去删除这些帖子，但由于网络水军规模庞大且手段隐蔽，我们仅依靠自身的公关手段难以彻底清除这些负面新闻。如何向政府机关求助？

答：在商业竞争中，有时企业可能会面临竞争对手或境外势力发起的恶意诋毁。这种诋毁通过散布虚假信息、歪曲事实或恶意攻击来损害企业的声誉和利益。为了有效应对这种情况，企业可以向宣传或网信部门作出客观的舆情报告，请求政府采取相应措施，彻底删除在百度、微博、微信、抖音、贴吧、百家号、客户端、论坛等媒体上发布的恶意信息。

这里要强调的是，政府在网络舆情管理方面扮演着重要角色。根据相关法律法规，政府有权对恶意散布虚假信息、侵犯他人合法权益的行为进行打击。在接到企业的舆情报告后，政府会依法依规对相关的媒体平台进行调查，并要求其删除恶意帖子。对于情节严重者，政府还可能采取进一步的法律手段，以维护网络空间的清朗和企业的合法权益。

企业可以按照以下步骤进行维权：

第一，要详细整理所有相关的证据材料，包括虚假新闻的截图、发布时间记录、发布者信息追踪，以及网络水军的活动轨迹等。这些证据清晰地揭示竞争对手或境外势力如何利用网络水军进行恶意攻击，为公司的求助提供确凿的依据。

第二，撰写一份详尽的舆情报告。在报告中，详细陈述事件发生的经过、应对措施以及所遇到的困难。要强调这些虚假新闻对企业造成的严重影响，并强调企业需要政府机关介入的紧迫性。附上之前整理的所有证据材料，以便政府机关能够全面了解情况并作出准确判断。

第三，通过正式的渠道将舆情报告提交给相关的政府机关。一般提交给公司所在区县的宣传部或网信办，逐级上报。在提交过程中，要安排专门的公关人员负责与政府机关进行对接，及时解答他们的疑问，提供额外的信息支持。同时，也要主动了解政府机关的处理进展，以便企业能够及时调整自己的应对策略。

舆情报告的格式可参考下面笔者写过的内容。

关于近期舆情事件的报告

近日，我司发布 ××× 信息，被网络炒手抓住机会，在网络上有组织、有策划地发布谣言，一些媒体更是在未经采访核实的情况下，夸大信息，扭曲事实真相，引发舆论误解，随后被多家网络媒体转发扩散，在微博、百度、微信等大流量平台上形成密集讨论（一天之内产生 3000 多条负面舆情），并冲上微博热搜；多家境外反华媒体借此机会密集报道，集体唱衰中国经济形势。这一事件抹黑了我司品牌形象，严重冲击和影响我司正常生产经营秩序，助长了社会焦虑不安的情绪，引发恶劣的国际负面舆情。

具体情况汇报如下：

一、事件基本情况

（一）×××××；

（二）×××××；

（三）×××××。

×× 知名媒体在未经采访核实的情况下，根据上述信息恶意编造和杜撰了诸多虚假新闻，引发社会对 ××××× 事件的混淆和舆论误解，随后被多家网络媒体转发扩散，并在新浪微博、百度等大流量平台上形成密集讨论，对我司的声誉造成了严重的负面舆论影响。

二、网络传播不实信息内容及法理依据

（一）散布我司高层发布 ××××× 信息的谣言，蓄意抹黑我司商誉

我司及公司高管从未通过官方信息发布渠道或在公开场合中发布 ×××××。作为一家 ××××× 龙头企业，我司始终感恩中国共产党与时俱进的正确领导，始终感恩国家的繁荣富强，始终对中国经济发展持乐观向上的态度，积极配合国家的各项促进经济发展的措施，深刻践行“共同富裕”的国家号召，积极承担企业社会责任。

以上造谣和传谣行为，侵害了我司名誉权，违反《中华人民共和国民法典》第一千零二十四条：“民事主体享有名誉权。任何组织或者个人不得以侮辱、诽谤等方式侵害他人的名誉权。”

相关自媒体行为违反了《网络信息内容生态治理规定》第六条“网络信息内容生产者不得制作、复制、发布含有以下内容的违法信息：（八）散布谣言，扰乱经济秩序和社会秩序的；（十）侮辱或者诽谤他人，侵害他人名誉、隐私和其他合法权益的”，第七条“网络信息内容生产者应当采取措施，防

范和抵制制作、复制、发布含有下列内容的不良信息：（一）使用夸张标题，内容与标题严重不符的”。违反了《互联网用户公众账号信息服务管理规定》第十八条“公众账号生产运营者不得有下列违法违规行为：（五）利用突发事件煽动极端情绪，或者实施网络暴力损害他人和组织机构名誉，干扰组织机构正常运营，影响社会和谐稳定；（九）制作、复制、发布违法信息，或者未采取措施防范和抵制制作、复制、发布不良信息”。

（二）错误解读我司 ××××× 行为，造谣我司 ×××××，损害我司品牌形象，严重动摇社会稳定与和谐

1. 恶意曲解我司 ×××××

在疫情反复等多重因素叠加下，很多企业根据现实环境和战略发展需求进行了自我调整：×××××。然而，部分媒体恶意曲解，并将之和其他虚假信息关联，有明显煽动舆情的倾向。

以上造谣和传谣行为，侵害了我司名誉权，违反《中华人民共和国民法典》第一千零二十四条。

相关自媒体行为违反了《网络信息内容生态治理规定》第六条和《互联网用户公众账号信息服务管理规定》第十八条。

2. 恶意曲解公司正常经营中 ××××× 的合理行为

以上行为违反了《中华人民共和国网络安全法》第十二条：“任何个人和组织使用网络应当遵守宪法法律，遵守公共秩序，尊重社会公德，不得危害网络安全，不得利用网络从事危害国家安全、荣誉和利益，煽动颠覆国家政权、推翻社会主义制度，煽动分裂国家、破坏国家统一，宣扬恐怖主义、极端主义，宣扬民族仇恨、民族歧视，传播暴力、淫秽色情信息，编造、传播虚假信息扰乱经济秩序和社会秩序，以及侵害他人名誉、隐私、知识产权和其他合法权益等活动。”

相关自媒体行为违反了《网络信息内容生态治理规定》第六条和《互联网用户公众账号信息服务管理规定》第十八条。

（三）刻意串联不实信息，造成民众对我司极为不利的联想或印象，涉嫌蓄意抹黑我司商誉

先是有媒体刻意曲解 ×××××，接着有媒体捏造 ×××××，再接着网上出现 ×××××，近期更有媒体刻意将上述不实信息断章取义进行串联，上升到整个行业 ×××××。

以上造谣和传谣行为，侵害了我司名誉权，违反了《中华人民共和国民法典》第一千零二十四条。

相关自媒体行为违反了《网络信息内容生态治理规定》第六条和《互联网用户公众账号信息服务管理规定》第十八条。

三、目前的诉求

在疫情反复、业态疲软等多重因素叠加下，很多企业根据现实环境和战略发展需求进行了自我调整。我司积极履行社会责任，深刻践行“共同富裕”的国家号召，×××××。目前正值全力打好“稳就业保民生”攻坚战的关键时刻，我司既要保增长又要保就业，没有精力也没有能力在短时间内完成几千条负面舆情的处理。如果任由境内外媒体借中国企业正常人员调整之机，肆意散布负能量虚假消息，恶意抹黑唱衰中国经济和民族企业，必将助长社会焦虑不安的情绪，负面情绪一经积累有可能演变为激烈的对抗行动，从而可能造成对社会安全稳定的重大负面影响。

特此恳请宣传部和网信办等部门协助我司进行舆情管控，彻底删除百度、微博、微信、抖音、贴吧、百家号、客户端、论坛等媒体平台涉及 ××××× 的负面消息。

附件:《境内外媒体关于 ×××× 的报道》

××公司

××××年×月×日

三、被媒体敲诈怎么办？

问：近日，一家日报的记者以“调查报道”为名对我司进行暗访，掌握部分不利信息后，要求我们支付 50 万元广告费，声称若拒绝支付，次日将刊发负面报道。面对这样的敲诈行为，企业该如何应对？

答：此类行为本质上已超出新闻报道范畴，构成敲诈勒索。无论对方是以新闻为名，还是打着“广告置换”的幌子，其意图与手段已严重背离新闻伦理与法律底线。面对这类情况，企业必须保持冷静、理性，同时采取系统性应对策略。

（一）确认记者身份

首先要核实来访者是否具备合法记者身份。正规媒体记者应持有国家新闻出版署核发的记者证，其身份可通过中国记者网等权威平台查验。若其不具备记者身份，却以新闻威胁为手段提出经济要求，可依法视为个人敲诈行为。

（二）坚决拒绝不当要求

无论对方提出怎样的“合作建议”，企业应立场坚定、拒绝支付任何形式的“封口费”。妥协无助于危机解决，反而可能形成“潜在猎物”的负面示范效应，引发更多媒体或个人模仿，进一步加剧舆情风险。

（三）留存证据

在交涉过程中，务必完整保存所有书面或口头往来证据，包括录音、截图、邮件、微信记录等。必要时，可通过见证人记录对话或设置固定摄录装置，确保在后续法律程序中拥有充分佐证。

（四）启动法律程序

企业法务部门应第一时间介入，并协同外部律师评估是否构成违法行为。若构成敲诈勒索、强迫交易或寻衅滋事，可直接向警方报案，或将证据提交至媒体主管机关，追究当事人及其所属机构的责任。

（五）同步通报上级部门

如企业隶属于大型集团或有上级管理单位，应同步通报集团党委宣传部、外宣部门或法务部，确保信息层级同步、口径一致，避免因信息延误导致处理迟滞或误判。

（六）加强媒体应对规范

本事件同时暴露出企业在“媒体来访应对”方面的制度短板。建议在日常工作中建立媒体接待审批机制，明确访谈须经公关或法务部门授权，并对关键岗位员工进行“如何识别恶意采访”的专项培训，增强防范意识与风险识别能力。

总之，面对媒体敲诈，最忌慌乱应对、私下“和解”，更不可轻信“删稿承诺”或“口头担保”。唯有以合规为盾，以法律为矛，才能有效维护企业声誉与利益，杜绝此类事件的发生。

四、怎么应对歪曲报道？

问：我多次接到某日报记者来电采访，对方常围绕我司的产品发布与战略规划提问。问题本身并无恶意，但每次报道刊出后，我却发现我方原话被断章取义，甚至出现明显歪曲的内容。请问该如何应对这种“惯性歪解”的媒体行为？

答：面对信息被恶意剪辑、刻意歪曲的媒体行为，企业需从制度规范、沟通策略、维权手段等方面系统应对，既要防止问题反复发生，也要合理维护企业声誉。

（一）建立沟通边界

应尽快停止一切非书面形式的采访交流。建议统一回应口径："为确保信息表达的准确性，贵社采访请求请以书面方式提交，我们将通过公司发言人书面回复。"此举不仅可控性更强，也便于后期对比与取证。

（二）强化内部规范

企业应出台明确的媒体沟通管理制度，规定除授权人员外，任何员工不得擅自接受媒体采访或私下评论公司事务；同时，任何对外口径，须经公关、法务等部门联合审定，确保语言表述精准、无歧义、可追溯。

（三）设立稿件审阅机制

对于经常接触却多次歪曲原意的媒体，在回复采访内容时，应以书面形式明确提出"采访内容须经我方审核确认方可刊发"的要求。如对方拒绝，应考虑中止合作。

（四）正式递交书面投诉

如屡次发生内容歪曲的情况，建议由企业发函，向该媒体编辑部或上级主管部门投诉，附上采访原话与报道对照材料，要求更正、致歉或撤稿。必要时，可同步抄送行业主管机构，施加舆论与监管压力。

（五）保留证据，准备维权

如报道对公司造成实质性损害，可通过律师发出正式侵权警告函，明确对方报道违反《中华人民共和国民法典》第一千零二十五条相关规定，已构成名誉侵权。若情况严重，可启动诉讼程序，依法追责。

（六）主动构建权威传播矩阵

与其被动澄清，不如主动布局。企业应主动与主流、权威媒体建立合作关系，通过定期发布信息、深度专访等形式塑造正面形象、对冲负面报道。此外，也可通过自有平台（官网、公众号）及时发布官方声明，澄清事实，强化舆论引导。

（七）公关介入与修复关系

如对方媒体具有一定影响力，建议引入有合作经验的第三方公关机构，协助沟通协调，探寻非对抗性解决路径。如确属个别记者个人操作失当，也可通过非正式渠道，表达企业合理关切，尝试修复沟通信任基础。

（八）慎用法律诉讼

法律手段虽有效果，但一旦诉讼公开，极易引发次生舆论风险。建议在非必要时回避“正面交锋”，将法律作为最后一道防线。在多数情境下，通过“制度管理 + 媒体协调 + 信息主动发布”形成的闭环更为稳妥有效。

总之，媒体不是天生的对手，也不一定是天生的盟友。与媒体的关系，应以规则为前提、以信任为基础、以边界为底线。面对不实报道，既不迎合，也不退让；既有清晰态度，也有专业应对。当企业具备稳定的沟通体系与高效的危机响应机制时，外界的干扰便无法撼动其根基。

五、“车马费”到底给不给？

问：有些记者来企业采访前，会主动问有没有“车马费”。现在企业在降本增效，公关部也没有那么多预算，需要每次都给记者“车马费”吗?

答：“车马费”算是中国新闻界的“常态”，是行业“潜规则”。“车马费”起源于 20 世纪 90 年代初的上海，当时外企刚刚进入中国大陆，拥有热切的宣传愿望。为了让媒体记者及时到达企业发布会现场，主办方通常会为其准备来回包车的费用，这便是“车马费”的起源。公关公司兴起后，“车马费”成为吸引媒体记者前去报道的一种手段，逐渐演绎到今天含义广泛的“车马费”。

一般而言，记者出去采访的打车费或者停车费单位是不报销的。很多记者不认为这是自己应该负担的支出。可见收取“车马费”已经成为一种职业习惯并被同行认可。在别的记者都收取“车马费”时，某个记者如果不收便会被看作“异类”。

公共媒体赖以生存的根基，在于其公正、客观的新闻报道，以及由此而形成的社会公信力。“吃人嘴软，拿人手短”“拿人钱财替人消灾”，记者一旦接受报道对象所提供的“车马费”，手中的笔难免失去客观、公正的重心，出现有利于报道对象的倾斜。

对于“车马费”发放方即企业和公关公司来说，多数情况下将“车马费”视为“心安费”，付钱的目的是希望买通掌握话语资源的媒体记者，为企业美言、遮丑。即使没法发出报道，也能和掌握着话语权的媒体记者保持一种持续性的良好关系。

对于笔者而言，我是强烈不建议企业给记者“车马费”。道理很简单，“车马费”不仅是一种新闻腐败（有偿新闻或有偿不闻），更是一种触犯刑法的犯罪行为。《中华人民共和国刑法》第三百八十五条规定：国家工作人员利用职务上的便利，索取他人财物的，或者非法收受他人财物，为他人谋取利益的，是受贿罪。国家工作人员在经济往来中，违反国家规定，收受各种名义的回扣、手续费，归个人所有的，以受贿论处。国内拥有采访权的媒体记者基本属于国家工作人员的范畴。如果有明确证据证明记者收受他人财物并在报道中为他人谋取利益，那么这就是违法犯罪行为。

在危机管理中，企业可以通过提供非现金形式的支持来与记者建立良好关系，同时避免直接给予现金以维护公关伦理和职业操守，以下是一些更具体的建议：

• 免费停车位：在危机事件发生时，企业应为前来采访的记者预留充足的免费停车位，并设置明显的指示标志，以便他们能够快速、顺利地到达采访现场

- 舒适的工作环境：设立专门的媒体工作区，提供稳定的网络连接、电源插座、舒适的座椅和足够的工作空间，确保记者能够在良好的环境中高效工作
- 餐饮支持：提供自助餐或定时茶歇，包括多样化的饮品、小食和正餐选项，以满足记者长时间工作的需求
- 企业形象宣传册：精心制作包含企业历史、文化、产品、社会责任等方面的宣传册，以便记者快速了解企业全貌，为撰写报道提供背景资料
- 官方礼物：选择与企业形象相符且具有实用价值的礼物，如定制文具、环保袋、纪念品等，作为对记者工作的肯定与感谢。礼物的选择应注重品质与创意，避免过于奢华或俗气
- 开放访问：在不影响危机处理的前提下，尽可能开放企业相关区域供记者参观，增加透明度和可信度
- 避免现金交易：严格遵守法律法规和新闻职业道德，不向记者提供任何形式的现金报酬或变相贿赂
- 尊重记者权益：保障记者的采访自由，不干涉其报道内容，尊重其职业判断和独立性
- 建立长期关系：危机过后，继续与媒体保持联系，分享企业动态，邀请其参与企业活动，构建长期互信的合作关系

六、危机处理只是公关部的责任吗?

问：我们公司组织庞大，分公司众多，职能部门职责交错。记者来电提问时，常常涉及具体业务线的内容，而总部公关人员却不了解情况，导致应对被动。与此同时，一些本应由业务部门处理的舆情问题，经常被推到公关部，等信息传递上来时，处理窗口期已错失。请问如何应对这种组织内的信息延迟与责任模糊问题?

答：这一问题的根本症结，并非出在媒体关系本身，而在于企业内部缺乏一套清晰、高效的跨部门危机响应机制。危机管理从来不是某一个部门的单打独斗，而是一项涉及全公司的系统工程。

（一）公关部门不是“危机全责部”

在企业实际运作中，公关部门因擅长对外沟通，常被视为危机处理“第一线”。但值得强调的是，公关部负责的是“表达”，而非“决定”。若对事实本身毫不了解，仅凭话术应对，不仅无效，甚至可能引发次生危机。

因此，企业应清晰界定：公关部门负责统一对外发声与媒介管理，业务部门负责事实确认与第一手应对措施。两者协同，不可替代。

（二）建立危机联动机制，打破部门壁垒

面对复杂的组织结构，需建立一个常设的危机响应工作组，由公关、法务、人力、财务、客户服务、产品、运营等关键职能部门代表共同组成，设立如下机制：

- 第一响应责任制：明确不同类型危机（如产品、供应链、员工维权、合规问题等）由哪个部门牵头，谁负责提供事实材料
- 指定联络人制度：各部门指定一名“危机联络官”，在接到突发事件通知后，于规定时限内向公关部提供情况说明
- 信息流转机制：公关部作为对外窗口，仅发布经总部统一审核后的口径内容，避免“各自为政”或“反应失控”

（三）构建危机信息流转平台

依托公司内部 OA 或 IM 系统，建立危机事项即时通报通道，确保每一个风险苗头、媒体询问、客户投诉都能在第一时间上传、分流、落责，并留存处理轨迹，避免“消息走一圈，危机已发酵”的窘境。

（四）推动制度化协作培训

制度搭建之外，更需落地执行。企业应组织季度性危机沟通演练，邀请法务、业务、客服与公关部门协同处理模拟危机，打磨协同机制，提升应变能力。此外，还应开展针对非公关员工的“媒体应对与信息处理”培训，提升全员的危机感知与沟通纪律意识。

（五）高层认知与推动是关键

危机联动机制的有效运行，离不开高层的支持与牵引。企业高管应将危机管理能力视为组织韧性的核心组成部分，将跨部门响应效率列为企业治理的重要指标之一，并设立奖惩机制，激励快速响应、准确协作。

总之，危机不是某个部门的任务，而是组织整体治理能力的集中体现。打破“全靠公关部”的迷思，建立“部门联动 + 统一发声”的双轨系统，才能在复杂多变的媒体环境中，稳住节奏，守住声誉，赢得主动。

七、“鸵鸟政策”是不是死路？

问：当地监测机构发现我们的产品存在问题，已有媒体报道。按照危机管理的“第一时间法则”，我作为公关主管，理应立即联系记者澄清情况。但我对整个事件的来龙去脉了解不深，担心贸然联系反而会加剧危机。我究竟该如何做，是采取被动策略保持沉默，还是积极主动联系媒体？

答：在危机管理中，“鸵鸟政策”指的是企业在面对负面舆论或监管调查时，选择逃避、沉默，甚至试图拖延时间，以期公众和媒体的关注逐渐消散。

企业之所以会选择“鸵鸟政策”，通常源于两种心理。一种是因缺乏对外沟通的自信，害怕错误回应媒体的质询，从而进一步激化危机；另一种则是侥幸心理，认为若不主动回应，媒体可能因缺乏新信息源而放弃报道。

“鸵鸟政策”虽然在某些情况下可能暂时避免直接冲突，但长期来看，这种回避策略忽视了现代信息传播的速度和公众对企业责任的高期待，往往加剧危机，导致企业失去掌控局势的机会。

首先，沉默可能被解读为默认或掩盖。危机发生后，企业未能在第一时间进行回应，公众和媒体就会推测企业是在回避问题，甚至可能认为企业对指控“默认认罪”，进一步损害其公信力。其次，信息真空容易被负面舆论填补。如果企业不主动提供权威信息，媒体和社交网络上的讨论将主导舆论场，企业将彻底失去话语权。此外，被动等待可能导致监管介入。许多危机案例表明，当企业缺乏透明度时，政府和监管机构会加大调查和干预的力度，可能出台更严格的行业监管措施，给企业及其竞争对手都带来长期影响。

因此，面对突发危机，企业应当坚决摒弃“鸵鸟政策”，采取更加主动、透明和策略性强的应对措施。作为危机管理的专业人士，应当牢记以下核心原则：

品牌形象的长远发展至关重要。企业的公关工作核心是维护品牌信誉，短期的损失可以弥补，但如果品牌形象受损，恢复的成本将远超危机本身。

诚意是危机处理的核心。在许多危机案例中，公众和媒体对企业的态度比危机本身更敏感。如果企业展现出诚恳、负责任的姿态，即便问题本身很严重，也可能赢得公众的谅解和支持。

快速响应是关键。危机管理的“黄金 24 小时”法则强调，企业应当在危机发生后的第一时间对外发声，表明立场，避免公众对企业态度产生误解。若有多个媒体询问，应当立即启动危机处理小组，统一对外沟通口径。

适当的媒体策划是必要的。在危机期间，企业不能仅仅被动回应媒体，而应当主动策划新闻议题，引导舆论，创造有利于企业的传播环境。例如，可以通过正面报道、权威专家解读等方式，平衡负面舆论的影响。

八、保密和透明之间怎么取舍？

问：在一场由行业标准调整引起的危机中，我们正在审慎处理。已经有媒体报道，且有采访请求。他们要求公开产品成分及成本，这涉及商业机密。作为高管，我清楚这些信息一旦公开可能有利于竞争对手，但公关部经理认为避免透露可能会让局势逆转，我们目前正在缓解的危机可能恶化。我应如何平衡?

答：在行业标准调整引发的危机中，企业必须在透明度与商业机密保护之间找到平衡。最佳策略是部分信息披露 + 替代性透明，即满足媒体与公众的信任需求，同时避免敏感数据外泄。公关团队与高管应统一口径，主动引导舆论，并利用第三方权威机构增强公信力，以确保企业既能维护竞争优势，又能有效化解危机，维护长期品牌信誉。

1. 评估信息需求，设定“可披露”范围

首先，应组织跨部门会议（涉及公关、法务、产品、市场等团队），分析媒体关注的核心议题，并区分信息类别：

• 可公开的信息：如产品合规性、对行业标准的响应措施、质量控制流程等，这些信息有助于稳定消费者信任

• 可部分披露的信息：如产品成分的某些非敏感部分，或行业内普遍认知的成本结构，而非公司独有的配方和成本细节

• 绝对机密的信息：如关键配方、成本构成、供应链定价等，涉及核心竞争优势，不能对外披露

2. 采用“替代性透明”策略

若核心机密信息无法披露，可使用“替代性透明”策略，即：

• 提供独立第三方认证结果，而非直接公开数据。例如，与权威检测机构合作，由其验证产品符合新标准，并发布独立评估报告，增强公信力

• 通过对标行业数据进行说明，而非披露自身敏感信息。例如，可以提及“我们的产品成本结构与行业平均水平一致”或“配方符合国

家和国际标准”，以减少公众质疑

• 展示公司合规承诺，强调产品经过严格检测、符合新标准，并披露产品质量改进的方向，而不涉及商业机密

3. 主动引导媒体话题，转移焦点

如果媒体关注点集中在产品成分和成本上，可以采用超越策略的方式引导舆论：

• 强调企业承担的社会责任，如持续改进产品质量、响应行业标准升级
• 强调行业变革，利用专家或行业协会发声，使公众理解行业标准调整带来的普遍影响
• 不要被动解释成本问题，而要展示积极的未来愿景（如公司如何通过技术升级优化产品）

4. 统一对外口径，避免信息混乱

公关团队应提前准备“可控信息”的统一口径，并培训企业高管、发言人和其他核心员工，以确保：

• 回应一致，避免口径不统一导致媒体误解
• 采用专业但不透露商业机密的语言，如：我们一直严格遵循行业标准，确保产品的安全性和质量，并在此次调整后进一步优化
• 避免“无可奉告”式回答，因其可能加剧媒体猜测。可以使用信息过渡技巧，例如：关于具体成本数据，我们不便公开，但可以向您提供关于行业趋势的分析

综合考虑，透露某些信息可能是必要的，但应该精心策划信息的内容和呈现方式，以保护企业长期利益，同时满足公众对透明度的需求。在这个过程中，制定一个清晰的沟通策略，并与所有相关部门保持同步，对于维护企业形象和公众信任至关重要。

九、裁员怎么做才不至于引爆舆情？

问：市场的低迷导致公司不得不裁员，公关部需要写一篇新闻稿回应媒体的询问，也需要写一篇裁员告知信安抚在职员工。我应该如何做好内外部的回应?

答：在经济低迷、市场收缩的背景下，裁员成为企业无法回避的应对手段。然而，若沟通处理不当，这一管理行为极易演化为信任危机、组织动荡甚至舆情风暴。尤其在社交媒体高度敏感的时代，“一句冷漠回应、一条模糊公告”都可能被截屏放大，引起公众误读与员工情绪失控。现实中，已有诸多裁员新闻标题本身就成为新的舆论爆点：《刘强东针对京东大裁员回应了：京东是一个企业不是慈善机构》《阿里回应：达摩院裁员30% 属谣言，今年招聘只增不减》《江小白裁员三成？公司回应：收缩非核心业务，裁员比例不实》《知乎回应“新一轮裁员”：正常调整》。

当裁员成为企业不得不面对的现实决策时：对外，企业需要通过清晰、负责任的新闻回应稳住外部舆论，避免误读、过度解读甚至谣言扩散；对内，则必须通过人性化、可信赖的沟通，安抚员工情绪，维系组织稳定与团队信任。

（一）对外回应：新闻稿的五项表达原则

在面对媒体与公众时，企业应以稳健、克制、诚恳的态度阐明裁员决策背后的现实压力与责任担当，避免“推诿语气”或“空洞回应”，构建权威而可信的公众叙事。

第一，端正态度，主动应对而非被动承认。避免“经媒体披露后证实”式措辞，应以“公司今日回应”或“针对外界关注，现作出说明”等表述，彰显责任主体意识。

第二，交代背景，聚焦市场变化，淡化人事色彩。将裁员置于行业调整、市场承压、企业转型的大背景之下，突出其“结构优化”“战略收缩”的合理性，避免被舆论聚焦于“人员缩减”“盈利压力”等负面语义。示例表述："受宏观经济形势持续波动与行业周期性调整影响，公司近期对若干非核心业务线与项目团队进行了组织架构优化。"

第三，控制数字，避免模糊也避免失控。如非必要，可不直接披露裁员人数，而应采用"比例不高""限于部分岗位""不涉及主营业务"等委婉方式，并说明程序依法合规进行。

第四，作出承诺，传达对员工的基本保障态度。强调公司依法合规处理人事变动，尊重每一位员工，并为受影响员工提供合理补偿、转岗支持或职业服务，传递负责任企业形象。示例表述："公司始终高度重视员工权益，所有调整均严格遵循劳动法相关程序，并提供必要支持，协助员工平稳过渡。"

第五，稳定预期，强调业务基础稳定与长期发展方向。回应外界对企业"后续是否继续裁员""是否影响运营稳定"等疑虑，保持市场信心。

（二）对内沟通：裁员告知信的四大沟通路径

内部信的核心任务，不在于"解释决策"，而在于"疏导情绪"。面对组织动荡，HR 与管理层需要以温和而坚定的语气传达变动信息，避免"技术化通知"造成组织寒意。

1. 情绪承接：先人后事，化解防御姿态

裁员通知的首要原则，是"先人后事"，即在传达决定前先表达对员工的感激、认可与尊重。沟通应避免直入裁员主题的"冷启动"，而应以温和、感性的语言为开场，让员工感受到自己曾为组织贡献过、被真诚看见。示例表述："感谢大家一路以来的拼搏与付出，正是因为有你们，公司才能坚持至今。正因如此，当前的决定对我们而言同样艰难，但在经济环境压力下，我们必须作出必要调整。"

2. 事实透明：讲清背景与依据，拒绝"黑箱裁员"

让员工理解"为什么裁""裁谁"及"谁说了算"，有助于减轻被选择者的心理落差。企业应当在第一时间清晰说明裁员的背景逻辑、选择标准与操作流程，避免员工产生"被挑选""被算计"的情绪。透明，是管理

信任的基本要件。建议在通知中说明三方面内容：

- 客观原因：如市场萎缩、项目终止、客户流失等
- 选岗逻辑：聚焦岗位重叠、冗余率高、未来产出预期较低者
- 审批流程：多部门参与、依法合规、董事会或总部审议通过

示例表述："此次调整以项目重合度高、未来投入产出比低的岗位为主，不涉及个人绩效判断，亦不针对个人背景。"

3. 安全承诺：回应核心关切，传递支持信息

对于离职员工，要涵盖其关心的赔偿标准、离职安排、心理疏导、转岗可能性、职业辅导等支持措施，构建"虽离开但有照顾"的认知场域。此外，企业应避免"群体宣布""微信群公告"等冷处理方式，改为人力资源＋直属主管的一对一闭门谈话形式，体现对个体的尊重与人文关怀。

示例表述："针对受影响的员工，公司将依照国家相关法律标准提供经济补偿，并开放人才服务平台，为每一位同人提供就业推荐与过渡支持。"

4. 留白有度：避免情绪冲击式宣布，设立对话机制

裁员不应是关系的终点，而应是一次体面、有温度的告别。企业在传达决定后，应以温情语句收尾，表达祝愿，并保留后续联系意愿。好的收场，既是对人性的关怀，也有助于维护组织声誉与雇主品牌。

示例表述："今天的分别只是形式上的离开，未来无论你身在何处，我们都衷心祝你前路顺遂、事业有成。你在我司的拼搏，将永远是公司历史的一部分。"

关于裁员的内部通报样本详见第十一章第八节。

最后要提一句，裁员一旦启动，组织内部与外部将充斥着各类猜测与流言。若缺乏同步而权威的信息渠道，极易形成次生舆情。因此，建议企业同步制定"裁员期间信息管理机制"：

- 制作"十问十答"FAQ，回应员工常见疑问
- 设立内部统一发言窗口（如 HR 负责人）
- 预设舆论辟谣通道，公开驳斥非官方消息

示例表述："我们已注意到部分未经核实的信息在流传。公司郑重说明：本轮调整不会引发连环裁撤，不影响薪资与社保，公司将坚守对员工的基本承诺。"

十、未设发言人，企业将面临何种后果？

问：理论上，为何一旦危机发生，企业需要统一口径和设立新闻发言人？是否有必要指定公关总监或总裁助理担任此角色？

答：在危机管理过程中，新闻发言人的作用被一些企业低估。有的企业甚至认为，这一职位可由任何一名员工临时兼任，无须特别指定专人负责。实际上，这种观念是非常危险的。

（一）为何企业在危机中必须统一口径与设立新闻发言人？

在危机传播的体系中，统一口径和指定新闻发言人，是企业保障信息一致性、稳定舆情环境、控制传播节奏的基础性举措。尽管在平时的运营管理中，企业内部信息可由各业务条线分散输出，但一旦进入危机状态，信息的"碎片化输出"将极易导致外界误读、观点分裂乃至舆论失控。因此，从传播学与组织沟通理论出发，企业在应对突发事件时，必须采取高度集中的信息管控模式，核心即为"统一口径＋集中发声"。

（二）发言人为何应由公关总监或高管担任？

企业危机传播的核心在于"表达"与"协调"双重能力的叠合。公关总监或助理总裁之所以常被指定为新闻发言人，是因为这两类岗位天然具备跨部门沟通、整合信息资源和掌握对外表达节奏的能力。

公关总监通常掌握媒体生态与话语逻辑，能够站在传播视角思考公众接收方式；总裁助理则更贴近企业决策层，对企业内情、风险态势与高层判断有较强掌握能力。

二者均具备“向上可协调、向外能表达”的综合素质，是危机期间承担发言人职责的理想人选。

（三）未设发言人或信息分散，企业将面临何种后果？

未指定专门发言人的企业，在危机期间会面临以下风险：

- 信息混乱：多个部门负责人或一线员工在未统一话术的前提下接受媒体采访，极易产生“版本冲突”或“表达错位”
- 失控传播：不同口径在舆论场中互相打架，不仅无法澄清事实，反而放大公众疑虑
- 舆情失势：缺乏主导权后，企业将陷入被动应对，任由媒体、竞争对手或非理性舆论设定传播议程
- 声誉受损：如格兰仕在应对某次产品危机时，不同部门发声不一致，最终导致品牌信任度受损，成为典型负面案例

总之，发言人不是企业的“代言人”，而是企业形象稳定系统的控制中心。其专业程度、信息敏感性与语言表达能力，将直接影响公众对企业的态度。因此，新闻发言人制度不应被视为“可有可无的配置”，而应成为企业危机管理架构中常态化、制度化的重要组成部分。

企业不仅要在危机来临后临时指定发言人，更应在日常管理中预设新闻发言人储备机制，并定期开展危机演练与媒体沟通培训，提升组织的信息应急能力。

十一、新闻发布会怎么策划才“有料”？

问：我所在的是一家初创公司，面对突如其来的负面新闻，老板要求我们公关部立刻召开媒体说明会。公司规模小，资金有限，意味着无法依靠品牌影响力吸引媒体关注，请问如何在极短的时间内精心策划一场具有新闻点的发布会？如何精准有效地邀请媒体参会，确保舆论导向得到及时

引导和纠正?

答：企业举办新闻发布会，归根结底是为了传递企业信息、塑造品牌形象，但能否成功吸引媒体的关注与参与，最终取决于发布会本身对媒体的新闻价值，而非单纯取决于企业的自身需求。因此，企业在策划发布会的过程中，必须深刻理解媒体视角，以媒体关注的新闻点为核心，从而提升发布会的吸引力，最终达到企业预期的传播效果。

（一）发布会的新闻点打造

发布会能否成功吸引媒体，很大程度上取决于是否具有足够突出的新闻点。一般来说，企业越大，知名度越高，天然具备的新闻点就越强，对媒体来说报道的价值也就越大。知名企业由于其市场影响力大、公众关注度高，即便是日常经营行为也可能成为媒体关注的焦点。因此，大企业发布会通常自带关注度优势，较易获得媒体的参与和报道。

但对于规模较小、知名度有限的企业来说，要想吸引媒体关注，就需要巧妙寻找并放大新闻点。这类企业若能与大企业或知名品牌产生关联，甚至参与到热点事件中，就能够借助大企业或热点话题的影响力，提升自身发布会的吸引力。这种借势传播方式，虽然不能从根本上改变企业自身的影响力，但却可以在短时间内有效提高媒体关注度，达到理想的传播效果。

当然，还有一些企业既没有显著的品牌影响力，也无法借助热点事件吸引媒体的注意力，此时新闻点的提炼和呈现方式就尤为关键。企业需要在新闻稿件的标题和内容设计上重点突出受众感兴趣或公众关注度高的话题，通过创新话题、与公众利益相关联或具有趣味性的内容设计，激发媒体的报道兴趣，达到引发关注的目的。

（二）如何有效吸引记者参加发布会

在新闻发布会的组织实施过程中，企业不仅要站在自身的角度，也必须换位思考，深入了解媒体记者的实际需求和关注点，并针对性地提供相应的支持与资源，以确保发布会的高质量报道。一般而言，记者的需求可以分为三种类型：完成任务型、新闻价值导向型和个人价值提升型。

首先，对于“完成任务型”的记者而言，参加发布会的目的是完成工作任务，即获取必要的新闻素材，快速高效地完成报道。因此，企业应当通过公关公司、个人关系或直接与记者的上司协调，确保这些记者出席发布会。此外，还要为他们提供便捷的新闻服务，这种服务不仅包括基础的新闻通稿，更需要考虑到不同媒体的行业视角，进行差异化的新闻稿定制。例如，财经类媒体关注企业战略，消费类媒体关注用户体验，而技术类媒体则更看重技术创新与产品性能。为记者提供明确且适合其风格的新闻内容，能够极大地提高新闻的报道效率。此外，在新媒体时代，企业也应当积极提供丰富的多媒体资料，例如高质量的产品图片、演示视频和数字化资料，以方便媒体记者直接使用于新媒体传播渠道，提高发布会信息的扩散效果。

其次，对于“新闻价值导向型”的记者而言，他们更看重新闻报道的质量和深度。此类记者不仅仅满足于简单的信息传递，他们更希望通过发布会挖掘具有传播价值的深度内容。为了满足这类记者的需求，企业应在发布会上充分展现产品的特色与优势，如进行场景化的产品展示、沉浸式的体验环节或安排明星代言人的现场互动。尽管企业预算和条件可能不同，但无论规模如何，都应尽可能安排具有感染力和互动性的产品展示场景，以激发记者的参与热情并增加报道的深度与吸引力。

最后，对于关注“个人价值提升型”的记者而言，他们参加发布会不仅为了报道新闻，更期望通过发布会结交行业人脉、获取独家信息或采访知名人士，以提升自身的社会价值和专业声望。因此，企业在策划发布会时，应注意为这些记者创造特别的交流机会。例如，安排企业高管或行业领袖参与发布会现场的媒体互动环节，提供单独的深度访谈机会，或者在发布会之外安排高端的沙龙、专访等活动，使记者获得独特的视角与素材，从而提高记者对发布会的满意度与参与积极性。

十二、如何选择关键传播阵地为企业“辩护”？

问：我是某食品企业的公关经理。近期，我们公司遭遇多平台集中式负面报道。尽管产品本身不存在实质性问题，但部分报道存在信息失真与议题设定偏向，疑似为竞争对手有组织的舆情打击。高层指示进行全渠道澄清，要求覆盖央媒、垂媒、地方与流量平台。在资源有限的情况下，如何精准锁定关键传播阵地，实现有效舆论对冲？

答：当面对明显的“非事实型攻击性舆情”时，企业不能一味追求全域覆盖，而应聚焦战略级传播节点，通过“权威背书 + 垂类澄清 + 地域收口 + 流量压制”四位一体的矩阵打法，实现舆论风暴中的稳定发声与信任重建。具体建议如下：

（一）构建“四维媒体影响力评估体系”

精准识别舆情主战场，是有限资源最大化转化为声誉价值的前提。可从四个维度评估媒体重要性与战略价值：

1. 权威穿透力

聚焦央视、新华社、《人民日报》等中央级媒体，以及行业 TOP3 头部财经、专业媒体。这类媒体天然具备公信力，其定调会影响监管节奏与公众舆论判断。

建议动作：主动提交官方检测报告、行业认证数据包；安排高层专人登门沟通，必要时争取报道澄清或发声窗口。

2. 垂直煽动力

针对食品、美妆、母婴、健康等垂类头部内容号，这些平台粉丝黏性高、专业度强，议题一旦定向偏移，易形成“行业共识”。

建议动作：组织专家闭门沟通会，以数据模型反向拆解质疑逻辑；产出定制化回应内容包，由可信专业号定向发布。

3. 地域裂变度

在企业重点销售区域，尤其要关注本地公众号、区域电视台、社群型自媒体账号。这些账号具备“地理情感绑定”效应，极易引发线下消费恐慌。

建议动作：联合属地经销商发起“产品工厂开放日”，邀请本地消费者、媒体现场参访，用真实可视化手段对冲不实指控。

4. 流量裹挟值

短视频平台、热点话题广场、流量大V虽生命周期短，但爆发力强，应在48小时窗口期内完成信息压制。

建议动作：以高频内容分发（如生产流程拆解、用户评价复盘）稀释负面信息热度，提升搜索结果中正向内容占比。

（二）实施“舆情传播节点式干预”

通过数据工具追踪舆情传播链，精准识别关键节点，有效调动资源定点出击：

1. 溯源三类节点

- 首发源头：首次发布媒体或账号，决定议题主框架
- 二次加工：加入情绪性措辞、标题党再传播的账号
- 情绪放大器：大V引用并附加表情包、隐喻、视频渲染等

2. 分级应对策略

- 战略级节点（5%控制80%流量）：安排CEO出镜视频，在高权重平台发布，直面核心指控
- 战术级节点（扩散点位）：利用真实用户发言、“我家一直在用”等UGC内容，自然覆盖评论区，引导情绪走向

（三）部署“对冲弹药包”反操控方案

1. 建立竞品攻击链证据

通过IP分析、账号轨迹比对、内容相似度筛查，识别批量转发行为。整理成《某企业黑公关行为识别图谱》，由中立行业媒体发布，引导话题升维为“行业治理”。

2. 法务与监管联动

保留关键证据，公证后向网信办、市场监管等部门实名举报涉嫌造谣攻击行为，提升对方舆论成本。

3. 制造议程转向点

主动引入中立财经媒体，组织“恶性竞争与行业治理”圆桌访谈，通过内容升维，引导舆论从“企业是否违规”转向“行业公正与市场规则”的公共议题，降低单一品牌承压。

（四）执行建议

- 拒绝平均用力：将 70% 资源集中在未来可能爆发的阵地，仅用 30% 处理已知舆情
- 避免自证陷阱：不陷入对方设定的议题逻辑，用“第三方拆解 + 直播验证”取代文字澄清
- 搭建情绪防火墙：所有公开声明与发言先经情感分析工具过滤，去除“委屈”“质疑媒体”等主观表达，统一使用“事实 + 解决方案”双核结构
- 准备预算支持：全域响应需协调媒介资源、内容创意、数据服务等环节，危机预算应优先申请“可调动型专项资金”
- 适时引入专业机构：若公关部门资源有限，可紧急引入与重点平台熟络的专业公关公司，临时嵌入任务单元，加快节点处理节奏

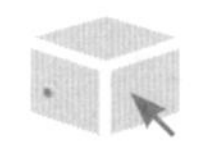

第十三章

危机实战：真实案例深度拆解

案例之所以重要，不在于复述事件本身，而在于透过表象，洞察危机背后的组织盲区、决策陷阱与应对逻辑。过去数年，我在各地讲授危机管理课程时，始终坚持以真实事件为重点，选取那些在公众视野中产生广泛影响、在应对中暴露典型问题的企业作为分析样本。

“智者千虑，必有一失。”这些被选中的案例企业无一不是规模庞大、声誉卓著的行业巨头。越是声量巨大的企业，其危机应对过程越容易被放大审视，也因此更能为我们提供深刻的借鉴与反思。真正值得学习的，不是谁做对了什么，而是谁在做错之后仍能找回方向，并从失败中提炼出可复用的认知框架。

一是危机应对的关键在于及时性。企业初期反应速度越快，舆论失控风险越低。企业应把握“黄金 24 小时原则”，及时向公众发布准确、清晰的信息，避免信息真空导致谣言蔓延，企业陷入“越拖越被动”的困局。

二是真诚沟通是挽回公众信任的核心。危机处理时，企业越真诚，公众越容易原谅。反之，企业如回避责任、推诿搪塞，甚至指责批评者，必将加剧公众的负面情绪。比如海天“双标门”等案例均体现出沟通诚意不足所带来的负面后果。

三是企业必须直面核心问题，而非转移焦点。公众在危机中关切的往往是最核心、最敏感的问题。企业如只强调合法合规而回避核心质疑，容易引发舆论升级。例如康师傅“水源门”、农夫山泉“标准门”事件中，企业未直接回应核心问题，导致舆论反复升级。

四是权威第三方背书可以有效化解公众质疑。企业面对危机时，如能借助独立、公正的第三方机构（政府部门、权威检测机构等），更容易消除公众的疑虑，避免自辩式回应的无效。例如双汇“瘦肉精”事件中，引入第三方检测机构有效缓和了公众情绪，而海天“双标门”选择错误的第三方机构，反而加剧了负面效应。

五是内部管理和危机预警机制建设不可忽视。很多危机暴露出企业内部治理和管理漏洞。完善内部管理流程、明确高管职责、增强风险预警能力是避免危机发生的基础性工作。如瑞幸咖啡造假、双汇“瘦肉精”事件等，均显示企业内部治理存在严重缺陷。

六是企业高管的言行直接关系到企业形象。高管的个人言论和行为容易成为舆论放大的焦点，从而对企业声誉造成严重伤害。格力高管言论风波、中石油寰球工程“牵手门”，都体现了高管言行对企业造成的巨大影响。

七是企业文化与品牌价值是危机修复的基础。危机发生后，企业能否重塑品牌声誉，很大程度取决于平时积累的品牌信任感与企业文化底蕴。持续践行社会责任、保持开放透明沟通的企业，更易获得公众的谅解，危机过后声誉恢复速度更快。

特此声明：本书所选案例及点评，皆基于公开信息与我本人多年从业经验，所作分析仅代表作者个人专业观点。如有不同解读，欢迎讨论与指正，相关责任由作者本人承担。

一、中国人寿“被举报造假”事件

2021年2月24日，微博话题“员工实名举报中国人寿大量造假”冲上微博热搜榜前十。中国人寿前员工张乃丹在其名为“兔宝宝1988z”的微博和抖音账号中实名举报，称中国人寿保险股份有限公司嫩江支公司（下称嫩江支公司）存在保费造假、骗保套钱谋取私利、虚假增员、虚列费用、套取公司奖励及费用等问题。①

2月24日晚间，中国人寿回应，已成立调查组赴当地开展全面调查前员工举报事件。面对突如其来的舆情，中国人寿官方回应称，涉事领导孙小刚已经离职。②嫩江支公司经理孙小刚回应记者采访，认为“造假、做假保费、贪污套取资金并且占为己有均不属实”“窃取客户资料、虚假增员和身价千万都不存在”。2月26日晚，银保监会已要求黑龙江银保监局第一时间成立专项工作组展开调查，全面排查中国人寿黑龙江省辖内相关业务，根据查实的情况，对相关机构和责任人依法严肃处理。③

3月26日，中国人寿总裁苏恒轩就嫩江支公司发生的前员工举报事件进行了回应。苏恒轩表示，中国人寿成立了调查组，赶赴当地开展了全面调查，调查已经接近尾声。苏恒轩表示，对于举报事件的相关问题，特别是涉及的内部控制流程问题，公司进行了评估测试，认为相关问题在公司风险容忍度范围内。中国人寿以此为戒，举一反三，加强内部合规建设，强化合规理念，为后续公司发展提供保障。④

---

① 中国新闻周刊. 中国人寿前员工实名举报近两年，律师称“虚列费用”是保险业毒瘤. https://www.sohu.com/a/452507619_120181874.2021-02-24.

② 澎湃新闻. 中国人寿回应女员工举报事件：已成立调查组赴当地开展全面调查. https://m.thepaper.cn/newsDetail_forward_11443000.2021-02-24.

③ 新京报. 银保监会：全面排查中国人寿黑龙江省辖内相关业务.https://www.bjnews.com.cn/detail/161434947515052.html.2021-02-26.

④ 央广网.国寿回应“被举报造假”事件：调查已近尾声 相关问题在公司风险容忍度范围内. https://news.sina.cn/2021-03-26/detail-ikkntiam8505310.d.html.2021-03-26.

2021 年 4 月 28 日，中国人寿发布《关于前员工张某某网络实名举报嫩江支公司相关问题调查情况的通报》。通报显示，该公司通过为期两个月的调查发现，举报反映的嫩江支公司时任经理孙某某违规违纪问题部分属实。①

【案例点评】

在“被实名举报造假”事件中，中国人寿于舆情爆发当晚迅速启动危机应对机制，成立专项调查组并发布初步回应，展现出较高的信息响应效率。这一举措在第一时间对外释放企业关注态度，有效缓解了公众情绪，避免因信息真空引发的舆论发酵，符合危机公关中“黄金四小时”内主动发声的基本原则。

在后续应对中，中国人寿开展多轮通报持续披露调查进展，并配合监管部门开展专项审查，在信息透明度方面表现出相对成熟的技术能力与合规意识。企业持续更新处理节点，在一定程度上强化了公众对其调查力度与整顿决心的认知，有助于控制谣言生成与外部猜测的扩散。

然而，若从危机成因的结构性层面加以剖析，事件所暴露出的并非偶发性风险，而是企业合规体系深层失效的警示信号。举报内容涉及保费造假、虚假增员、虚列费用等核心业务环节，其背后指向的是内部监督机制的系统性漏洞。尽管部分问题在后续调查中被证实，但中国人寿在回应措辞上显露出弱化倾向。其通报中使用“部分属实”“风险容忍度范围内”等模糊语义，客观上削弱了问题的严重性判断，也为外界提供了“态度不够严肃、责任回避”的解读空间。这不仅影响了企业声誉修复进程，也削弱了其在公众面前的公信力重建。

更为深层的警示在于，此类危机的引爆主体并非外部媒体或消费者，而是企业内部员工的实名举报。这一事实凸显出组织内部已出现信任裂痕与沟通渠道失效的双重危机。企业未能有效承接员工反馈、疏导内部

---

① 北京商报. 中国人寿通报前员工实名举报调查结果：公司将以此为戒全面排查 切实维护消费者合法权益. https://finance.sina.com.cn/stock/relnews/hk/2021-04-28/doc-ikmyaawc2388895.shtml. 2021-04-28.

不满，最终导致问题以外泄形式引发公共事件。这一机制失灵若未系统修复，极易构成同类危机重复发生的风险。

针对这一问题，中国人寿若希望在危机之后真正实现组织恢复与形象修复，亟须推动危机处理逻辑由“应急合规”向“体系合规”转型。一方面，应系统性检视和优化企业的内控架构、合规执行流程与业务风控模型；另一方面，应同步重建内部沟通机制，完善员工申诉通道与反馈机制，在制度与文化双重维度上修复组织内生的信任生态。

综上所述，中国人寿在危机应对的技术操作层面反应迅速、信息披露相对完整，体现出一定的危机应变能力。但若以公众信任重建为核心目标，企业在组织治理、责任表达与价值观输出方面仍有明显不足。唯有真正正视问题、承认缺陷、深化改革，并以此次危机为契机重塑合规文化，方能实现从被动回应到主动治理的转型，真正将危机转化为企业体系升级的临界点。

二、中国人保寿险“假保单”事件

2021 年 1 月，河北邯郸市邱县人保寿险的一名投保人在支取一款产品的本息时，被告知无法取钱，之后投保人拨打人保寿险的客服电话查询保单号，竟发现保单不存在。①

3 月下旬投资者网发文《“假保单案”牵出人保寿险年金险悬疑 多部门营销渠道屡现纰漏》，重点描述人保寿险经营的负面情况②；随后头部自媒体发文《家里有从这间公司领了十年钱的保单，建议马上做这件事》，在网络上大量传播③。

---

① 财新. 人保寿险假保单风波. https://weekly.caixin.com/2021-03-13/101674856.html.2021-03-13.

② 投资者网 .“假保单案”牵出人保寿险年金险悬疑 多部门营销渠道屡现纰漏. https://baijiahao.baidu.com/s?id=1694893445245083224&wfr=spider&for=pc. 2021-03-22.

③ 大猫财经猫哥. 家里有从这间公司领了十年钱的保单，建议马上做这件事. https://baijiahao.baidu.com/s?id=1704129367520894834&wfr=spider&for=pc.2021-07-02.

3月24日，中国人保董事长罗熹在出席集团2020年业绩发布会时，对假保单事件作出回应："开展了寿险假保单专项扫雷行动"。①

4月1日，人保寿险召开相关系统会议，免去傅安平人保寿险党委书记、总裁职务，任命王文为人保寿险临时负责人。②

6月某头部媒体再次参与，报道河南省周口市沈丘县多名村民反映称，他们购买的人保寿险团体年金保险无法"兑现"，保单疑似是假的。仅一个东胡庄村的"投保"金额就高达千万元。③

随后，以澎湃新闻为首的部分媒体报道将河南周口"假保单"案与河北邯郸市"假保单"案关联报道，加剧了事件的严重性。④

8月份，网上出现大量关于河南某县"假保单"事件的抖音视频，疑似水军发声抹黑人保寿险。11月至12月间，网民又大量发布维权及上访的视频。数月内事件舆情多次反复发酵，导致舆情风险不断扩大，加剧了网民对人保寿险公司的负面认知和误解。

【案例点评】

在人保寿险"假保单"事件中，企业未能构建起及时、有效的危机干预体系，导致舆情持续反弹并产生"次生危机"堆叠效应。

（一）应对滞后：失去舆论主导权的关键48小时

事件发生初期，河北邱县地区"假保单"相关言论迅速在网络平台扩散。然而，人保寿险虽具备日常舆情监测机制，却未能在事件爆发后的48小时内采取任何有效的澄清或回应措施。由于处置流程冗长、层级传导迟缓，企业未能在舆情初起阶段进行快速干预，导致公众认知真空被媒体和

---

① 中国证券报. 中国人保新一届领导班子亮相 对假保单案等热点问题作出回应. https://baijiahao.baidu.com/s?id=1695118566284618938&wfr=spider&for=pc.2021-03-24.

② 财联社. 人保寿险人事调整：免去傅安平总裁职务 任命王文为临时负责人. https://www.cls.cn/detail/718864.2021-04-01.

③ 财经自媒体. 人保寿险再现假保单：去年曾专项排查 现负责人王文曾分管该业务.https://finance.sina.cn/insurance/gsdt/2021-06-15/detail-ikqciyzi9653565.d.html.2021-06-15.

④ 中访网关注. 人保寿险又现假保单事件 中国人保重回"行业C位"难度高？. http://news.cnfol.com/chanyejingji/20210621/28947239.shtml. 2021-06-21.

自媒体广泛填补，企业话语权迅速被边缘化。

（二）预案缺失：组织响应机制严重脱节

此次危机亦凸显出人保寿险在危机管理制度层面的薄弱。事件发生后，公司未能迅速启动系统化、标准化的应急响应流程。线下网点、客服系统与线上舆情窗口之间缺乏协同机制，出现组织响应断裂、信息口径不一等问题，严重损害了公众信任。

特别值得注意的是，在河南周口等地再次出现类似“假保单”质疑时，公司依旧未能实现统一指挥、统一发声，反映出其多点联动体系尚未建立的问题，缺乏面对高强度、区域性扩散型危机的系统应变能力。

（三）预警失灵：风险感知体系形同虚设

虽然人保寿险已外包第三方舆情监测服务，并对全网平台实行常态监控，但内部对风险信息的解读与研判机制严重滞后。在事件爆发前，监测系统曾捕捉到多条涉及退保争议与保单有效性问题的内容，但未引发组织层面的高度警觉。此类“潜在敏感信息”未被及时列入高优先级处置通道，表明企业在风险阈值设定、预警等级划分及处置机制触发方面均存在明显缺陷。

从“点状预警”到“全国舆情”，演化路径清晰可见，而风险应对系统却未形成闭环反应能力，最终导致局部事件迅速演化为系统性信任危机。

综上所述，人保寿险在此次危机中的最大问题并非信息缺失，而是风险研判与应急执行的失能。建议公司加强舆情感知的主动性，完善应急响应标准化体系，并建立“信息研判—决策执行”一体化机制，真正实现“早发现、快响应、全链路联动”的舆情管理闭环。唯有此，方能在高度不确定的信息生态中稳住企业声誉基本盘。

三、中石油寰球工程“牵手门”事件

2023 年 6 月，网传寰球工程项目管理（北京）有限公司的执行董事、党委书记、总经理胡继勇在闹市与一名女子逛街，两人亲密牵手的动作被一名街拍摄影师拍下后发布到网上，引发网友关注。有知情者透露，视频中与胡继勇牵手的女子不是其妻子，也不是其女儿。①

6 月 7 日上午，街拍摄影师账号删除涉事街拍视频。寰球工程公司官方微信公众号首先删除了大量和胡继勇相关的推文，随后彻底注销了官方微信号。有记者采访寰球工程公司，一名工作人员称公司没有胡继勇这个人，随即挂断了电话。随后，记者再度致电该公司另一部门，一名工作人员称胡继勇为该公司的领导，但她对此事不了解。②

6 月 7 日，中国石油北京项目管理公司发布通报称，涉事人员胡继勇已被免去寰球项目管理公司执行董事、党委书记、总经理职务，并接受公司纪委检查。公司将根据结果进一步作出处理，衷心感谢社会各界的关心和支持。③

7 月 7 日，中国石油北京项目管理公司发布情况通报，对卷入“牵手门”事件的寰球项目管理公司原执行董事、党委书记、总经理胡继勇，给予开除党籍、开除公职处分，解除员工董某某劳动合同。④

【案例点评】

在中石油寰球工程“牵手门”事件中，公司虽然在事发当日便迅速采

---

① 九派新闻微博. 一国企领导与异性同事亲密逛街被拍？公司纪委：将核实清楚此事.https://society.huanqiu.com/article/4DD7XnPgWFz.2023-06-07.

② 极目新闻. 网传国企负责人与异性亲密牵手逛街被拍，公司官微删除多条涉该负责人推文，随后火速注销.https://news.cqnews.net/1/detail/1116002520176381952/web/content_1116002520176381952.html.2023-06-07.

③ 第一财经. 中石油北京项目管理公司：胡继勇已被免去寰球项目管理公司执行董事、党委书记、总经理职务. https://m.yicai.com/news/101777259.html.2023-06-07.

④ 新华网. 中国石油北京项目管理公司通报胡继勇处理结果：双开.http://www.news.cn/2023-07/07/c_1129738303.htm#:~:text=%E6%96%B0%E5%8D%8E%E7%A4%BE%E5%8C%97%E4%BA%AC7%E6%9C%88,%E5%85%9A%E6%94%BF%E8%81%8C%E5%8A%A1%EF%BC%8C%E6%8E%A5%E5%8F%97%E6%A0%B8%E6%9F%A5%E3%80%82.2023-07-07.

取行动，但具体应对措施暴露出明显的不足之处，甚至在一定程度上加剧了危机的扩散与负面影响。

第一，公司第一时间选择删除涉事视频，并注销官方微信公众号。这样的举措看似迅速果断，却是一种典型的消极处理方式，在公众看来更像是逃避责任或掩盖真相。尤其是在网络舆情高度敏感的背景下，这种方式不仅未能起到缓解危机作用，反而导致外界质疑进一步加剧，媒体和公众产生更大的猜测空间，造成负面舆论的持续扩散。在类似危机情境下，企业应第一时间在官方渠道发布信息，明确表示企业已启动调查流程，而不是试图掩盖或删除已公开的信息。

第二，在信息透明度方面，公司表现出明显的不足。面对媒体记者的采访询问，不同部门之间的工作人员口径出现了严重的不一致：一名工作人员竟然否认涉事领导胡继勇在公司任职，另一名工作人员则承认其领导身份但表示“不知情”。这两次前后不一的回应极大地削弱了公司的公信力，也反映出公司内部危机沟通机制的严重缺失。建议企业应尽快构建统一的危机沟通机制，建立官方发言人制度，并对相关人员进行定期的媒体沟通培训，确保信息发布的统一、严谨和权威。

第三，公司在后续决策的力度和透明度方面表现尚可，危机爆发当天即免去胡继勇的全部职务，并启动纪委调查程序。在 7 月 7 日的正式通报中，公司进一步给予涉事者开除党籍、开除公职的严肃处分，对另一涉事员工也解除了劳动合同。这些严厉的处理措施体现了公司在纪律方面的坚定立场，对外传递了“不姑息、不纵容”的信号。但仅依靠内部纪律处分不足以修复已经受损的企业形象，公司应在此基础上开展更为积极的外部沟通行动，比如主动披露调查过程与结果、表明内部整改措施等，真正重建企业的公信力。

第四，在公众与舆论管理方面，公司缺乏有效的舆情引导。事件爆发初期，网络舆论迅速升温，媒体、自媒体和网络用户频繁转发相关内容，相关话题被迅速炒热。但公司未能在社交媒体平台及时发声，且没有对外提供详细而准确的信息，致使舆论掌控权完全被动，导致负面认知固化，错失了危机应对的“黄金 24 小时”。建议公司建立更为有效的舆情监测与快速响应体系，利用自媒体渠道主动与公众沟通，避免信息真空导致的负面猜测。

第五，公司在员工管理与内部沟通方面也存在问题。事件发生后，公司员工对媒体问题缺乏统一的应答规范，导致口径不一。这种混乱局面极大降低了危机处理的专业性，也暴露出公司在日常危机演练、媒体应对培训和内部信息通报机制建设方面的不足。建议公司定期开展危机管理培训与模拟演练，强化员工危机意识，确保一线员工面对媒体询问时能有效避免不当或矛盾的言论。

四、保利地产“踢群门”事件

2020 年 8 月 21 日晚间，保利发展北京品牌部工作人员在媒体群转发了一条链接和一段文案，内容是北京保利官微发布的一则 8 月 25 日营销活动的预告。随后，工作人员发红包，表示希望群里的媒体能够转发至朋友圈。但由于响应者寥寥，两小时后，群名为“贝影”的保利发展控股北京公司副总经理文灵开始发话，文灵要求管理员提醒所有人：“没转发的移出本群。”与此同时，文灵迅速成为该群的新群主，并使用微信“拍一拍”功能，“拍了”其中一位媒体人。面对这一要求，不少媒体人在表示不满后，纷纷自动退出群聊。当日晚间，有自媒体人在朋友圈发布关于该事件的文章。文灵还对该文发表评论，质疑其“造热点”。

8 月 22 日早间，文灵态度转变，并在群里表态致歉：“昨晚在群里的发言和表述，确系我本人唐突，严重失当。”“再次向各位媒体朋友们表达真诚的歉意。”但文案中还夹杂着营销活动的宣传信息。也因此，保利此举被认为有“恶劣炒作”的嫌疑。[①]

① 每日经济新闻. 保利“退群”风波，刺了媒体风骨还是肋骨？. https://www.nbd.com.cn/rss/toutiao/articles/1487516.html.2020-08-22.

新华网对此事进行评论："看似微信群内的一句狠话，实则暴露了当事人的武断和傲慢，也折射出其对媒体人居高临下、颐指气使的态度。狠话说过，转头又来道歉。但在社会公众看来，要移出的恐怕不是没转发的人，而是当事人心中积存已久的傲慢、无知和功利！"①

【案例点评】

信息碎片化的时代，人人都是吃瓜群众，更是无法被屏蔽的传播者。互联网就像无形的放大镜，企业的任何重大决策、任何言论都是在显微镜下被观摩，甚至可能掀起聚光灯下的传播效应。②"踢群门"事件充分暴露出保利地产在危机管理意识、沟通策略和企业文化建设上的短板。

首先，企业缺乏对媒体传播行为的有效沟通与预期管理。公司副总经理文灵以强硬态度要求未转发宣传内容的媒体退出微信群，这种命令式的做法暴露出对媒体的不尊重，直接引发媒体群体的强烈反感，导致危机迅速升级。同时，文灵使用"拍一拍"功能以强调个人权威，进一步体现了高管个人的强势作风，加剧了媒体对企业的负面观感。建议企业在与媒体合作中，提前沟通传播需求，明确合作方式，尊重媒体独立性，避免使用行政命令或强制手段。

其次，高管危机意识淡薄，应对措施严重失误。事件发生后，文灵未能在第一时间进行有效的危机响应，而是在舆论已经大规模发酵后才发布致歉声明。更为严重的是，声明中仍然夹带宣传信息，进一步引发了媒体和公众对道歉诚意的质疑，强化了企业"炒作"的负面形象。这种"不彻底"的道歉，非但未能有效修复企业声誉，反而加剧了公众质疑。建议企业在面对类似危机时，应立即发布不带任何附加条件的诚恳道歉声明，专注于消除误解，积极回应公众关注，避免二次激化舆情。

再次，本次事件暴露出企业内部的高管行为规范问题，折射出企业

---

① 新华网. 不发就移出群，哪来的"霸气"？. https://mp.weixin.qq.com/s/aw5uRC8DpD4z4AtIWgOBAw.2020-08-24.

② 顶尖广告. 不转发广告就移出群聊？北京保利地产"踢群门"的三点启示. https://m.adquan.com/info/detail-297615. 2020-08-25.

文化中的傲慢与功利主义倾向。文灵作为高管，在处理媒体关系时的言行举止直接代表了企业的形象，其在微信群内表现出的权威主义和不尊重态度，体现了企业在文化建设上的不足。建议企业针对高管人员开展定期的危机沟通培训与企业文化教育，强化高管的社会责任意识与沟通技巧，树立谦虚、专业的高管形象。

最后，企业在媒体关系建设方面存在误区，未能有效进行日常媒体沟通与关系维护。此次事件的爆发，正是由于企业高管将媒体视作免费宣传渠道和工具，忽视了媒体作为独立传播者的专业身份，最终破坏了企业与媒体之间长期构建的信任关系。

五、格力高管言论争议事件

2023 年 11 月 6 日，格力电器董事长董明珠和渠道改革项目负责人王自如共同参加了广东卫视《财经郎眼》的特别节目《问答八方》的录制。

王自如在节目中发表了多番引人侧目的言论，包括对董明珠的赞美和对自己的工作态度的表述。如“我没有看过格力给我的工资条”“我哪怕每天什么事都不干，我就看她怎么开会，我听她每天讲什么、做什么，我都觉得是一件很幸福的事”等。

节目播出后，王自如的言论迅速在网络上传播，引起了公众的广泛关注和热议。部分网友认为其言论过于奉承，甚至有些虚伪；而也有声音认为这只是节目效果，不必过于认真。

11 月 14 日，以主持风格犀利著称的主持人金星发布微博动态：“口含明珠、进退自如”，被指内涵董明珠、王自如。金星在评论区回应网友“小区快递小哥叫自如”，否认内涵。[①]

---

① 网易. 金星晒大黑狗，发文疑似内涵董明珠和王自如，口含明珠，进退自如. https://m.163.com/dy/article_cambrian/IJHTAVRP0528CLBC.html.2023-11-15.

11 月 17 日，格力电器方面发布消息，近期多个自媒体为了获取流量，恶意剪辑相关视频、使用低俗污秽言辞侮辱诽谤公司高管，格力电器已就多个侮辱诽谤事件向公安机关报案。格力电器方面表示，网络不是法外之地。公司将采取法律措施坚决维护企业及员工的合法权益，对任何恶意中伤和造谣行为保持零容忍的态度。[①]

【案例点评】

格力高管言论争议事件体现出公司在舆情应对和危机管理方面存在的短板，具体表现如下：

首先，在企业形象管理与言论风险把控上，王自如的言论明显未经过审慎评估。高管在公开场合应避免过度个人化和感性化的表达，其言论中的过分奉承色彩在网络传播过程中极易被曲解或负面解读，引发公众对格力企业文化的误解与质疑。企业未来应强化高管公共传播培训，增强高管团队的媒介素养与风险意识。

其次，舆论引导的时机与方式处理不当。当知名主持人金星在微博上发表疑似嘲讽言论后，格力未能第一时间作出明确、直接的官方回应，导致网络言论持续发酵。公司后续虽采取法律措施，但未及时进行舆论正向引导，放任负面舆情传播空间不断扩大。企业应第一时间澄清事实，发布完整视频材料，避免公众误解，建立主动、积极的舆论沟通机制。

再次，法律维权行动虽然及时，但执行方式有待完善。格力迅速向公安机关报案，展现了企业坚决打击网络谣言的姿态，但未辅之以翔实的律师声明或具体案情说明，未能有效消除公众疑虑。未来在法律维权过程中，应加强法律措施与舆论引导的协调性，适度公开案件进展，增强维权行动的透明度与可信度。

最后，企业文化的外部感知管理存在不足。本次事件使公众对格力的企业文化产生“个人崇拜”“关系至上”的负面联想，造成较大的品牌

---

① 上海证券报. 高管遭自媒体侮辱诽谤 格力报案. https://www.stcn.com/article/detail/1038886.html.2023-11-17.

伤害。企业应采用更加开放的公众沟通策略，定期展示多元包容的企业文化，开展面向媒体、公众的开放日活动或品牌故事传播，主动塑造真实健康的品牌形象，修复公众信任。

六、阿里巴巴女员工被侵害事件

2021 年 8 月 7 日晚，阿里巴巴认证员工匿名称，自己被男领导（王成文）要求陪商家（张国）喝酒，被灌醉后遭到猥亵。而后，该领导为女员工开了房间，进出房间 4 次，实施强奸。女员工向 HR 等反馈无果，前往食堂发传单维权。①

8 月 7 日，阿里巴巴对此回应称，决不容忍，全力配合警方，涉事员工已停职接受警方调查。②

8 月 8 日，阿里公司员工发出倡议，建议公司在当事人同意的前提下额外为当事人做工伤鉴定，并给予合理补偿，以及给当事人及家属提供中长期优质免费的心理咨询服务及回访。员工希望，借此事件推动员工，特别是女性员工职场反性骚扰、反性侵制度的建立。③

8 月 9 日凌晨，阿里董事会主席兼 CEO 张勇在内网公布了“女员工被侵犯”的阶段性内部调查结果和处理决定：同城零售事业群总裁李永和和 HRG 徐昆引咎辞职，阿里巴巴首席人力资源官童文红记过处分，涉事男员工被辞退，永不录用，其是否存在违法行为，警方正在调查取证。④

---

① 凤凰网财经. 阿里女员工称被客户和领导侵害：要求下属KTV陪客户 醉后被多次猥亵. https://i.ifeng.com/c/88WUWbP3Mna.2021-08-07.

② 红星新闻.女员工遭领导性侵及商家猥亵？阿里回应：决不容忍，全力配合警方调查. https://baijiahao.baidu.com/s?id=1707449395994670311.2021-08-07.

③ 凤凰网. 6000名阿里人关于807事件的联合倡议. https://finance.sina.com.cn/china/2021-08-08/doc-ikqciyzm0296486.shtml. 2021-08-08.

④ 新浪财经.阿里巴巴公布处理决定：业务总裁和HRG引咎辞职，涉嫌男员工被辞退，永不录用. https://finance.sina.cn/chanjing/gsxw/2021-08-09/detail-ikqciyzm0326587.d.html?from=wap. 2021-08-09.

【案例点评】

从危机管理的角度来看，阿里巴巴在事件中的应对措施既有值得肯定的地方，也存在明显的不足。以下从公关姿态、公关渠道、公关内容及公关策略四个方面进行深入分析。

首先，从公关姿态来看，公司在初期响应迅速成立调查组，暂停涉事员工职务并配合警方调查，体现了积极应对姿态。但最初回应未能迅速回应员工诉求，导致舆情迅速升温，引发公众不满。建议阿里未来进一步完善快速响应机制，确保在关键的“黄金时刻”明确表态，避免负面情绪持续蔓延。

其次，从公关渠道来看，阿里主要依靠内部邮件和简单的官方声明回应，缺乏与公众和媒体的充分互动，信息发布渠道单一。建议公司未来建立多渠道联动沟通体系，善用主流媒体、社交平台及时回应公众关切，掌握舆论主动权。

再次，从公关内容来看，公司回应虽态度明确，但具体措施不够详细、清晰，尤其在公众最关注的性骚扰防范机制和员工权益保障方面信息缺乏，难以平息质疑声浪。建议公司未来在事件处理中，应明确展示后续改进措施，针对关键问题详细解答，增强公众信任。

最后，从公关策略来看，尽管公司后续采取了处分高管和完善相关制度等措施，但整体应对仍缺乏系统预案，反应被动。建议阿里建立常态化危机预警和应对演练机制，提升内部协调能力，确保出现类似问题时，能迅速、有序地应对，防止问题扩散。

七、农夫山泉“标准门”事件

2013 年 3 月到 5 月，“农夫山泉”反复陷入媒体与消费者的质疑中。3 月中旬农夫山泉被报道水中出现黑色不明悬浮物，由此引发对其水源地的调查；4 月“农夫山泉”在“标准门”事件中再度与舆论对垒。此次

“农夫山泉事件”主要分为两个阶段：①

第一阶段：“水源门”事件发生在3月14日到4月8日，21世纪网陆续发布《农夫山泉有点悬：水中现黑色不明物5年来屡被投诉》《农夫山泉回应公告撒谎黑色不明物依旧是谜》《农夫山泉丹江口水源地上演“垃圾围城”水质堪忧》《农夫山泉水源地调查二：藏污纳垢或因选址不佳》《农夫山泉自订产品标准允许霉菌存在》的报道。农夫山泉则坚称其水质合格，回应水质高于现有的国家任何饮用水标准，同时指出报道幕后黑手为竞争对手华润怡宝。

第二阶段：农夫山泉与《京华时报》的五次交锋在4月10日至5月6日的这段时间内，《京华时报》发布报道《农夫山泉标准被指不如自来水》《协会确认农夫山泉标准不及自来水——浙江备案机构被指“执法倒退”》《标准面前谁也跑不掉》《上海检测报告佐证农夫标准宽于国标》《北京多数水站下架农夫山泉桶装水，农夫山泉被指未出示质量报告》等一系列文章，措辞严厉，在27天内发布了68个版面连续报道该事件。在此期间，农夫山泉在其官方微博上发布长微博声明以及检测报告作出回应。5月6日，农夫山泉召开新闻发布会，称起诉《京华时报》要求赔偿名誉权损失6000万元。

【案例点评】

农夫山泉“标准门”事件暴露出公司在危机管理方面的多处不足：

第一，响应机制迟缓。农夫山泉在《京华时报》首次报道后的28小时才作出回应，错过了危机处理的黄金24小时，导致舆论发酵、公众质疑不断升级。建议企业建立快速响应机制，危机一旦发生，应在最短时间内发布简明清晰的官方声明，明确事实，掌控主动权。

第二，未直面核心质疑。面对“农夫山泉标准低于自来水”的核心指控，公司未能直接给出令人信服的回应，反而将焦点转向竞争对手华润怡

---

① 黄贺铂. 浅析企业的危机公关——以农夫山泉“标准门”事件为例 [J]. 新闻世界，2014（01）：155-156.

宝，试图以“幕后黑手论”转移公众注意力。这种做法不仅未消除公众疑虑，反而削弱了自身公信力。建议企业在回应中直击关键议题，邀请权威第三方机构进行专业检测，以透明数据佐证品质。

第三，未有效承担企业责任。农夫山泉在事件初期过多强调竞争对手的阴谋论，缺乏与消费者进行坦诚、透明的沟通，忽视了消费者对产品质量的担忧，未有效展现负责任的企业形象。建议企业采取更坦诚的沟通策略，主动回应消费者关切，明确企业责任和补救措施，以增强消费者信任。

第四，与媒体对抗加剧舆论负面效应。农夫山泉与《京华时报》的舆论“对垒”持续近一个月，双方争执不休，企业以起诉方式强势回应媒体报道，引发公众对企业姿态的进一步质疑。建议企业应避免与媒体陷入公开对抗，而应通过理性沟通、事实说明等方式缓和紧张关系。

第五，缺乏权威第三方证实。农夫山泉在回应中未能迅速邀请政府相关部门或独立第三方检测机构发布权威检测报告，而是长期依靠自身表述，公众对水质安全的担忧未得到有效化解。建议企业危机发生后立即引入第三方权威检测机构，尽快以第三方报告重塑公众信任。

第六，危机修复活动执行不足。虽然农夫山泉于危机后期启动“见证寻源”活动，邀请公众参观水源地和生产基地，但活动时间较晚、覆盖面不足、参与度低，未产生显著效果。建议未来危机修复活动应及时启动，扩大公众参与度并主动与主流媒体合作传播，增强舆论正面效应。

第七，新媒体运用不足。农夫山泉虽然开设了官方微博等渠道，但在事件爆发初期未能有效运用新媒体工具与公众及时互动，未能快速抢占舆论高地。建议企业在危机处理过程中强化新媒体使用，快速、透明地与公众沟通，形成舆论引导的主动优势。

第八，新闻发布会失言加剧危机。董事长钟睒睒在发布会上“为了尊严将关闭北京水厂”的情绪化表态，未能有效化解公众质疑，反而被解读为赌气和傲慢，加深公众负面印象。建议企业在新闻发布会前充分准备，确保发言理性克制、客观建设性，避免因情绪化表达加深危机。

八、比亚迪“广告门”事件

2018 年 6 月，比亚迪公司被卷入一宗广告宣传合同的争议，涉及一名叫李娟的女士，她声称代表比亚迪进行广告宣传活动，并通过伪造比亚迪印章等手段，与多家广告公司签署合同。这些广告合作基本上采用“乙方垫资”的方式进行。涉案广告公司数量超过 30 家，合同金额高达 11 亿元。

6 月 13 日，比亚迪总部发表了第一份声明，言下之意：第一，有人冒用比亚迪的名义为比亚迪做广告，比亚迪也是受害者，已报案；第二，既然是冒名顶替，那么你们别找比亚迪，这跟比亚迪无关。

7 月 4 日，比亚迪在官网上发布了一则不足 150 字的简短声明，称公司发现有不法单位或个人伪造比亚迪公司印章、冒用比亚迪公司名义开展广告宣传类合作业务，在公司报案后，犯罪嫌疑人李娟已被公安机关采取强制措施。①

7 月 12 日，比亚迪第三次发表了声明，题目是《关于李娟等人冒用比亚迪名义开展相关业务的声明》。比亚迪称，李娟等人在上海浦东世纪大道国金二期租赁办公场所，使用上海雨鸿文化传播有限公司的名义，对外声称是比亚迪派出机构，同时李娟冒用上海比亚迪电动车有限公司市场部总经理的身份，伪造比亚迪多枚印章，以比亚迪名义，与多家单位及机构展开广告宣传类合作。比亚迪在声明中强调，李娟等人冒用比亚迪高管身份，用伪造的比亚迪印章与任何单位或机构签署的合同，比亚迪均不知情，也与比亚迪无关。

7 月 12 日晚间，上海竞智广告有限公司发布一篇名为《人 BY 脸，天下无 D》的文章称，比亚迪声明中认定的合同诈骗行为长达三年，涉及至少 25 家广告供应商，累计金额高达 11 亿元。竞智广告列举多份证据称，

① 新浪财经.“受害者”比亚迪. https://finance.sina.cn/chanjing/gsxw/2018-07-18/detail-ihfnsvyz7545630.d.html.2018-07-18.

比亚迪对于李娟所开展的市场推广活动不可能不知情。[①]

7 月 16 日，由于事件持续发酵，为了避免相关媒体报道给广大投资者和社会公众带来误导，比亚迪股份有限公司再次发布《关于媒体报道的澄清公告》。态度没那么高调强硬了，软了许多，表示愿意保持沟通，并与相关公司协商解决方案。比亚迪还作出了四点澄清，其中提到李娟及其网传的老板陈振宇都不是比亚迪在职或者离职的职工，公章也从未出借或遗失。

【案例点评】

比亚迪“广告门”事件引发广泛舆论关注，本案再次印证，企业所面临的危机往往不仅源于外部事件本身，更来自组织治理与对外传播的系统性弱项。

（一）内部管理机制失效，合同与印章监管形同虚设

事件初始即暴露出比亚迪内部在合同管理与印章使用环节存在严重制度性漏洞。涉事合同金额高达上亿元，且系由外部人员长期以“比亚迪名义”签署。企业未能在关键节点上建立有效的审批权限、责任归属与动态备案机制，反映出其内控流程在防范系统性风险方面存在结构性缺陷。

（二）危机沟通策略失当，否认与推责激化舆情

在危机初期，比亚迪连续发布多份声明，以“坚决否认”“从未授权”等措辞，强调自身为完全受害者，将责任全部推至广告公司与外部人员。其表达方式情绪化色彩浓厚，缺乏对事件关联方的同理心，未能展现企业对多方利益平衡的基本认知。这种单向度的“切割式沟通”在公众中激发逆反情绪，使比亚迪被质疑在危机中缺乏担当，初期沟通错失修复信任的窗口期。

---

① 澎湃新闻.“比亚迪”亿级广告诈骗奇案：神秘中间人李娟和她的隐秘上线. https://www.thepaper.cn/newsDetail_forward_2265300.2018-07-15.

直至事件发酵数日后，企业方才调整语气，表示愿与相关公司协商解决争议。然而，此时社会关注点已从“事实澄清”转向对企业品格与诚信的全面拷问，品牌形象已受到实质性侵蚀。

（三）信息发布混乱，回应节奏缺乏连续性与一致性

危机期间，比亚迪共发布多份声明，然其信息内容前后矛盾，特别是在是否事先知情、合同是否履行等核心问题上始终语焉不详，缺乏确凿证据支撑，无法形成清晰的事实链条。信息输出缺乏战略统一与节奏控制，使企业陷入“被动澄清—再遭质疑”的恶性循环，导致品牌公信力持续受损。

此外，公司层级之间对危机认知不一，传播口径未能统一，进一步削弱了信息可信度，也反映出其内部危机响应体系缺乏有效的组织协调机制。

（四）治理与传播体系的系统性修复建议

比亚迪“广告门”事件表明，企业在面对此类声誉型危机时，若未形成覆盖制度、沟通与执行全链条的危机管理能力，极易在高压舆情中陷入组织性崩盘。为此，提出如下系统性修复路径：

1. 重构合同管理与合作伙伴合规制度。建立独立的合同审核与合作商管理专责部门，优化印章与合同流转审批链条，落实“谁审批、谁负责”的制度机制，强化事前防控能力。

2. 构建全周期危机响应体系。建立涵盖“风险识别—预警研判—响应执行—舆情修复”的闭环机制，强化企业在突发信息压力下的系统应变能力。

3. 建立一致性沟通机制与高层发声机制。统一企业对外话语系统，确保所有声明来源清晰、立场一致，必要时由高级别管理者实名发声，增强公众信任感，树立企业勇于承担的形象。

九、瑞幸咖啡造假事件

瑞幸咖啡是一家知名的中国连锁咖啡品牌，因其快速扩张和创新的商业模式备受市场关注。然而，一场突如其来的造假风波，让这家企业陷入了前所未有的危机。

2019 年第二季度起，瑞幸咖啡的 COO 及其部分下属员工开始从事不正当行为，包括伪造交易等，虚增销售额约 22 亿元。此举可能是为了提升公司业绩和股价表现。

2020 年初，市场上出现了一份关于瑞幸咖啡数据造假的做空报告。该报告详细指出了瑞幸咖啡在财务数据上的异常，引发了市场的广泛关注。

2020 年 2 月 3 日，针对上述做空报告，瑞幸咖啡官方发表声明进行否认，认为该报告论证方式存在缺陷，并指“报告中包含的所谓证据无确凿事实依据，且报告中的指控均基于毫无根据的推测和对事件的恶意解释”，表示会采取必要的行动追究恶意指控方的责任。

4 月 2 日，瑞幸咖啡突然发布公告，承认公司内部存在伪造交易行为，涉及销售额约 22 亿元。这一自曝行为震惊了市场，也引发了投资者和消费者的广泛质疑。在短短几天内，瑞幸咖啡的市值蒸发了约 48 亿美元（约合人民币 340.5 亿元）。

4 月 7 日，由于股价持续暴跌和市场动荡不安，瑞幸咖啡在盘前宣布停牌。此时，其总市值相比高峰期的 110 多亿美元已经跌去了近九成。

【案例点评】

瑞幸咖啡财务造假事件是企业危机管理的典型反面教材，暴露出企业在危机识别、沟通应对和内部管控方面的严重问题。

首先，危机识别与应对失误。瑞幸在被浑水报告质疑后，未及时启动内部调查，反而迅速发表否认声明，试图掩盖事实。两个月后又被迫承认造假，前后立场反差巨大，导致其在公众和市场面前彻底失信，错过了危机处理黄金期，企业处于极度被动的境地。

其次，沟通策略严重缺乏透明性。瑞幸在事件早期选择沉默，未主动澄清或说明情况，致使负面舆情迅速蔓延。后续即便公开道歉，也只是泛泛而谈，未明确造假的原因、范围及详细补救措施，公众信任持续流失。

再次，内部管控存在巨大漏洞。造假行为涉及公司高管，反映出瑞幸在企业治理、风险管控及合规体系方面严重缺失。企业在迅猛扩张的同时，未能建立有效的内部监管机制，埋下巨大隐患，最终酿成惨痛后果。

最后，品牌声誉与财务受损严重。事件导致瑞幸咖啡的股价急剧下跌超过 80%，市值蒸发逾 50 亿美元；同时面临巨额诉讼赔偿与监管处罚，资金链受到重创，品牌形象一落千丈，对企业的长远发展造成极大影响。

十、双汇“瘦肉精”事件

2011年3月15日，双汇被曝使用“瘦肉精”。次日，双汇承认并道歉。随后，商务部、农业农村部等政府部门介入调查，双汇高管被免职，产品收回。

3 月 21 日，济源双汇无限期停产整顿。此间，双汇召开多次会议应对危机，并查明“瘦肉精”来源。

4 月 1 日，双汇召开万人大会二度致歉，拟引入第三方检测。

4 月 18 日，双汇公布了“瘦肉精”事件的调查结果，称“瘦肉精”事件是由于个别员工在采购环节执行检测时没有尽责，致使少量“瘦肉精”生猪流入济源分厂。随后，双汇公告隐瞒关键数据，律师涉嫌虚假陈述。

此次危机对双汇的影响是巨大的。一方面，3 月 15 日双汇发展股价跌停，市值蒸发 103 亿元；由于“瘦肉精”事件，抽检改为生猪“头头检查”，全年预计增加检测费 3 亿多元。另一方面，企业的信誉是企业的无形资产，双汇“瘦肉精”事件严重损毁了该产品在消费者心中的形象，也就在一定程度上减少了双汇集团的无形资产，缩减了其市场占有率。

【案例点评】

双汇“瘦肉精”事件为企业在危机管理领域提供了宝贵的经验教训。

一方面，其及时的反应、主动承担责任以及有效引入第三方权威机构等积极措施值得其他企业学习；另一方面，其在真诚沟通和系统管理方面的不足也值得引以为戒。

首先，双汇在此次危机中遵循了速度第一原则。面对2011年“瘦肉精”事件的突然曝光，双汇集团能够在危机爆发后的24小时内迅速发布公开声明，并向公众表示歉意。这一及时的反应，使企业在危机初期有效稳定了公众情绪，避免了舆论的进一步失控。同时，双汇在声明中试图将事件定性为个别员工在采购检测环节的个人失职行为，巧妙地采取了责任转移策略，使自身面临的公众压力有所缓解，尽管这种方式具有一定争议，但从舆情控制的角度看，起到了初步的作用。

其次，双汇在事件处理中体现了明确的承担责任原则。危机曝光后的第二天，双汇集团迅速公开承认了济源工厂存在使用含瘦肉精猪肉的问题，并公开道歉，主动承担社会责任。这种明确、公开的责任承担，有助于缓解消费者的疑虑，也在一定程度上稳住了企业的声誉，避免了更严重的负面影响。

最后值得肯定的是，双汇在此次事件处理中较好地应用了权威证实原则。危机爆发后，双汇及时引入了河南省质监系统及济源市政府等第三方权威机构，对其产品进行广泛的检测，并将检测结果公开发布，借助第三方权威公信力缓解了公众的质疑和担忧。

然而，双汇在处理此次危机的过程中也存在一些明显的失误，值得警醒和改进。

一方面，双汇违背了真诚沟通原则。双汇此前一直以“十八道检验、十八个放心”的口号向公众宣传其食品安全可靠性，但事件发生后却被发现根本没有将瘦肉精纳入常规检测项目，明显属于误导消费者的行为。此外，在面对媒体质疑时，双汇使用“困扰”等措辞，未能充分表达企业对消费者权益的真诚关切，加剧了公众对企业的不信任感。

另一方面，双汇的危机处理违背了系统运行原则。事件爆发后，内部信息管理混乱，多名员工违规接受采访，未能实现统一口径与协调传播，暴露出企业内部危机应对机制缺乏有效管控，进一步恶化了舆情态势，削弱了危机应对的效果。

十一、康师傅“水源门”事件

康师傅是中国知名的食品和饮料公司，凭借其强大的品牌影响力和广泛的市场覆盖面，获得了广大中国消费者的信任。

2008 年 7 月 24 日，一篇名为《康师傅：你的优质水源在哪里?》的文章在天涯社区发布，揭露康师傅矿物质水的水源并非宣传中的“优质水源”，而是城市自来水。文章作者声称曾潜入康师傅位于杭州的生产基地，发现其附近并无优质水源，唯一的自然水源是污染严重的钱塘江。这一消息迅速在网络上传播，引发了消费者的强烈质疑和不满。

事件曝光后，康师傅的公关反应迟缓，直到 8 月 5 日才首次承认其矿物质水确实使用城市自来水作为水源，并辩称这是行业惯例。然而，这种解释并未平息公众的愤怒，反而加剧了消费者对康师傅虚假宣传的指责。

9 月 2 日，“水源门”风波持续一个月后，康师傅高层管理人员首次集体出席新闻发布会，向受邀的京津地区的媒体就矿物质水产品广告中标示“选用优质水源”一事造成的认知差异向消费者公开致歉。但《每日经济新闻》立即以道歉没诚意为主题，评论此事件。至此相关事件报道已连续出现十余篇。

“水源门”事件不仅导致康师傅矿物质水销量大幅下滑，还引发了媒体和公众对其整个产品线的质疑。据调查，事件发生后，超过 80% 的消费者表示不再信任康师傅矿物质水，康师傅的市场份额也从行业第一跌至第二。①

① 央视网. 康师傅水源门之祸：八成网友表示不会再买. https://finance.cctv.com/20080907/100277.shtml.2008-09-07.

【案例点评】

康师傅“水源门”事件暴露了企业在危机管理上的诸多不足，值得深入分析和反思。

首先，反应速度迟缓。事件于 7 月 24 日在网络曝光，然而康师傅直到 8 月 5 日才首次正式承认所使用的水源为自来水，正式道歉更是延迟到 9 月 2 日，前后历时一个多月。这种迟滞的回应违背了危机管理的“黄金 24 小时原则”，导致企业失去引导舆论、控制局面的主动权，负面信息迅速扩散，进一步激发了消费者的不信任情绪。

其次，企业沟通内容存在重大失误。康师傅在回应过程中一再强调产品符合国家标准及“行业惯例”，但回避了公众质疑的核心焦点——广告宣传“优质水源”与实际水源不符的问题。这种回避式回应被消费者解读为推脱和狡辩，加大了企业与消费者之间的信任裂痕，未能有效平息公众的质疑。

再次，企业与媒体的关系管理不足。康师傅首次新闻发布会，尽管高管集体出席，但未针对媒体关注的核心议题进行坦诚沟通，且沟通内容缺乏诚意，进一步引发了媒体的负面报道，恶化了舆论环境，最终导致事件长期发酵，品牌形象受损严重。

最后，事件暴露出康师傅内部合规审查和风险防控机制的薄弱之处。企业对广告宣传内容未进行严格审查，缺乏风险识别与预警机制，直接导致广告与实际情况严重不符，诱发了虚假宣传争议，显示出企业内部治理体系存在明显缺陷。

为避免类似事件重演，康师傅需进一步建立健全内部风险管理机制，严格规范广告宣传审查流程，强化危机预警系统，做到第一时间发现风险、主动公开透明沟通。同时，应加强与媒体及公众的长期互动，重塑品牌形象和消费者信任。

十二、长春长生疫苗事件

2018 年 7 月 15 日，国家食品药品监督管理总局（现为国家市场监督管理总局）发布通告指出根据举报线索组织检查组对长春长生生物科技有限责任公司（以下简称“长春长生”）生产现场进行飞行检查，发现长春长生在冻干人用狂犬病疫苗生产过程中有记录造假等严重违反《药品生产质量管理规范》（药品 GMP）的行为。由此引发长春长生疫苗事件。①

长春长生公司未作出及时有效应对，7 月 18 日吉林省药监局按照劣质药开出的罚单金额引发民众强烈不满。

7 月 19 日，消息称不合格的百白破疫苗主要流向山东，这与余温尚在的 2016 年“山东疫苗事件”产生舆情关联。

7 月 21 日，一篇名为《疫苗之王》的文章引爆微信朋友圈，虽然很快被删除，但经过多天发酵的长生疫苗事件网络舆情彻底引爆。

7 月 23 日下午，长春新区公安分局依据吉林省药品监督管理局《涉嫌犯罪案件移送书》，对长春长生生产冻干人用狂犬病疫苗涉嫌违法犯罪案件迅速立案调查，将主要涉案人员公司董事长高某芳和 4 名公司高管带至公安机关依法审查。

7 月 29 日，对有“疫苗女王”之称的长春长生董事长高某芳等 18 名犯罪嫌疑人以涉嫌生产、销售劣药罪向检察机关提请批准逮捕。

8 月，对其公司子公司长春长生资产进行查封，紧接着对部分股份冻结，并对 7 名省部级官员和 35 名非中管干部进行问责，还对有“疫苗沙皇”之称的原国家食品药品监督管理总局党组成员、副局长吴浈涉嫌严重违纪违法进行立案审查调查。②

11 月，深交所宣布启动对长春长生重大违法强制退市机制。

---

① 长春长生疫苗案 [J]. 人民法治，2018（17）：49.

② 赖辉兵. 公共卫生事件中的政府危机公关研究——以长春长生疫苗事件为例 [J]. 中国管理信息化，2019，22（23）：174-176.

【案例点评】

长春长生疫苗事件发生后，开启了以政府为主导的网络舆情应对模式[①]。

一是舆情爆发阶段直面问题、反应迅速，即“线上”官媒不推卸责任，“线下”强力部门迅速执法。舆情爆发之初，政府与官媒并没有回避问题，从7月21日至7月23日的48小时内，中国政府完成了官媒和高层发声、通报初步情况、开展全面调查、形成补救方案以及对涉事人员进行逮捕等动作，密集的政府举动使话题热度高涨，同时也因政府的危机管理使得热度只维持了三天就逐渐降温，使得建设性批评最终成为互联网舆论事件的主流。

二是主流媒体报道回应关切。主流媒体不断报道政府动态，并在报道当下进展的同时就此事件中政府过去的动作进行回顾，就政府作为设置议题，就疫苗进行科普，辟谣“疫苗无用论”。《人民日报》评论《一查到底，方可纾解疫苗焦虑》更是表达了民众心声；部分自媒体，如医疗大V@疫苗与科学、医疗蓝V@丁香园分别从专业医学角度撰文，理性、客观解读疫苗情况，对疏导网民情绪起到了一定的作用。

此次事件也反映了舆情孕育期信息公开不及时等问题。[②]早在2017年11月3日，有关部门就发布了涉事公司不合格百白破疫苗有关信息，将近一年的时间，相关部门都未能及时公开涉事信息，导致危机发生后被公众、媒体认为“临时抱佛脚”“事件隐瞒不住了才作出处罚”，进而质疑政府的监管行为与是否存在贪腐行为，政府是否控制消息外传、掩盖事实等。公众在此事件中还存在的一个疑问是“主流媒体为何在事件初期未有深度报道，而被自媒体摘了果子”。在危机初期，鲜有官方主流媒体对其进行深度报道，直至自媒体的一篇《疫苗之王》将话题引爆。公众在质疑政府隐瞒事实，也质疑作为喉舌的官媒的“失声”。

---

① 李翠敏. 公共安全危机事件网络舆情的协同疏解研究——以“长生疫苗事件”为例 [J]. 情报杂志，2018，37（11）：110-115+102.

② 贾圆媛. 公共事件网络舆情的危机管理[D]. 济南大学，2020.

十三、腾讯《王者荣耀》危机事件

2017年4月底，媒体曝光广州一名17岁少年连续玩《王者荣耀》达40小时，诱发脑梗，险些丧命，由此引发关于青少年沉迷游戏的初步关注与争议。

6月22日，杭州一名13岁学生因沉迷《王者荣耀》，在被父亲教训后从四楼跳下，引发社会震动，公众对未成年人沉迷网络游戏的担忧急剧上升。

7月3日，人民网率先发力，4天内连发3篇评论文章，批评《王者荣耀》对未成年人的负面影响，拉开舆论高压序幕。腾讯随即宣布将在7月4日以《王者荣耀》为试点推出健康防沉迷系统。

7月3日，腾讯游戏官方微信发布《王者荣耀》制作人李旻公开信，名为《为了爱，为了梦想》，第一次正式回应有关儿童沉迷的质疑，首次以情怀化语言回应舆论："今天事情的缘起，是太多人喜欢《王者荣耀》。《王者荣耀》的火给他们带来了极大的骄傲，如同自己的孩子，所以看到负面新闻时，我们的心里天然想辩解，这就是一款游戏啊，和漫画、电视剧、电影、武侠小说一样啊。就因为有人沉迷，就都来怪游戏，我们觉得有些委屈。"但未正面回应责任问题，遭受质疑。[①]

7月4日，腾讯官方微信再发《对话王者荣耀制作人：道阻且长，我们已启程》，以Q&A形式重新阐释立场，明确表示将承担更大责任，并透露公司高层亲自推动未成年人保护体系建设。

腾讯控股股价在7月4日大幅下跌，收盘跌4.13%，市值蒸发1118亿港元。

7月7日、10日、11日，新华社连续三天发表评论，加入舆论声讨队列，批评腾讯游戏对青少年造成的沉迷风险。

---

① 21世纪经济报道. 从委屈到情怀，《王者荣耀》的撕辩与打错的公关牌. http://finance.sina.com.cn/roll/2017-07-08/doc-ifyhweua4431652.shtml.2017-07-08.

7 月 11 日—13 日，《人民日报》接棒，三天内刊发三篇评论文章，延续舆论高压态势。

7 月 26 日，新华社发布长篇分析文章《透视网络游戏四大焦点问题》，对行业发展与监管提出系统性批评，将问题延伸至整个游戏产业的治理结构。

【案例点评】

在此次危机事件中，腾讯表现出一定程度的组织响应能力与危机管理意识，但其公关策略亦暴露出若干关键短板。本文从责任表达、沟通风格、应对效率、话语协商与战略启示等多个维度，对腾讯的危机应对进行系统评析。

（一）情绪优先，责任后置，初始回应失焦

腾讯在 7 月 3 日发布的第一篇公开信《为了爱，为了梦想》，以“委屈”作为情感基调，强调《王者荣耀》的受欢迎程度，并将其比作“自己的孩子”。这一表态虽然试图人性化产品形象，但在舆情初期公众关注的是“未成年人沉迷游戏的责任归属”问题，在此背景下率先表达“委屈”，客观上弱化了责任承担意识，形成了“情绪抢位”的效果，使企业在价值观上与公众情绪发生错位。

公众并不期待企业的“委屈”或“感性陈述”，而更期待其面对现实问题的冷静应对与责任担当。在危机初期关键窗口期，这种“情感先行、责任滞后”的话术策略，导致腾讯第一波回应失败，被广泛质疑为回避责任、转移焦点。

在意识到初次公关引发反效果后，腾讯于 7 月 4 日迅速调整话语策略，发布《对话王者荣耀制作人：道阻且长，我们已启程》一文，首次正面承认企业作为“国民级平台”的特殊公共责任，明确提出防沉迷机制。相较前一轮回应，该次发言在责任表达、治理路径及行动计划三个层面均呈现出更强的公共伦理意识和制度承诺，显著提升了信息的可信任感和回应的说服力。

（二）公关语言失当，引发二次情绪伤害

在7月2日至4日的多个回应中，腾讯及其支持方表达方式带有明显的“情绪色彩”“辩护倾向”“角色防御”，导致危机沟通由“解决问题”转变为“证明自己没错”，从而与舆论环境的主流期待发生背离。这种辩解式表达违背了危机公关中“先共情、再解释”的基本原则，使问题本可以缓和的情绪被再次激化。

值得注意的是，腾讯在7月5日以后的表述中开始转向使用“我们能为家长做什么”“我们获得了家长的支持”等措辞，展现了语态转变后的积极效果。适当的语言克制与立场转化，远比“辩护”更具化解危机的能力。

（三）应对速度与组织联动机制

从事件初次爆发（6月22日）到批评高峰（7月3日），腾讯于短期内快速推出“三板斧”式防沉迷举措，包括每日游戏时间限制、家长守护平台升级与实名认证机制强化，并于7月4日集中发布核心回应文稿。这一快速响应机制表明企业已形成危机处置中的“高压快推”策略路径，在应对密集型公共议题时展现出较高的应变效率。

更为重要的是，在执行层面，腾讯未采用公关部门单点应战的传统模式，而是形成跨部门、跨系统的集团级危机协调机制。公关、法务、产品、政府事务及技术团队实现联动响应，在高层主导下确保信息统一、传播节奏紧凑，符合现代企业危机治理中“系统协同”与“组织整合”的核心原则。

（四）多元视角的引入与舆论缓冲机制的构建

在舆论环境持续紧张的背景下，腾讯引入多元权威第三方意见，在高压舆论场中拓展“缓冲区”。例如，通过“大家”栏目等平台，引入胡泳、葛剑雄、唐映红等具有学术或专业背景的意见领袖，围绕青少年心理发展、历史文化教育及媒介素养等议题，间接回应“游戏原罪”论。这一策

略有效提升了议题复杂性与讨论层级，有助于企业在结构性话语中赢得中立受众群体的理解与支持，体现出较高的媒体素养与议程协商能力。

（五）经验总结与制度反思

尽管腾讯后期的回应逐步实现了舆论稳定与部分信任修复，但初期回应中“以情绪对冲责任”的失当策略，已造成道义地位的流失，并为公众“企业只求利益最大化”的既定印象提供了话语佐证。该案例警示企业：在涉及未成年人权益、社会伦理与平台治理责任的重大议题中，第一时间的态度表达决定了危机治理的舆论方向。责任明确与立场鲜明，不仅是回应的基本逻辑，更是重建企业公信力的根本路径。

十四、海天味业添加剂“双标”事件

2022 年 9 月下旬，有网友质疑海天酱油在国内外采用双重生产标准，指出在日本销售的产品成分更为天然，而在国内销售的产品则添加了多种添加剂。这一质疑迅速在网络上发酵，引发了广泛关注和讨论。

9 月 30 日，海天味业通过其官方微博，以辟谣的方式对“双标门”事件进行回应。此番回应没有平息舆论，反而引发众怒。10 月 1 日，“海天回应酱油双标”冲上微博热搜榜。

10 月 4 日，@海天味业发布公开声明，表示“所有产品添加剂的使用均符合我国相关标准法规要求”，并不存在所谓的“双标”行为，并以中华老字号的身份控诉了自媒体的“别有用心”。此番言行引起了更多网友的围观。次日，在中国调味品协会的助力下，海天相关三个负面话题相继登上微博热搜榜。

10 月 9 日第三份公告里，海天表示“国内外均有不同档次的产品出售”，依旧对核心添加剂问题模糊处理。

10月 10 日，在国庆节后第一个 A 股开盘日，海天味业开盘大跌 7.99%，市值蒸发 330 亿元。

据统计，9 月 30 日—10 月 11 日，“海天味业被指双标”事件相关话题登上全网热搜的有 66 个。其中微博话题“海天味业再发声明否认双标”一度位列微博热搜榜第一位。“海天味业回应酱油添加剂争议”“海天味业市值蒸发 330 亿”相关微博话题的总阅读次数超 3 亿，话题在榜总时长超 1000 分钟。①

【案例点评】

海天味业在“双标”事件中的危机处理方式暴露出企业在公众沟通、信息透明度、舆论引导等多方面的不足与失误，严重影响了品牌信誉与市场价值。

首先，危机响应不及时、不准确。事件初期海天味业未能正视消费者关于添加剂“双标”的质疑，首轮回应简单否认“双标”，强调“合规”而未具体说明国内外标准差异的合理原因，引发公众更大不满，使舆情快速扩散。

其次，沟通内容缺乏诚意，企业态度强硬。企业的后续声明反复强调符合法规，却未有效解决消费者疑问，反而指责质疑者“别有用心”，表现出一种高高在上的姿态，缺乏同理心，进一步加剧消费者的负面情绪。

再次，选择第三方背书失误，扩大负面影响。企业尝试利用中国调味品协会来背书，但因协会与企业利益关联过于紧密，未能实现权威证实效果，反而进一步削弱了自身的公信力，加深公众对行业规范性的疑虑。

最后，企业缺乏主动对消费者进行科普和市场沟通的意识。本次危机的根源在于公众对食品添加剂的误解及信息不对称，但企业始终未积极开展关于食品添加剂安全性的科普，而是被动应对质疑，错过了主动澄清和扭转形象的机会。

建议海天味业及类似企业未来应增强危机预判能力，在危机爆发时

---

① 搜狐网. 陷入“双标门”事件的海天味业，3次回应为何不能平息众怒？. https://www.sohu.com/a/592405547_100229879.2022-10-13.

甩掉“老字号”的包袱，更平和地与媒体及公众沟通；主动承担社会责任，以透明、真诚的沟通态度回应公众质疑，及时公开产品标准及成分信息；在选择第三方机构时，应确保其立场独立、公正，与企业无利益关联；积极利用社交媒体平台，与消费者进行互动和沟通，了解他们的需求和反馈；将危机作为契机，加强消费者科普教育，提升公众对品牌的长期信任。

附　录

一、表索引

二、图索引